Andreas Oplatka

Der erste Riß in der Mauer

September 1989 –
Ungarn öffnet die Grenze

Paul Zsolnay Verlag

1 2 3 4 5 13 12 11 10 09

ISBN 978-3-552-05459-2

Satz: Eva Kaltenbrunner-Dorfinger, Wien
Druck und Bindung: GGP Media GmbH, Pößneck
Printed in Germany

Inhalt

I

»Die Hindernisse austricksen« – Einleitung

Anfang August 1984. Eine einwöchige Autoreise von Moskau nach Zürich. Der westliche Wagen eines in Moskau akkreditierten Pressekorrespondenten braucht zumindest einmal im Jahr einen Service zu Hause, da es in der Sowjetunion für fremde Marken keine Werkstätten gibt. Aufbruch also zu einer langen Fahrt in den Sommerurlaub. Die Reise führt zuerst durch die endlosen, leeren Landschaften Rußlands und der Ukraine nach Kiew, dessen Zentrum im unwillkürlich angestellten Vergleich mit Moskau schon etwas urbaner wirkt. Von da geht es weiter nach Czernowitz (die k.u.k. Vergangenheit spukt noch in den Gassen, und für ihre Infrastruktur, Eisenbahn und Kanalisation, Gas- und Elektrizitätsleitungen, hat sich die Stadt bis heute bei der Donaumonarchie zu bedanken). Am nächsten Tag folgt ein unlustiges Geduldsspiel an der rumänischen Grenze, eine Kostprobe orientalischer Gelassenheit und fehlenden Sinns für die Unersetzbarkeit der Zeit. Doch die Klöster der Moldau allein sind schon eine Reise wert.

Der Weg setzt sich nun fort, westwärts zum Borgo-Paß, welcher die in unheimlicher Ruhe daliegenden Ketten der Karpaten überwindet. In Bistritz (Bistrița) offenbart sich einstige siebenbürgersächsische Vergangenheit, in Klausenburg (Cluj) eine seltsame, aus neu zugezogener, ländlich-rumänischer Mehrheit und alteingesessener ungarischer Minderheit zusammengesetzte Gegenwart. Umgebung und Atmosphäre verändern sich dann jäh, wenn man bei Großwardein (Oradea) die ungarische Grenze passiert. Nach der Armut Rumäniens, in welche die Diktatur Ceaușescus das Land gezwungen hat, befinden wir uns nun im sozialistischen Vorzeigestaat.

Die Ungarische Sozialistische Arbeiterpartei, so der offizielle Name der kommunistischen Machtelite, herrschte in den achtziger Jahren schon paternalistisch mild. Gewiß, sie unterdrückte alle Versuche, ihre Position und Legitimität in Frage zu stellen, wo es aber ging, richtete sie die Dinge nach der Devise »Leben und leben lassen«. Sie hielt die Bevölkerung bei Laune, und dies schaffte sie, indem sie nach Möglichkeit von der unproduktiven, zentral gelenkten Planung abwich und – auf eine im Ostblock einzigartige Weise – die Landwirtschaft zum Blühen brachte. Zu danken war letzteres einem ausgeklügelten Mischsystem von großflächigen Kollektivbetrieben und Kleinbauerngütern.[1] Wer aus dem Osten kam, stellte auf den ersten Blick verwundert fest: Die Lebensmittelläden Ungarns waren voll, und vor der Schwelle stand niemand Schlange. In Rumänien und der Sowjetunion verhielt es sich umgekehrt: stumpf-ergeben verharrende Menschenmengen vor leeren Geschäften. Nicht zu reden von Polen, wo die Armseligkeit des Alltags zu immer wieder aufflackernden Arbeiterunruhen führte. Folgerichtig war das Ungarn jener Jahre ein Gegenstand des Neids für die Völker der »Bruderländer« und ein häufiges Reiseziel für deren Politiker, die sich in den Markthallen von Budapest und den Agrarbetrieben der Provinz ungläubig-unbehaglich umschauten und die gastgebenden Genossen nach ihren Rezepten befragten.

Daß selbst Ungarns kleines, so relatives Wirtschaftswunder gerade zu Beginn der achtziger Jahre in Gefahr geriet und immer zerbrechlicher wurde, wußte damals noch kaum ein Außenstehender. Die Bedingungen im Außenhandel hatten sich seit den beiden Ölkrisen 1973 und 1978 empfindlich verschlechtert, und 1982 kam es zu einer ersten schweren Finanzkrise. Der von Parteichef János Kádár gesteuerte Kurs, den Massen ein vielleicht bescheidenes, aber stetig steigendes Lebensniveau zu bieten, ließ sich aus eigener Kraft nicht mehr einhalten. Die Auslandsverschuldung nahm rapid zu und wurde zu einer Bürde, die am Ende des Jahrzehnts zur Destabilisierung des Einparteistaates in nicht geringem Ausmaß beitrug. Die Stimmung der zuvor leidlich zufriedenen Bevölkerung kippte zu dieser Zeit auf folgenschwere Weise um.[2]

In jenem Spätsommer des Jahres 1984 war von all dem noch wenig spürbar, und wenn etwas eine Gefährdung des kommunistischen Regimes ahnen ließ, dann eher das äußere Bild, das sich dem Zugereisten darbot: die offensichtlichen Spuren einer ideologischen Abrüstung und die erstarkende Wirtschaftpräsenz des Westens. Die roten Sterne, die in der Sowjetunion über jedem Fabriktor prangten und jeder Brandmauer verpaßt wurden, fehlten in Ungarn schon beinahe ganz, und auch die straßenbreit ausgespannten zinnoberroten Spruchbänder, auf denen weiße Lettern die Partei priesen, hatte man hierzulande eingerollt. Das private Kleingewerbe schien indessen neu aufzublühen, west-östliche Unternehmen tauchten auf. Am linken Donauufer in Budapest waren von österreichischen Firmen gebaute Hotels aus dem Boden gewachsen, wo man sich beim Frühstücksbuffet mit Danone-Joghurt aus ungarischer Produktion bedienen und in der Eingangshalle bei Hertz oder Avis einen Mietwagen bestellen konnte. An der Váci utca, der immer farbigeren Einkaufsstraße in der Pester Innenstadt, standen dann die Einheimischen plötzlich doch täglich Schlange: Der Sportwaren-Hersteller Adidas hatte hier ein Geschäft eröffnet. Lauter kleine Zeichen einer Veränderung, bei der man sich fragte, wann es soweit sei, daß die Partei diese Entwicklung nicht mehr würde beherrschen können.

Im Sommer 1984 freilich erschien der Einparteistaat noch festgefügt, und er zeigte sein freundliches Gesicht. Die ungarischen Beamten an den Grenzübergängen wirkten beinahe so gelangweilt wie ihre Kollegen in Westeuropa, betrachteten die Paß- und Zollkontrolle als eine lästige Formalität und benahmen sich – welch ein Unterschied zu den sturen sowjetischen Uniformierten – betont höflich. Ungarn hatte die »Fremdenverkehr« genannte Einnahmequelle entdeckt und gedachte niemanden abzuschrecken. Wer Geld hatte (und die Ausländer aus dem Westen hatten es), konnte sich im spottbilligen Ungarn alles leisten und die Welt an der Donau im rosaroten

Schein sehen. Die Einheimischen allerdings neigten zur Schwarzmalerei. Sie waren müde, weil sie Tag für Tag gleichzeitig auf zwei bis drei Arbeitsplätzen schufteten und so ihr Auskommen suchten; sie lebten aber sichtlich besser als zuvor, sprachen laut und zumeist ohne Furcht vor der Obrigkeit. Ein weiser Scherz über die merkwürdige Zwischenstellung Ungarns besagte damals: Wer von Paris nach Moskau oder von Moskau nach Paris reist und auf halbem Weg in Ungarn Station macht, der glaubt – gleichgültig, aus welcher Richtung er eintrifft –, er sei bereits am Ziel angekommen. Und tatsächlich: Mehrere Monate im Sowjetmief deformierten selbst die Westeuropäer, so daß bei der Ankunft auf ungarischem Boden auch unsereiner seinen ersten leichten Kulturschock erlebte; der zweite, stärkere, folgte dann stets auf den ersten Kilometern in Österreich.

Bei dieser Fortsetzung der Fahrt im August 1984, auf der Strecke zwischen Győr (Raab) und der Stadt Sopron (Ödenburg), die schon hart an der Grenze zu Österreich liegt, tauchte nach einer Wegbiegung ein junger Mann auf, der am Straßenrand mit schräg nach oben deutendem Daumen um Mitnahme bat. Drei Sekunden, um das Äußere des Autostoppers einzuschätzen, eine weitere Sekunde, um sich an Reisen in der eigenen Schüler- und Studentenzeit zu erinnern, und dann die weiteren Sekunden, die der Bremsweg erfordert. Wohin er wolle? »Sopron«, antwortete er, den Kopf vor-, in den Wagen hineinstreckend, die rechte Hand auf dem Griff der halboffenen Vordertür. Dann möge er einsteigen.

Der Fahrgast war deutschsprachig. Und nach einigen Minuten faßte er schon so viel Vertrauen, daß er seine Lebensgeschichte zum besten gab und sein eigentliches Reiseziel nannte. Ihm schien wohl, daß er mit einem Schweizer Pressekorrespondenten, der sich auf dem Heimweg aus Moskau befand, offen reden durfte. Er komme aus der DDR, berichtete er, habe vom dortigen Leben und Regime genug; er wolle in die Bundesrepublik. Deshalb sei er nach Ungarn gekommen. Ich solle ihn in Sopron aussteigen lassen. Dort werde er den Tag verbringen, sich bei Einbruch der Dunkelheit ins Grenzgebiet begeben und nach Österreich durchschlagen. Dann fragte er, wie er sich, einmal auf der österreichischen Seite angelangt, verhalten sollte. An wen er sich wenden müsse? Ob ich ihm nicht Rat wüßte?

Doch, schon. Er solle sich beim erstbesten Behördenvertreter melden, einem Gendarmen oder Polizisten, und darum bitten, mit der Botschaft der Bundesrepublik in Wien in Verbindung gesetzt zu werden. Doch bevor es soweit komme: Ob das nächtliche Unterfangen nicht doch gefährlich sei? An der Grenze, immerhin, stehe ein Drahtverhau, kombiniert mit einem elektrischen Meldesystem, das bei Berührung Alarm schlage, außerdem patrouillierten Grenzwachen im Gebiet. Darauf er: »Nein, sehen Sie, ich bin in der DDR gerade aus dem Militärdienst entlassen worden; ich habe bei den Grenztruppen gedient. Daher weiß ich, daß es in Ungarn weder Tretminen im Boden noch Strom in den Drähten gibt. Ebensowenig gibt es hier Schrittdetektoren und die Unmenge von Scheinwerfern wie bei uns. Und ich weiß, daß die ungarischen Grenzwächter – im Gegensatz zu den unsrigen – von der Waffe kaum je Gebrauch machen. Was an Anlagen dasteht, ist nicht viel. Damit kenne ich mich aus. Ich weiß genau, wie man diese Hindernisse austricksen muß.«

In Sopron stieg er aus; er wünschte mir gute Reise, ich wünschte ihm viel Glück. Ob er es hatte und den Weg nach Österreich schaffte, habe ich nie erfahren, doch schien er entschlossen genug. Keiner von uns beiden ahnte, daß der Eiserne Vorhang an Ungarns Westgrenze fünf Jahre später nicht mehr vorhanden sein würde und daß im Spätsommer 1989 ein Ereignis gerade in der Umgebung von Sopron, das Paneuropäische Grenzpicknick, dazu beitragen sollte, für Flüchtlinge aus der DDR den Weg in den Westen zu bahnen. Doch im Rückblick (der freilich manchen Zusammenhang allzu einfach aussehen läßt) spricht die Begegnung dafür, daß der ganze Monsterbau an der europäischen Trennungslinie, Mauern, Drahthindernisse und Beobachtungstürme, auf Ungarns politisch-ideologisch aufgeweichtem Boden bereits in den mittleren achtziger Jahren zu schwanken begann. Der Zufallsbekannte aus der DDR wußte schon damals, daß der ungarische Abschnitt des Eisernen Vorhangs, am schwächsten befestigt und bewacht, ihm zur Flucht die besten Chancen bot.

Gegenstand des vorliegenden Buchs ist die politisch-diplomatische Vorgeschichte der ungarischen Entscheidung, die Westgrenze zu Österreich zu öffnen. Es handelte sich, genauer gesagt, um zwei Beschlüsse: Ende 1988, Anfang 1989 wurde in Budapest entschieden, die Hindernisse abzutragen, und im August 1989 entschloß sich die Regierung Ungarns dazu, den Tausenden von DDR-Bürgern, die nach ihrem Sommerurlaub nicht in die DDR zurückgekehrt, sondern im Land geblieben waren, die Ausreise nach Österreich – sprich: die Weiterreise in die Bundesrepublik – zu gestatten. Das zweite Ereignis hatte sich aus dem ersten ergeben. Es war das an Ungarns Westgrenze entstandene Loch im Eisernen Vorhang, das die DDR-Deutschen angelockt und in der Erwartung bestärkt hatte, in diesem Grenzabschnitt könnte sich ein Fluchtweg in den Westen eröffnen. Der Weg stand aber nicht offen, denn damals, im Sommer 1989, war die Grenze zwar von technischen Hindernissen schon weitgehend frei, blieb aber immer noch streng bewacht. Dem zweiten Entscheid und dem daraufhin einsetzenden Exodus ging in Budapest ein verhältnismäßig kurzer, doch schwieriger Prozeß der Willensbildung voran.

Der Verfasser dieser Studie hat es sich zum Ziel gesetzt, die Mechanik dieser Willensbildung nachzuzeichnen. Die Forderungen der beiden deutschen Staaten stürzten Ungarn im Sommer 1989 in ein Dilemma. Die Bundesrepublik wünschte die freie Ausreise der DDR-Bürger nach dem Westen, die DDR ihre Abschiebung oder zumindest die Mithilfe zu ihrer Rückkehr nach Ostdeutschland. Beiden Seiten konnte die ungarische Regierung nicht entgegenkommen. Rechnen mußte sie zugleich mit der Sowjetunion, die unter Generalsekretär Michail Gorbatschow zwar minder furchterregend wirken mochte als in früheren Jahrzehnten, deren Reaktionen sich aber schwer voraussehen ließen. Die UdSSR war die führende Macht des Warschaupakts, dem Ungarn nach wie vor angehörte und unterstand. Mit welchen Überlegungen und auf welcher Informationsgrundlage beurteilte das kleine Ungarn in dieser Lage seine Chancen und Risiken, wie lauteten in der Flüchtlingskrise die Argumente des Für und Wider, und wer vertrat sie? Um diese Fragen geht es.

Es könnte indessen ratsam sein, in der Einleitung auch zu vermerken, womit sich dieses Buch *nicht befaßt*. Die Absicht, den Verlauf eines Entscheidungsprozesses zu ergründen, schließt keinerlei Ambition ein, auf diesem Weg auch den allfälligen »Modellcharakter« der geschilderten Vorgänge zu zeigen. »Modell« bedeutet Übertragbarkeit, und uns scheint, daß jede politisch-historische Situation durch eine Vielzahl von eigenen, auf fremde Verhältnisse nur sehr bedingt anwendbaren Faktoren bestimmt ist. Sodann war die Grenzöffnung im Jahr 1989 eines von vielen Elementen im ostmitteleuropäischen Umbruch; sie kann nur vor diesem Hintergrund geschildert werden. Diese Untersuchung will aber kein umfassendes Bild der Zeitenwende bieten. Der Zusammenbruch der europäischen Nachkriegsordnung, das Ende der kommunistischen Regime im sowjetischen Vorfeld und der Zerfall der Sowjetunion 1991: Dies sind Themen, deren Erforschung noch Generationen von Historikern beschäftigen wird. Hier soll aus dem Gesamtbild ein einziger Mosaikstein herausgelöst werden.

Die Einschränkung hat mit Zeitgenossenschaft, mit fehlender Distanz zu tun. Die Nähe allerdings bietet auch Vorteile, namentlich die Möglichkeit, Zeitzeugen zu befragen. Der Verfasser dieses Buches hat rund siebzig Interviews mit Personen geführt, die seinerzeit Entscheidungen gefällt oder sich an der Grenzöffnung auf die eine oder andere Art beteiligt hatten. Diesen Aussagen kommt besondere Bedeutung zu in einer Zeit, in welcher die zumeist Sperrfristen unterliegenden Dokumente erst zu einem Teil zugänglich sind. Immerhin war es im vorliegenden Fall doch möglich, eine Reihe von archivierten Zeugnissen einzusehen. Ebenso liegen 18 bis 19 Jahre nach den Ereignissen bereits mehrere Publikationen vor, in denen sich Historiker ganz oder teilweise mit dem gleichen Thema befassen, sowie Memoiren von beteiligten Politikern. Manche gründliche

Untersuchung bringt Licht namentlich in die Geschehnisse aus ostdeutscher Sicht, auf der Grundlage der früh schon zugänglichen Akten der DDR. Hier nun herrscht die ungarische Perspektive vor; ergründet werden soll das Kräftespiel im Entscheidungsprozeß, der sich in Ungarn vollzog.

Während der Arbeit an diesem Buch ergab sich manche Überraschung. Die größte war gewiß die Erkenntnis, wie schwer, ja beinahe aussichtslos es bereits gut anderthalb Jahrzehnte nach den Geschehnissen ist, das zu rekonstruieren, was wir in oberflächlicher Rede die Wahrheit zu nennen gewohnt sind. Gerade bei den Gesprächen mit den einstigen Verantwortungsträgern erwies es sich, daß gemäß der damaligen eigenen Rolle jedermann seine Sicht der Dinge und mithin seine Wahrheit haben kann. Diese widerspricht nicht selten dem, was andere für die Wahrheit halten. Die Grenzöffnung gilt in Ungarn als eine Erfolgsgeschichte, und der Erfolg hat bekanntlich viele Väter. Tatsächlich wird die Vaterschaft im vorliegenden Fall von nicht wenigen beansprucht.

Daß das menschliche Gedächtnis Tatsachen nicht nur bewahrt, sondern auch beschönigt, entstellt oder verdrängt, ist eine Binsenweisheit. Sie dient als Warnung für jeden Historiker, der sich auf den mündlichen Bericht von Zeitgenossen stützt. Ob mündliche oder schriftliche Zeugnisse, Quellenkritik gehört zum Handwerk. Im Verlauf der Nachforschungen ergab sich aber auch der eine oder andere Widerspruch, bei dem sich nicht entscheiden ließ, ob das zeitgenössische Dokument oder die heutige Aussage eines einst Beteiligten verläßlicher ist. Bei den Gesprächen mit Zeitzeugen am schwierigsten abzuschätzen waren die Auswirkungen eines Phänomens, auf das ein ungarischer Partner, der Historiker Ferenc Glatz, aufmerksam machte: Gerade weil die Grenzöffnung vom Spätsommer 1989 eine politische Erfolgsgeschichte ist, war sie im Ungarn der neunziger Jahre ein immer wieder gern besprochenes Thema. Bei diesen Diskussionen der Beteiligten einigte man sich allmählich auf eine folgerichtige Kette der Ereignisse, in der sich die Erlebnisse und Meinungen unversehens zu einer runden Geschichte fügten. Was nicht ausschloß, daß sich jedermann die eigene, stimmige Version zurechtlegte. Wer also heute, so die Ansicht von Glatz, Fragen nach den Umständen der Grenzöffnung beantwortet, reproduziert womöglich nicht so sehr seine Sicht der Dinge im Jahr 1989 als vielmehr das in späteren Debatten zusammengesetzte Bild.

Vorausgeschickt sei dies hier zur Rechtfertigung dafür, daß der Leser in der nachfolgenden Darstellung ab und zu auch methodische Überlegungen finden wird, Hinweise auf Unstimmigkeiten und Ungereimtheiten, die zu einer resignierten Feststellung zwingen: Eine eindeutige Aussage läßt sich über diese oder jene Einzelheit nicht machen. Zu verstehen ist das als ein Zu- und Eingeständnis des Verfassers, der im übrigen – mit einer vielleicht naiven Zuversicht – doch danach strebt, wenn schon nicht den »wirklichen«, so doch wenigstens den wahrscheinlichen Verlauf der Ereignisse nachzuzeichnen.

2

Am Anfang war ...

Jede Geschichte hat ihre Vorgeschichte. So auch die vorliegende. »Am Anfang war ein Loch im Zaun«, titelte die *Frankfurter Allgemeine Zeitung* am 12. September 1989, als sie eine Chronik der Ereignisse veröffentlichte, die tags zuvor schließlich zur Öffnung der ungarischen Grenze und zur Entlassung der in Ungarn seit Wochen verharrenden DDR-Bürger geführt hatten. Als erstes Datum auf dieser Liste der Begebenheiten stand im Frankfurter Blatt der 2. Mai 1989, der Tag, an dem besagtes »Loch« in den Eisernen Vorhang geschnitten worden war: Ungarische Grenzwächter und Soldaten begannen zu diesem Zeitpunkt offiziell mit der Demontage der Grenzhindernisse.

Gewiß, man kann den Bericht über die Massenflucht der DDR-Bürger im Sommer 1989 mit dem 2. Mai beginnen. Die Ungarn leiteten die Abbrucharbeiten in aller Öffentlichkeit ein, der stellvertretende Kommandant der Grenztruppen, Balázs Nováky, gab in Hegyeshalom, dem wichtigsten Grenzübergang zu Österreich, eine Pressekonferenz, und unzählige Familien in der Deutschen Demokratischen Republik sahen am gleichen Abend die Bilder der westdeutschen Fernsehstationen, die ungarische Soldaten beim Einrollen des Stacheldrahtes zeigten. Merkwürdig freilich mutet an, blickt man von heutiger Warte zurück, daß die Begebenheiten an der ungarisch-österreichischen Grenze im Westen damals nur mäßig Beachtung fanden. Man war zu der Zeit von dem reformfreudigen Ungarn schon einiges gewohnt und nahm die Entfernung des Grenzzauns als einen weiteren begrüßenswerten, aber nicht über Gebühr sensationellen Schritt zur Kenntnis.

Anders gesagt: Anfang Mai sahen nur wenige die Wirkung voraus, welche die Maßnahme schon bald – in den hernach folgenden vier Monaten – zeitigen sollte: den Massenandrang der Ostdeutschen und ihren Druck auf die Grenze. Die hinter der Entscheidung stehenden ungarischen Politiker, Ministerpräsident Miklós Németh und Innenminister István Horváth, gehörten jedenfalls nicht zu denen, die mit Konsequenzen solcher Art rechneten. Beide räumen nachträglich freimütig ein, daß sie – mit Blick auf die DDR – Komplikationen zwar nicht ausschlossen, niemals aber das erwarteten, was dann tatsächlich eintraf.[3] Auch Károly Grósz, der bis zum Frühsommer 1989 noch allein an der Spitze der Ungarischen Sozialistischen Arbeiterpartei (USAP) stand und dem Abbruch der Grenzhindernisse zustimmte, scheint sich nur anfänglich Gedanken über die möglichen außenpolitischen Folgen des Schritts gemacht zu haben.[4]

In Bonn dagegen gab es einige Kenner Osteuropas und der DDR, die an diesem Abend des 2. Mai 1989 die Dinge anders sahen. Einer von ihnen war Axel Hartmann, zu der Zeit im Bundeskanzleramt stellvertretender Leiter des Büros von Bundesminister Rudolf Seiters. Er hatte 1982 bis 1985 an der bundesdeutschen Botschaft in

Budapest gedient und dabei sowohl mit fluchtwilligen DDR-Deutschen als auch mit der in Ungarn operierenden ostdeutschen Staatssicherheit reichlich Erfahrungen gesammelt. Angesichts der Fernsehbilder von der ungarischen Grenze, erzählt Hartmann, habe er sich gesagt, in der DDR nähmen nun bestimmt viele hellhörig zur Kenntnis, was da vor sich gehe. Sie würden ihre Schlüsse ziehen, da sie fortan wüßten, daß die von der Ostsee bis zum Schwarzen Meer reichende befestigte Grenze des sozialistischen Lagers – die verlängerte Berliner Mauer[5] – an einer Stelle durchlöchert sei.[6]

Doch der 2. Mai 1989, so starke Wirkungen von ihm auch ausgingen, war kein Anfang, sondern der – soweit spektakulärste – Teil eines Prozesses, der bereits Jahre zuvor eingesetzt hatte. Die ersten Impulse in Ungarn waren nicht von Politikern gekommen, sondern aus dem Offizierskorps der Grenztruppen: vorsichtig formulierte Erwägungen, daß sich die Hindernisse an der Westgrenze in einem erbärmlichen technischen Zustand befänden, eigentlich ausgedient hätten oder aber, wenn man sie erhalten wolle, unter hohen Kosten erneuert werden müßten.

Auch István Horváth, im Jahr 1989 Innenminister und mithin der Mann, dem der Grenzschutz unterstand, begann unser erstes Gespräch, indem er von den Anregungen, Forderungen und Vorstößen der Grenztruppen in den späten achtziger Jahren berichtete. Damit habe alles begonnen. Dann zögerte der einstige Minister, schien über die eigene Ausdrucksweise zu lächeln und bemerkte: »Man hat uns ja in all den Jahren, wie Sie wissen, unermüdlich die offizielle Geschichte der Arbeiterbewegung beigebracht. In der Schule, an der Universität und in Seminaren am Arbeitsplatz hörten wir unzählige Male, daß die Oktoberrevolution und die Errichtung der Sowjetmacht am 25. Oktober 1917 in Petrograd mit den Schüssen des Kreuzers Aurora gegen das Winterpalais begonnen habe. Heute wissen wir, daß diese Legende mit der Aurora auch nicht die reinste Wahrheit ist, vor allem aber: Was heißt da ›begonnen‹? Wie und wann reift etwas so heran, daß Entscheidendes in Gang kommt?«

Wo also den Anfang ansetzen? Beim Volksaufstand 1956, dem die

Ungarn auf lange Sicht eine mildere Form der kommunistischen Herrschaft zu danken hatten? Bei den Versuchen der ungarischen Diplomatie in den achtziger Jahren, den eigenen Spielraum stetig auszuweiten, mit dem Westen Kontakt zu pflegen und, ermutigt namentlich durch die Bonner Ostpolitik, über Westdeutschland auch die Annäherung an die Europäische Gemeinschaft zu suchen? Bei der Bestrebung zu gleicher Zeit, sich aus der neu hereingebrochenen west-östlichen Eiszeit herauszuhalten, nicht zu den Leidtragenden des wieder einmal beschleunigten Rüstungswettbewerbs zu gehören? Oder im März 1985, beim Machtantritt Michail Gorbatschows und seiner Politik des Umbaus, der »Perestroika«? Den Auftakt bilden könnte auch die Ablösung János Kádárs im Mai 1988, des nach über dreißigjähriger Herrschaft müde und mürbe gewordenen ungarischen Parteichefs, der sich gegen weitere Reformen sperrte und seinem Nachfolger, Károly Grósz, gesagt haben soll, er empfinde für Gorbatschow Sympathien, der Mann sei aber oberflächlich und werde die Sowjetunion ins Verderben führen.[7]

Vielleicht müßten wir in der Tat von den innersowjetischen Schwierigkeiten ausgehen, die Gorbatschow erbte und die sich unter ihm rapide vermehrten, vom wirtschaftlichen Niedergang und dem ideologischen Bankrott, vom Schwächeanfall des Imperiums und dem gelockerten Griff, mit dem es die kleinen Satellitenländer im mitteleuropäischen Vorfeld gerade noch in der Hand hielt. Und vom Erwachen und Erstarken der oppositionellen Bewegungen namentlich in Polen und in Ungarn, im letztgenannten Land ausgeprägt im doppelten Sinn: indem sich innerhalb der herrschenden Partei ein zunehmend radikaler Reformflügel bildete, und indem die zivilgesellschaftliche Sphäre, in der Form von Bürgerinitiativen, Klubs und Bewegungen wieder präsent, ihre politischen Forderungen zu formulieren begann. Zwischen den beiden Bereichen gab es Berührungspunkte. Die maßgebliche Gestalt der innerparteilichen Reformer, Imre Pozsgay, hielt seine schützende Hand über intellektuelle Querdenker und ermöglichte ihre publizistische Tätigkeit. Und wenn Pozsgay Demokratie, Eigentum und Bürgerrechte als Ziele bezeichnete, dann stimmte das mit den Ideen der oppositionellen Gruppierungen überein, die sich in der Schlußphase des Einparteistaates nach und nach auch offiziell in politische Parteien umwandelten.

Daß sich eine wirtschaftliche Gesundung ohne grundlegende Änderungen der politischen Struktur nicht mehr erreichen ließ, war im Verlauf der achtziger Jahre immer klarer geworden. Das Ringen um die Richtung innerhalb der Führung der herrschenden Kommunisten hatte zwar auch den Charakter eines Machtkampfes. Doch der Terraingewinn der Reformer, die im Parteiapparat und in der Regierung immer mehr Positionen hielten (und denen sich auch Opportunisten in zunehmender Zahl anschlossen), gehört maßgeblich zum Hintergrund der Geschehnisse in Ungarn im Spätsommer 1989. Dazu gehört aber auch die Präsenz der Opposition, die bereits zu einem politischen Faktor ersten Ranges geworden war. Der Volksaufstand von 1956, jahrzehntelang als »Konterrevolution« verunglimpft, wurde – Pozsgay hatte seine parteiinternen Gegner mit dem Thema überrumpelt – neu bewertet und als nationale Erhebung anerkannt. Einer hartnäckigen oppositionellen Bürgerinitiative, dem Komitee für historische Gerechtigkeit, gelang es, die Rehabilitierung der Opfer von 1956 durchzusetzen; im Juni 1989 kam es zur feierlichen Neubestattung des hingerichteten Ministerpräsidenten der Revolutionsregierung, Imre Nagy. Kurz zuvor hatten mehrmonatige Rundtischgespräche zwischen der herrschenden Partei und der Opposition über den gesetzlichen Rahmen des Übergangs zur Mehrparteien-Demokratie begonnen. Neue, freie Parlamentswahlen standen für Anfang 1990 auf dem Programm.[8] Die öffentliche Meinung bekam plötzlich wieder Gewicht. Daß die ungarische Regierung Zehntausende von Ostdeutschen mit Polizeigewalt außer Landes schaffen und zur Rückkehr in ihre ungeliebte Heimat zwingen sollte, ließ sich in der DDR formulieren, war aber zu der Zeit in Ungarn schon undenkbar.

In diesem Licht betrachtet, bildeten die Bestrebungen der Grenztruppen, wie sie 1987 auch ihren schriftlichen Ausdruck gewannen, einen Teil des allgemeinen Gärungsprozesses. Die vorsichtig vorgebrachten Vorschläge enthielten früh schon die Möglichkeit, den Eisernen Vorhang, das Signalsystem, ganz zu schleifen. Dabei wurden fachliche Gründe ins Feld geführt, gemäß der Parole »Soldaten politisieren nicht«. Mitgespielt haben mag, daß die Grenztruppen im Ruf standen, recht aufgeklärte Offiziere, zugleich aber eine starr linkskonservative Parteiorganisation zu haben.

Die Klagen der Mannschaft hatten sich seit der zweiten Hälfte von 1986 gehäuft und ließen sich nicht mehr überhören. Das veraltete, schlecht funktionierende Meldesystem alarmierte die Wachen täglich mehrmals. Diese rückten Hals über Kopf aus, fuhren, ob Schönwetter, ob Regen, mit ihrem Geländewagen zum Tatort und stellten dann fest, daß ein Windstoß, ein Feldhase oder ein Vogel den »Grenzzwischenfall« verursacht hatte. Lächerliche und zugleich ärgerliche Zustände, die nach Änderungen riefen. Ein Generationenwechsel unter den Offizieren der Grenztruppe wirkte sich unter diesen Umständen günstig aus. Die Zungen der Jüngeren lösten sich leichter, wenn es galt, Mißstände zur Sprache zu bringen; die Informationskanäle innerhalb des Grenzschutzes funktionierten besser, die Sorgen der Soldaten, die in ihrem Dienst täglich unter der Wirkungslosigkeit des Signalsystems litten, fanden den Weg zum Ohr der höchsten Vorgesetzten.[9]

Um was für ein System handelte es sich? Der Eiserne Vorhang an Ungarns West- und Südgrenze war von 1949 an errichtet und dann, im Zeichen der Entspannungspolitik, 1955/56 wieder abgebrochen worden. Die Flucht von rund 180 000 Personen nach der Niederwerfung des Volksaufstands im Spätherbst 1956 wurde darum möglich, weil sich die ungarischen Ordnungskräfte in den Revolutionswirren aufgelöst hatten und an der Grenze zu Österreich gerade zu dieser Zeit keine Hindernisse mehr bestanden. Die von den Sowjets eingesetzte Regierung Kádár, der dringend an der dauernden Unterbindung der Flucht lag, ordnete am 2. März 1957 die abermalige hermetische Schließung der Westgrenze an.[10] Im Frühsommer war der ungarisch-österreichische Grenzabschnitt wieder abgeriegelt, die Arbeiten an der Perfektionierung der Sperre dauerten aber noch bis 1963. Nicht nur Stacheldrahtverhau und Stolperdrähte bildeten den Eisernen Vorhang, sondern auch dichte Minenfelder. Die Zahlenangaben gehen auseinander, doch befanden sich auf einer mehr als 300 Kilometer messenden Grenzstrecke insgesamt offenbar weit über eine Million auf Berührung explodierende Minen am Zaun sowie Tretminen im Boden.[11]

Am 11. Mai 1965 faßte das Politbüro in Budapest den eher technisch denn politisch motivierten Beschluß, die Grenzhindernisse zu modernisieren und ein sowjetisches Signalsystem einzuführen, für welches man in Ungarn die Kodebezeichnung »SZ-100« verwendete. Dieses elektrische Meldesystem, das in mehreren Etappen bis 1970 aufgebaut wurde, ermöglichte eine wirkungsvollere Kontrolle und kam ohne Tretminen aus; deren Räumung schloß man 1971 ab.[12] Der neue, über zwei Meter hohe Stacheldrahtzaun war mit einem zweiten, parallel verlaufenden Drahtsystem versehen, das 24-Volt-Schwachstrom führte, keine Lebensgefahr bedeutete, jedoch bei den Wachposten unter genauer Ortsangabe Alarm auslöste, wenn die Drähte infolge einer äußeren Einwirkung einander berührten oder wenn sie durchtrennt wurden. Die Chancen, Grenzverletzer festzunehmen, waren gut, denn ein Flüchtling, der die Hindernisse streifte und Alarm auslöste, hatte noch ein etwa zwei Kilometer breites Vorfeld zu überqueren, bis er die tatsächliche Grenzlinie erreichte. Ergänzt wurde das Signalsystem durch parallel verlaufende Zäune zur Fernhaltung von Wild, einen Patrouillenweg, der das rasche Erscheinen der motorisierten Grenzwachen ermöglichte, durch Spurenstreifen, welche Fußabdrücke festhalten sollten, sowie Leitungen zur Stromversorgung des Meldesystems; letzteres wurde auch mit kleineren Signalgeräten bestückt. Die Breite der Anlage betrug auf solche Weise insgesamt etwa zwanzig Meter.[13]

Das Signalsystem bewährte sich in der Anfangsphase, doch erwies es sich auch als überaus störungsanfällig. Es gelang insbesondere nicht, das Wild fernzuhalten; die Wachmannschaften mußten wegen blinden Alarms im Jahresdurchschnitt bis zu viertausendmal ausrücken. Mit welchem Aufwand das einherging, geht daraus hervor, daß ein ausgelöstes Signal vierzig bis sechzig Grenzsoldaten und später weitere vierzig bis achtzig und in begründeten Fällen innerhalb einer Stunde sogar zweihundert bis vierhundert Mann alarmierte.[14] In der verhältnismäßig freien politischen Atmosphäre, die im Ungarn der achtziger Jahre schon herrschte, brachten Fachkreise den Gedanken, das Signalsystem abzutragen, zumindest in theoretischer Form bereits 1981 und dann an einer Konferenz der Grenzwache 1984 zur Sprache.[15]

Die politischen Zeitumstände, womit namentlich die Ära Gorbatschow gemeint ist, bestimmten die weitere Entwicklung. Die ungarischen Grenztruppen erhielten 1986 in der Person von János Székely einen neuen Oberbefehlshaber. Von ihm rede man wenig, wenn man das Geschehen um die Grenze beschwöre, sagt sein Nachfolger, General Nováky. Dabei habe Székely maßgeblich Anteil daran gehabt, daß der Stein ins Rollen gekommen sei. Den ersten Impuls scheint allerdings das Innenministerium gegeben zu haben, indem es das Signalsystem zum Thema machte. Im Ministerium verwaltete Jenő Földesi, ein früherer Oberbefehlshaber des Grenzschutzes, das zuständige Staatssekretariat, folglich jemand, der den Anliegen dieser Truppe Verständnis entgegenbrachte.[16]

Das Ungemach der Grenzwächter war schon bedenklich genug, hätte aber vermutlich nicht ausgereicht, um etwas in Bewegung zu setzen. Nun kam aber eine politische Entscheidung hinzu: Den ungarischen Staatsangehörigen wurde das Recht auf einen Reisepaß zugestanden. Dieser Reiseausweis, »Weltpaß« genannt, war unbegrenzt für jedes Land gültig. Die Entscheidung auf Parteiebene fiel im Mai 1987, und die Pässe wurden vom 1. Januar 1988 an eingeführt.[17] Die ungarischen Behörden hatten ihren Bürgern Auslands- und auch Westreisen von den späten sechziger Jahren an immer liberaler gestattet – im Vertrauen auf die ruhige politische Atmosphäre im Inland, auf einen sich langsam ausbreitenden kleinbürgerlichen Wohlstand, der die Menschen wieder nach Hause zurückkehren ließ, und vor allen Dingen im Vertrauen darauf, daß die zunehmend von Arbeitslosigkeit und Einwanderungsdruck heimgesuchten westlichen Länder den Osteuropäern Asyl nur noch widerwillig gewährten. Die ungarischen Touristen darbten zwar, weil ihre Währung westlich der Grenze wertlos war und ihr Staat ihnen harte Devisen nur karg zuteilen konnte, sie ernährten sich in Italien oder Frankreich wochenlang von mitgebrachten Konserven, made in Hungary, nahmen, wenn es irgend ging, die Hilfe ihrer im Westen lebenden Emigranten-Bekannten in Anspruch (die deshalb von Kádárs Rache sprachen), und doch wurden die Ungarn von den eingesperrten DDR-Bürgern um ihre Reisefreiheit heftig beneidet.

Wozu also, so fragte man sich 1987, die Westgrenze dicht abschirmen, wo doch demnächst jedermann legal das Land verlassen kann? Was soll der Stacheldraht zur Abwehr von »Spionen und feindlichen Agenten des Imperialismus« in einer Zeit der Satellitenaufklärung? Und militärisch erst? Da waren die Grenzbefestigungen ohnehin vollkommen bedeutungslos. Das Innenministerium setzte für den Spätherbst 1987 eine hausinterne Beratung über diese Fragen aufs Programm, eine sogenannte Ministerialkonferenz.[18] Als Oberbefehlshaber der Grenzwache richtete Székely deshalb am 29. Juli 1987 ein Rundschreiben an seine führenden Offiziere.[19] Er ließ ihnen einen Fragebogen zukommen und bat sie um Stellungnahmen zum Zustand des Signalsystems und um die Schilderung ihrer Erfahrungen. Wissen wollte er auch, wie die Zukunft nach der Meinung seiner Untergebenen aussehen könnte, und unter den Varianten, welche die Offiziere beurteilen sollten, erwähnte er auch den Fall, daß man die Grenzhindernisse ganz abbrechen würde. Der Oberkommandant wies auf die bevorstehende Beratung im Ministerium hin und bat um Rücksendung der Fragebogen bis zum 25. August 1987.

Auf der Grundlage dieser Meinungsumfrage erstellte dann Székely einen zehn Seiten umfassenden Bericht, den Staatssekretär Földesi zuhanden der internen Konferenz des Innenministeriums am 21. Oktober einreichte.[20] Der Befehlshaber der Grenztruppen schilderte den Zustand des elektrischen Signalsystems, er führte technische, militärische, wirtschaftliche und andeutungsweise auch politische Argumente an, dies mehrheitlich in der Form einer neutralen

Feststellung. In ihrer Gesamtheit legten aber die genannten Gründe deutlich die Ansicht nahe, das Signalsystem sei unhaltbar geworden. Székely beschrieb die Lage der durch Fehlalarme geplagten Grenzwächter: Jede Untereinheit müsse im Durchschnitt 1,5- bis dreimal am Tag ausrücken, was die Dienstzeit um zwei bis vier Stunden verlängere; die Kontrolle der Grenzabschnitte durch die Mannschaften sei auf diese Weise zeitraubend und unwirksam, die Umstände, unter denen der Dienst verrichtet werde, nähmen sich unwürdig aus.

Die Kosten für die Instandhaltung der Grenzsperren bezifferte Székely mit 22 bis 25 Millionen Forint pro Jahr. Hinzuzuzählen, so vermerkte er, seien Entschädigungen für die Enteignung von Agrarland: 15 bis 18 Millionen Forint, für die das Innenministerium aufkomme, sowie 5 bis 7 Millionen, die der Grenzschutz bezahle. Insgesamt also 42 bis 50 Millionen Forint, nach dem damaligen Kurs rund 760 000 bis 900 000 US-Dollar. Unter den finanziellen Argumenten im Bericht figurieren auch Hinweise, die bei all der Ernsthaftigkeit, mit der sie zu ihrer Zeit zu Papier gebracht wurden (und mit der sie gelesen werden sollten), auf groteske Art die Misere der kommunistischen Planwirtschaften beleuchten: »Das zum Drahtwechsel notwendige rostfreie Drahtmaterial beschaffen wir uns aus Westimport für Devisen. Die gegenwärtig verwendete SZ-100 elektrische Einrichtung wird in der Sowjetunion nicht mehr hergestellt, so daß der Nachschub von Ersatzteilen stockt.«

Zusammenfassend zählte Székely eine Reihe von Punkten auf, die alle gegen die Beibehaltung der Grenzbefestigungen sprachen: Die Aufbauten seien von weitem erkennbar, in ihrem Mechanismus durchschaubar und somit leicht zu bekämpfen. Die Signale stammten in der Mehrheit nicht von Grenzverletzern. Die Erhaltung der Funktionsfähigkeit der Hindernisse werde immer kostspieliger, sie verlange bedeutende Ausgaben in harter Währung. Das System sei zunehmend anfällig auf das Wetter. An Stellen, wo nur ein schmales Vorfeld bestehe – gemeint war das Gelände zwischen den technischen Hindernissen und der tatsächlichen Grenze, ein Gebiet, das nur mit Sonderausweis betreten werden konnte –, nehme die Wirksamkeit des Systems ab. Es stehe in Westungarn dem Tourismus im Weg, und – bemerkenswerte Aussage des Kommandanten – diese Art der Grenzbewachung sei auch »moralisch und technisch überholt«.

Székelys Schlußfolgerungen: Der Grenzschutz befürworte die Bewahrung des Systems bis in die frühen neunziger Jahre, danach aber sei es trotz allen hohen Aufwendungen nicht mehr zu erhalten. Zu prüfen habe man, was dann geschehen solle. Zwei Möglichkeiten böten sich an: Man baue – Variante A –, wie in der Sowjetunion, der DDR und Bulgarien schon geschehen, ein neues System, dessen Kosten 1,3 bis 1,5 Millionen Forint pro Kilometer betrügen. In diesem Fall müsse man neben den Ausgaben mit der negativen politischen Beurteilung sowie den ungünstigen Reaktionen der Bevölkerung und des westungarischen Tourismus rechnen. Oder – Variante B – das Signalsystem werde abgebrochen. Dies allerdings würde eine neue Grenzschutzordnung nötig machen. Auch dieser Schritt sei nicht billig, und er erhöhe die Wahrscheinlichkeit von unerlaubten Grenzübertritten. Der Verfasser des Berichts bekannte zuletzt Farbe: Der Grenzschutz befürworte die Variante B.

Die Konferenz im Innenministerium fand am 9. November 1987 statt. Teilnehmer waren Innenminister János Kamara, Staatssekretäre sowie eine Reihe hoher Polizeioffiziere. Székely bekam eingangs Gelegenheit, den Bericht mündlich vorzustellen. Er hielt fest, daß die Grenzverletzer nur noch zum kleinsten Teil Ungarn seien und daß das Signalsystem kaum mehr etwas zu den Festnahmen beitrage; es werde von Flüchtenden untertunnelt, man überwinde es mit Leitern, und DDR-Bürger seien auch dazu übergegangen, die Drähte mit Zeitungspapier oder anderen Materialien zu isolieren und so die Signale zu unterbinden. Alarm werde nur in ein bis 1,5 Prozent aller Fälle von Grenzverletzern ausgelöst. Deshalb mit den Geländewagen jährlich eine Million Kilometer zurückzulegen und all die Anstrengungen auf sich zu nehmen, stehe in keinem Verhältnis zum Ergebnis.

Die Anwesenden sagten: »Ja, aber.« Selbst der harte Mann der Staatssicherheit, Szilveszter Harangozó (der bald abgelöst werden sollte), schloß sich Székelys Empfehlungen an, riet aber dazu, sich nicht zu schnell zu entscheiden, sondern die weitere Entwicklung der internationalen Lage abzuwarten und sich so die Rückzugsmöglichkeit offenzuhalten. Manche dachten laut und besorgt darüber nach, wie die sozialistischen Verbündeten auf einen solchen Schritt reagieren würden, bis dann der Minister das letzte Wort sprach: Der Drahtverhau an der Grenze, zugegeben, sei kein erbaulicher Anblick. Es gebe jedoch zu viele Unsicherheitsfaktoren: das Verhalten der Verbündeten, die Frage, welche technische Lösung das bisherige System ablösen solle, die Kosten, und dann, wie Genosse Harangozó eben gesagt habe: Es sei allemal besser, nichts zu übereilen. Er, der Minister, wolle weder A noch B sagen. An Székely erging der Auftrag, den Bericht im nächsten halben Jahr zu vervollständigen und Antwort zu geben auf die Frage, wie die Grenzsicherung ohne Signalsystem auszusehen hätte. Im Herbst 1988 könne man dann weitersehen.

Bestellt wurden also ergänzende Vorschläge[21] – eine bewährte bürokratische Methode, einem Beschluß auszuweichen. Entscheiden, so betonte Kamara, müsse später einmal auf jeden Fall das Politbüro. Damit blieben die Dinge an der Westgrenze einstweilen unverändert. In der Hauptsache lag dies zweifellos an der Person des Innenministers. Der zu der Zeit sechzigjährige, vom Arbeiterkader zum Polizeioffizier und zum Minister aufgestiegene Kamara war weder reformerisch-initiativ genug, noch besaß er den nötigen politischen Rückhalt, um einen Schritt von solcher Tragweite zu wagen, wie ihn Székelys Ausführungen nahelegten. Das Anliegen verschwand in der Folge allerdings nicht von der Tagesordnung, weil die hohen Grenzoffiziere nicht lockerließen. Sie hielten unentwegt Ausschau nach Foren, die ihnen erlaubten, das Thema zur Sprache zu bringen.

Dabei ging es recht scheinheilig zu. Alle führten technische Argumente an, während doch jedermann wußte, daß man mit der Entscheidung darum zögerte, weil die Reaktionen der »Bruderländer« unberechenbar waren. Niemand sprach klar aus, daß es sich im Kern keineswegs um die Dienstverhältnisse der Grenzsoldaten handelte und um deren ruhigen Schlaf. Eine Berufs- und Zukunftssorge betraf freilich die Offiziere und trieb sie an. Im politischen Hintergrund waren seit einiger Zeit Bestrebungen im Gange, den Grenzschutz zu zergliedern und die Grenzbewachung der Armee und die Kontrolle an den Übergängen den Zoll- und Finanzbehörden zu übergeben. Die Führung des Grenzschutzes antwortete hierauf, indem sie die Flucht nach vorn ergriff: Wenn ihr aus Sparzwang eine Umstellung wollt, dann laßt uns eine neue, moderne Grenzordnung und eine verkleinerte, professionelle Mannschaft einführen und den Eisernen Vorhang mitsamt seiner kostspieligen Bewachung abschaffen.[22]

Inzwischen – Mitte Dezember 1987 – war die Führung des Innenministeriums von János Kamara auf István Horváth übergegangen. Horváth hatte dieses Amt bereits 1980 bis 1985 verwaltet, danach im Zentralkomitee der Staatspartei die Stelle eines Sekretärs innegehabt, und er stand in der Regierung eine Weile auch im Rang eines stellvertretenden Ministerpräsidenten. Als ZK-Sekretär hatte Horváth die Aufsicht über die Streitkräfte, die Polizei und den Justizapparat geführt, weshalb er auch in den Fragen des Grenzschutzes auf dem laufenden blieb. Seine Beziehungen waren ungleich fester als die seines Vorgängers.

Da Horváth eine der Schlüsselfiguren ist in der Geschichte, um die es in diesem Buch geht, erscheint es angebracht, seinem Leben einige Worte zu widmen. Geboren 1935 in Paks, einer Kleinstadt an der Donau, entstammte Horváth einer Arbeiterfamilie. Politische Impulse brachte er indessen von den Eltern kaum mit. Der Vater trat nach dem Krieg in Budapest der Sozialdemokratischen Partei bei, die 1948 mit den Kommunisten zwangsvereinigt wurde, die neue Partei schloß ihn aber bereits ein Jahr später aus, weil er seine früh verstorbene Frau kirchlich hatte bestatten lassen. Der ohne Mutter aufwachsende Sohn wohnte als Gymnasiast in einem Kollegium, und die sich dort entfaltende kommunistische Jugendbewegung riß ihn mit. Viele Jugendliche erlebten diese Jahre als eine Zeit des Aufbruchs und der Hoffnung, und es war denn auch keine Kleinigkeit, wenn ein intelligenter fünfzehn- bis sechzehnjähriger Mittelschüler wie Horváth bereits regelmäßig damit beauftragt wurde, vor Arbeitern ideologische Vorträge zu halten.

So begann die Laufbahn des Funktionärs, und sie führte von Stufe zu Stufe nach oben; sie kannte allerdings auch Brüche und Erschütterungen. Er habe, erinnert sich Horváth, 1953 den gemäßigten Kurs des neuen Ministerpräsidenten Imre Nagy freudig begrüßt. Der von den Sowjettruppen niedergeschlagene Volksaufstand von 1956, bei dem er als Student der Rechtswissenschaften zur Nationalgarde gehört hatte, hinterließ bei ihm nach eigenen Worten ein schweres Trauma. Trotzdem akzeptierte er, wie er darlegt, den von den Sowjets eingesetzten neuen Regierungschef János Kádár, da er in ihm, dem in den fünfziger Jahren eingekerkerten Genossen, ein Opfer des Stalinismus sah. Kádár, so hoffte er, werde niemals mehr eine ähnliche Politik des Terrors erlauben.

Lassen wir es Horváths Sache sein, wie er diese Überzeugungen nach 1956 bewahren konnte, wie er die Jahre des von Kádár geführten grausamen Rachefeldzugs erlebte, dem 1958 auch Imre Nagy, der Ministerpräsident der Revolutionsregierung, zum Opfer fiel. Horváth schloß sein Studium 1957 ab und trat in der Stadt Kecskemét seine erste Stelle als Gerichtsreferent an. Bereits nach einem guten Jahr holte man ihn als vollamtlichen Funktionär in die Parteiorganisation der Region (Komitat) Bács-Kiskun. Warum das? Eine naheliegende Erklärung besagt, daß die vom Volksaufstand schwer in Mitleidenschaft gezogene Partei junge Kräfte suchte. Horváth, später persönlicher Referent des Ersten Sekretärs von Bács-Kiskun, hebt hervor, daß an der Spitze dieses agrarischen, durch seine Früchtekultur bekannten Komitats eine gemäßigte Führung stand, die beispielsweise darauf verzichtete, die Kollektivierung der Landwirtschaft mit sturer Konsequenz zu erzwingen. In der gleichen Region begann auch die Parteilaufbahn des späteren radikalen Reformers Imre Pozsgay. Mit ihm verband Horváth bald eine enge Freundschaft, die lange, auch in den stürmischen letzten Jahren des Regimes hielt, nach 1989 aber – gerade wegen Differenzen über die

Rolle des einen und des anderen bei der Grenzöffnung – in die Brüche ging.

Der weitere Aufstieg: 1970 kam Horváth als Erster Sekretär der kommunistischen Jugendorganisation nach Budapest, 1980 bis 1985 leitete er zum ersten Mal das Innenministerium, war dann zwei Jahre lang Sekretär des Zentralkomitees und kehrte Ende 1987 wieder ins Ministerium des Inneren zurück. Seine Rückversetzung in die Regierung 1987 sieht Horváth als einen der berühmt-berüchtigten personalpolitischen Züge des passionierten Schachspielers János Kádár. Dieser wachte argwöhnisch über das politische Gleichgewicht des ihm unterstellten Apparats, über die Loyalität und die Ambitionen seiner Gefolgsleute. Horváth meint, Kádár habe wohl nicht gewünscht, daß er weiterhin gemeinsam mit Pozsgay in der Parteizentrale sitze.

Wie wurde aus dem Jungkommunisten und späteren hohen Funktionär zuletzt der auf Erneuerung dringende Minister? Keine Mißverständnisse sollen aufkommen, antwortet Horváth: Er glaube nach wie vor an den Sozialismus als die Verheißung einer besseren Zukunft. Doch daß Ungarn sich zu diesem Ziel auf dem richtigen Weg befinde, daran seien ihm bereits Anfang der siebziger Jahre starke Zweifel gekommen. Als die 1968 in Gang gesetzte Wirtschaftsreform zu Beginn der siebziger Jahre wegen Einspruchs aus Moskau und infolge von Attacken der parteiinternen Linken in Ungarn selbst gebremst werden mußte, bedeutete dies für Horváth eine sehr bittere Ernüchterung. In der Folge will er immer klarer erkannt haben, daß Flickwerk und kleine Korrekturen nicht mehr dazu ausreichten, das am sowjetischen Modell orientierte System zu retten. Als ZK-Sekretär, so erinnert er sich, vertrat er den Standpunkt, daß eine Sanierung der Wirtschaft nicht mehr möglich sei, wenn man die politischen Rahmenbedingungen unverändert lasse. Doch nochmals – die Auskunft aus dem Mund des früheren kommunistischen Würdenträgers klingt nicht überraschend –, ihm habe als Ziel nicht der Bruch mit allem Bisherigen vorgeschwebt, sondern die Erneuerung der sozialistischen Welt.

Warum wollte er 1988/89 die Grenzhindernisse abtragen? Darum, sagt Horváth, weil sie keinem ungarischen Interesse mehr dienten, im Gegenteil. Die Einheimischen konnten nun ja reisen, wohin es ihnen beliebte. Die Zahl jener, die nicht zurückkehrten, war minimal und sank in den achtziger Jahren kontinuierlich. Was sollte der Eiserne Vorhang an der ungarisch-österreichischen Grenze, wenn das Land zusammen mit Österreich eine Weltausstellung plante? Auch praktizierte Ungarn zu der Zeit schon die liberalste Einreiseordnung unter allen sozialistischen Ländern. Wozu westlichen Ausländern bei der Ankunft diesen Anblick zumuten, sie mit dem Stacheldraht empfangen, der angeblich gegen sie ausgespannt worden ist?

Horváth, von Staatssekretär Földesi unterstützt, nahm sich der Anliegen der Grenztruppen wieder an. Székely hatte seinen Bericht mittlerweile tatsächlich ergänzt, seine Vorschläge liefen nun generell auf eine neue Grenzordnung hinaus. Im Innenministerium plante man für den Herbst 1988 eine neue, dem gleichen Thema gewidmete Konferenz und arbeitete an einer umfangreichen Dokumentation, die der Parteispitze vorgelegt werden sollte. »Eingabe an das Politbüro der USAP über die langfristigen Aufgaben des Grenzschutzes«, so lautete zuletzt die beinahe schon verdächtig neutrale Überschrift der von Horváth unterzeichneten Studie, in der solcherart versteckt auch der Vorschlag stand, das Signalsystem an der Westgrenze abzutragen.[23] Der Generalsekretär der Partei hieß seit dem Mai 1988 nicht mehr János Kádár, sondern Károly Grósz, und Horváth besprach sich mit ihm, bevor er sein Papier einreichte. Der neue Parteichef hatte keine grundsätzlichen Einwände.[24]

Grósz war, wie Horváth nachträglich urteilt, alles andere als ein überzeugter und wagemutiger Reformer. Er bewahrte böse Erinnerungen an den Volksaufstand von 1956, glaubte nun Parallelen zur Vorgeschichte der damaligen Erhebung zu erkennen und befürchtete, daß es, sollte man den Dingen ihren Lauf lassen, zu einer chaotischen, unkontrollierbaren Entwicklung kommen könnte.[25] Nach Horváths Meinung wollte Grósz langsamer vorgehen, aber immerhin auch Schritte tun. Er selber, sagt der frühere Innenminister, sei ein Anhänger Pozsgays gewesen, gerechterweise müsse man aber anerkennen: Nicht nur die Grenzöffnung, auch mancher andere Reformschritt wäre damals nicht möglich oder zumindest schwieriger gewesen, wenn Grósz die Vorgänge trotz allem Widerwillen nicht hingenommen, sondern bekämpft hätte.

Anfang August 1988 publizierte das ungarische Parteiblatt ein ganzseitiges Interview mit Horváth.[26] Die letzte Frage, die dem Innenminister gestellt wurde, galt den Grenztruppen und ihrer künftigen Funktion. Der Minister hielt vorerst einmal fest, daß die Entwicklung die bestehende Ordnung überholt habe: »Letztes Jahr überschritten beinahe zwanzig Millionen Ausländer und sieben Millionen Ungarn die Grenze. [...] Die Organisation des Grenzschutzes entstand aber in der Periode des Kalten Kriegs, als man über die Grenzbewachung [...] ganz anders dachte.« Auf gewissen Abschnitten der Staatsgrenze, fuhr Horváth fort, »sind die Reliquien [Relikte], die Einrichtungen der alten Zeit tatsächlich auch noch präsent«. In Ungarn seien es junge, in kurzer Zeit ausgebildete Soldaten, die den Grenzwächterdienst verrichteten, während dies in großen Fremdenverkehrsländern von Berufsleuten getan werde. Aus all dem, schloß Horváth, gehe hervor, »daß nicht oberflächliche Maßnahmen nötig sind, sondern tiefgreifende Entscheidungen, und deren Vorbereitung beschäftigt uns«. Der letzte Satz bezog sich offensichtlich auf die Eingabe an das Politbüro, an der man im Innenministerium arbeitete.

Am 26. Oktober 1988 besuchten Staatsminister Pozsgay und Innenminister Horváth die Grenztruppen in Hegyeshalom. Die Einladung war von Generalmajor Székely und der Parteiorganisation des Grenzschutzes gekommen und hatte sich ursprünglich an Pozsgay gerichtet. Dieser besprach sich mit Innenminister Horváth, und die zwei Freunde kamen überein, die Reise zusammen zu unternehmen. Angebracht schien dies auch darum, weil die Grenztruppen dem Innenministerium unterstanden. Horváth weihte auf der Hinfahrt Pozsgay in die Vorgänge in seinem Ministerium ein, er sagte ihm, daß er eine Eingabe an die Parteiführung vorbereite. Man setzte den beiden Ministern in Hegyeshalom nochmals die Probleme auseinander, die der technisch veraltete Eiserne Vorhang den Mannschaften Tag für Tag bescherte, und dann wurden sie von Presseleuten um eine Stellungnahme gebeten. Horváth ließ Pozsgay den Vortritt: Der Rang des Staatsministers und Politbüromitglieds Pozsgay wog schwerer.[27]

Pozsgay, der treibende Geist des Reformlagers, meldete sich um diese Zeit immer wieder mit aufsehenerregenden Erklärungen zu Wort. So auch diesmal. Er sei, erinnert sich der frühere Minister, zwar nicht ohne politische Absichten nach Hegyeshalom gefahren. Den letzten Anstoß zu seinen Äußerungen dort gab aber, wie er sagt, die Begegnung mit den Angehörigen des Grenzschutzes, der Anblick von Leuten, die sich für ihren Dienst schämten. Bei einer improvisierten Pressekonferenz erklärte er, daß das Signalsystem, der Eiserne Vorhang, sowohl historisch als auch politisch und technisch überholt und abbruchreif sei. Gemäß dem Besuchsprogramm sprach der Staatsminister am Nachmittag des gleichen Tages in der westungarischen Stadt Győr (Raab) bei einem »politischen Forum« vor mehreren hundert Grenzschutzoffizieren, und er äußerte sich ähnlich.

Pozsgays Worte wurden noch am gleichen Abend in den Fernsehnachrichten ausgestrahlt, und das Parteiorgan *Népszabadság* titelte am nächsten Tag auf der ersten Seite: »Die Zeit ist reif für den Abbruch der technischen Grenzsperre«.[28] In seinem Bericht über den Ministerbesuch am Vortag zitierte das Blatt Generalmajor Székelys Meinung, das Landeskommando glaube, daß – im Falle einer Entscheidung auf höherem Niveau – die Zeit gekommen sei für den Abbruch des Signalsystems. Dann sagte Pozsgay in einem kurzen Interview, die Menschen- und politischen Rechte seien für die Ungarn gesichert, sie besäßen einen »Weltpaß«, so daß sie es nicht nötig hätten, die Grenze illegal zu überschreiten. Hernach wiederholte er die Formel vom historisch, politisch und technisch veralteten Signalsystem und fügte hinzu: »Es zu erhalten, liegt nicht in Ungarns Interesse, und der Abbruch kann mit großer Wahrscheinlichkeit in absehbarer Zeit erfolgen. Dies wird die allgemeine Atmosphäre und ganz gewiß auch unser Verhältnis zu Österreich weiter verbessern.«

Eine kleinere Parteiaffäre und eine Rüge für Pozsgay waren zu der Zeit als Folgen allerdings noch unvermeidlich. Der Besuch an der Grenze und das dort Gesagte wurden einige Tage später im Politbüro beanstandet. György Fejti, ein Vertreter der harten Linie, nahm Anstoß an Pozsgays Vorpreschen. Zwar vertrat auch Fejti die Meinung, daß die Erneuerung des Eisernen Vorhangs politisch unangebracht und darüber hinaus kostspielig sein würde, er empfahl aber, das Thema in der Öffentlichkeit nicht zu berühren, solange die Parteiführung keinen endgültigen Beschluß gefaßt habe. Parteichef Grósz pflichtete Fejti bei und berief sich auch auf Moskaus Interesse. Er deutete sogar an, daß man mit Widerstand von sowjetischer Seite rechnen müsse. Er habe, behauptete Grósz, die Frage mit dem sowjetischen Außenminister Schewardnadse besprochen. Es sei keine gute und sogar eine gefährliche Lösung, wenn in Ungarn die technische Sperre verschwinde, während die anderen sozialistischen Länder neue, moderne Grenzhindernisse aufbauten. Andererseits, gab Grósz zu, gehe es um viel Geld. Man müsse sich etwas Neues einfallen lassen, wenn Ungarn im Grenzgebiet zusammen mit Österreich Freihandelszonen errichten wolle. Was tun also? Grósz gab die seiner Natur gemäße Antwort: abwarten, das Problem langsam austragen.[29]

Gerade das ließ sich nicht mehr machen. Pozsgay verteidigte sich im Politbüro damit, daß das Problem bereits vor seiner Stellungnahme an die Öffentlichkeit gelangt war. Nachrichten über die Absicht, den Eisernen Vorhang zu beseitigen, waren zu dem Zeitpunkt tatsächlich schon durchgesickert. Aber erst dank der Position und dem Ansehen Pozsgays wurde nun das Thema auf die politische Ebene gehoben – trotz dem Einspruch durch das Politbüro. Für die Führung des Grenzschutzes bedeutete das, wie Balázs Nováky sich erinnert, den Durchbruch: »Wir verstanden, daß unser fachlich begründeter Vorschlag grünes Licht bekommen hatte und daß die endgültige Entscheidung bevorstand. Wir werteten die Geschehnisse als ein starkes Signal und hielten die Entwicklung von da an für unumkehrbar.«[30]

Wie sehr das der allgemeinen Stimmung entsprach, geht aus einer kleinen Pressemeldung hervor, die zwei Wochen nach dem Treffen in Hegyeshalom im Parteiblatt erschien. Unauffällig, auf einer inneren Seite des Blattes placiert, stand eine von der Nachrichtenagentur MTI verbreitete Nachricht: In der Umgebung der Stadt Kőszeg (Güns) an der Westgrenze wird nach dem Abbruch der Grenzhindernisse ein Gebiet von dreitausend Hektar frei. Größtenteils ist das Terrain bewaldet, bedeutende Flächen eignen sich aber auch für Reben und Obstkulturen. Da Straßen und Elektrizitätsleitungen vorhanden sind, kann man sich an den Bergflanken mit Höhenklima auch den Bau von Sanatorien vorstellen. Die Meldung stand unter dem Titel »Die technische Grenzsperre wird aufgehoben«.[31]

3

Erste Entscheidungen

Am 24. November 1988 übernahm der erst vierzigjährige Miklós Németh das Amt des Ministerpräsidenten. Grósz, der im Juni 1987 Regierungschef geworden war und seit Mai 1988 auch an der Spitze der Partei stand, gab die Doppelfunktion auf und blieb Generalsekretär. Er habe seinen Abstecher in die Regierungsgeschäfte, die Tätigkeit als Ministerpräsident als einen Umweg empfunden, er sei stets viel eher ein Parteimann gewesen, so begründete Grósz im Rückblick seinen Verzicht.[32] Németh selbst sieht die Dinge anders: Angesichts der immer dramatischeren Wirtschaftslage kam Grósz im Herbst 1988 um die Einsicht nicht mehr herum, daß die Tätigkeit des Regierungschefs ein unsicheres, von Scheitern bedrohtes Geschäft bedeutete.[33]

Grósz, selber kein Wirtschaftsfachmann, zog für die Nachfolge zwei Kandidaten in Betracht: Németh und Rezső Nyers, beide Ökonomen.[34] Keiner zeigte sich vom Angebot besonders begeistert. Beide hätten es vorgezogen, dem anderen den Vortritt zu lassen und selber als Zuständiger für die Wirtschaft in der zweiten Reihe zu verbleiben.[35] Die Wahl, die Grósz mit einigem Druck und nicht geringer Überredungskunst durchsetzte, fiel schließlich auf Németh. Ausschlaggebend gewesen sein mochte dabei dessen Jugend, zumal im Vergleich mit dem bereits 65 Jahre alten Nyers, der, vom Sozialdemokraten zum Kommunisten geworden, eine gewundene, durch manche Tiefe und Höhe hindurchführende politische Laufbahn hinter sich hatte.

Miklós Németh sollte auf solche Weise jener Regierungschef werden, dem die Aufgabe zufiel, das Land in den anderthalb Jahren zu führen, die bis zu den ersten freien Wahlen, bis zum Systemwechsel noch übrigblieben. Daß die Frist so kurz sein würde, ahnte im Spätherbst 1988 kaum jemand. Grósz, ein Liebhaber der langsam heranreifenden Entscheidungen, erklärte am 7. Februar 1989 seinen Genossen im Politbüro, die für 1990 vorgesehenen Wahlen brächten noch keine Änderung, der Übergang werde bis 1995 dauern, dann erst folge die letzte Auseinandersetzung. Das stieß selbst in diesem Gremium auf Skepsis. Doch auf einen fragenden Zwischenruf, ob er sich bei der Jahreszahl 1995 nicht etwa versprochen habe, versicherte Grósz, nein, er meine es tatsächlich so.[36]

Bald indessen beschleunigten sich die Ereignisse. Für Németh, den Ministerpräsidenten, galt es da nicht nur, die Tagesgeschäfte abzuwickeln, sondern auch dafür zu sorgen, daß der Übergang zur Demokratie in gesetzlichem Rahmen, auf friedliche Art erfolgte. Bei Némeths Machtantritt 1988 mochten sich erst die Umrisse dessen abzeichnen, was bevorstand. Eine Entscheidung fällte er allerdings rasch, und sie betraf auf folgenschwere Weise die zu dem Zeitpunkt noch ungewisse Zukunft des Eisernen Vorhangs.[37]

Inmitten der kritischen Wirtschaftslage sah sich der neue Ministerpräsident Ende 1988 gleich einem schwerwiegenden Problem gegenüber: Der Staatshaushalt mußte verabschiedet werden. Németh erkannte schnell, daß der Entwurf, so wie er vorlag, unrealistisch war. Der Regierungschef ging nun buchstäblich über die Bücher; er prüfte den Budgetplan und hielt Ausschau nach Sparmöglichkeiten.[38] Dabei stieß er unter den Ausgaben auf einen gewichtigen Posten, dessen kodierte Bezeichnung er nicht verstand. Als er sich erkundigte, bekam er die Antwort, da handle es sich um die jährlichen Kosten für die Aufrechterhaltung des elektrischen Signalsystems an der Grenze zu Österreich. Worauf der Ministerpräsident einen Bleistift nahm und den Posten im Budget kurzerhand strich.[39]

Zwei Momente sind dabei bemerkenswert. Heute, im Rückblick auf den Erfolg der Grenzöffnung, wäre es für Németh wohl leicht und verlockend zu erklären, er habe seinen Beschluß in vollem Bewußtsein der Folgen, mit der Absicht des in europäischen Dimensionen denkenden Reformpolitikers gefaßt. Der frühere Ministerpräsident sagt indessen frank und frei das Gegenteil. Ihm sei es damals, wie er zugibt, einzig um eine Sparmaßnahme gegangen. Die zweite Anmerkung: Németh tat den Schritt als Regierungschef auf eigene Verantwortung, ohne sich vorher der Zustimmung der Parteiführung zu versichern. Das war – obwohl er das unmittelbar auch nicht bedacht haben mag – das Markenzeichen eines neuen Kurses in einer neuen Zeit, den er in den folgenden Monaten immer zielbewußter einschlug: die Regierung von der Partei unabhängig machen.[40]

Als Németh im November 1988 sein Amt übernahm, gestalteten sich die Regierungssitzungen noch gemäß dem seit Jahrzehnten geltenden Ritual des Einparteistaates: Der Ministerpräsident las aus den ihm gelieferten Akten die Beschlüsse des Politbüros der Partei vor. Die Aufgabe der Minister bestand bloß darin, zur Kenntnis zu nehmen und für die Ausführung zu sorgen. Im Sommer 1989 stand es dagegen schon anders. Als die Krise wegen der Flüchtlinge aus der DDR ihrem Höhepunkt zustrebte und das Problem immer gebieterischer nach einer Lösung rief, war die Regierung bereits seit längerer

Zeit das einzige Machtzentrum. Zuvor, im Februar, hatte die Ungarische Sozialistische Arbeiterpartei unter dem zunehmenden Druck der Verhältnisse der Schaffung des Mehrparteiensystems zugestimmt. Zwei Monate später verzichtete sie dann auf eines ihrer wichtigsten Privilegien. Zusammen mit der Patriotischen Volksfront, dem Sammelbecken der Massenorganisationen, gab sie das Vorrecht auf, bei der Besetzung von Staatsämtern die Kandidaten zu bestimmen.

Németh hatte die Rolle nicht gesucht; er hatte sich früher mit der deutschen Frage, mit Außenpolitik allgemein nicht näher befaßt. Die Umstände brachten es aber mit sich, daß der Ministerpräsident 1989 ebenfalls zu einer Schlüsselfigur der Grenzöffnung wurde. Woher, aus welchen Verhältnissen kam dieser junge Politiker?

Geboren wurde Miklós Németh 1948 in Monok. Daß es dieses Dorf im Nordosten Ungarns gibt, wüßten vermutlich selbst unter den Einheimischen nur wenige, wäre nicht 1802 eine der bekanntesten Figuren der ungarischen Geschichte, der Führer der bürgerlichen Revolution von 1848, Lajos Kossuth, hier zur Welt gekommen. Wichtiger als diese historische Reminiszenz waren für Némeths spätere Laufbahn die Herkunft und der Zeitpunkt seiner Geburt. Er war als Kind zu jung, um die kommunistische Terrorherrschaft der fünfziger Jahre bewußt zu erleben, und auch der Volksaufstand 1956 wurde für ihn zu keiner nachhaltigen Erfahrung.

Was wiederum die Herkunft angeht, so entstammte Németh einer Bauernfamilie, die ein wenig Ackerland besaß und in deren Haus man in einem Raum zu siebent auf Strohsäcken schlief. Dies konnte sich einerseits als Empfehlung erweisen, weil die kommunistische Partei neben den Industriearbeitern auf die Kleinbauern setzte und Jugendliche aus den unteren sozialen Volksschichten förderte. Anderseits allerdings entsprach die Familie in mehr als einer Hinsicht nicht dem Parteischema vom klassenbewußten Landproletarier. Da gab es auf mütterlicher Seite die Nachkommen der im 18. Jahrhundert eingewanderten Schwaben, die von den Sowjettruppen 1944 zusammen mit den anderen »Deutschen« des Dorfes deportiert worden waren. Némeths Mutter entging damals der Verschleppung um ein Haar, nicht aber der Großvater, der erst 1951 aus der Sowjetunion zurückkehrte. Und da war der Vater, der die Kinder katholisch erzog, am Dasein des selbständigen Landwirts hartnäckig festhielt und in den späten fünfziger Jahren, als die Staatsmacht die Kollektivierung der Landwirtschaft rücksichtslos durchsetzte, nur mit brutaler Einschüchterung dazu gebracht werden konnte, seine Unterschrift unter die Erklärung zum Kolchosenbeitritt zu setzen.

Ob selbständiger Landwirt oder Kolchosenmitglied, an der Ablehnung des Regimes änderte das nichts. Als der Sohn 1968 – nun schon als Student der Budapester Universität für Wirtschaftswissenschaften – der kommunistischen Partei beitrat und zu Hause, in Monok, den Entschluß gestand, weigerte sich sein Vater sechs Monate lang, mit ihm zu sprechen. Was sich in den Jahren davor begeben hatte, ist die Geschichte des begabten Bauernjungen, der in der Schule auffällt, in der nächstgelegenen Stadt in ein Wirtschaftsgymnasium kommt, wo er sich anfänglich fremd und unglücklich fühlt, dann aber – dank auch einigen Lehrerpersönlichkeiten, die ihn ermutigen – glänzend abschließt und nach Budapest weiterwandert, um hier sein Studium zu beginnen. Warum der Beitritt zur Partei? Weil 1968 in Ungarn das Jahr der Öffnung ist, der beginnenden Wirtschaftsreform. Hochschulprofessoren treten an ihre besten Studenten heran und setzen ihnen auseinander, daß die Partei junge, aufgeschlossene, gut ausgebildete Fachleute benötigt und daß man nur in ihren Reihen wirken und im Landesinteresse tätig sein kann.

Németh, hierin vielen seiner Landsleute ähnlich, hat im Rückblick einige Mühe, sein damaliges Weltbild zu beschreiben. Das Gefühl einer doppelten Verpflichtung blieb für ihn ein ständiger Begleiter. Er ging seinen beruflichen, später seinen politischen Weg in der Öffentlichkeit und bewahrte zugleich die Erinnerung an die Haltung seiner in der Ablehnung verharrenden bäuerlich-katholischen Vorfahren. Freilich wurde in den letzten zwei Jahrzehnten des Einparteistaates auch Ungarn selbst immer mehr zu einem seltsam doppelbödigen Land. Es gab eine offizielle sozialistische Oberfläche und darunter eine gesellschaftliche Wirklichkeit, in der andere Werte und Ansichten dominierten. Dies galt nicht zuletzt für die Wirtschaftsuniversität. 1968 kam als Rektor Kálmán Szabó zum Zuge, der bei der Vorbereitung der ökonomischen Reformen selber mitgewirkt hatte. Sein Ehrgeiz richtete sich darauf, die ihm anvertraute Universität ebenso dem Reformgeist zu öffnen. Man schwor weiterhin bei Marx, konnte aber, wie Németh sich erinnert, die Werke bürgerlicher Wirtschaftswissenschafter ungehindert lesen, und Szabó erreichte sogar, daß auch Professoren aus westlichen Ländern regelmäßig Gastvorlesungen hielten.

Dem Rektor waren auf gleiche Weise westliche Stipendienangebote zu verdanken. Németh, der nach seinem Abschluß 1971 an der Universität eine wissenschaftliche Laufbahn eingeschlagen hatte, konnte so 1974/75 zehn Monate in den USA an der Harvard University verbringen. Besonderen Eindruck machte auf ihn hier – er sollte vom Gehörten 1989 bei der Grenzöffnung profitieren – eine Vorlesung von Professor Howard Raiffa, einem Spezialisten für Fragen der Entscheidungsfindung und Risikoabwägung unter unsicheren Bedingungen. Den Aufenthalt benutzte Németh auch dazu, die Vereinigten Staaten kreuz und quer zu bereisen, und er kam zum Schluß, daß Amerika bei all seinen Gegensätzlichkeiten in keiner Weise dem glich, was die Ideologen zu Hause den »verfaulenden Kapitalismus« nannten.

Alles in allem gehörte Miklós Németh einer Generation an, die ihre höhere Ausbildung Mitte der sechziger Jahre begann, zu einer Zeit, da die Vergeltung nach dem Volksaufstand von 1956 schon abgeklungen war und die Partei, die während der Revolutionstage auch ihre Lektion gelernt hatte, sich zu milderen Formen der Herrschaft entschloß. Die Verbote lockerten sich, bürgerliches Gedankengut sickerte von jenseits der Grenzen ein, der Augenschein im westlichen Ausland wurde allmählich möglich. Die Klärung der Atmosphäre ging mit einem Generationenwechsel einher. Junge, qualifizierte Fachleute rückten anstelle der Kader vor, welche die Partei in den Nachkriegsjahren rasch rekrutiert und einzig wegen ihrer proletarischen Herkunft in hohe Positionen gehievt hatte.

Was auf der unteren und mittleren Ebene allmählich in Gang kam, die Ablösung der altgedienten Funktionäre, ließ sich im Kreis der höchsten Führung noch lange nicht durchsetzen. Németh, der von der Universität Abschied nahm und nach einem Zwischenspiel im Planungsamt 1981 als Mitarbeiter in die wirtschaftspolitische Abteilung der Parteizentrale berufen wurde – »ein Angebot, das man annehmen mußte« –, machte nun wiederholt seine Erfahrungen mit der Parteispitze. Die Abteilung des Zentralkomitees, der er angehörte, ein Gremium von Ratgebern, vereinigte Wirtschaftsexperten. Diese kannten die Lage des Landes und die Rezepte für seine Heilung. Die schwierige und zumeist unmögliche Kunst bestand aber darin, die empfohlenen Maßnahmen den Politikern schmackhaft zu machen. Einen mühsam, in langen Wochen erarbeiteten Liberalisierungsvorschlag wischte etwa Kádár, der Generalsekretär, mit einer einzigen ätzenden Frage vom Tisch: Ob man nun also vorhabe, zu den Börsenspekulanten der Zwischenkriegszeit zurückzukehren.

1984 kam es zu einer Szene, die, wie Miklós Németh versichert, für ihn einen Wendepunkt markierte. Das bereits beträchtlich verschuldete Land befand sich in einer labilen Lage. Anfang der achtziger Jahre hatte man die Zahlungsunfähigkeit nur vermeiden können, indem Ungarn – mit einigem politischen Mut, weil zum Mißvergnügen der Sowjetunion – dem Internationalen Währungsfonds beitrat. Der vom Fonds empfohlene Sparkurs schien Früchte zu tragen, bis Kádár Einspruch erhob. So geschehen im April 1984 bei einer ZK-Sitzung, zu der zusammen mit anderen Wirtschaftsexperten auch Németh gebeten worden war. Kádár, dem stets das letzte, entscheidende Wort gehörte, gab hier mißmutig, doch bestimmt zu Protokoll, mit dieser Kriecherei am Boden, dem Sparkurs, sei nunmehr Schluß. Die Genossen sollten sich merken: Es gehe nicht, daß ein Arbeiter am Morgen zwanzig Forint mitnehme und ihm am Abend, wenn er heimkehre, nicht einmal mehr soviel bleibe, daß er sich etwas Tabak und ein Bier leisten könne.

Finanzminister István Hetényi ließ hierauf unter dem Tisch einen Zettel in Némeths Hand gleiten. Das daraufstehende Urteil über

Kádárs Machtwort zitiert Németh folgendermaßen: »Das kann man auch machen, aber das bedeutet, daß unsere Nettoverschuldung sich in fünf Jahren verdoppeln wird.« Die Voraussage (gemeint war die Planungsperiode 1985–1990) sollte präzis in Erfüllung gehen. Das, sagt Németh, war für ihn der Augenblick der Erkenntnis: Das System ist nicht reformierbar, nicht zu retten, es ist zum Untergang verurteilt. Némeths späterer Kabinettschef im Ministerpräsidentenamt, Miklós Raft, behält seinen Chef in der Tat so in Erinnerung: Er sei im Gegensatz zu manchem anderen kein Reformkommunist gewesen, habe nicht nach der Reformierung, sondern nach der Ersetzung des Einparteistaates durch eine demokratische Ordnung gestrebt.[41]

Der Mann, der nach 1984 also vom Überleben des Regimes nicht mehr überzeugt war, stieg im Parteiapparat doch immer höher. Im Juni 1987 wurde er ZK-Sekretär für Wirtschaftsfragen und im Mai 1988 Mitglied des Politbüros. Ungarns damaliger Bonner Botschafter, István Horváth (der mit dem Innenminister gleichen Namens nicht identisch ist), vertritt die Meinung, Németh habe zu der Zeit als Ökonom und Reformer im Westen bereits einen soliden Ruf genossen, und von seiner Ernennung zum ZK-Sekretär habe die Bereitschaft der Bundesrepublik abgehangen, Ungarn einen Kredit in der Höhe von einer Milliarde Mark zu gewähren. Grósz, der gleichzeitig, im Juni 1987, Ministerpräsident wurde, unterstützte laut Horváth die Kandidatur Némeths darum, weil er wußte, Ungarn würde ohne den bundesdeutschen Kredit umschulden müssen.[42] Grósz seinerseits stellte später diese Darstellung vehement in Abrede, bemerkte aber halb ideologisch-kritisch, halb anerkennend, Németh habe in Westdeutschland über gute Beziehungen verfügt.[43] Tatsächlich besuchte Németh die Bundesrepublik in der ersten Hälfte von 1988 zweimal, und daß er Bundeskanzler Helmut Kohl und dessen Mitarbeiter Horst Teltschik persönlich kennenlernte, sollte seine Aufgabe im Spätsommer 1989 erleichtern.

Über Mangel an Arbeit konnte sich der frischgebackene Ministerpräsident um die Jahreswende 1988/89 nicht beklagen. Der überzogene Staatshaushaltsplan sprach für sich, er zeigte die Wirtschaftsmisere des Landes (das Jahr 1989 begann mit drastischen Preiserhöhungen). Der Weg, an dessen Ende der Übergang zur Demokratie stehen sollte, lag noch im Nebel. Ungarische Regierungsmitglieder, die damals bei der Vorbereitung des Systemwechsels im Amt standen, warnen heute alle vor einer verzerrten Perspektive, welche die zeitliche Distanz mit sich bringt. Kein Zweifel, sagen sie, die Grenzöffnung war unter den Geschehnissen des Sommers 1989 eine Tat von außerordentlicher Bedeutung. Sie beschleunigte die Destabilisierung der DDR und trug damit zur Veränderung der europäischen Nachkriegsordnung bei. Diese Einsicht gewann man aber erst, als man die Folgen schon kannte.

An Ort und Stelle nahmen sich die Dinge 1989 anders aus. Man möge, so beteuern die einstigen Minister, doch nicht glauben, daß der Fall der in Ungarn gestrandeten DDR-Flüchtlinge für sie ein erstrangiges Thema gewesen sei. In der politischen Sommerhitze des »wunderbaren Jahres 1989« ging es um die Anpassung der Verfassung, das neue Wahlgesetz und die Rehabilitierung der Märtyrer von 1956, aber auch um die Abschaffung des obligatorischen Russischunterrichts, die Rückgabe kirchlicher Immobilien oder die künftige Form des Wohneigentums und der Mietsubventionen. Bei diesem alles erfassenden, fiebrigen Umbruch erschien die Angelegenheit der DDR-Bürger als eine Frage unter vielen.

Ausnahmen gab es: den Regierungschef, der sich um alles zu kümmern hatte, und jene Minister, deren Ressorts direkt betroffen waren. Ende November 1988, als Németh das Amt des Ministerpräsidenten übernahm, sah noch niemand voraus, daß einige Monate später Massen von Ostdeutschen Ungarns Westgrenze belagern sollten. Die Regierung stand aber jetzt schon vor zwei Herausforderungen, denen wenig später im gleichen Zusammenhang Bedeutung zukam. Zum einen zeichnete sich die technisch-politische und zuletzt auch finanzielle Notwendigkeit ab, den Eisernen Vorhang zu schleifen. Zum anderen stieg die Zahl von Flüchtlingen aus Rumänien auf alarmierende Weise.

Néměths rascher Entschluß, die Mittel für die Wartung des Signalsystems nicht zu bewilligen, stimmte mit der Ansicht von Innenminister Horváth überein. Im Innenministerium hatte schon am 9. November 1988 – auf den Tag ein Jahr nach dem ersten, gescheiterten Anlauf – abermals eine Konferenz über den Grenzschutz stattgefunden.[44] Diesmal gab es gegen die Demontage keinen, auch keinen hinhaltenden Widerstand mehr. Für viel mehr Diskussionsstoff als das Schicksal des Eisernen Vorhangs sorgte die geplante Umstellung auf professionelle Grenzbeamte. Horváth betonte allerdings, daß man zu diesem Schritt eine »politische Ermächtigung« brauche, sprich: daß das letzte Wort dem Politbüro gehöre. Und er wies auf die außenpolitische Dimension der Frage hin. Nach seiner Darlegung hatte Ungarn von der DDR bereits Signale empfangen: Der Abbruch der Grenzhindernisse werde für den Touristenverkehr Folgen haben, Ostberlin wolle Ungarn gegebenenfalls wie ein westliches Land betrachten, ähnlich wie Jugoslawien. Die Konferenzteilnehmer kamen überein, den Bericht zu ergänzen, ihn insbesondere dem Außenministerium und dann dem Politbüro zu unterbreiten.[45]

Entschied das Politbüro oder die Regierung? Németh, wie schon erwähnt, suchte die Unabhängigkeit. Er suchte sie für die Exekutive, die sich von der Vormundschaft der Partei lösen sollte, und für sich selbst, da er der Kontrolle des nur halbherzig reformbereiten Generalsekretärs Grósz zu entgehen wünschte. Als Grósz anderthalb Jahre zuvor Ministerpräsident geworden war, hatte er dem damals noch im Amt stehenden Parteichef Kádár zwei Bedingungen gestellt: die Beziehungen zwischen Partei und Staat zu lockern und ihm, Grósz, bei personellen Entscheidungen einen größeren Freiraum zu gewähren. Kádár war nicht entzückt, stimmte aber schließlich zu.[46] Für Grósz, 1988 seinerseits Parteichef geworden, war es schwerlich möglich, Németh das abzuschlagen, was er einst selber von Kádár verlangt hatte.

Die Regierung Németh war auf gutem Weg, sich von der Vormundschaft der Partei zu befreien. Trotzdem: Einen formellen Beschluß über den Abbruch des Eisernen Vorhangs faßte sie vorerst nicht.[47] Laut Németh war das Thema nur noch einige informelle Worte wert, nachdem man festgestellt hatte, daß es für die Wartung der Signalanlage kein Geld gab. Innenminister Horváth nahm dies zur Kenntnis, bemerkte aber erneut, die geplante Maßnahme gehe nicht Ungarn allein an, sie betreffe in höchstem Grad auch die verbündeten sozialistischen Länder, die orientiert werden müßten.[48]

Hatte die Partei wirklich noch Vorrang? Németh sagt, er habe als Mitglied des Politbüros die Parteispitze über den bereits gefällten Regierungsbeschluß unterrichtet: Die Grenzsperre werde aufgehoben.[49] Darüber hinaus besitzen wir einen anderen Beleg dafür, daß der Ministerpräsident schon früh selbständig handelte. Némeths erste Auslandsreise führte – kleine, diskrete Demonstration – nicht nach Moskau, sondern nach Österreich. Am 13. Februar 1989 besprach er sich bei einem eintägigen Arbeitstreffen mit Bundeskanzler Franz Vranitzky.[50] Schauplatz der Begegnung war am Vormittag das Széchenyi-Schloß im ungarischen Dorf Nagycenk und am Nachmittag auf österreichischer Seite die Kleinstadt Rust am Neusiedlersee. Bei dieser Gelegenheit teilte Németh dem Regierungschef des Nachbarlandes mit, daß Ungarn die Grenzsperren beseitigen werde. Vranitzky, wie Németh sich erinnert, war von der Nachricht nicht besonders erbaut. Der ehemalige Bundeskanzler hält dem entgegen, Németh habe damals offenbar einen falschen Eindruck gewonnen: Ihm sei bei aller Genugtuung und Überraschung gleich durch den Kopf gegangen, daß die Maßnahme Ungarns auch für den österreichischen Grenzschutz neue, zusätzliche Aufgaben mit sich bringe.

Das ungarische Außenministerium erstellte zwei Tage später zuhanden der Parteiführung einen von Németh gebilligten Bericht über das Treffen.[51] Der Ministerpräsident, so heißt es darin, habe Vranitzky über die kurz zuvor gefällte Entscheidung für das Mehrparteiensystem orientiert und betont, daß sich die bisherige politische und wirtschaftliche Struktur zur Sicherung der Entwicklung als ungeeignet erwiesen habe. Das Ziel bestehe deshalb darin, sie durch rechtsstaatliche Verhältnisse und soziale Marktwirtschaft zu ersetzen. Wie aus dem Bericht hervorgeht, begrüßte Vranitzky die ungarischen Absichten, stellte aber auch die besorgte Frage, ob das alles nicht etwas zu schnell gehe; ob da nicht »Reformeuphorie« herrsche. Und dann liest man: Németh orientierte über die Pläne, die technischen Hindernisse an der Grenze zu Österreich aufzuheben. Die Seiten stimmten darin überein, daß dies eine verstärkte Zusammenarbeit in der Verbrechensbekämpfung erfordere.

Diese Gespräche in Nagycenk und Rust fanden gute zwei Wochen vor jener Sitzung statt, bei der das Politbüro der Entfernung der technischen Grenzsperre seinen Segen gab. Wie sehr die Abschaffung der Hindernisse schon früher als vollendete Tatsache behandelt wurde, geht daraus hervor, daß die Ungarn in der Tagespresse folgendes über Némeths und Vranitzkys Treffen lesen konnten: »Sie kamen auch überein, daß die technische Sperre und das Signalsystem zwischen den beiden Ländern bis Anfang der neunziger Jahre aufgehoben werden, dazu ist aber noch die Schaffung gewisser technischer und organisatorischer Bedingungen notwendig.«[52] Mit dem relativierenden Nachsatz war die Annahme der neuen Grenzordnung durch die Parteispitze gemeint.

Besagte Bedingungen figurierten in der Eingabe von Innenminister Horváth, dem Schriftstück, das am 28. Februar 1989 den Politbüromitgliedern zur Entscheidung vorlag.[53] Das Dokument, die ausführliche Vorstellung des Problems und ein kurzer Entschließungsantrag, umfaßte 15 Seiten sowie neun Seiten Anhang mit statistischen Nachweisen, Tabellen und Kostenberechnungen. Assistiert von Verteidigungsminister Ferenc Kárpáti, erläuterte bei der Sitzung Horváth selber seine Vorlage nur noch kurz. Die von ihm schriftlich niedergelegten Argumente wiederholten bereits Bekanntes: Die Veränderungen in den internationalen Beziehungen, die Entwicklung des Tourismus, die Ausstattung aller ungarischen Staatsangehörigen mit Reisepässen erforderten die Modernisierung der Grenzabfertigung, die Schaffung eines Grenzschutzes, bei dem Professionelle Dienst täten. In früheren Jahrzehnten seien es in großer Mehrheit Ungarn gewesen, welche die Grenze unerlaubt zu überqueren versuchten; 1987 dagegen habe der Anteil der Ausländer 84 Prozent betragen, und in den ersten zehn Monaten des Jahres 1988 sei diese Zahl auf 98,2 Prozent gestiegen.

Und weiter: Weder die internationale noch die innenpolitische Lage rechtfertigten mehr die Beibehaltung des elektrischen Signalsystems. Dessen Technik sei veraltet, die Anlage reagiere auf Berührung durch Tiere, die Mannschaften müßten jährlich etwa 10 000-mal wegen solcher Fälle ausrücken, was sie ermüde und zermürbe. Das System befinde sich in schlechtem Zustand, in anderthalb bis zwei Jahren müsse es völlig überholt werden. Als Antwort auf die Frage »Wie weiter?« enthielt Horváths Dokument vier Varianten mitsamt der Schätzung der nötigen finanziellen Aufwendungen. Die völlige Überholung der Anlage würde bis zu 560 Millionen und ihre Ersetzung durch ein modernes System bis zu 1,22 Milliarden Forint erfordern. Baue man das Signalsystem ab, schaffe aber an der Grenze einen neuen Spurenstreifen (der Fußabdrücke festhält), dann habe man mit Ausgaben bis zu 530 Millionen zu rechnen. Deutlich am billigsten hingegen sei der Abbruch unter Verzicht auf den Spurenstreifen: 155 bis 195 Millionen Forint.

Dieser letzte, finanzielle Faktor wirkte wohl besonders überzeugend. Niemand widersetzte sich der Demontage. Bezeichnend, daß eine andere Zahl die Parteiführer eher beschäftigte: die 2,4 Milliarden Forint, die Horváths Bericht für den Bau von Wohnungen vorsah, in denen die künftigen professionellen Grenzbeamten und ihre Familien leben sollten. Das Thema kam als erstes zur Sprache und schien wichtiger als die allfälligen internationalen Auswirkungen des Beschlusses, den das Politbüro zu fällen im Begriff war. Ob man die Periode der Umstellung nicht zeitlich ausdehnen und so die gewaltige Summe verkleinern könnte, wollte Grósz wissen. Verständlich wird seine Besorgnis, wenn man weiß, daß das Politbüro erst fünf Tage zuvor – im Beisein des Präsidenten der Nationalbank, Ferenc Bartha – über die äußerst angespannte Finanzlage des Landes und die Forderungen des Internationalen Währungsfonds beraten hatte. Dabei herrschten dramatische Töne vor, und gelegentlich fiel auch der eine oder andere Kraftausdruck.[54]

Als nun das Schicksal des Eisernen Vorhangs zur Debatte stand, kam es doch auch zu einer kurzen, aufschlußreichen politischen Diskussion.[55] Pozsgay und Németh brachten die erwarteten Auswirkungen auf die DDR zur Sprache. Pozsgay bemerkte, die ungarischen Staatsbürger bräuchten keine Kontrolle mehr. Darum solle das Land die Lasten dieses Systems auch nicht mehr auf sich nehmen – unausgesprochen: dies nicht für die DDR tun. Die Entscheidung werde auch Ungarns internationales Ansehen stärken. Németh seinerseits sagte, der Tourismus aus der sozialistischen Sphäre werde abnehmen, doch brauche man angesichts der anderweitigen Kompensation den Verlusten nicht nachzutrauern. Und schwerfällig, fühlbar auf der Suche nach dem richtigen Wort, fügte er etwas hinzu, das für manchen im Politbüro noch ungewohnt klingen mochte: Bei den ungarischen Organen habe es sich eingebürgert, daß man an der Grenze gefaßte rumänische Staatsbürger ins Landesinnere zurückbringe und freilasse, die DDR-Deutschen dagegen auf dem Flughafen von Budapest der ostdeutschen Staatssicherheit aushändige. Nun aber, gab Németh zu bedenken, seien in Ungarn oppositionelle Gruppen und Parteien entstanden, ebenso unabhängige Zeitungen, sie nähmen sich des Themas an, sie publizierten Protesterklärungen wegen der Behandlung der Flüchtlinge. Auch dies sei zu beachten.

Grósz sprach zuletzt. Er empfahl die Annahme von Horváths Bericht und damit die Demontage des Eisernen Vorhangs. Von einem möglichen sowjetischen Widerstand war nun keine Rede mehr. Dann aber kam ein merkwürdiger Nachsatz. Die politische Absprache mit den Verbündeten sei eine Pflicht, betonte Grósz, das stehe ja auch im Bericht. Der Parteichef erklärte, wieder seinem Temperament gemäß, man dürfe nichts übereilen, sondern habe bei der Orientierung der »Freunde« den richtigen zeitlichen Rhythmus zu wählen. Wörtlich, unter gründlicher Verkennung der Tragweite der Entscheidung: »Eine bedeutende Angelegenheit ist das nicht, man muß es aber umsichtig erledigen.« Als Horváth nachfragte, wie sich der Parteichef den erwähnten richtigen zeitlichen Ablauf vorstelle, skizzierte Grósz seinen Fahrplan: Bis Ende 1989 sollten die befreundeten Länder informiert werden, besonders die DDR und die Sowjetunion. Im Verlauf von 1990 könne man hernach den Zaun abbauen; die Grenze würde auf diese Weise am 1. Januar 1991 von allen Hindernissen frei sein.

Wenn Horváth sich heute die Szene vergegenwärtigt, so meint er, die Vorlage sei in bestem Einvernehmen, ohne Widerspruch über die Bühne gegangen.[56] Das Politbüro erklärte sich in seinem kurzen schriftlichen Beschluß mit den Vorschlägen des Innenministers einverstanden. Es billigte die langfristigen Pläne für die Modernisierung des Grenzschutzes und die Demontage des elektrischen Signalsystems bis zum 1. Januar 1991. Weder an der Grenze zu Jugoslawien noch an derjenigen zu Österreich hielt man die Bewahrung eines Spurenstreifens für angebracht. Die Bewegungsfreiheit der Bürger dürfe nirgends mehr Einschränkungen unterliegen, auch die Grenzzone sei abzuschaffen. Dies betraf den schmalen Streifen zwischen der Grenzlinie und den Drahthindernissen. Der Aufhebung dieses letzten Verbots sollte im August 1989 Bedeutung zukommen.

Die Parteispitze »empfahl« der Regierung, zur Verwirklichung der Maßnahmen die nötigen Schritte zu unternehmen, und wies – diesmal schon in bestimmter Form – das Innen-, das Außen- und das Handelsministerium an, »zu gegebener Zeit« – bevor die Arbeiten in Angriff genommen würden – ihre Partner in den »meistbetroffenen Ländern« zu orientieren und mit ihnen Verhandlungen zu führen. Von deren Ausgang sei, wenn nötig, das Politbüro noch vor der endgültigen Regierungsentscheidung zu unterrichten.[57]

Betroffen war unter den Verbündeten vorerst einmal Rumänien. Die Beziehungen zu diesem östlichen Nachbarn hatten sich in den späten achtziger Jahren auf eine Art verschlechtert, die angesichts der befohlenen »Brüderlichkeit« spektakulär wirkte. Allein die Selbstglorifizierung des rumänischen Staats- und Parteichefs Nicolae Ceauşescu bildete schon einen scharfen Gegensatz zu János Kádárs Puritanismus. Die Kluft erweiterte sich, als der rumänische Führer die rasche Rückzahlung sämtlicher Auslandsschulden beschloß. Er setzte diesen Kurs während Jahren eisern durch, zwang sein Land in die Misere und fütterte es einzig mit Propagandaparolen. Das Gefälle zu dem äußerlich immer noch prosperierenden Ungarn wurde gewaltig. Um die Bevölkerung bei Laune zu halten, griff Ceaușescu zur nationalistischen Methode; er machte die etwa 1,8 Millionen starke ungarische Minderheit zum Sündenbock. Als der Diktator im März 1988 den wahnwitzigen Plan bekanntgab, die Zahl der Dörfer in Rumänien von 13 000 auf 5000 oder höchstens 6000 zu reduzieren[58] und die Landbewohner in neue »agro-industrielle Städte« umzusiedeln, stand es für die Ungarn fest: Das Vorhaben richtete sich zwar gegen alle Einwohner Rumäniens, bedrohte aber vor allem die ethnischen Minderheiten, unter ihnen die Magyaren, die ihre angestammte Umgebung verlieren sollten.

Die Pläne weckten Empörung in ganz Europa, strapazierten aber die Gemüter natürlich in Ungarn in besonderem Maß. Der für Außenpolitik zuständige ungarische ZK-Sekretär Mátyás Szűrös, der die Minderheitenpolitik Rumäniens zuvor schon wiederholt kritisiert hatte, suchte immer entschlossener zu demonstrieren, daß es in dieser Frage zwischen der Bevölkerung, den oppositionellen Organisationen, der Partei und der Regierung keinen Meinungsunterschied gebe.[59] Ende Juni 1988 fand in Budapest die erste Großkundgebung der Opposition statt, eine von den Behörden genehmigte, friedlich verlaufende Demonstration gegen die von Ceaușescu geplante Dorfzerstörung. Ein Treffen von Grósz und Ceaușescu zwei Monate später wurde zum Fiasko und brachte als Ergebnis auf ungarischer Seite einzig den rapiden Zerfall der Autorität von Grósz. Budapest und Bukarest trugen ihre offene Polemik fortan immer häufiger und schärfer in der Presse aus. Die ungarischen Behörden duldeten mit einigem Bedenken einen Kreis von rumänischen Emigranten, die sich in Budapest politisch betätigten und die *România Liberă* herausgaben, eine gegen Ceaușescu gerichtete und in Rumänien illegal vertriebene Zeitung. Der Verdacht, daß es sich um Provokateure des rumänischen Sicherheitsdienstes handeln könnte, ließ sich auch in diesem Fall nicht ganz bannen.[60]

Ein gewichtiger Grund für das eisige Klima waren die Flüchtlinge aus Rumänien. Als der Schreiber dieser Zeilen im Juni 1988 in einem Budapester Vorort ein Flüchtlingslager besuchte, um für seine Zeitung darüber zu berichten, schätzten die kirchlichen Betreuer des Lagers, daß sich in Ungarn schon um die 20 000 Flüchtlinge aufhielten. Und die Zahl stieg. Die Lagerleiter stellten vor dem Abendessen stets die Frage, wer zum ersten Mal dabeisei, und an diesem Tag gingen als Antwort etwa hundert Hände in die Höhe.[61] Weit überwiegend handelte es sich bei den Flüchtlingen um Mitglieder der ungarischen Minderheit, zu einem kleineren Teil um Siebenbürger Sachsen und Banater Schwaben sowie um ethnische Rumänen. Angesichts der politischen Atmosphäre, die in Ungarn zu der Zeit schon herrschte, konnte die ungarische Regierung nicht daran denken, die in ihrer Mehrheit magyarischen Flüchtlinge abzuschieben und zurückzugeben, wie es mit Rumänien abgeschlossene Abkommen vorsahen.

Die Sachsen und die Schwaben unter den Ankömmlingen aus Rumänien hatten es leicht; sie konnten in die Bundesrepublik weiterreisen. Die ethnischen Rumänen und ebenso etliche unter den Siebenbürger Magyaren, die in den Westen wollten, konnten das Land dagegen nicht verlassen. Der Eiserne Vorhang war intakt, und einen international anerkannten Flüchtlingsstatus besaßen sie nicht. Aus Gründen der blockinternen Schonung wurden sie offiziell nicht einmal Flüchtlinge, sondern Übersiedler genannt. Skandinavische Länder, namentlich Schweden und Dänemark, trugen schließlich hilfreich zur Lösung bei, indem sie eine Anzahl von Geflüchteten aufnahmen.[62] Bei denen, die in Ungarn verblieben, stellte sich aber weiterhin die Frage, mit welchen Argumenten es sich rechtfertigen ließ, daß Ungarn die Rückgabe der Flüchtlinge an Rumänien verweigerte. Ministerpräsident Németh erbat sich Anfang 1989 Rat von Justizminister Kálmán Kulcsár. Dieser konsultierte seine Experten und schlug den Beitritt Ungarns zur Genfer Flüchtlingskonvention der Vereinten Nationen vor: Der multilaterale Vertrag der UNO, zu deren Mitgliedern auch Rumänien zählt, hat Vorrang vor einem bilateralen Abkommen, und die Konvention verbietet die Rückgabe von politischen Flüchtlingen.[63]

Die Idee war nicht neu, sie geisterte unter den Spezialisten des Völkerrechts schon seit langem herum.[64] Die ungarische Diplomatie hatte zu der Zeit bereits die Gewohnheit, sich auf die Menschenrechte zu berufen, und die Tatsache, daß Ungarn der Genfer Konvention nicht angehörte, paßte schlecht zu diesem Bekenntnis; es paßte ganz allgemein schlecht zum Bild eines zivilisierten Landes. Doch die Verhältnisse des Ostblocks hatten den Beitritt verhindert. Denn daß jemand in einem sozialistischen Land aus politischen Gründen verfolgt sein sollte und deshalb flüchtete – das gab es nicht, das durfte es nicht geben. Wie aber sollte man dem Asylgesuch eines Flüchtlings aus Burundi stattgeben, jedoch im Falle eines Rumänen oder Bulgaren die Gewährung von Asyl ausschließen? Die Genfer Konvention unterschied nicht zwischen Menschen, sie ließ sich nicht selektiv anwenden.

Budapest knüpfte Kontakte mit westlichen Hilfswerken. Imre Pozsgay benutzte im November 1988 einen kurzen Aufenthalt in der Schweiz zu diskreten Gesprächen mit dem Hochkommissar der UNO für Flüchtlinge (UNHCR) und mit einem Vertreter des Internationalen Komitees vom Roten Kreuz.[65] Gyula Horn, zu der Zeit Staatssekretär im Außenministerium, traf am 25. Januar ebenfalls mit dem UNO-Hochkommissar für Flüchtlinge zusammen. Der Beitrittsfrage kam auch darum Bedeutung zu, weil Ungarn bei der Betreuung der Flüchtlinge auf Unterstützung durch das UNHCR hoffte, auf Beiträge, die – dies fiel ins Gewicht – in Devisen ausbezahlt würden. Die Flüchtlingspolitik der Regierung war nicht populär. Ministerpräsident Németh erfuhr das aus nächster Nähe, als er zu Neujahr 1989 in Monok seine Eltern besuchte. Die Mutter empfing ihn besorgt: »Was tut ihr, mein Sohn? Ihr erhöht die Preise, das trifft uns alle. Aber die aus Rumänien Zugezogenen füttert ihr durch.«[66]

In der ersten Hälfte des Monats Februar erstellten Innenminister Horváth und Außenminister Péter Várkonyi gemeinsam eine Eingabe an den Ministerrat. Sie beschrieben darin die anhaltende Flucht aus Rumänien und empfahlen den Beitritt zur Genfer Konvention.[67] Laut dem Bericht hatte sich die Fluchtbewegung in der zweiten Hälfte von 1988 verstärkt, aber die beiden Minister nannten niedrigere Zahlen als die kirchlichen Betreuer: Nach ihnen waren bis Ende 1988 12 500 Flüchtlinge angekommen. Horváth und Várkonyi hielten fest, daß der Beitritt zur Genfer Konvention Vorteile böte: Die Regelung des Status der Flüchtlinge wäre leichter, ebenso die Weiterbeförderung in Drittländer oder in begründeten Fällen die Abweisung, und Hilfe für die Versorgung ließe sich in Anspruch nehmen. Ferner: »Für den Beitritt spricht auch, daß wir jetzt schon alle Bedingungen erfüllen, welche die Konvention stellt, ja wir sichern den bei uns Anwesenden Begünstigungen, die darüber hinausgehen.« Laut dem Bericht hatte sich vom 6. bis 10. Februar eine Delegation des UNO-Flüchtlingshilfswerks in Ungarn mit den Fakten vertraut gemacht.

Als Anhang zum Dokument Horváths und Várkonyis findet sich im gleichen Dossier ein Begleitbrief von János Görög, der im Außenministerium der Abteilung für Völkerrecht vorstand.[68] In diesen vom 17. Februar 1989 datierten Zeilen erscheinen zum ersten Mal die Umrisse des politischen und juristischen Problems, dem sich Ungarn einige Monate später wegen der Massenflucht aus der DDR gegenübersehen sollte. Görög erklärte, er teile Bedenken des Justizministers, der darauf hingewiesen hatte, daß man die Genfer Konvention nach einem Beitritt nicht gleich werde anwenden können; zuvor müsse man im Inland für die gesetzliche Regelung der Prozedur sorgen sowie für Instanzen, welche die Asylgesuche prüften.

Nach dieser Bemerkung kam Görög auf die vertraglichen Verpflichtungen zu sprechen, die im Bereich des Reiseverkehrs gegenüber anderen sozialistischen Ländern bestanden. Im Interesse der guten Beziehungen könne und müsse man diesen Erfordernissen »vorläufig« Genüge tun. Dann aber wörtlich: »Zweifellos haben wir später dafür zu sorgen, daß diese [...] Abkommen neu ausgehandelt werden, denn sie sind nicht nur mit der jetzt zur Diskussion stehenden Konvention, sondern auch mit Grundverträgen über die Menschenrechte und mit den allgemeinen Prinzipien in anderen internationalen Dokumenten unvereinbar.« Und um Klartext zu schreiben, zählte Görög auf, daß Ungarn mit der Sowjetunion, der Tschechoslowakei, Rumänien und der DDR Vereinbarungen habe, die das Land dazu verpflichteten, Personen, welche die Staatsgrenze unerlaubt überschritten hätten oder in Grenznähe gefaßt würden, gewöhnlich innerhalb von 48 Stunden zurückzugeben.

4

»Eure Verantwortung«, sagt Gorbatschow

Die Signale, die man in Budapest in den ersten Monaten des Jahres 1989 aus Moskau empfing, waren widersprüchlich, schwach. Oft blieben sie ganz aus; dann herrschte Funkstille – je nach Perspektive und Auffassung auf eine unheimliche oder ermutigende Art. Die radikalen Reformer in Ungarn ließen sich jedenfalls von der Überzeugung leiten, man müsse diese Periode nutzen, möglichst rasch und weit gehen, vollendete Tatsachen schaffen, bevor die Sowjets wieder zu Kräften kommen würden. Trotzdem: Die Abstimmung mit der Moskauer Führung stand vorsichtshalber weiterhin im Pflichtenheft. Oder anders gesagt, den Zeitumständen gemäß: Bei manchem Vorhaben empfahl es sich nach wie vor dringend, die Stimmung des Großen Bruders zu erkunden.

Ministerpräsident Németh traf zum ersten Mal am 3. März in Moskau bei einem »offiziellen Arbeitsbesuch« mit dem sowjetischen Parteichef Michail Gorbatschow zusammen. Daß der bereits seit drei Monaten im Amt stehende Regierungschef diese Reise unternehmen sollte, war eigentlich längst fällig; die Einladung nach

Moskau hatte er routinemäßig gleich nach seiner Wahl zum Ministerpräsidenten erhalten; wie er sagt: etwa gleichzeitig mit der Vereidigung. Daß er zuwartete, wurde Moskau gegenüber mit den Sorgen um den ungarischen Staatshaushalt begründet. Als maßgeblicher Gesprächspartner Néneths galt, entsprechend seiner Funktion, der sowjetische Ministerpräsident Nikolai Ryschkow. In Budapest schickte Parteichef Grósz unmittelbar vor dem Besuch einen seiner Mitarbeiter mit dem Auftrag zu Németh, dem Ministerpräsidenten die Idee einer Begegnung mit Gorbatschow auszureden; Németh solle mit Gorbatschow keine Gespräche führen, diese höchsten Beziehungen pflege er, Grósz, sie seien seine Sache.[69] Wenn es in Moskau dann doch anders kam und die Begegnung mit Gorbatschow zum Kernstück der Visite wurde, dann lag das an den Themen, mit denen Németh den Weg nach Moskau antrat.

Es handelte sich namentlich um fünf Fragen, die er der sowjetischen Seite zu unterbreiten gedachte. Zwei berührten militärische Probleme. Zum einen ging es um die Anregung, über den Abzug der sowjetischen Truppen vom ungarischen Territorium Verhandlungen einzuleiten, zum anderen um den Wunsch, die Sowjetunion möge ihre in Ungarn stationierten Nuklearwaffen aus dem Land abtransportieren. Ein weiterer Gesprächsgegenstand galt der ungarischen Absicht, in absehbarer Zeit ein Mehrparteiensystem zu schaffen. Németh wünschte sodann mitzuteilen, daß Ungarn der Genfer Flüchtlingskonvention beitreten werde und sich vorgenommen habe, an seiner Grenze zu Österreich die Grenzhindernisse abzubauen.[70] Grósz hatte, wie wir gesehen haben, die verbleibenden zehn Monate des Jahres 1989 als die Zeitspanne bezeichnet, in der die Verbündeten im Warschaupakt nach und nach über das ungarische Vorhaben an der Westgrenze orientiert werden sollten. Daß Németh dies in Moskau schon drei Tage nach der Sitzung des Politbüros tun würde, hätte der Parteichef wohl nicht vermutet.

Jedes der fünf Themen hatte seine Vorgeschichte, in die in Budapest nur einzelne Politiker sowie Némeths engste Mitarbeiter eingeweiht waren, nicht aber die Parteiführung und die Regierung als

Ganzes, geschweige denn die Öffentlichkeit. Der Regierungschef bevorzugte die Methode, je nach Gegenstand »Kabinette« zu bilden, aus einigen wenigen zuständigen Ministern bestehende Arbeitskreise, die weder untereinander noch mit den übrigen Mitgliedern der Exekutive in Kontakt standen. Im voraus orientiert darüber, was Németh erörtern wolle, war auch die sowjetische Seite nicht. Als der Sowjetbotschafter in Budapest, Boris Stukalin, am 26. Februar kurz vor dem Besuch beim Regierungschef vorsprach und sich nach den vorgesehenen Themen erkundigte, nannte Németh eine lange Reihe von wirtschaftlichen Problemen und fügte dann summarisch hinzu, er gedenke im weiteren die Gastgeber über einige außenpolitische Schritte zu unterrichten, die Ungarn plane.[71]

Die beiden militärischen Fragen hatten die Ungarn schon seit längerer Zeit beschäftigt. Grósz, der Vorgänger Némeths im Amt des Ministerpräsidenten, soll den Wunsch nach Abzug der Sowjettruppen gegenüber dem Leiter der sowjetischen Diplomatie, Eduard Schewardnadse, bereits 1987 am Rande eines Treffens der Außenminister der Länder des Warschaupakts in Budapest zur Sprache gebracht haben. Schewardnadse erwiderte, über das Problem könne man reden, er bat aber um ein vorsichtiges und diskretes Vorgehen.[72] Grósz warf die Frage ein Jahr später, Anfang Juli 1988, in Moskau Gorbatschow gegenüber abermals auf, und bei seiner Rückkehr nach Budapest – Diskretion hin oder her – ließ er anscheinend nicht ohne Stolz durchsickern, er habe vom sowjetischen Parteichef eine günstige Antwort bekommen. Nach dem Zeugnis Walerij Musatows, eines Ungarn-Experten und stellvertretenden Leiters der Internationalen Abteilung des sowjetischen Zentralkomitees, brachten die ungarischen Politiker das Thema des Truppenabzugs zu dieser Zeit bei Kontakten schon regelmäßig vor.[73] Zu Verhandlungen kam es nach dem Vorstoß von Grósz allerdings nicht.

Daß in Ungarn seit dem Ende des Zweiten Weltkriegs Sowjettruppen stationiert waren, wußte jedes Kind. Der offizielle Sprachgebrauch, sie hielten sich »zeitweilig« hier auf, bot Anlaß zu politischen Witzen, wo doch Jahrzehnte vergingen, ohne daß sich an ihrer

Präsenz etwas geändert hätte. Die Ungarn nannten die im Land stehenden Rotarmisten »die Zeitweiligen«, und die durchsichtige amtliche Benennung führte einmal sogar zu einem kleinen politischen Skandal. Ein Provinzblatt berichtete über neue Wohnblöcke, in denen sich auch sowjetische Armeeangehörige Wohnungen gekauft hatten. Der unschuldig gemeinte Satz enthielt einen tragikomischen Widerspruch. Zwar bezeichnete das Blatt die Käufer gemäß dem offiziellen Sprachgebrauch als »Offiziere der zeitweilig in Ungarn stationierten Sowjettruppen«, aber das ungarische Wort für die von ihnen erworbenen Eigentumswohnungen – öröklakás – heißt, wörtlich übersetzt, soviel wie »ewige Wohnung«. Die Bevölkerung amüsierte sich, nur die Redakteure der fehlbaren Zeitung hatten wegen erzürnter Parteifunktionäre nichts zu lachen.

Die Präsenz sowjetischer Einheiten war also kein Geheimnis. Anders verhielt es sich mit den atomaren Sprengköpfen, die auf ungarischem Boden lagerten. Von dieser Tatsache hatten in Ungarn nur der jeweilige Parteichef, der Ministerpräsident und der Verteidigungsminister genaue Kenntnis. Ein Anfang 2005 veröffentlichter Bericht der staatlichen ungarischen Nachrichtenagentur über neue Enthüllungen, aus denen hervorging, daß es in Ungarn sowjetische Kernwaffen gegeben hatte, erregte selbst 15 Jahre nach dem Zusammenbruch der kommunistischen Herrschaft noch Aufsehen und ging als Meldung um die Welt.[74]

Anderthalb Jahrzehnte nach den Ereignissen ist Miklós Németh die Emotion immer noch anzumerken, wenn er schildert, wie er Ende 1988 über die sowjetischen Nuklearwaffen im eigenen Land ins Bild gesetzt wurde. Man bat den Ministerpräsidenten, sich ins Verteidigungsministerium hinüberzubemühen: eine kleine Formalität sei zu erledigen. In einem Kellerraum des Ministeriums legten ihm dann Verteidigungsminister Ferenc Kárpáti und einige seiner engsten Mitarbeiter den im Panzerschrank verwahrten Vertrag vor, der die Stationierung atomarer Sprengköpfe auf ungarischem Boden regelte. Er bekam je ein Exemplar in russischer und in ungarischer Sprache zu sehen, beide Dokumente handgeschrieben, jedoch in beiden Fällen in zwei verschiedenen Handschriften, die sich – schwarz und rot – auch durch die Farbe der Tinte unterschieden. Die Zeilen waren zuletzt wie ein Puzzlespiel zusammengesetzt worden; die beiden Schreiber hatten einander offensichtlich so ablösen müssen, daß sich zuletzt keiner über den Inhalt des ganzen Textes im klaren sein konnte. Die zwei Exemplare trugen die Unterschriften Kádárs und der Vorgänger Némethś im Ministerpräsidentenamt. Auch er hatte zu unterschreiben und strengste Geheimhaltung zu geloben.

Németh war, wie er erzählt, erschüttert und beschloß, sich mit diesem Tatbestand nicht abzufinden. Unter Verletzung seiner Pflicht zur Geheimhaltung weihte er seine zwei politischen Ratgeber ein, und – bemerkenswerter menschlicher Zug – er besprach den Fall mit seiner Frau. Den Rückzug der Kernwaffen aus Ungarn zu erreichen, wurde damit von Anfang an zu einem von Némeths außenpolitischen Zielen. Vor der Reise nach Moskau bestärkte ihn Verteidigungsminister Kárpáti in der Absicht, beide Anliegen vorzubringen: den Abzug der Truppen und der Kernwaffen. Kárpáti selbst sagt, er habe 1988 und 1989 auch Grósz wiederholt geraten, die Fragen in Moskau zur Diskussion zu stellen. Darüber hinaus hatte er sich mehrmals mit Briefen an den sowjetischen Verteidigungsminister Dmitri Jasow gewandt und angeregt, über den Abzug der atomaren Sprengköpfe Gespräche einzuleiten. Zu seiner Irritation würdigte ihn Jasow (der im August 1991 zu den Anführern des Putsches gegen Gorbatschow gehören sollte) nicht einmal einer Antwort. So empfahl nun Kárpáti auch seinem neuen Regierungschef, gegenüber Gorbatschow auf dem Thema zu insistieren.[75]

Die Absicht, in Ungarn zum Mehrparteiensystem überzugehen, war vom Zentralkomitee der herrschenden Sozialistischen Arbeiterpartei kurz zuvor, am 10./11. Februar, gebilligt worden, wobei sich dieser Beschluß – nicht zuletzt bei Parteichef Grósz selber – zu dieser Zeit noch mit manchem taktischen Wenn und Aber verband.[76] Immerhin, die Grundsatzentscheidung hatte das ZK gefällt, und Németh konnte in Moskau mit diesem Rückhalt auftreten. Der geplante Beitritt zur Genfer Flüchtlingskonvention, ein weiteres

Thema, hing, wie bereits erwähnt, mit der Welle von Flüchtlingen aus Rumänien zusammen. Er stellte – allenfalls – nur insofern eine heikle Materie dar, als er das Verhältnis von zwei sozialistischen Ländern berührte. Eine breite Rückendeckung bedeutete schließlich, daß das Politbüro, wie oben geschildert, unmittelbar vor Némeths Aufbruch zur Moskaureise den Weg zur Demontage des Eisernen Vorhangs freigegeben hatte.

Bei den Plenargesprächen der von Németh und Ryschkow geleiteten Delegationen kamen in erster Linie Fragen der wirtschaftlichen Zusammenarbeit zur Sprache. Nach Abschluß des Besuchs präsentierte man dem ungarischen Publikum in den Massenmedien vor allem diese nicht besonders aufregenden Themen. Immerhin wurde im Parteiblatt auch kurz vermerkt, Gorbatschow habe den in Budapest gefaßten Beschluß, das Mehrparteiensystem zu schaffen, zur Kenntnis genommen.[77] Némeths Bericht an das Politbüro der USAP, der nach der Visite verfaßt wurde, enthielt etwas ausführlicher die gleichen Informationen. Über die übrigen brisanten Fragen, den Truppen- und Kernwaffenabzug sowie die Demontage des Eisernen Vorhangs, die er mit Gorbatschow besprochen hatte, bewahrte Németh nach seiner Rückkehr aus Moskau selbst gegenüber dem ungarischen Politbüro Stillschweigen.[78]

In Moskau war es Ryschkow, der Németh an Gorbatschow verwies. Entsprechend der Moskauer Gepflogenheit folgte nach Beendigung der Plenargespräche ein Meinungsaustausch der Ministerpräsidenten unter vier Augen. Németh nutzte die Gelegenheit, um Ryschkow seine fünf schwierigen Fragen zu unterbreiten. Noch zuvor aber trug der Gast die Bitte vor, daß der Dolmetscher jetzt, beim Vier-Augen-Gespräch, von der sowjetischen Seite gestellt werde; der Kreis von Ungarn, die Bescheid wußten, sollte möglichst eng gehalten werden. Nachdem dann Németh seine Anliegen geschildert hatte, hob der sowjetische Ministerpräsident ratlos die Arme: Ihm stehe in solchen Angelegenheiten das Recht zur Stellungnahme nicht zu; da handle es sich um Dinge, die in die Kompetenz des Generalsekretärs fielen. Ryschkow bot entgegenkommend an, er werde

Gorbatschow darauf vorbereiten, daß der Gast diese Themen vorbringen wolle. Bei der Begegnung, die nach dem Mittagessen der Delegationen stattfand, war Gorbatschow, wie Németh sich erinnert, über seine Anliegen in der Tat schon informiert.

So kam es, daß aus der vorgesehenen kurzen Höflichkeitsvisite beim sowjetischen Parteichef schließlich ein etwa zweieinhalb Stunden dauerndes Treffen wurde. Teilnehmer waren je zwei Personen: Gorbatschow und sein für die sozialistischen Länder zuständiger Ratgeber Georgi Schachnasarow auf sowjetischer, Miklós Németh und sein Mitarbeiter László Mohai auf ungarischer Seite. Außer Mohai beschäftigte Németh einen weiteren Berater, György Jenei; beide hatten die Reise nach Moskau mitgemacht, und obwohl sich Jenei eher mit politischen Themen und Mohai vorwiegend mit Wirtschaftsfragen befaßte, fiel die Wahl in diesem Fall auf Mohai, da er vorzüglich Russisch sprach. Ursprünglich hieß es, Németh müsse die Verhandlungen mit Gorbatschow allein führen, doch bestand der Ministerpräsident darauf, von Mohai begleitet zu werden, da er, wie er sagt, angesichts der heiklen Themen einen Zeugen bei sich haben wollte.

Die Mitarbeiter, Schachnasarow und Mohai, führten auf beiden Seiten Protokoll, was uns heute erlaubt, das Gespräch zumindest zu einem Teil zu rekonstruieren.[79] Nur zu einem Teil, denn weder die eine noch die andere Version ist vollständig. Bei aller Ausführlichkeit, mit der Gorbatschow und Németh die dringende Erneuerung des Sozialismus, die vom Sowjetführer propagierte Perestroika (Umgestaltung), die fälligen Wirtschaftsreformen und die in Ungarn verfolgte Agrarpolitik besprachen, wird aus den vorliegenden Texten doch nicht klar, weshalb sich die Unterhaltung letztlich so lange hinzog. Die Erklärung besteht laut Németh darin, daß er an einer bestimmten Stelle darum bat, das, was nun folgen würde, ins Protokoll nicht aufzunehmen. Er sagte das, nachdem er seinem Gesprächspartner angekündigt hatte, daß er nun einige »konkrete Fragen« vorbringen wolle. Jetzt kamen die beiden militärischen Anliegen aufs Tapet, ferner die geplante Einführung des Mehrparteiensystems, der

Beitritt zur Flüchtlingskonvention und die Entfernung der technischen Sperren an der Grenze.

Zur angenehmen Überraschung der Ungarn gaben gerade die beiden ersten, militärischen Begehren kaum zu Diskussionen Anlaß. Gorbatschow erklärte, daß die Einleitung von Verhandlungen über den Abzug der sowjetischen Truppen aus Ungarn möglich sei. Er bat allerdings um diskrete Behandlung der Frage – so sehr, daß er sich bei Németh sogar erkundigte, ob man sich auf Mohai, den Mitarbeiter, verlassen könne.[80] Der Bescheid des Generalsekretärs über die Kernwaffen fiel weniger eindeutig aus: Die Sowjetunion werde die Frage prüfen und ihre Entscheidung zu gegebener Zeit bekanntgeben.

Greifen wir hier vor. Die gegebene Zeit kam Ende 1989. Botschafter Boris Stukalin sprach bei Németh vor und übergab ihm einen Brief des sowjetischen Ministerpräsidenten Ryschkow. Die Sowjetunion, so hieß es darin unter anderem, habe 1989 beschlossen, die atomaren Sprengköpfe, die man gemäß einer 1969/70 getroffenen sowjetisch-ungarischen Vereinbarung auf einem Stützpunkt in Ungarn gelagert habe, in die UdSSR zurückzuführen. Die Verlegung der Sprengköpfe sei vom 24. bis zum 26. November 1989 vorgenommen und abgeschlossen worden. Der erfreute und zugleich irritierte Németh bestellte Verteidigungsminister Kárpáti zu sich. Nachdem dieser vom Inhalt des Schreibens Kenntnis erhalten hatte, fluchte er zuerst ausgiebig und fragte sich, wie dergleichen hatte geschehen können, ohne daß der ungarischen Abwehr von der Aktion auch nur das geringste bekanntgeworden war.

Die Antwort: Die sowjetischen Einheiten in Ungarn, rund 80 000 Mann, die Familien der Offiziere sowie alle übrigen Abgesandten der Sowjets bildeten einen Staat im Staat. Sie wickelten einen ständigen Verkehr mit ihrem Heimatland ab, bekamen auf Ersuchen jederzeit ihre Eisenbahnzüge und zugeteilten freien Strecken, so daß die ungarische Seite kaum Möglichkeiten der Kontrolle über etwaige Transporte besaß.

Die Unkenntnis reichte aber noch viel weiter. Kárpáti räumt

nachträglich selbstironisch ein, daß er damals in seiner ersten verblüfften Reaktion auch gefragt habe, wo sich der verdammte Stützpunkt überhaupt befinde, auf dem die Sowjets die Sprengköpfe gelagert hätten.[81] Darauf allerdings gab der vom Sowjetbotschafter überbrachte Brief eine Antwort: »Tótvázsony – Rayon Balaton«.[82] Die Waffen hatten sich in der Nähe des Plattensee-Nordufers befunden, in der Nachbarschaft des im Sommer meistbesuchten ungarischen Feriengebiets. Daß sie im Spätherbst 1989 abgezogen wurden, hatte wohl mit der Erkenntnis der Sowjets zu tun, daß Ungarn für sie verloren sei. Kárpáti erzählt freimütig, wie er das menschenleere Lager, eine gewaltige, getarnte, größtenteils unterirdische Anlage, Anfang 1990 besucht habe. Und wie ihm Förster und Jäger berichtet hätten, daß für die Einwohner der Umgebung die Beschaffenheit dieses sowjetischen Stützpunkts nicht gerade ein Geheimnis gewesen sei: »Die wußten das, zum Teufel, ich aber, der Verteidigungsminister, war ahnungslos.«

Zurück zu Némeths und Gorbatschows Gespräch. Die Genfer Flüchtlingskonvention gab wenig zu reden, das Mehrparteiensystem dagegen um so mehr. Wie Németh sich erinnert, war dies der einzige Punkt, über den es zu einer endlosen Debatte kam. Gorbatschow erklärte, er lehne die Mehrparteien-Demokratie zumindest für die Sowjetunion ab. Er befürworte die Pluralität innerhalb der einen, herrschenden Partei.

Der ungarische Ministerpräsident legte hierauf seine Überzeugung dar, daß die sozialistischen Länder angesichts ihrer Schwierigkeiten zu jenem Punkt in der Vergangenheit zurückkehren und dort eine neue Anknüpfung suchen müßten, wo sie einst von dem ihnen gemäßen Weg abgekommen seien. Dabei berief er sich auf Gorbatschow selbst. Auch er habe ja die Rückkehr zu Lenins Neuer Ökonomischer Politik verlangt. Diesen Kurs, in der Abkürzung auch auf russisch NEP genannt, ergriff der Führer der Bolschewiken im März 1921, nachdem offenbar geworden war, daß die streng nach kommunistischem Lehrbuch organisierte Wirtschaft versagt und eine Hungersnot gezeitigt hatte.[83]

War der Weg in der Sowjetunion Ende der zwanziger Jahre verfehlt worden, als Stalin die Neue Ökonomische Politik nach und nach erdrosselte, so hatte man sich in Ungarn, wie Németh Gorbatschow darlegte, im Jahr 1948 verirrt, als das Land gezwungenermaßen das Mehrparteiensystem aufgab. Nun entwickelte sich am Verhandlungstisch im Moskauer ZK-Gebäude eine jener wortreichen ideologischen Debatten, für die Gorbatschow, hierin vielen kommunistischen Funktionären ähnlich, eine besondere Vorliebe bewies. Der Gast, seinerseits ebenfalls gut beschlagen, zitierte Standpunkte aus der wirtschaftspolitischen Diskussion, welche die bolschewistischen Theoretiker Jewgenij Preobraschenskij und Nikolai Bucharin (zuletzt beide Opfer von Stalins Terror) seinerzeit darüber geführt hatten, ob und inwiefern die Fortsetzung der Neuen Ökonomischen Politik wünschenswert sei. Die ihm an der Budapester Karl-Marx-Wirtschaftsuniversität beigebrachten Kenntnisse der sowjetischen Parteigeschichte kamen Németh jetzt zugute, und Gorbatschow quittierte sie mit einiger Überraschung. Am Ende blieb es dann in Sachen Mehrparteiensystem beim Ceterum censeo, das Gorbatschow zu dieser Zeit gegenüber Führern der sozialistischen Länder zu wiederholen pflegte: Tut, was ihr wollt, jede Partei ist gegenüber ihrem eigenen Volk verantwortlich. War das keine Zustimmung, so bedeutete es doch auch kein Veto.

Zum Stand der Beziehungen zwischen der Sowjetunion und den kommunistisch regierten Staaten Ostmitteleuropas und damit zum Hintergrund der Begegnung gehörte eine Rede des sowjetischen Parteichefs, die Gorbatschow zehn Tage zuvor in Kiew gehalten hatte. István Őszi, stellvertretender Außenminister Ungarns, hatte in Budapest den Beratern Némeths Auszüge aus dem Text zukommen lassen. Er empfehle dessen Beachtung, schrieb er den Kollegen mit Blick auf Némeths bevorstehenden Besuch in Moskau. Die Sätze stammten aus jenen Ausführungen, die Gorbatschow den sozialistischen Ländern gewidmet hatte. Őszi vermerkte in seiner Begleitnotiz, Gorbatschow habe dabei überraschend weder den Rat für gegenseitige Wirtschaftshilfe noch den Warschaupakt erwähnt.[84]

Daß diese Vertragssysteme, mit denen Moskau sein Imperium lange zusammengehalten hatte, ungenannt blieben, war in der Tat ungewöhnlich. Gorbatschow sprach in Kiew über die außenpolitischen Veränderungen, die während seiner Amtszeit in Gang gekommen waren. Dabei holte er, seinem Stil und staatsmännischen Anspruch gemäß, zu einem historisch-philosophischen Höhenflug aus. Das klang etwa so: »Auch der Sozialismus schaltet sich immer aktiver ein in den allumfassenden menschlichen Prozeß der geschichtlichen Schöpfung.«[85] Anderes, Handfesteres allerdings war für die Reformpolitiker in den Satellitenländern wichtiger: die Aussagen über den Freiraum, den der Herr des Kremls seinen kleinen Verbündeten künftig zugestand.

Was also sagte der Generalsekretär? In Klartext soviel, daß der Sozialismus erneuert werden müsse und daß dabei jedes Volk das Recht habe, jene Methoden und Mittel zu wählen, die seinen historisch herausgebildeten Werten sowie wirtschaftlichen und geistigen Möglichkeiten entsprächen. Ferner, daß bei der Suche nach einem Übergang zur »Konsolidierung der Gesellschaft« jeder Staat souverän vorgehen dürfe und daß gerade die Vielfarbigkeit des Sozialismus die Quelle von dessen Kraft sei. Und daß die Sowjetunion im Zeichen des »neuen Denkens« – des vielbeschworenen Markenzeichens von Gorbatschows Kurs – ihre Beziehungen zu den sozialistischen Ländern nicht nur in der Theorie, sondern auch in der Praxis laufend umgestalte. Im weiteren fielen Worte wie »unbedingte Selbständigkeit«, »Gleichberechtigung« und »strikte Einhaltung der Nichteinmischung in die inneren Angelegenheiten« und eben, »daß die Partei und die Regierung jedes sozialistischen Landes vor ihrem eigenen Volk verantwortlich ist«.

Ähnliche Formulierungen Gorbatschows standen auch in der *Prawda*, dem sowjetischen Parteiblatt, als einen Tag nach Némeths Besuch ein Bericht über die Unterredung im Kreml erschien: Jede regierende kommunistische Partei wähle ihre Aufgaben und gestalte ihre Politik souverän, gemäß ihren historischen Bedingungen und nationalen Werten, dies sei ein unumstrittenes Prinzip. Zugleich aber enthalte die Arbeit dieser Parteien viel Gemeinsames. Die solcherart beschworene Gemeinsamkeit reichte allerdings nicht so weit, daß die *Prawda* in ihrem Artikel über die ungarischen Pläne, zum Mehrparteiensystem überzugehen, auch nur ein Wort verloren hätte.[86] Und bei aller Beteuerung der Eigenständigkeit eines jeden Landes ließ es sich auch Gorbatschow nicht nehmen, ein innerungarisches Ereignis tadelnd zu erwähnen. Németh gegenüber sagte er, die Erklärungen Imre Pozsgays enthielten extremistische Elemente.[87] Gemeint war eine Wortmeldung Ende Januar 1989 im Radio, die in Ungarn gewaltiges Aufsehen erregt hatte. Als erster hoher Funktionär hatte Pozsgay davon gesprochen, daß man die Ereignisse im Herbst 1956 – im Gegensatz zur parteiamtlichen »Konterrevolution« – als einen »Volksaufstand« sehen müsse.

Trotzdem. So weitgehende Zugeständnisse gegenüber den Satellitenländern hatte man früher von keinem Sowjetgewaltigen vernommen. Dies galt selbst dann, wenn man um die Feststellung nicht herumkam, daß eine letzte Ungewißheit und Zweideutigkeit auch in Gorbatschows Kiewer Rede verblieb. Insofern nämlich, als der Parteichef von der Voraussetzung ausging, die Völker Ostmitteleuropas hätten den Sozialismus – sprich: das ihnen nach dem Zweiten Weltkrieg aufgezwungene Sowjetmodell – »selber gewählt«.[88] Gorbatschow betonte zwar in Kiew, daß die sozialistischen Länder nun verschiedenartige Wege gehen könnten, aber laut seiner Formulierung blieb »das Ziel grundsätzlich das gleiche«. Im weiteren räumte er ein, daß im Verlauf der Geschichte des Sozialismus »Fehler und Deformationen« vorgekommen seien und daß sich deswegen Korrekturen aufdrängten, aber es war auch die Rede von der »Solidarität« der sozialistischen Staaten und ihrer »gegenseitigen Hilfe« schlechten Angedenkens.

Der Weg für Interpretationen stand somit offen. Gorbatschow brachte vieles und damit allen etwas. Naheliegend, daß er bei allem Willen zur Öffnung doch auch darauf achten mußte, sich gegen die hartgesottenen Kritiker alten Stils in den eigenen Reihen abzusichern. Und vermutlich – gültig für Gorbatschows Wirken allgemein – lag Naivität in der Annahme, daß die Ostmitteleuropäer, denen er die Freiheit der Selbstbestimmung zugestand, in ihren Ländern den Sozialismus sowjetischen Typs reformieren, ihre eigene »Perestroika« vornehmen und somit fortan feste Verbündete und Stützen des Sowjetführers sein würden, der ja zu Hause in Moskau einen zunehmend schweren Stand hatte. Daß die historisch-kulturell anders geformten Polen und Ungarn, Tschechen und Slowaken, einmal im Besitz der Handlungsfreiheit, bei der Reform des Sozialismus – dieses Sozialismus – nicht stehenbleiben, sondern darüber weit hinausgehen und die Rückkehr zur Lebensform der westlichen, liberalen Gesellschaften wählen würden, damit hatte Gorbatschow offenkundig nicht gerechnet.

Die Rede enthielt jedenfalls genug Material, auf das sich mitteleuropäische Reformpolitiker berufen konnten. Miklós Németh tat das beim Moskauer Gespräch mehrmals. Gerade bei der Frage des Mehrparteiensystems, in der Gorbatschow ihm widersprach, erinnerte der Ungar den Sowjetführer an dessen eigene Worte: »Was Sie in Kiew gesagt haben, ist sehr wichtig, dies sind neue Grundsätze, die mit unseren Prinzipien übereinstimmen. [...] Am wichtigsten ist, daß alle ihrem Volk verantwortlich sind. Einpartei- oder Mehrparteiensystem, das Leben wird es entscheiden. In unserem Fall haben falsche Beschlüsse zu dem geführt, was nun sowohl in der Gesellschaft als auch in der Partei einer Krise gleichkommt.«[89]

Etwas später ging es dann um die ungarischen Pläne zur Liberalisierung der Wirtschaft, und Gorbatschow bemerkte, die Ungarn seien auf solche Maßnahmen besser vorbereitet als die Sowjetunion. Sein Land, erwiderte der ungarische Ministerpräsident, habe eben schon zwanzig Jahre im Zeichen der Reformpolitik hinter sich. Gorbatschow warf ein, auch der Kapitalismus sei in Ungarn »besser« – wirksamer und erträglicher – gewesen als in Rußland. Worauf Németh den Generalsekretär prompt wieder beim Wort nahm: »Deshalb ist Ihre Kiewer Rede von gewaltiger Bedeutung.« Das Ziel aller, fuhr er fort, möge der Sozialismus sein, »aber die historischen Wurzeln sind verschiedenartig«.[90]

Németh hatte, wie erwähnt, darum gebeten, bei den »konkreten Fragen« die Führung des Protokolls auszusetzen. Darüber, was die beiden über den geplanten Abbruch des Eisernen Vorhangs, des »elektrischen Meldesystems«, berieten, findet sich in den Protokollen trotzdem etwas – im sowjetischen Exemplar wenig, im ungarischen mehr.[91] Erstaunlich der Dialog, der sich zwischen Németh und Gorbatschow über diesen Gegenstand entwickelte. Dies gilt selbst dann, wenn wir in Rechnung stellen, daß die heutige Perspektive trügt, da wir nun die weitreichenden Folgen des Schrittes kennen, über den der ungarische Ministerpräsident und der sowjetische Parteichef am 3. März 1989 Gedanken austauschten.

Németh schnitt das Thema an, indem er die Form einer Mitteilung wählte: »Wir haben beschlossen, daß wir die elektrischen Meldesysteme bis zum 1. Januar 1991 schrittweise abbrechen.« Zwar ging es darum, die sowjetische Haltung zu ergründen und Zustimmung zu erhalten, aber Németh und seine Berater hatten festgelegt, daß der Ministerpräsident beim Gespräch nicht um Erlaubnis bitten, sondern den Generalsekretär über bereits gefällte ungarische Entscheidungen orientieren werde. »Den Zustand, in dem wir Moskau bei jeder Regung zuerst einmal untertänig um Zustimmung baten, hatten wir zu der Zeit schon hinter uns«, erinnert sich Mohai.[92] Németh machte indessen keinen Versuch, die Maßnahme als völlig harmlos hinzustellen. Die Hindernisse an der Grenze, sagte er, nähmen sich befremdend aus in einer Welt des Tourismus, und gleiches gelte angesichts der ungarisch-österreichischen Pläne, gemeinsam eine Weltausstellung zu organisieren. Das System diene nur noch dazu, Rumänen und DDR-Bürger an der Flucht zu hindern. »Aber das«, fügte Németh beschwichtigend hinzu, »lösen wir auf anderem Wege.« Mit der DDR wolle Ungarn über neue Formen der Grenzbewachung reden. Die ungarische Regierung habe die Absicht, jedermann zu orientieren, bevor die Abbrucharbeiten anfingen.

Die aufgeworfene Frage – Ryschkow hatte von den ungarischen Vorhaben berichtet – konnte Gorbatschow nicht völlig unvorbereitet treffen. Nach Némeths Erzählung verlor er an dieser Stelle für einen Augenblick dennoch die ihm eigene Haltung eines Redners und Agitators, der über die Köpfe seiner Partner hinweg zu Massen zu sprechen schien. Er zögerte, blickte hilfesuchend auf Schachnasarow zu seiner Linken und erwiderte schließlich etwas Erstaunliches: »Ich sehe da, ehrlich gesagt, gar kein Problem.« Németh, der seiner Sache offenbar sicher sein wollte – gleichsam: er habe, bitte sehr, dem sowjetischen Parteichef die Bedeutung der Maßnahme erläutert –, bemerkte hierauf, die Genossen in der DDR würden schon einige Probleme sehen. Der Generalsekretär meinte nun, an den sowjetischen Grenzen herrsche eine sehr strenge Ordnung, aber das sei eine andere Frage. Im übrigen öffne sich auch die Sowjetunion immer mehr. Und dann, auf eine vollends verblüffende Art: »Ich weiß gar nicht, was ich sagen soll.«[93]

Es scheint, daß das Gespräch über den Abbau der Grenzhindernisse mit diesem Satz endete. Die beiden Partner blickten einander an, etwas Komplizenhaftes, wie sich Németh erinnert, lag in der Luft, man möge es bei soviel belassen. Er sei, sagt der einstige Ministerpräsident, zum Schluß gekommen, daß Gorbatschow – vielleicht tatsächlich, vielleicht nur zum Schein – in der ganzen Angelegenheit einzig ein technisches Problem habe sehen wollen. Unter solchen Umständen hatte aber auch er, Németh, keinerlei Interesse daran, das Thema oder gar dessen politische Aspekte weiter zu erörtern: »Ich hätte nach all dem gewiß keinen größeren Fehler begehen können, als darauf zu insistieren, dem Problem noch weiter auf den Grund zu gehen.«

Bleibt die Frage nach Gorbatschows Reaktion.[94] Hatte der Parteichef den Ungarn den Abbruch des Eisernen Vorhangs wohldurchdacht zugestanden, war ihm die Bedeutung des Schritts bewußt? Der ungarische Diplomat László Mohai, der dem Gespräch beiwohnte, neigt heute zu dieser Ansicht. Gorbatschow, ein scharfsinniger Staatsmann, habe ermessen, worum es ging; Németh habe ihn schließlich bei der Unterhaltung wiederholt auf die möglichen Konsequenzen aufmerksam gemacht, die sich für die DDR ergeben könnten. Die Konzession, wie Mohai meint, gehörte und paßte zu

Gorbatschows neuem Kurs, den Geschehnissen in den einzelnen ostmitteleuropäischen Ländern ihren Lauf zu lassen.

Der andere Ungar, dem beim Gespräch die Hauptrolle gehörte, Miklós Németh, neigt zum gegenteiligen Urteil. Er kann seine Verwunderung über Gorbatschows Antworten auch heute noch nicht verbergen. In seiner Sicht zeugen die Sätze des sowjetischen Parteichefs davon, daß Gorbatschow die Tragweite des von ihm achselzuckend hingenommenen Schrittes nicht begriff. Man hat immerhin zu bedenken, daß die ungarischen Politiker, voran Németh selbst, die möglichen politischen Folgen ihrer Absicht ursprünglich ebensowenig bedacht hatten.

Verwunderlich freilich wäre es nicht, wenn Gorbatschow die Auswirkungen seiner Zustimmung, die Dinge, die da kommen sollten, nicht voll erfaßt hätte. Die Struktur des sowjetischen Einparteistaates, die Machtpyramide, an deren Spitze der einsame Generalsekretär Tag für Tag mit allen Aktualitäten konfrontiert wurde, mochte sich nun rächen. Dem Parteichef war das letzte Wort in leichtgewichtigen Fragen ebenso vorbehalten wie bei der Lösung schwerwiegender Probleme. Dieses System mußte auch den stärksten und geistig wachsten Mann überfordern.

Die Gespräche mit Németh waren lediglich ein Punkt des gewaltigen Programms, das Gorbatschow in jenen Tagen absolvierte. Am 2. und 3. März fand eine anderthalbtägige Sitzung des Politbüros statt, die gegen Mittag, vor der Begegnung mit Németh, zu Ende ging. Die Parteispitze behandelte bei dieser Beratung die Nominierungen für die Wahlen zum Volkskongreß sowie die Landwirtschaftspolitik, früher das Sachgebiet Gorbatschows, die von jeher ein Sorgenkind der Sowjetführung war. Der Generalsekretär orientierte sodann das Politbüro über seinen Besuch in der Ukraine und hörte sich die Referate anderer Politbüromitglieder über deren Auslandsreisen an. Außerdem berichtete er über Gespräche, die er mit dem tschechoslowakischen Ministerpräsidenten Adamec und mit einer äthiopischen Delegation geführt hatte, und am Tag des Treffens mit Németh empfing er auch den spanischen Außenminister

Fernández Ordóñes.[95] Damit ist, wie man annehmen muß, bloß der sichtbare Teil dessen aufgezählt, womit sich Gorbatschow in den fraglichen 48 Stunden befaßte.

Den Bescheid, den sie von Gorbatschow erhalten hatten, bewerteten die Ungarn als Erfolg. Für die Erklärung des Ministerpräsidentenamtes über den Verlauf des Besuchs prägten Németh und seine Berater zu Hause die Formel, sie hätten bei Gorbatschow Verständnis und Unterstützung gefunden. Daß alle Zweifel beseitigt sein sollten, konnte man angesichts der historischen Erfahrungen im Umgang mit dem Sowjetimperium nicht erwarten. Ein Rest von Ungewißheit über das künftige sowjetische Verhalten lag selbst jetzt noch in der Natur dieser Beziehungen zwischen einer Supermacht und ihrem bisherigen kleinen Satelliten. Eine Zweideutigkeit, die Ungarns Moskauer Geschäftsträger in seiner Einschätzung am Vorabend von Némeths Reise so ausgedrückt hatte: Die Sowjetunion bringt den Erneuerungsversuchen innerhalb ihres Machtbereichs Wohlwollen entgegen, da sie die Reformländer als Versuchslaboratorien ihrer eigenen »Perestroika« betrachtet. Das sowjetische Interesse an Ostmitteleuropa ist aber nach wie vor erstrangig, und die Bewahrung des Bündnisses und der Stabilität, der Wirtschaftsbeziehungen und gewisser Grundwerte in dieser Region erscheint den Sowjets so wichtig, daß niemand damit rechnen darf, sie würden deren Schmälerung oder gar Mißachtung hinnehmen.[96]

Gorbatschow selber lieferte seinem Besucher einen ausdrucksstarken Beweis dieses Zwiespalts, indem er die uneinigen Geister und die launische Wechselhaftigkeit der politischen Wetterlage in Moskau beschwor. Nachdem er von Németh die weitgehenden, auch von ihm selber nicht vollständig gebilligten Umwandlungspläne der Ungarn vernommen hatte, schlug Gorbatschow auf die Stuhllehne, klammerte sich daran fest und rief aus, eines sei sicher: Solange er auf diesem Stuhl sitze, werde es in Ungarn kein neues 1956 geben – sprich, keine militärische Intervention der Sowjetunion. Obwohl es, so fügte der Parteichef gleich hinzu, in Moskau manch einen gebe, der dazu neige, das damals Geschehene zu wiederholen.[97]

Das war nun doch eine klare Zusage und Rückversicherung. Die führenden ungarischen Politiker blickten in den folgenden Monaten manches Mal, so auch bei der Zuspitzung der Krise um die DDR-Bürger im Spätsommer 1989, forschend nach Moskau, ob ihr Kurs von den Sowjets gebilligt werde. Zu ergründen suchten sie aber insbesondere, wie wackelig oder fest der Stuhl war, auf dem Gorbatschow saß.

5

Ostberlin verkennt die Lage

Die verbündeten Länder seien über Ungarns geplante Schritte zu unterrichten, hatte Innenminister Horváth festgehalten. Parteichef Grósz und das Politbüro sagten das gleiche, als sie die Demontage der Grenzhindernisse billigten. Grósz behauptete sieben Jahre später, er habe den Schritt schon vor dieser Entscheidung – das heißt vor Ende Februar 1989 – mit Gorbatschow und den anderen osteuropäischen Parteiführern besprochen. Vom sowjetischen Parteichef will Grósz dabei die entwaffnend einfache Antwort bekommen haben, die ungarische Führung handle ganz richtig. Im Gegenzug allerdings habe Gorbatschow angeordnet, die sowjetische Westgrenze stärker zu befestigen.[98] Es gehörte in der Tat zu den Seltsamkeiten der »sozialistischen Staatengemeinschaft«, daß die Sowjetunion auch dort Sperren errichtete, wo ihr Territorium an sogenannte Bruderländer grenzte.

Grósz nannte weder den Zeitpunkt noch den Ort, wo er Gorbatschow und die übrigen Parteichefs unterrichtet hatte. Die Daten von Grósz' Besuchen in Moskau machen es unwahrscheinlich, daß bei diesen Aussprachen mit Gorbatschow das Schicksal der Grenzhindernisse behandelt wurde.[99] Gyula Thürmer, seinerzeit außenpolitischer Berater von Grósz und dessen Vertrauensmann bei der Herstellung und der Pflege von Kontakten zur Sowjetführung, sagt nachträglich, seines Wissens habe Grósz mit Gorbatschow über die Frage der Grenzsperre nie verhandelt.[100] Nach Thürmers Ansicht erklärt sich dies auch damit, daß der ungarische Parteichef in der Umgestaltung des Grenzschutzes und der Grenzbewachung eher nur ein technisches, kein politisches Problem sah.

Was wiederum die Versicherung von Grósz angeht, die anderen Führer des sozialistischen Lagers seien von ihm ins Bild gesetzt worden, so paßt sie – darüber wird noch die Rede sein – schlecht zur unangenehmen Überraschung, die der Beginn der Abbrucharbeiten an der ungarischen Grenze Anfang Mai 1989 der ostdeutschen Parteispitze bereitete. Günter Schabowski, damals Politbüromitglied der SED, unterstreicht, als er in seinen Erinnerungen die Beunruhigung der DDR-Führung schildert, daß die Ungarn vor ihrem Schritt mit der DDR keine Konsultationen geführt hatten.[101]

Nun hatte Németh Anfang März Gorbatschow tatsächlich zugesagt, daß Ungarn, bevor es mit dem Abbruch beginne, alle Betroffenen orientieren und die Sache mit den ostdeutschen Genossen besprechen werde. Konsultationen mit der DDR fanden, Schabowski hat hierin recht, in der Folge nicht statt. Wohl aber wurden die sozialistischen Länder über mehrere Kanäle von der bevorstehenden Maßnahme unterrichtet. Der Botschafter der DDR in Budapest, Gerd Vehres, erinnert sich daran, daß etwa Mitte März 1989 – nach der Heimkehr von Ministerpräsident Németh aus Moskau – die Botschafter der sozialistischen Länder in Budapest ins Außenministerium gebeten wurden.[102] Die Einbestellten bemerkten, daß der Sowjetbotschafter fehlte. Sie erklärten dies mit der üblichen Praxis, wonach ein sozialistisches Gastland den Vertreter der UdSSR stets als ersten gesondert orientierte. Laut Vehres wurde den Botschaftern von je einem stellvertretenden Außen- und Innenminister mitgeteilt, daß Ungarn die Grenzsicherungen abbauen werde. Ein Datum nannten die beiden nicht, dagegen gaben sie Begründungen und beruhigende Zusicherungen: Der Schritt habe zwingende wirtschaftliche Ursachen, Ungarn könne sich den Zaun nicht mehr leisten. Es werde sich aber nach wie vor um eine wohlbewachte, nicht um eine grüne Grenze handeln; nach Belieben auf österreichisches Gebiet hinüberspazieren könne weiterhin niemand.[103]

Botschafter Vehres berichtete über das Gehörte nach Ostberlin, und alles spricht dafür, daß die von ihm gelieferten Informationen im Außenministerium der DDR keine hohen Wellen schlugen. Die Führung der DDR, obwohl zu der Zeit Ungarn gegenüber schon mißtrauisch, zeigte jedenfalls keine Reaktion. Daß der Bericht des Botschafters, wie man annehmen muß, in der Schublade eines Abteilungsleiters liegenblieb, ist vielleicht weniger verwunderlich als die Tatsache, daß auch geheimdienstliche Informationen keine Wirkung zeitigten. Innenminister Horváth wies nämlich seinen Staatssekretär Földesi an, die befreundeten Länder über deren Spezialdienste zu unterrichten.[104]

Horváth bestätigt Thürmers Bericht über die Auffassung von Parteichef Grósz: Man sah in der Demontage der Grenzhindernisse allgemein eher nur eine technische Frage, einen »speziellen Fall«. Dafür waren nicht die Botschafter der »Bruderländer«, sondern deren Geheimdienste zuständig, in erster Linie der Resident des KGB in Budapest. Dieser wurde, wie der damalige Leiter des ungarischen Staatssicherheitsdienstes, Ferenc Pallagi, wenig überraschend versichert, im Verlauf von 1989 noch in vieles eingeweiht, was die ungarische Seite beschäftigte, so auch in die Geschehnisse im Vorfeld der Grenzöffnung.[105] Das KGB unterhielt in Ungarn seinen Abwehrdienst und hatte im Innenministerium sein eigenes Büro. Erst im Mai 1989 bei einem Besuch in Moskau eröffnete Horváth dem KGB-Chef, Wladimir Krjutschkow, daß dieses Gastrecht nun aufhöre; der Resident zog danach – nach einzelnen Berichten erst im August – in die Sowjetbotschaft um, doch er und seine Mitarbeiter, vier bis fünf Leute, gingen im Ministerium weiterhin ein und aus. »Wir kannten sie, stellten ihnen Wohnungen und Dienstwagen mit Chauffeur zur Verfügung«, erzählt Horváth.

Nebenbei: Horváths Reise nach Moskau hatte offiziell zum Ziel, den neu ernannten Pallagi vorzustellen, der im Range eines stellvertretenden Innenministers für die Staatssicherheit zuständig war. Krjutschkow, der in den fünfziger Jahren an der Budapester Sowjetbotschaft gedient hatte und fließend Ungarisch sprach, bekam jetzt, im Frühjahr 1989, auch von Horváth bestätigt, daß der Einparteistaat in Ungarn bald dem Mehrparteiensystem weichen werde. Krjutschkow, im August 1991 am Putsch gegen Gorbatschow beteiligt, verzichtete auf einen Kommentar, bekundete aber – Sigmund Freud hätte sich gefreut – Mühe, das Wort »Pluralismus« auszusprechen. Worauf Horváth: »Üben Sie, Genosse Krjutschkow, Sie werden es noch oft brauchen müssen.«[106]

Die Sowjetführung, so das Fazit des damaligen Innenministers, wußte über die ungarischen Absichten bestens Bescheid. Dies um so mehr, als Anfang 1989 auch Balázs Nováky, der zweite Mann des Grenzschutzes, seine sowjetischen Kollegen anläßlich einer Fachtagung in Odessa über die bevorstehenden Änderungen an Ungarns Westgrenze informiert hatte. Er habe die Neugier, mit der man ihm während der Konferenz ständig begegnete, sehr wohl gespürt, erzählt Nováky, doch hätten es die sowjetischen Grenzschutz-Offiziere irgendwie doch nicht über sich gebracht, ihn direkt zu befragen. Sie schwiegen beharrlich, so daß zuletzt auf dem Rückflug nach Uschgorod er gesprochen und zum Abschied ungefähr dies gesagt habe: Wenn ihr nach diesem Treffen nicht imstande seid, euren Vorgesetzten zu berichten, wie es mit uns Ungarn steht, dann wird man euch nicht loben. Nehmt also zur Kenntnis: Wir werden das Signalsystem auf jeden Fall abbrechen. Was wir an seine Stelle setzen, das weiß ich nicht, aber demontieren werden wir es, das steht fest.[107] Die sowjetischen Politiker schwiegen indessen beharrlich; weder damals noch später vernahm man aus Moskau einen Ton der Mißbilligung.

Die Beziehungen zum Staatssicherheitsdienst der DDR waren nach Horváths Darstellung anderer Natur. Das Verhältnis galt zwar offiziell als freundschaftlich, und es gab eine Zusammenarbeit, denn es handelte sich schließlich um die Dienste verbündeter Länder. Die

Kooperation ging weit und erstreckte sich auch auf merkwürdige Einzelheiten. Die ungarische Staatssicherheit lieferte den Kollegen in Ostberlin beispielsweise noch Anfang 1989 die Namen, Adressen und Geburtsdaten nicht nur der DDR-Bürger, die in Budapest die Botschaft der Bundesrepublik betreten hatten, sondern die gleichen persönlichen Daten auch jener Ostdeutschen, die von westlichen Bekannten oder Freunden im Hotel Hilton ins Kasino gebracht worden waren. Die Stasi wiederum meldete den ungarischen Diensten eifrig, daß nach ihren Erkenntnissen dieser oder jener ungarische Radioamateur mit einem Partner im Westen Funkkontakt aufgenommen hatte.[108]

Delegationen der Stasi kamen nach Ungarn mit ihren eigenen Flugzeugen, sie benutzten hier ihre konspirativen Wohnungen.[109] Doch die Leute der DDR-Staatssicherheit konnten, anders als die Sowjets, nicht als »Ratgeber« auftreten, und sie saßen nicht im Innenministerium; informiert wurden sie jeweils über amtliche Kanäle. Die Stasi unterhielt in Ungarn eine »operative Gruppe«.[110] Im Frühsommer 1989 wurde sie von einem Oberstleutnant namens Heinz Weller geleitet, und sie bestand aus sieben Personen. Deren Verteilung im Land zeigt, daß ihre Hauptaufgabe in der Überwachung der DDR-Touristen, in der Auskundschaftung und Verhinderung von deren allfälligen Fluchtabsichten bestand. Drei Offiziere sowie eine Sekretärin (im Rang eines Oberleutnants) saßen in Budapest, während die drei übrigen in Westungarn placiert waren: in Siófok am Plattensee-Südufer, in der Stadt Veszprém im Oberland nördlich des Plattensees sowie in Héviz, einem beliebten Thermalkurort.[111] Jeweils während der Urlaubszeit in den Sommermonaten kamen zusätzliche Stasi-Agenten nach Ungarn, um »Erforschungs- und Filtrierarbeit« zu verrichten.[112]

Die Gefahr, die der DDR von den Veränderungen an Ungarns Westgrenze drohte, wurde in Ostberlin noch während längerer Zeit nicht erkannt. Hingegen machte sich die Führung um Honecker wegen der politischen Entwicklung in Ungarn zunehmend Sorgen. Die Abteilung für Internationale Verbindungen der SED erstellte regelmäßig längere Berichte über die Partnerländer, Analysen über deren politische und wirtschaftliche Situation. Der vom 8. März 1989 datierte Bericht »Zur Lage in der Ungarischen Volksrepublik« fiel niederschmetternd aus. Nicht zu leugnen, daß die Verfasser bei all ihren ideologischen Schlüssen die Fakten nicht zu beschönigen suchten: In Ungarn, so legten sie dar, ist ein sich beschleunigender Prozeß im Gange, »der ernste Gefahren für die sozialistischen Gesellschaftsgrundlagen und die Bündniszugehörigkeit der UVR heraufbeschwört«.[113] Begründet wurde der Befund mit Hinweisen auf die innenpolitische Entwicklung und die rapide Verschlechterung der Wirtschaftslage: Die ungarische Partei habe die Kontrolle verloren, eine organisierte Opposition, insbesondere das Ungarische Demokratische Forum, sei entstanden, die Verschuldung des Landes nehme zu, als neues Phänomen melde sich die Arbeitslosigkeit, die soziale Unzufriedenheit wachse. Dann folgte die Feststellung, daß die USAP selber den politischen Pluralismus akzeptiert habe und daß auf eine »zutiefst schädliche« Art selbst innerhalb der Partei die Ansicht um sich greife, 1956 habe sich im Land keine Konterrevolution, sondern ein Volksaufstand abgespielt.

Knapp zwei Monate später war die Führung der ostdeutschen Staatspartei in ihrer Einschätzung schon so weit gekommen, daß Erich Honecker persönlich ein Rundschreiben an die Ersten Sekretäre der Bezirksleitungen der SED richtete und darin Ungarn gleichsam offiziell für verloren erklärte.[114] In dem Brief, der am 26. April 1989 verschickt wurde und den auch die Mitglieder und die Kandidaten des Politbüros erhielten, berief sich Honecker auf Äußerungen seines ungarischen Amtskollegen Grósz: Eine Parteispaltung drohe, die USAP gebe dem Druck der »antisozialistischen Kräfte« nach. Die Gefahr der Restaurierung des Kapitalismus sei nicht auszuschließen. Dann liest man in Honeckers Brief die Bestätigung der Vermutung, daß Grósz (trotz der Versicherung des Gegenteils) nicht völlig freie Wahlen im Sinn hatte, sondern eine Quotenregelung zugunsten der eigenen Partei, »da sonst nur ein Stimmenanteil von 40–45 Prozent zugunsten der USAP zu erwarten sei«. (Grósz urteilte zu optimistisch. Die Partei spaltete sich im Oktober 1989 tatsächlich, die zu Sozialisten mutierten Reformkommunisten bekamen bei den Parlamentswahlen im Frühling 1990 lediglich 10,89 Prozent und die orthodoxen Kommunisten, zu denen sich Grósz geschlagen hatte, 3,68 Prozent der Stimmen.)

Tadelnd vermerkte Honecker, daß die ungarischen Genossen auf die »Parteinomenklatur« für Staatsfunktionen – auf das Recht, die höheren Positionen mit ihren Kandidaten zu besetzen – verzichten wollten, und er erwähnte die bevorstehende Rehabilitierung und Neubestattung von Imre Nagy, »der 1956 die Konterrevolution anführte«. Grósz selber sehe das Chaos kommen, schrieb Honecker und zog seine Schlußfolgerung: Die ungarische Parteiführung verfüge offensichtlich nicht über den Willen, die politische Macht zu verteidigen. Ihr aber, liebe Genossen, fügte der ostdeutsche Parteichef hinzu, könnt weiterhin davon ausgehen, daß wir – die SED und die DDR – die Zusammenarbeit mit Ungarn »im Geiste des proletarischen Internationalismus« weiterführen und dazu beitragen werden, den Sozialismus in Ungarn zu verteidigen.

Auch in Honeckers Brief entdeckt man kein Zeichen der Besorgnis, daß infolge der Vorgänge an der ungarischen Westgrenze der DDR selber Gefahr drohen könnte. Dabei hätten die mehrfach orientierten Organe der DDR um diese Zeit zumindest schon etwas wittern können. Dies um so mehr, als es in Ungarn bereits Mitte April 1989 zu einem »Probeabbruch« kam, Vorarbeiten zur Demontage der Grenzhindernisse. Sie wurden in der Nähe der Ortschaft Rajka vorgenommen, im ungarisch-österreichisch-tschechoslowakischen Dreiländer-Grenzgebiet, und dienten dazu, die vom Grenzschutz in den Monaten zuvor speziell für den Abbruch des Eisernen Vorhangs entwickelten Maschinen zu testen.[115] Die Führung der Grenztruppen, wie Balázs Nováky sagt, rechnete schon seit Ende 1988 mit der Demontage und bereitete sie technisch vor. Denn Stacheldraht aufrollen, dessen Gesamtlänge Hunderte von Kilometern beträgt, und Betonpflöcke aus dem Boden ziehen – solche Aufgaben löst man nicht improvisiert, von einem Tag auf den anderen. Innenminister Horváth hatte den Grenzschutz sogar ermutigt, dieser ersten Demonstration der Demontage etwas Publizität zu geben. Die ungarische Presse behandelte das bevorstehende Ende des Eisernen Vorhangs seit dem Spätherbst 1988 ohnehin schon als offenes Geheimnis.

Zwischen der DDR und Ungarn herrschte allerdings Mißtrauen allgemeiner Art. Es war gegenseitig und datierte nicht erst von Anfang 1989. Auf ungarischer Seite, wo sich vor allem in den achtziger Jahren ein undogmatisches öffentliches Klima etabliert hatte, ärgerte und amüsierte man sich über die ideologische Sturheit der ostdeutschen Genossen. Die Funktionäre der DDR nannte man in Budapest selbst unter kommunistischen Würdenträgern »die diensttuenden Marxisten«. Der seit 1956 amtierende ungarische Parteichef, János Kádár, hatte in seinen letzten Jahren den Ruf des Reformers schon längst eingebüßt. Selbst Kádárs enge Gefolgsleute waren der Überzeugung, daß »der Alte«, einst experimentierfreudig, jetzt der weiteren Öffnung nur noch im Wege stand. Doch selbst dieser Kádár, der in die Jahre gekommen und im Reformprozeß zum Bremsklotz geworden war, hatte für die DDR nichts übrig. Überliefert hat seine Meinung Ernő Lakatos, selber ein Hardliner, der im Frühling 1988 bei seiner Ernennung zum Botschafter in Ostberlin von Kádár zu einem Gespräch gebeten wurde.[116]

Die Aussprache fand zu der Zeit statt, als es Grósz gelang, Kádár von der Parteispitze zu verdrängen, und der widerwillig weichende Kádár berichtete im Rückblick auf seine eigene, nun zu Ende gehende Zeit über die Erfahrungen mit der DDR; er suchte Lakatos darauf vorzubereiten, was ihn erwarte. Dabei sprach er – und wir stehen noch ein Jahr *vor* der Flüchtlingskrise des Sommers 1989 – von einem verhärteten, gespannten Verhältnis der beiden Länder. Die DDR-Führung habe die Andersartigkeit der inneren Lage in Ungarn schlecht akzeptiert und an Foren der kommunistischen Länder die ungarischen Reformvorstellungen immer wieder attackiert. Bitter erinnerte sich Kádár an Walter Ulbricht, der 1968 darauf gedrängt hatte, gegen den Prager Frühling einzuschreiten, und ihm,

Kádár, die mäßigende Haltung übelnahm.[117] Nach Kádárs Ansicht folgte Honecker dem gleichen Schema, er und seine Leute spielten die Rolle von selbsternannten ideologischen Richtern. Man bringe in Ostberlin für die ungarischen Reformen sehr wenig an gutem Willen auf – dies trotz der Tatsache, daß der Anteil von Privateigentum an der Wirtschaft der DDR ungleich höher sei als in Ungarn.

Kehren wir zum April 1989 zurück. Zu dieser Zeit kümmerte sich in Ungarn kaum jemand um die DDR und ihre möglichen Reaktionen. Um so weniger, als das Thema der Grenzhindernisse für eine Weile in den Hintergrund geriet. Verantwortlich dafür war nicht nur die politische Gärung mit ihren täglichen aufregenden Neuigkeiten – die Rehabilitierung der hingerichteten Opfer von 1956 kam in Gang, die Opposition erklärte sich bereit zu Rundtischgesprächen mit der herrschenden Partei, der Ministerrat befaßte sich mit der Frage, gesetzliche Möglichkeiten für die Abhaltung von Volksabstimmungen zu schaffen, das Zentralkomitee der USAP sprach sich dafür aus, daß sich staatliche Stellen künftig in die Angelegenheiten der Kirchen nicht mehr einmischen sollten. Außer solchen Nachrichten geriet die Grenzproblematik auch wegen eines merkwürdigen Umstands halb in Vergessenheit: Es lag kein Datum vor, keine Vorgabe für den Beginn der Abbrucharbeiten. Das Politbüro hatte wohl verfügt, bis wann der Eiserne Vorhang ganz abgebaut werden müsse – bis zum 1. Januar 1991 –, aber es schwieg sich aus darüber, wann die Demontage in Angriff zu nehmen sei. Parteichef Grósz, wie schon gesagt, wollte den Drahtzaun erst 1990 abbrechen, doch diese Empfehlung oder Anordnung blieb zuletzt in der Resolution des Politbüros unerwähnt. Das Datum zu bestimmen, war somit Sache der Regierung, die sich mit der Angelegenheit einstweilen nicht weiter befaßte.

Zwei Ereignisse im April 1989 sind noch zu vermerken, die, ursprünglich ohne Zusammenhang mit dem Eisernen Vorhang, später für die Grenzöffnung doch Bedeutung gewannen. Zum einen kam es zu einer spektakulären Entzweiung zwischen Parteichef Grósz und Ministerpräsident Németh. Zum anderen bildete Németh Anfang

Mai seine Regierung um, und Gyula Horn, zuvor Staatssekretär, rückte an die Spitze des Außenministeriums vor.

Zum ersten: Die kommunistische Jugendorganisation hielt am 21./22. April ihren Kongreß ab. Parteichef Grósz trat bei der Tagung auf, und das ungarische Fernsehen zitierte ihn mit den Worten, er halte, im Einverständnis mit dem Ministerpräsidenten, die Einführung des »wirtschaftlichen Notstands« für angebracht.[118] Die Nachrichtensendung war noch nicht vorbei, als Miklós Németh, der beim Fernsehen angerufen hatte, sich zu Wort meldete und die Aussagen des Generalsekretärs vor dem ganzen Land dementierte: Weder sei er in der Frage konsultiert worden, noch halte er die Ausrufung eines Sonderzustands für notwendig. Daß der Ministerpräsident und der Parteichef fortan getrennte Wege gingen, war nun jedem offenbar.

Was die Außenstehenden nicht wußten: Das Verhältnis der beiden war schon seit längerer Zeit gestört. Dazu eine kleine Episode. Németh war früh aufgefallen, daß Grósz bei Sitzungen des Politbüros wiederholt Themen zur Sprache brachte und als bekannt voraussetzte, über die man in diesem Gremium zuvor gar nicht diskutiert hatte. Behandelt worden waren sie aber von ihm, Németh, und seinen Ratgebern im engsten Kreis. Der Schluß lag nahe: Grósz ließ den Regierungschef abhören. Ins Amt des Ministerpräsidenten bestellte Techniker eines Spezialdienstes fanden in den Wänden von Némeths Büro Abhörgeräte; selbst eine bronzene Tischdekoration, zu einer Troika zusammengespannte Pferdefiguren, pikanterweise ein Geschenk des sowjetischen Ministerpräsidenten Ryschkow, war mit »Wanzen« bestückt. Németh ließ die Geräte unangetastet und benutzte sie fortan zur Desinformation des Parteichefs. Wenn er Vertrauliches zu besprechen hatte, begab er sich mit seinen Beratern zum Spaziergang ans Donauufer.[119]

Grósz stand im Macht- und Richtungskampf auf verlorenem Posten. Erwog er im Frühling 1989 noch den gewaltsamen Eingriff gegen den Reform- und Umwandlungsprozeß und suchte er im Frühsommer mit Moskauer KGB-Assistenz die Rehabilitierung und Ehrung des 1958 hingerichteten Imre Nagy zu verhindern, so fügte er sich in der Folge in das Unabänderliche. Er selbst sprach später über Feinde und Verräter innerhalb der Partei und nannte unter anderen Imre Pozsgay, Rezső Nyers, Miklós Németh und Gyula Horn. Melancholisch bekannte er – und dies dürfte die Wahrheit sein –, daß er im Verlauf des Sommers 1989 eingesehen habe, er könne den Dingen nicht mehr Einhalt gebieten.[120] Wichtig ist dies für unser Thema darum, weil Grósz Ende August, Anfang September zu den Gegnern des Beschlusses gehörte, die Westgrenze zu öffnen.

Die zweite bedeutsame Entscheidung im Frühling 1989 war die Umbildung der Regierung und in deren Rahmen die Ernennung Gyula Horns zum Außenminister. Im gleichen Zug holte Németh den Historiker Ferenc Glatz und den Wirtschaftsfachmann László Békesi in sein Kabinett, reformfreudige Persönlichkeiten. Möglich gemacht hatte diese Ministerwechsel der neue Spielraum des Regierungschefs, der, nun von der Partei unabhängig, sich um die Zustimmung des Politbüros nicht mehr zu kümmern brauchte. In der Umgebung des Ministerpräsidenten sprach man geradezu davon, daß die eigentliche Regierung Németh erst jetzt gebildet wurde und daß der Regierungschef sich bis Ende April 1989 mit den Ministern des Kabinetts Grósz hatte abfinden, mit ihnen arbeiten müssen.

Gyula Horn, der neue Außenminister, hatte zuvor mit den Beschlüssen, die zum Abbruch des Eisernen Vorhangs führten, wenig zu tun gehabt. Er erbte indessen die Folgen, eine Situation, in der die diplomatische und teilweise auch die technisch-operative Bewältigung des Grenz- und Flüchtlingsproblems zu seiner Aufgabe wurde.

Horn ist nicht jene Gestalt, zu der er sich später selber emporstilisiert hat und an deren Legende die deutsche Öffentlichkeit dankbar mitwob: der Staatsmann, der den Eisernen Vorhang öffnete und allein mutig entschied, die Flüchtlinge aus der DDR in den Westen zu entlassen. Manche Korrektur an Horns überaus unzuverlässiger Darstellung der Ereignisse wird uns noch zu schaffen machen.[121] Zweifellos ist er aber, zusammen mit Ministerpräsident Németh und Innenminister Horváth, die dritte Schlüsselfigur unserer Geschichte. Grund genug, auch seiner Laufbahn einige Worte zu widmen. Diese

Beschäftigung mit Horns Person darf kurz bleiben, weil der Politiker seine Version der Grenzöffnung in Memoiren eingebettet hat, die auch auf deutsch vorliegen.

Gyula Horn, 1932 geboren, verbrachte seine frühe Kindheit im Budapester Außenbezirk Angyalföld, einem Industrieviertel. Der Vater, der 1919 in der Roten Armee der kurzlebigen Räterepublik gedient hatte und danach vier Jahre im Gefängnis gesessen war, suchte die Familie als Transportarbeiter durchzubringen. Er wurde auch später als Kommunist mehrmals festgenommen, obwohl er, wie der Sohn schreibt, die duckmäuserischen intellektuellen KP-Funktionäre eigentlich verachtete und mit der illegalen Partei kaum in Verbindung stand. Auch die Mutter nahm in Fabriken immer wieder Arbeit an. Das Leben der Eltern und seiner Geschwister, wie Horn es schildert, war durch Elend und Ausgeliefertheit gekennzeichnet. Proletarische Herkunft und politische Motivation waren in seinem Fall mit seltener Eindeutigkeit gegeben und prädestinierten ihn unter den Nachkriegsverhältnissen dazu, von den neuen Machthabern bevorzugt und gefördert, zum aufsteigenden Arbeiterkader zu werden.

Nach einer Mechanikerlehre wurde Horn zur Fortbildung in der Sowjetunion ausgewählt. Er verbrachte vier Jahre in der UdSSR und studierte in Rostow am Don an einer Wirtschaftshochschule, wo er 1954 abschloß. Die Sowjetwirklichkeit, wie er sie in ihrer Rückständigkeit, ihren abwechselnd abstoßenden, dann wieder menschlich gewinnenden und nur allzuoft grotesken Facetten erlebte, scheint auf ihn ernüchternd gewirkt, aber seine politischen Überzeugungen keineswegs erschüttert zu haben. Wieder in Ungarn, hatte er einen dreimonatigen Armeekurs zur Offiziersausbildung zu absolvieren, anschließend trat er als Beamter im Finanzministerium seine erste Stelle an.

In dieser Lage traf ihn der Volksaufstand im Herbst 1956. Was der Jungkommunist Gyula Horn während der Tage der Revolution und in den Monaten nach der Erdrosselung der Erhebung tat, ist einigermaßen rätselhaft. Horn war wegen seiner damaligen Rolle insbesondere in den Jahren 1994 bis 1998, als er an der Spitze der Regierung stand, in Ungarn heftigen Angriffen ausgesetzt. Fest steht, daß er anfänglich, als die Revolution zu siegen schien, in den Reihen der neugeschaffenen Nationalgarde stand und später, nachdem die Sowjetarmee die alte, kommunistische Herrschaft brutal wiederhergestellt hatte, sich der Ordnungskraft der Kádár-Regierung anschloß, deren Angehörige von der Bevölkerung nach ihren wattierten sowjetischen Monturen »Steppjacken« genannt wurden. Dieser Einheit fiel die Aufgabe zu, den letzten revolutionären Funken zu zertreten. In seinen Memoiren stellt Horn die Dinge so dar, als wäre er zu beiden Truppen beinahe zufällig gestoßen: zur Nationalgarde in seiner Eigenschaft als Reserveoffizier, zu den »Steppjacken« als Beamter des Finanzministeriums und ehemaliger Stipendiat in der Sowjetunion. Als Mitglied der Polizeitruppe will Horn im Winter 1956/57 lediglich öffentliche Gebäude und Brücken bewacht haben; daß er sich an Gewaltakten gegen die Bevölkerung beteiligt habe, stellte er stets in Abrede. Wie dem auch sei, sein Verhalten in den Wirren der Revolution zeugt jedenfalls früh schon vom politischen Talent dessen, der sich gegen alle Seiten abzusichern und den Wechselfällen der Geschehnisse anzupassen weiß.[122]

Ende der fünfziger Jahre bekam Horn das Angebot, ins Außenministerium zu wechseln, und hier entdeckte er, wie er sagt, das ihm gemäße Lebenselement. Als Diplomat diente er 1961 bis 1963 in Sofia und danach bis 1969 in Belgrad. Die Verhältnisse Jugoslawiens studierte er gründlich. Die Einsicht und die Erfahrung waren für einen Ungarn neu, daß ein sozialistischer Einparteistaat innenpolitisch offener sein und außenpolitisch den Weg der Allianzfreiheit beschreiten konnte. Anschließend an die Belgrader Zeit wurde Horn in Budapest in die Parteizentrale dirigiert, in die ZK-Abteilung für Außenpolitik. War er am Anfang für einige Balkanländer verantwortlich, so teilte man ihm 1974 als Zuständigkeitsgebiet die westliche Sphäre zu. Sein Vorgesetzter begründete die Entscheidung damit, daß man ihm die sozialistischen Länder nicht überlassen könne, da Ungarn sich sonst mit ihnen bald schon im Kriegszustand befinden würde.[123] Das mochte bedeuten, daß der junge ZK-Funktionär die Zustände im Block damals schon sehr kritisch sah, und es verwundert nicht, wenn Horn dies im Rückblick betont. Bestimmt aber war es auch ein Hinweis auf Horns Temperament oder eher: auf den rüden Ton, den er in härteren Wortgefechten nicht selten anschlägt – ein Zug, über den er selber offen und nicht ohne Stolz spricht.

Wie kam es, daß der Jungkommunist der stalinistischen Jahre jener Außenminister wurde, der 1989 zur Grenzöffnung maßgeblich beitrug? Woher die Wandlung? Horn nennt auf die Fragen als erstes die Konferenz über Sicherheit und Zusammenarbeit in Europa (KSZE), den 1972 einsetzenden Helsinki-Prozeß. Die Ost-West-Annäherung als Folge der Helsinki-Schlußakte habe auch seine Auffassungen beeinflußt.[124] Das Faktum sodann, so führt er aus, daß er sich in der ZK-Abteilung mit den westlichen Ländern, den Vereinten Nationen und den großen internationalen Organisationen befaßte, gewährte ihm einen Platzvorteil. In Gesprächen, auf Reisen, aus der Lektüre konnte er die Funktionsweise demokratischer Gesellschaften eher kennenlernen als ZK-Mitarbeiter in anderen Sparten. Von besonderer Bedeutung war dabei, daß die USAP Beziehungen zur SPD unterhielt, so daß sich Horn, wie er darlegt, mit sozialdemokratischem Gedankengut vertraut machte.

Wann erkannte er, daß in Europa eine Wende bevorstand, wie sie dann 1989/1991 eintrat? In der zweiten Hälfte der achtziger Jahre, antwortet Horn. So freilich, wie Eduard Schewardnadse, damals sowjetischer Außenminister, die Dinge nachträglich schildert, hat sie Horn nicht erlebt. Schewardnadse macht geltend, die Sowjetführung unter Gorbatschow habe sich schon von 1985 an davon leiten lassen, daß die europäische Trennung überholt sei, daß man die Sowjettruppen aus dem ostmitteleuropäischen Vorfeld zurückziehen und die politisch-psychologischen Folgen in Kauf nehmen müsse.[125] Horn kann sich nicht erinnern, Signale so schöner und direkter Art aus Moskau empfangen zu haben. Es gab, wie er sich ausdrückt, keine Stunde der plötzlichen Erleuchtung, daß die Ostblockländer fortan ihren eigenen Weg gehen dürften; es war eher ein Prozeß, in dessen Verlauf man das Terrain vorsichtig abtasten, Schritt für Schritt Neuland erobern mußte. Dafür, daß in Moskau die Preisgabe der »sozialistischen Gemeinschaft« nicht feierlich bekanntgegeben wurde, hat Horn allerdings Verständnis: Gorbatschow stand zu Hause einer gewaltigen Opposition gegenüber und konnte dergleichen nicht laut verkünden.

Die Meinungen in Ungarn scheiden sich an der Frage, ob Horn zum Lager der frühen, mutigen Reformer gehört habe, oder ob der Geist der Demokratie erst reichlich spät über ihn gekommen sei, zu einer Zeit, da sich die Änderungen in ihrer Unausweichlichkeit schon abzeichneten. Jedenfalls wurde er 1985 aus dem »Weißen Haus«, wie die Budapester den klotzigen Bau der Parteizentrale nannten, wieder ins Außenministerium versetzt. In der Sprache der örtlichen Geographie: Er blieb auf gleicher Höhe, wechselte aber vom linken ans rechte Donauufer. Dies geschah, nachdem ihm Kádár wegen kritischer Äußerungen über die Sowjetunion die Leviten gelesen hatte. Zwar übernahm er den Posten eines Staatssekretärs, aber der Wechsel galt als Degradierung. Schlecht allerdings paßt dazu, daß er im gleichen Jahr Mitglied des Zentralkomitees wurde. Unbestritten ist indessen Horns Anteil an den Anstrengungen, welche die ungarische Diplomatie als Außenseiterin im Ostblock unternahm, um die mühsam aufgebauten eigenen Positionen im Verhältnis zu Westeuropa auch in Zeiten einer schweren Entzweiung der Supermächte zu halten. Mitarbeiter von Horn beteuern, der Staatssekretär habe in den späten achtziger Jahren stets nach Wegen und Mitteln gesucht, um Ungarns Abhängigkeit von der Sowjetunion zu lockern.[126]

In westlichen Regierungsämtern hatte sein Name bald schon einen guten Klang. Furore machte er im November 1988 in Hamburg vor der Nordatlantischen Versammlung, Parlamentariern aus NATO-Ländern. Als erster Politiker aus einem Ostblockland unterzog er in einem Vortrag die Rüstungs- und Menschenrechtspolitik des eigenen Lagers harter Kritik. Der Bonner Außenminister Hans-Dietrich Genscher machte, wie er sich erinnert, im Umgang mit

Ungarn die Erfahrung, daß sein Amtskollege in Budapest, Péter Várkonyi, ein wesentlich schwerer zugänglicher Gesprächspartner war als dessen Staatssekretär Gyula Horn, den er dann bei der Pflege der Kontakte bevorzugte.[127] Sowohl Genscher als auch Horst Teltschik, außenpolitischer Mitarbeiter und Berater von Bundeskanzler Helmut Kohl, bezeichnen das damalige Verhältnis zu Ungarns reformorientierter Führung und namentlich zu Horn als eng und vertrauensvoll.

Als Beispiel führt Teltschik an, daß die bundesdeutsche Seite Horn sogar einmal darum bat, in Moskau eine vermittelnde Erkundigung einzuholen. Dies geschah im Herbst 1986 nach einer unbedachten Äußerung von Bundeskanzler Helmut Kohl, der in einem Interview mit *Newsweek* eine Parallele zwischen dem propagandistischen Gehabe von Gorbatschow und Goebbels gezogen hatte. Der Kreml reagierte verstimmt, die Beziehungen zwischen Moskau und Bonn blieben »auf Eis gelegt«, wie sich später Gorbatschow ausdrückte.[128] Horn lieferte laut Teltschik die gewünschte Auskunft; sie besagte, daß die sowjetische Seite die Ende Januar 1987 fälligen Bundestagswahlen abwarten wolle und nach einem allfälligen Sieg Kohls bereit sei, unter die Episode einen Schlußstrich zu ziehen. Solchen Begebenheiten kam 1989, als es in Ungarn um das Schicksal der ostdeutschen Flüchtlinge ging, Bedeutung zu. Wie Teltschik sagt: Bei diesem bewährten Vertrauensverhältnis war in Bonn in den entscheidenden Augenblicken der Gedanke ausgeschlossen, daß Németh und Horn in der Frage der DDR-Deutschen »ein falsches Spiel« spielen könnten.[129]

Daß unter den maßgeblichen ungarischen Politikern selber ein ähnlich vollkommenes Vertrauensverhältnis geherrscht habe, läßt sich dagegen nicht behaupten – Zweifel blieben. Schwer zu sagen, wie Horn etwa zum Mehrparteiensystem stand. Anfang Februar 1989 erklärte er in der Sitzung eines ZK-Ausschusses, die herrschende Partei müsse deklarieren, daß sie die Macht nicht übergeben werde.[130] Zehn Tage später trat er aber im Zentralkomitee als Befürworter der Öffnung auf: Es sei das Einparteisystem, das den Niedergang Ungarns und der sozialistischen Länder allgemein verursacht habe; die Krise lasse sich mit der bisherigen Struktur nicht bewältigen, für dergleichen gebe es in Europa nirgends ein Beispiel. Bei der gleichen Tagung erörterte man auch die Neubewertung des Aufstands von 1956 – eine Debatte, die zwei Wochen zuvor Pozsgay mit seinem überfallartigen Radiointerview ausgelöst hatte. Viele Funktionäre beantworteten die Frage mit einem vorsichtigen »Ja, aber«. Auch Horn gab vor dem Zentralkomitee zu Protokoll, daß er mit Pozsgay einverstanden sei: Die frühere einseitige Bezeichnung von 1956 müsse man ändern. Er sagte aber auch das Gegenteil: Man dürfe keine Gewissenskrise zulassen bei denen, die im November 1956 mit der Waffe in der Hand auf Seiten der Sowjetarmee »gegen die Konterrevolution« gekämpft hätten.[131]

Horn blieb in den Augen mancher der argwöhnisch beobachtete Mann, der in der Sowjetunion ausgebildet worden war, über zahlreiche inoffizielle Moskauer Kontakte verfügte und diese Kanäle auch rege benutzte. Parteichef Grósz, durch Horns Sonderbeziehungen irritiert, ermahnte ihn denn auch einmal, nicht bei jeder Gelegenheit seine Moskauer Bekannten zu konsultieren; die Pflege des Verhältnisses zur Sowjetunion obliege ihm, dem Generalsekretär, und er komme dieser Pflicht auf höchster Ebene nach, in ständigem Gedankenaustausch mit Gorbatschow.[132]

Németh und Horn arbeiteten im Sommer 1989 im Einvernehmen, doch im Ministerpräsidentenamt herrschte der Eindruck vor, man befinde sich mit dem Außenministerium nicht im Gleichschritt. Zu Recht oder zu Unrecht, der Verdacht ließ sich auch da nicht zerstreuen, gerade wegen Horns Moskauer Hintergrund. Für György Jenei, der als Ratgeber des Regierungschefs in der Affäre der DDR-Flüchtlinge den täglichen Kontakt mit dem Außenministerium hielt, war dieser Gesichtspunkt auf eine merkwürdige Weise maßgebend. Jenei betrachtete Horns Verhalten, seine aktive Mitarbeit in der Flüchtlingsfrage geradezu als Indikator: Solange der Außenminister mitmachte, konnte man sich darauf verlassen, daß der Kreml gegen Ungarns Vorgehen keine Einwände erhob.[133]

6

»Eine innere Angelegenheit«

Am 2. Mai begannen die umfassenden Arbeiten zum Abbruch des Eisernen Vorhangs. Umfassend, denn sie wurden an allen vier Grenzschutz-Abschnitten, in die sich die Grenze zu Österreich gliederte, gleichzeitig in Gang gesetzt. In Hegyeshalom, dem wichtigsten Grenzort auf der Straßen- und Eisenbahnverbindung zwischen Budapest und Wien, gab Balázs Nováky, der stellvertretende Oberkommandant des Grenzschutzes, eine stark besuchte Pressekonferenz; er schilderte die politischen und wirtschaftlichen Gründe der Entscheidung. Einer der Journalisten stellte ihm die Frage, die in den Monaten danach von Politikern und Diplomaten, Presseleuten und politisch aufmerksamen Bürgern unzählige Male wiederholt wurde: Hat Ungarn seinen Schritt mit der Sowjetunion abgesprochen? Nováky, nach eigenem Verständnis Soldat und kein Politiker, fand eine Antwort, um deren höfliche Entschiedenheit ihn auch ein Regierungssprecher hätte beneiden dürfen. Es handle sich, sagte er kurz und bündig, um eine innere Angelegenheit Ungarns. Als er dann die Frage bekam, ob die Österreicher unterrichtet worden seien, erwiderte er zur Erheiterung der Zuhörer fast schon mit diplomatischer Routine, die westlichen Nachbarn habe man schließlich seinerzeit, bei der Errichtung der Hindernisse, auch nicht informiert.[134]

Es handelte sich um eine dermaßen interne Entscheidung, daß nicht einmal die Regierung mit der Bestimmung des Datums etwas zu tun hatte. Die Anweisung, mit dem Abbruch an diesem Tag zu beginnen, war vom Kommando des Grenzschutzes und zuvor vom Innenministerium gekommen. Bei der Konferenz in diesem Ministerium im November 1988 hatte Staatssekretär Földesi bereits bemängelt, daß der von allen gebilligte Bericht wohl die Frist für die Beendigung der Abbrucharbeiten nannte – den 1. Januar 1991 –, nicht aber den Anfang der Demontage.[135] Der von ihm vorgeschlagene Zusatz, mit dem Abbruch sei schon 1989 zu beginnen, fand schließlich Eingang in den Konferenzbeschluß des Ministeriums, fehlte aber in der Entscheidung des Politbüros. Das Innenministerium ordnete also den Beginn des Abbruchs für den 2. Mai an. Die von Parteichef Grósz vorgegebene Richtlinie, gemäß welcher man bis 1990 hätte warten sollen, war damit Makulatur.

Die Regierung als Ganzes faßte erst 16 Tage später den formellen Beschluß über die Demontage des Eisernen Vorhangs, zu einer Zeit also, da die Arbeiten schon im Gange waren. Das wirkt kurios, hatte aber seine Logik. Man wartete ab; die Regierung als Ganzes sollte nicht verantwortlich sein, falls die Machthaber in Moskau doch noch Einspruch erheben würden.[136] Erst am 18. Mai stimmte der Ministerrat einer Eingabe von Innenminister Horváth zu: Das Signalsystem, dessen Aufrechterhaltung weder durch die innen- noch durch die außenpolitische Lage mehr gerechtfertig sei, solle möglichst bald abgebrochen, der Spurenstreifen sollte eingeebnet werden. Der Beschluß sah die Ausarbeitung eines neuen Gesetzes über die Grenzordnung vor. Als Frist für die völlige Freilegung der Grenze wurde nochmals der 31. Dezember 1990 festgehalten; schon viel früher, am 31. Juli 1989, sollten alle Einschränkungen der Bewegungsfreiheit aufgehoben werden, die bisher im Grenzstreifen und in Grenzgewässern gegolten hatten.[137]

Jetzt griff zum ersten Mal, so scheint es, in Ostberlin Unruhe um sich. Für das Politbüromitglied Günter Schabowski wurde dieser Tag, der 2. Mai 1989, zu einem Datum, das einen Lebenseinschnitt markiert. Das Nachfolgende ist seiner Darstellung verpflichtet.[138] Durch Zufall ergab sich, daß am gleichen 2. Mai, einem Dienstag, eine reguläre Sitzung des SED-Politbüros fällig war. Was in Ungarn vor sich ging, stand nicht auf der Tagesordnung. Doch bevor die Beratungen begannen, wandte sich Erich Honecker entnervt an die Genossen und fragte, was für Unfug denn im Bruderland getrieben werde. Verteidigungsminister Heinz Kessler bekam den Auftrag, sich beim ungarischen Amtskollegen Kárpáti telefonisch zu erkundigen. Der Bescheid Kárpátis lautete beschwichtigend. Zwei Tage später sprach Kessler in Budapest bei Kárpáti persönlich vor und kehrte mit der gleichen beruhigenden Auskunft nach Ostberlin zurück, die der Botschafter der DDR in Budapest bereits im März erhalten und an sein Ministerium übermittelt hatte: Die ungarische Westgrenze werde weiterhin bewacht bleiben, die Truppen des Grenzschutzes würden vermehrt im Landesinneren in der Tiefe operieren und potentielle Grenzverletzer schon früh anhalten. Auch Kárpáti wiederholte, daß die Kosten für die Grenzhindernisse nicht mehr tragbar seien.[139] Das, meint Schabowski, klang unannehmbar in den Ohren von DDR-Machthabern, für die der Aufwand zur Abriegelung der Grenze gar nie hoch genug sein konnte.

Auf ungarischer Seite hatte man die wirtschaftlichen Argumente mit Bedacht gewählt. Gerade jene Begründung, die man in Budapest vor allen Dingen ins Feld führte, sollte im Gespräch mit den ostdeutschen Genossen ausgeklammert werden: daß sich der Fortbestand der Grenzhindernisse politisch nicht mehr rechtfertigen ließ. Kárpáti hatte vor Kesslers Besuch am 4. Mai den Regierungschef konsultiert. Ihr Beschluß: Jede Grundsatzdebatte sei zu vermeiden, um nicht in eine ideologische Falle zu tappen. Die Ungarn bauten sogar eine Gegenposition auf. Sie präsentierten einen Vorschlag, der, wie sie wohl wußten, für die DDR unannehmbar war: Ungarn, ein armes Land, könne nicht anders handeln, es sei denn, die DDR leiste Unterstützung, indem sie sich bereit erkläre, jede Art von hochentwickelter Technologie, an die sie etwa dank dem deutsch-deutschen Handel herankomme, mit Ungarn zu teilen.[140]

Nach Schabowskis Erinnerung erging Anfang Mai ein Auftrag Honeckers auch an Außenminister Oskar Fischer. Er sollte in Moskau sondieren und darauf hinwirken, daß die Sowjetunion den Ungarn gegenüber ein Machtwort sprach. Die Mission mißlang; die Führung der UdSSR zeigte keine Neigung, Ungarn in die Schranken zu weisen.[141] Damit, so meint Schabowski, wurde ihm klar, daß es für die DDR keine sowjetische Bestandsgarantie mehr gab. Eine solche Garantie war künftig nur noch von der Bundesrepublik zu erwarten. Warum? Weil die Westmächte, wie man damals glaubte, die Wiedervereinigung nicht zulassen würden, woraus sich zwangsläufig ein neues Nebeneinander der beiden deutschen Staaten ergeben müßte – ein enges, friedliches Verhältnis der Zusammenarbeit. Deren Bedingung freilich bildete die innere Umgestaltung und Öffnung der DDR.

Diese Kette von Überlegungen, an deren Anfang das ungarische Vorgehen stand, führte nach Schabowski im Frühling 1989 dazu, daß sich die Geister innerhalb des SED-Politbüros schieden. Trotz der Atmosphäre, in der stets jeder jeden denunzieren konnte, fanden einige der jüngeren und beweglicheren Mitglieder heimlich zueinander und begannen an Honeckers Sturz zu arbeiten. Die Absetzung des Parteichefs gelang im Oktober, und Schabowski zeigt sich überzeugt: Ohne die Ereignisse in Ungarn – und folglich mit Honecker im Amt – wäre der Zusammenbruch der DDR eine blutige Angelegenheit geworden.

Lösten die Begebenheiten in Ungarn wirklich diese folgenschweren Gedanken aus? Möglich. Nach außen indessen herrschte Ruhe. Die Ostberliner Führung ließ sich mit Beschwichtigungen abspeisen: Im Endergebnis, so beteuerte man in Budapest, bleibt die Grenze undurchlässig. Wie lange man auf ostdeutscher Seite auf den Fortbestand der »Normalität« vertraute, zeigt sich etwa daran, daß der Botschafter der DDR in Ungarn, Gerd Vehres, im Juli noch in Urlaub fuhr.[142] Die ungarische Botschaft in Ostberlin registrierte allerdings schon in den ersten Maitagen Zeichen der Besorgnis unter der Bevölkerung der DDR. Botschafter Lakatos meldete seiner Zentrale am 5. Mai, daß sich immer mehr DDR-Bürger bei der ungarischen Vertretung erkundigten, ob und wie sie künftig nach Ungarn reisen könnten. Sie befürchteten, daß ihre Reisemöglichkeiten wegen des Abbruchs der technischen Grenzhindernisse demnächst eingeschränkt würden.[143]

Lakatos schrieb im gleichen Bericht, die Botschaft habe festgestellt, daß einzelne ostdeutsche Polizeiorgane die Annahme von Gesuchen um Ausreise nach Ungarn verweigert und den Bürgern geraten hätten, in der zweiten Hälfte des Monats Mai wiederzukommen, da bis zu diesem Zeitpunkt eine neue Reiseregelung in Kraft treten werde. Andernorts erkläre man, für Reisen nach Ungarn seien künftig Einladungsbriefe notwendig. Bezeichnend für die Verwirrung war eine Erfahrung, die Lakatos in diesen Tagen selber machte. Der ungarische Fahrer seines Dienstwagens wurde von empörten DDR-Bürgern zur Rede gestellt; sie hielten dem Chauffeur vor, daß Ungarn keine Touristen aus der DDR mehr wolle, ihnen keine ungarische Währung und kein Visum gebe. Der verblüffte Botschafter, der sich in die administrativen Niederungen des Reiseverkehrs offenbar noch nie hinabgelassen hatte, erkundigte sich bei seinem Konsul, ob DDR-Bürger der Visumpflicht unterstünden. Er erfuhr, daß die Ostdeutschen kein ungarisches Visum brauchten, wohl aber eine Ausreisegenehmigung, welche die DDR-Volkspolizei ausstelle.[144]

Im gleichen Bericht nach Budapest steht sodann, daß ein ungarischer Diplomat im Ostberliner Außenministerium beim Leiter der Konsularischen Hauptabteilung Erkundigungen zur Reiseregelung eingezogen habe. Die offizielle Auskunft lautete, die DDR plane keine Änderung. Als persönliche Meinung fügte der Gesprächspartner hinzu, die Demontage der technischen Sperren an der Grenze zu Österreich gebe auf DDR-Seite Anlaß zum Rätselraten, sei jedoch kein Grund, von der bisherigen Praxis abzuweichen.

Doch unter Berufung auf eine »wohlinformierte Quelle« meldete die Botschaft schon sechs Tage später nach Budapest, daß die DDR Reisen nach Ungarn vom 1. Juli an nur noch bei Vorweisung eines Einladungsbriefs gestatten werde.[145] Die Quelle erwies sich als schlecht informiert. Verständlich aber, daß angesichts solcher Gerüchte die Nervosität in der DDR stieg und der Druck, der auf Ausreisewilligen lastete, sich erhöhte. Vielen mochte scheinen, daß sie zum Tor, das sich in Ungarn aufgetan hatte, bald nicht mehr würden hingelangen können. Botschafter Lakatos berief sich auf seine konsularische Abteilung in Ostberlin: Sie erhalte massenhaft – telefonisch und persönlich übermittelte – Informationen, wonach die DDR-Behörden Gesuche um Ungarnreisen nicht mehr akzeptieren.

Bereits gebuchte Gruppenreisen würden abgesagt, und man habe auch schon Leute mit gültigen Dokumenten von der DDR-Grenze zurückgeschickt.

Allmählich entfaltete sich ein Bild, das die internationalen Dimensionen der in Budapest gefällten Entscheidung ahnen ließ. Westliche Botschafterkollegen, meldete Lakatos aus Ostberlin, äußerten im Gespräch ihre Anerkennung für Ungarns Vorgehen, stellten aber auch immer wieder dieselben Fragen: War der Abbau der Grenzhindernisse mit den Verbündeten vereinbart? Hat Ungarn einkalkuliert, daß die DDR, die Tschechoslowakei und die Sowjetunion Gegenmaßnahmen ergreifen könnten? Befürchtet man nicht die Entstehung einer gegen Ungarn gerichteten Achse Ostberlin – Prag? Wurden keine Verträge verletzt, die mit der DDR oder anderen sozialistischen Ländern bestehen? Ist vorgesehen, zur Bewachung der Grenze andere Mittel einzusetzen?[146]

Es traf zu, daß die Behörden der DDR nun beunruhigt waren. Dies verrät ein vom 17. Mai datierter Bericht der Staatssicherheit über »Reaktionen der Bevölkerung zur Lageentwicklung in der Ungarischen Volksrepublik«.[147] Darin wurden einerseits die Parteimitglieder und die »progressiven Kräfte« zitiert, die sich wegen der Gefährdung des Sozialismus in Ungarn besorgt zeigten. So besorgt, daß unter ihnen laut dem Befund der Stasi sogar das phantasievolle Gerücht kursierte, der frühere ungarische Parteichef János Kádár habe die DDR um Asyl ersucht. Andererseits berief sich der Bericht auch auf »Personen«, die offenbar weder als Parteimitglieder noch als progressiv eingestuft werden konnten. Diese warnten erbost davor, die Reisen ins Urlaubsland Ungarn einzuschränken. Sollte es zu solchen Maßnahmen kommen, dann, so Zitate dieser Gewährsleute, würde sich die DDR »noch mehr einmauern« und das Vertrauen zwischen Partei und Volk wäre weiter geschwächt; einzelne ließen wissen, man solle nie mehr mit ihrer Beteiligung an Wahlen rechnen, wenn die Reisefreiheit weiter eingeengt werde.

Um die gleiche Zeit begann man sich auch in Ungarn eingehender Gedanken zu machen über die Auswirkungen, die der Abbau des

Eisernen Vorhangs auf das Verhalten der DDR zeitigen könnte. Das Außenministerium erstellte Mitte Mai eine interne Analyse, in der die möglichen Reaktionen Ostberlins erwogen wurden.[148] Die Verfasser hielten fest, daß Berichte über geplante Maßnahmen zur Erschwerung der Reisen nach Ungarn sowohl vom Außenministerium der DDR als auch von deren Botschaft in Budapest dementiert wurden. Ohne Fundament seien aber die Gerüchte nicht, denn nach ungarischen Erkenntnissen prüfe man in der DDR die Möglichkeit von Restriktionen. Der Auswanderungsdruck dort, so liest man weiter, ist beträchtlich, die Stimmung schlecht. Die Zahl der Einreisen aus der DDR nach Ungarn nehme zu, in den beiden ersten Monaten von 1989 habe sie 224 000 (1988: 174 000) betragen. Ebenso steige die Zahl der von DDR-Bürgern unternommenen Versuche zur illegalen Überquerung der Grenze.

Die Behörden der DDR, fährt der Bericht fort, befürchteten, daß die Liberalisierung der Grenzordnung in Ungarn jene fünf bis sechs in Westberlin tätigen Organisationen – professionelle Fluchthelfer – aktivieren werde, deren Spezialität es sei, »die graue Masse der DDR abzusaugen«, Intellektuelle und Fachleute über die Grenze zu bringen. Für Einschränkungen der Ungarnreisen sprächen politische wie wirtschaftliche Gründe. Doch gebe es auch gewichtige Gegenargumente: Die Begrenzung der Reisefreiheit sei in der DDR schon bisher eine der Hauptquellen der Unzufriedenheit gewesen; Ungarn gelte für die DDR-Touristen traditionell als ein bevorzugtes Ziel; die polizeiliche Kontrolle bei der Ausreise mache es den Behörden jetzt schon möglich, einzelne Personen auszufiltern. Außerdem stünden Reiserestriktionen nicht in Einklang mit Grundsätzen des Helsinki-Prozesses.

Fazit der ungarischen Abwägung: Daß die DDR ein Reiseverbot ausspreche, sei nicht wahrscheinlich, aber auch nicht auszuschließen. 1981 – als Lech Wałesas Gewerkschaft »Solidarität« den Einparteistaat ins Wanken brachte – habe Ostberlin das Mittel gegenüber Polen bereits einmal angewandt. Tatsache sei, vermerken die Autoren des Berichts zuletzt, daß die Botschaft der DDR in Budapest Weisung erhalten habe, die Ereignisse in Ungarn intensiver zu beobachten, weshalb sie mit zwei zusätzlichen Diplomaten verstärkt worden sei. Ferner stehe es fest, daß auch die Zahl der unter verschiedenen Vorwänden nach Ungarn entsandten DDR-Delegationen ständig zunehme. Auch die innenpolitische Entwicklung in Ungarn könnte zur Reiseeinschränkung beitragen.

Ebenfalls im ungarischen Außenministerium entstand etwa einen Monat später eine interne Aufzeichnung über das Verhältnis zur DDR. Auffallend, daß in dieser im Frühsommer zu Papier gebrachten Bewertung von DDR-Flüchtlingen noch keine Rede ist. Beschwichtigend wurde die nach wie vor gut funktionierende Partnerschaft hervorgehoben, begleitet allerdings vom Befund, daß zwischen den zwei Ländern erhebliche Differenzen bestünden. Daß es sich um einiges mehr handelte und daß die Führung in Ostberlin mit Argwohn auf die Ungarn blickte, geht aus einer lakonischen Feststellung im Bericht hervor: »Die Führung der DDR hat eine Expertengruppe beauftragt (deren Mitglieder teilweise in Budapest tätig sind), die Veränderungen in Ungarn zu verfolgen, damit die DDR gemäß ihren nationalen Interessen reagieren kann.«[149]

Es gibt eine amüsante, freilich erst aus dem Rückblick möglich gewordene Art, die Geschichte des Jahres 1989 in Ost- und Ostmitteleuropa zu lesen: als eine Folge von Fehlurteilen. Da wimmelt es von Erklärungen führender deutscher Politiker, welche die Wiedervereinigung, wenn überhaupt, erst in ferner Zukunft sahen, und so manch ein namhafter Sowjetexperte gab zu Protokoll, daß mit der UdSSR noch auf Jahrzehnte zu rechnen sei. Besonders pikant sind die Irrtümer der östlichen Machthaber, die, geschulte Marxisten, den Gang der Zeitereignisse angeblich voraussahen. Ein kleines Beispiel, in ungarischen Akten festgehalten, lieferte hiefür Mitte Mai die DDR-Führung. Ungarns Botschafter in Ostberlin bestätigte am 23. Mai 1989 in einem Bericht, daß die DDR die Reisen ihrer Bürger nach Ungarn nicht eindämmen werde.[150] Der Gewährsmann, auf den er sich berief, war ein hoher, nicht mit Namen genannter DDR-Beamter, mit dem er ein vertrauliches Gespräch geführt hatte. Dieser habe erklärt, man sei höheren Orts nach Prüfung der Frage zum Schluß gekommen, daß es zur bisherigen Praxis der Ungarnreisen keine Alternative gebe. So weit, so gut. Doch der hochgestellte ostdeutsche Gesprächspartner weihte den Botschafter auch in die Überlegungen der Verantwortlichen ein: Manche DDR-Bürger würden in der neuen Lage wohl versuchen, über Ungarn in den Westen zu gelangen. Deren Zahl werde aber, so sei zu erwarten, nicht höher sein als in früheren Jahren. Die Führung der DDR nehme einen abwartenden Standpunkt ein. Sie wolle die Erfahrungen der ersten Monate ohne Grenzsperre prüfen, die Statistik der illegalen Grenzübertritte auswerten und allfällige Gegenmaßnahmen erst nach den Jubiläumsfeiern zum 40. Jahrestag der Gründung der DDR im Oktober beschließen.

Das Ministerium für Staatssicherheit gab sich weniger gelassen. Es begann dem Problem Ungarn zunehmend Aufmerksamkeit zu schenken. Aus einer der unzähligen Akten, die in diesem berüchtigten Haus produziert wurden, geht hervor, daß den Anlass dazu die am 2. Mai einsetzenden Abbrucharbeiten an der ungarischen Westgrenze geboten hatten, in einem noch größeren Ausmaß aber das westdeutsche Medienecho auf dieses Ereignis. Ein Bericht über Probleme »im Zusammenhang mit Maßnahmen der UVR zum Abbau von Grenzsicherungsanlagen« beginnt mit der Feststellung, die Staatssicherheit der DDR habe die ersten Hinweise auf den geplanten Abbau von Mitarbeitern des ungarischen »Bruderorgans« im März und im April erhalten.[151] Der ungarische Innenminister Horváth hatte ja die Information der Dienste der verbündeten Länder angeordnet, und als Partner der Stasi erschien im April auch der ungarische Oberst József Varga in Ostberlin.[152]

Bei dem Besucher handelte es sich offenbar um einen strammen und folglich verbitterten Genossen, der im Frühling 1989 die ungarische Welt nicht mehr verstand. Mehr als die offiziellen Beschwichtigungen hatte aber auch er nicht anzubieten: Man werde die »Tiefensicherung« der Grenze, die Qualität der Grenztruppen und deren Streifentätigkeit verstärken und mit »Grenzhelfern und der Grenzbevölkerung« vermehrt zusammenarbeiten. Eine absurde Zusage. Die Vorstellung fällt schwer, daß die ungarische Bevölkerung, die sich nie besonders durch Staatsloyalität hervorgetan hatte, dem Grenzschutz emsig dabei hätte helfen sollen, fluchtwillige DDR-Bürger zu identifizieren und anzuhalten.

Dieser Bericht des MfS enthält im Kern bereits all das, was in den folgenden drei Monaten die Akten füllte: Anklagen gegen die Medien der Bundesrepublik, ungeschminkte Daten über die an Umfang zunehmende Fluchtbewegung, eine lange Reihe von Empfehlungen, was sich gegen die Abwanderung unternehmen ließe, und dies in einem unsäglichen Amtsdeutsch. Etwa so: »Bei Bekanntwerden von Hinweisen des beabsichtigten ungesetzlichen Verlassens der DDR sind unverzüglich Signale an die DVP [Deutsche Volkspolizei] zu geben, damit entsprechende Sichtvermerke auf Karteimitteln der DVP angebracht werden können, die im Rahmen des Antrags-, Prüfungs- und Entscheidungsverfahrens zu berücksichtigen sind.«[153]

Daß einzig die bundesdeutsche Pressekampagne die Menschen zur Flucht animiere, diese Behauptung blieb in den zahllosen Verlautbarungen der DDR ein Leitmotiv. Ebenso kehrten die bereits jetzt formulierten Empfehlungen der Staatssicherheit hartnäckig wieder. Sie wurden im Verlauf des Sommers immer wieder abgewandelt und zeigten insbesondere eines: die Ohnmacht der DDR-Staatsorgane. Wollte die Ostberliner Führung den Verkehr nach Ungarn nicht unterbinden, dann blieb ihr nur übrig, jene Bürger, die nach Ungarn fahren wollten, noch strenger zu kontrollieren. Der Bericht enthielt Empfehlungen in zehn Punkten. Die drei letzten betrafen die Bekämpfung von »Menschenhändlerbanden«, die Intensivierung der Zusammenarbeit mit den ungarischen Organen und die Entfaltung von Gegenpropaganda, die zeigen sollte, daß Ungarns Grenzen nach wie vor streng bewacht würden. Die vorangehenden sieben Punkte hingegen galten alle dem »Filtrierungsprozeß« (dies der Ausdruck der MfS-Beamten): Mit welchen polizeilichen und administrativen Methoden läßt sich die Absicht zur »Republikflucht« schon auf dem Territorium der DDR erkennen?

Der Überwachungsapparat, dessen Umrisse sich bei der Lektüre der Empfehlungen erahnen lassen, ist von imponierendem Ausmaß. Daß da aber keine Kontrolle ausreichte und die DDR-Führung auf verlorenem Posten stand, geht aus Angaben im gleichen Bericht ebenso hervor. Demnach hatten sich 1988 rund 800 000 DDR-Bürger in Ungarn aufgehalten und es etwa gleich viele auf dem Weg nach Rumänien und Bulgarien durchquert: 1,6 Millionen Menschen, beinahe zehn Prozent der Bevölkerung der DDR. Angesichts der politischen Stimmung und der ohnehin schon eingeschränkten Reisefreiheit macht diese Zahl begreiflich, weshalb die Staatsmacht davor zurückschreckte, Ungarn für ein verbotenes Land zu erklären.[154]

In Budapest verstärkte sich mittlerweile die Überzeugung, daß die Zugehörigkeit zur Genfer Flüchtlingskonvention neue Pflichten mit sich bringe. Ungarn konnte sich nun auf seine internationale Bindung berufen, weshalb es Flüchtlinge aus Rumänien dem Ceaușescu-Regime nicht zurückgab. Ebenso unhaltbar wurde die bisherige Praxis, im Grenzgebiet festgenommene Ostdeutsche der DDR auszuliefern. Der Sprecher des UNHCR in Genf hatte am 17. März bekanntgegeben, daß Ungarn als 106. Land sich der 1951 begründeten Flüchtlingskonvention und dem 1967 vereinbarten Protokoll über den Status der Flüchtlinge angeschlossen habe.[155] Der Beitritt wurde am 12. Juni wirksam.

Bisher hatte man die an der Grenze aufgegriffenen Staatsangehörigen der DDR in westungarischen Städten in Auslieferungshaft genommen. Nach Abschluß des Ermittlungsverfahrens und wenn genug Leute beisammen waren, transportierte man sie mit Autobussen zum Budapester Flughafen, wo sie eine Interflug-Maschine in die DDR zurückbrachte. Die Dokumentierung und Abwicklung solcher Fälle oblag der Untersuchungsabteilung des ungarischen Staatssicherheitsdienstes. Dessen Leiter erhielt im Frühsommer 1989 die Weisung, diese Aktionen einzustellen; Ungarn sehe von der Auslieferung von DDR-Bürgern künftig ab.[156] Der stellvertretende Innenminister Ferenc Pallagi, zuständig für die Kontrolle der Sicherheitsdienste, erinnert sich, daß er seine ostdeutschen Partner in einem

Brief offiziell unterrichtet habe: Sein Land werde bei den Rücktransporten künftig nicht mehr behilflich sein.[157]

Die im Frühsommer entstandenen Dokumente des MfS erwecken dagegen den Eindruck, daß der ostdeutsche Staatssicherheitsdienst keine genauen Auskünfte über die Absichten der Ungarn besaß, sich zu informieren suchte und dabei im dunkeln tappte. DDR-Bürger, die man in Ungarn beim Grenzübertrittsversuch festgenommen und ausgewiesen hatte, wurden von den Stasi-Leuten – offenkundig auf Anweisung ihrer Zentrale – nach den Verhältnissen im ungarisch-österreichischen Grenzgebiet und nach dem Verhalten der Behörden des »Bruderlandes« befragt. So beispielsweise lauteten die Fragen, die sie am 12. Juni in Dresden beim Verhör einem 1965 geborenen DDR-Bürger stellten, den die Ungarn am 16. Mai ergriffen und am 5. Juni der DDR-Staatssicherheit übergeben hatten: »Inwieweit trafen Sie während Ihres Aufenthalts in der UVR Feststellungen zur begonnenen Beseitigung von Grenzsicherungsanlagen an der Staatsgrenze UVR/Österreich? Welche Informationen im Zusammenhang mit den Maßnahmen an der Staatsgrenze UVR/Österreich erhielten Sie während Ihres Aufenthaltes bei den Sicherheitsorganen der UVR?« Oder am 6. Juni, ebenfalls in Dresden, beim Verhör einer jungen Frau: »Unter welchen konkreten Umständen entschlossen Sie sich zum beabsichtigten ungesetzlichen Überwinden der Staatsgrenze UVR/Österreich? Welche Kenntnis hatten Sie zum Zeitpunkt dieser Entschlußfassung über das Regime an der Staatsgrenze UVR/Österreich? Wie verhielten sich die Angehörigen der ungarischen Sicherheitsorgane während der Dauer Ihrer Inhaftierung?«[158]

Die Verhöroffiziere interessierten sich besonders für jene Informationen der DDR-Bürger, die von den ungarischen Sicherheitsleuten stammten. Was sie auf diesem Weg erfuhren, mochte ihnen zur Zuversicht wenig Grund geben, obwohl auch die in niedrigen Chargen stehenden Mitglieder der ungarischen Organe wenig Genaues wußten. Offensichtlich kursierten aber Gerüchte, wonach Ungarn die Auslieferung der Flüchtlinge bald einstellen werde. Bei den Verhören berichteten mehrere Flüchtlinge darüber, daß die Ungarn ihnen in der Untersuchungshaft öfters gesagt hätten: Leider hätten sie ihren Fluchtversuch zu früh unternommen, zu einem etwas späteren Zeitpunkt wären sie den Organen der DDR nicht mehr zurückgegeben worden.

Gemeint war damit der 12. Juni, an welchem Tag Ungarns Mitgliedschaft in der Genfer Konvention Rechtskraft erlangen sollte. Was für wirre Vorstellungen hierüber – in ungarischen wie ostdeutschen Köpfen – herrschten, das geht aus den vorhin zitierten Protokollen der Stasi hervor. Eine Frau etwa wußte beim Verhör folgendes zu berichten: Sie wisse von einer mit ihr zusammen festgehaltenen DDR-Bürgerin, »daß ihr ungarischer Untersuchungsführer gesagt habe, daß sie Glück gehabt habe und nicht mehr an die DDR ausgeliefert werde. Er begründete das damit, daß etwa um den 13./14. 6. 1989 herum eine Konferenz in Genf zur Menschenrechtsproblematik stattfinde, bei der die ungarische Seite die Verabschiedung eines Gesetzes oder einer Konvention abwarten wolle, nach der die UVR keine flüchtigen DDR-Bürger mehr an die DDR ausliefern müsse.«[159]

Am 9. Juni stattete der Bonner Außenminister Hans-Dietrich Genscher Budapest einen eintägigen Besuch ab und traf mit Horn, seinem Amtskollegen, sowie mit Ministerpräsident Németh zusammen. Genscher bat beide Gesprächspartner darum, den organisierten Rücktransport von aufgegriffenen DDR-Deutschen einzustellen und auch darauf zu verzichten, die Ausweise der wegen versuchter Grenzverletzung Ausgewiesenen mit einem Stempel zu versehen, da dies für sie in der DDR schwere Konsequenzen nach sich ziehen könnte. Horn versprach zu handeln.[160]

Drei Tage später – Ungarns Beitritt zur Genfer Flüchtlingskonvention erlangte an diesem 12. Juni Rechtskraft – trafen Gäste mit einem anderen Anliegen ein. Eine von General Gerhard Niebling geführte Delegation des DDR-Staatssicherheitsdienstes beriet mit Pallagi. Dieser entsinnt sich, daß er damals anfänglich den Eindruck gewann, Niebling habe seinen nach Ostberlin geschickten Brief mißverstanden und geglaubt, die ungarische Seite denke bei der Änderung der Auslieferungspraxis lediglich an andere Transportmittel.[161] Vermerke in einem Stasi-Dokument deuten tatsächlich darauf hin. Die MfS-Delegation, die sich Mitte Juni mit den ungarischen Organen besprach und in der Nähe der Stadt Kőszeg (Güns) auch einen Augenschein im westlichen Grenzgebiet vornahm, schrieb in ihrem Bericht über den Besuch, die ungarischen Vorstellungen über die künftige Behandlung der DDR-Bürger seien noch unbestimmt. Sie stellte indessen fest, daß »eine Konzentration ausgewiesener DDR-Bürger in Budapest zwecks Übernahme mit Flugzeug [...] aus politischen und materiell-technischen Gründen nicht möglich sein« werde. Zugleich allerdings heißt es: »Die bisherige Praxis der Übergabe/Übernahme wird bis auf weiteres fortgesetzt. Der zu erwartende Abbruch wird rechtzeitig angekündigt.« Trotzdem kommt die Erwartung zum Ausdruck, daß es sich nur um eine Änderung der Verkehrsmittel handeln könnte: »Sollte als Angebotsvariante eine Möglichkeit eines Flugzeugtransportes eingeräumt werden (Győr oder an anderem Ort in Grenznähe), müßte gesichert sein, daß in der Regel an Wochentagen täglich solche Flüge erfolgen.«[162]

Die Besucher wollten indessen über die Auswirkungen sprechen, die sich aus Ungarns Beitritt zur Genfer Konvention ergaben. Sie brachten zu diesem Zweck ein Papier mit, das ihren Standpunkt enthielt: Die Rechts- und Verfassungsordnung der DDR, so hieß es darin, schließe die Verfolgung wegen politischer Gründe oder rassistischer Motivation aus. Behauptungen über angeblich nicht gewährte Freiheiten »widersprechen der Verfassungswirklichkeit der DDR«. Die Reisefreiheit sei gesetzlich geregelt, die Einschränkungen verletzten das Völkerrecht nicht. Fazit: Staatsangehörige der DDR könnten von Ungarn im Sinne der Genfer Konvention keinesfalls als Flüchtlinge anerkannt werden.[163]

Pallagi erhob keinen Widerspruch. Seine Antwort entsprach der offiziellen Position. Er schloß praktisch aus, daß DDR-Bürger nach einem Prüfungsverfahren den Flüchtlingsstatus bekommen könnten, und sah für erfolglose Antragsteller den Landesverweis vor. Vor allen Dingen hielt er fest, daß Ungarn Staatsangehörigen der

DDR die Weiterreise nach einem Drittland ihrer Wahl – über Österreich in die Bundesrepublik – weiterhin nicht gestatten werde. Seine Ausführungen darüber, welche Folgen die Änderung des ungarischen Strafgesetzbuches bewirke und wer die DDR-Organe künftig über Grenzverletzer informieren solle, blieben aber offenbar schwammig. Die DDR-Delegation zog den Schluß, daß man auf ungarischer Seite die Konsequenzen, die sich aus der Zugehörigkeit zur Genfer Konvention ergaben, vorläufig nicht überblicke.[164]

In Ostberlin brauchte man einige Wochen, um zu reagieren. Anfang Juli informierte der Innenminister der DDR, Armeegeneral Friedrich Dickel, die Bezirksleiter der ihm unterstellten Volkspolizei, daß Ungarn anstelle der bisherigen Auslieferungen offenbar dazu übergegangen sei, aus der DDR stammenden Grenzverletzern den weiteren Aufenthalt im Land zu untersagen und diese Maßnahme in deren Ausweisen zu vermerken.[165] Finde man folglich solche Eintragungen in den Reisedokumenten der Zurückkehrenden, dann hätten die Polizeiorgane tätig zu werden. Dickel erteilte ausführliche Instruktionen, was zur näheren Prüfung der »im Ausland begangenen Rechtsverletzungen« zu unternehmen sei. Generalmajor Niebling erließ am 1. Juli eine ähnliche Weisung an die Bezirksverwaltungen der Staatssicherheit.[166]

Von der DDR-Seite betrachtet: Wir kennen ein Dokument vom 5. Juli 1989, das von einer offiziellen ungarischen Mitteilung berichtet, wonach die Praxis bei der Behandlung der DDR-Bürger sich geändert habe. Die Hauptabteilung VI beruft sich auf einen Mitarbeiter der Hauptabteilung IX, Major Setzepfand, der durch die Untersuchungsabteilung der ungarischen Sicherheitsorgane folgendermaßen unterrichtet worden sei: Ungarn weise künftig die ostdeutschen Grenzverletzer nach deren erstem Versuch aus, vermerke dies auf deren Reiseanlage mit einem Ausweisungsstempel und verhänge gegen sie ein Einreiseverbot für ein Jahr. Beim zweiten Versuch gelte das Verbot für fünf Jahre. Erst beim dritten Versuch erfolge die Festnahme und die Einleitung eines Verfahrens gemäß der bisherigen Praxis.[167] Was natürlich auch soviel bedeutete, daß die

Grenzverletzer nach ihrem ersten und zweiten Versuch nicht festgenommen und den Vertretern des MfS weder einzeln noch in Gruppen ausgeliefert werden sollten.

Die Ungarn hatten die regelmäßigen Transporte zum Budapester Flughafen Ferihegy tatsächlich eingestellt, und die gefaßten und des Landes verwiesenen DDR-Deutschen blieben auf freiem Fuß. Eine Liberalisierung des Regimes. Nun war aber Ungarn niemals – und am allerwenigsten 1989, in der Schlußphase der wankenden Einparteiherrschaft – ein Land, in dem sich amtliche Weisungen von einem Tag auf den anderen strikt durchsetzen ließen. Und so sind beim MfS auch Fälle dokumentiert, aus denen hervorgeht, daß der eine oder andere DDR-Deutsche von den ungarischen Organen selbst Anfang August noch den ostdeutschen Staatssicherheitsleuten übergeben wurde.[168]

Ungarn lebte tatsächlich in einem Übergangszustand. Dies galt für die politische Sphäre im allgemeinen und für das Grenzregime im besonderen. Eine Änderung des Strafgesetzbuchs, nach welcher Grenzverletzungen nicht mehr als Verbrechen, sondern nur noch als Regelverstoß behandelt werden sollten, befand sich erst in Vorbereitung und sollte bei Zustimmung des Parlaments Anfang 1990 wirksam werden. Die vorgesehene Maßnahme beeinflußte aber vielfach jetzt schon die amtliche Vorgehensweise. Sodann: Der Eiserne Vorhang war im Begriff zu verschwinden, doch die Neuregelung der Grenzordnung stand noch aus. Die Regierung hatte es, als sie am 18. Mai den Abbruch beschlossen (oder vielmehr die bereits begonnene Arbeit gutgeheißen) hatte, bei einer Weisung bewenden lassen: Auch über die Aufgaben des Grenzschutzes sowie die Rechte und Pflichten der Staatsbürger sei ein Gesetzesentwurf auszuarbeiten.[169] Und schließlich war das Land der Genfer Konvention beigetreten, aber ein Gesetz über ihre Anwendung wurde erst für den Oktober in Aussicht gestellt.[170]

Vom Beitritt zur Konvention ging eine sonderbare Wirkung aus. Ungarn betrachtete die DDR-Bürger als Übersiedler, nicht als Flüchtlinge, als welche auch die Ostdeutschen selber nicht gelten wollten; kein einziger ersuchte um Asyl, ganz abgesehen davon, daß die ungarischen Behörden rechtlich und technisch noch gar nicht imstande gewesen wären, Asylgesuche zu prüfen. Insofern spielte der Wortlaut der Konvention beim Schutz der Ostdeutschen keine Rolle. Eine Rolle dagegen spielte der Geist des Genfer Abkommens. Darauf und auf andere internationale Verträge berief sich die ungarische Regierung später in ihrer Begründung, weshalb sie die DDR-Bürger entgegen dem Wunsch Ostberlins nicht zurückschicke. Außenstehende nahmen diese Unterscheidung zwischen Geist und Buchstaben wahr. In einem Bericht der österreichischen Botschaft nach Wien hieß es Ende August, Ungarn wende die Genfer Konvention auf die DDR-Deutschen nicht an, tue dies aber eigentlich doch, indem es ihnen »de facto Flüchtlingsstatus« zuerkenne.[171]

Lautstark bezeugter Respekt vor humanitären Bestimmungen? Ungarn sah sich in diesen Monaten unerwartet vor einem Test seiner Glaubwürdigkeit. Der Zustrom von Deutschen aus der DDR konfrontierte die ungarische Diplomatie mit einem Grundsatz, den sie selber seit einiger Zeit immer öfter betonte: daß die Menschenrechte universelle Geltung hätten. Dieses Bekenntnis verstimmte einzelne »Bruderländer«, doch das nahm man auf ungarischer Seite in Kauf.

Dazu ein Beispiel. In einem vertraulichen Nachrichtenbulletin des Außenministeriums wurden Ungarns Diplomaten Anfang August 1989 über eine kurz zuvor in Minsk abgehaltene Konferenz unterrichtet, an der die Ostblockländer ihre Haltung bei der nächsten Generalversammlung der Vereinten Nationen aufeinander abzustimmen suchten. In der Frage der Menschenrechte ergaben sich Differenzen. Die DDR, Bulgarien und Rumänien traten gegen die »gefährliche westliche Interpretation und Anwendung« des Begriffs auf. Die sowjetische Delegation hielt sich zurück, um die Gegensätze nicht zu vertiefen. Und der ungarische Standpunkt: »Wir erklärten bei der Beratung entschieden [...], daß es für uns keine östlichen und westlichen, nördlichen oder südlichen Menschenrechte gibt, und wir verwiesen auf die Gültigkeit der im Rahmen der UNO ausgearbeiteten internationalen Normen.«[172]

Alles andere hätte doppelzüngig, falsch geklungen. Denn die ungarische Führung, die für die unterdrückte magyarische Minderheit in Rumänien eintrat, tat dies unter Berufung auf die Menschenrechte. Nun galt es, vor aller Welt und unter dem argwöhnisch wachsamen Auge der erstarkten demokratischen Opposition zu beweisen, daß Ungarn die Achtung der Menschenrechte nicht nur forderte, sondern auch selber bereit war, sich nach ihnen zu richten.

7

Der große Auftritt an der Grenze

Der Name des Reformpolitikers Imre Pozsgay bekam in den internen DDR-Berichten allmählich einen sehr schlechten Klang. Daß er Staatsminister und zugleich Politbüromitglied war: ein Zeichen der Fraktionsbildung und der inneren Zersetzung, denen die Partei in Ungarn zum Opfer zu fallen drohte. Es steigerte nicht die Sympathien der DDR-Führung für Pozsgay, daß dieser Ende Mai 1989 Westberlin besuchte, dort im Beisein von Presseleuten einige ungesuchte Worte über die Mauer fand – eine europäische Schande, die verschwinden müsse – und daß er in die Bundesrepublik weiterreiste, wo er in der ungarischen Botschaft in Bonn in einem Vortrag auch auf den Abbruch des Eisernen Vorhangs zu sprechen kam. Es sei, sagte Pozsgay bei dieser Gelegenheit, nicht die Pflicht und nicht die Aufgabe Ungarns, die Staatsbürger anderer Länder zu bewachen.[173] Es brauchte wenig Scharfsinn zur Antwort, welches andere Land gemeint war.

Pozsgay zeigt sich in seinen Erinnerungen gerührt, daß an diesem Abend viele bekannte Bonner Persönlichkeiten erschienen waren, um seine Ausführungen zu hören. Der ebenfalls anwesende Paul

Georg Hefty, Ungarn-Spezialist der *Frankfurter Allgemeinen Zeitung*, erzählt allerdings, dem Vortrag hätten auch einige Figuren beigewohnt, deren Erscheinung vom gewohnten Publikum der diplomatischen Anlässe auffallend abstach: Fluchthelfer, heute Schlepper genannt, die sich professionell namentlich damit befaßten, DDR-Bürgern die Flucht zu ermöglichen. Nachdem Pozsgay die Formulierung wiederholt hatte, es sei nicht Ungarns Aufgabe, fremde Grenzen zu bewachen, hatten diese Leute genug gehört; sie erhoben sich und verschwanden. Für die weiteren Darlegungen über Ungarns Reformpläne bestand ihrerseits kein Interesse mehr.[174]

Die spektakulärste Aktion, dazu geeignet, Auswanderungswillige in der DDR auf die Bresche in Ungarn aufmerksam zu machen, stand erst noch bevor. Am 27. Juni 1989 zerschnitten die Außenminister Ungarns und Österreichs, Gyula Horn und Alois Mock, in der Nähe der Stadt Sopron offiziell die Drähte des Zauns. Die Bilder der beiden dunkel gekleideten, Krawatte tragenden und freundlich lächelnden Herren, wie sie, dieser Tätigkeit sichtlich ungewohnt, mit den schweren Zangen hantieren, gehören seither zu den bestbekannten, immer wieder publizierten Aufnahmen, mit denen der Abbruch des Eisernen Vorhangs dokumentiert wird. Von den Bildern ging aber auch eine augenblickliche Wirkung aus. Denn der feierliche Arbeitseinsatz der Minister fand vor versammelter Presse statt, und sehen konnte man die Fernsehberichte am gleichen Abend überall in der Welt. Die DDR, dem »Westfernsehen« besonders ausgesetzt, mußte zur Kenntnis nehmen, daß die Abschottung nicht mehr möglich war in einem Zeitalter, das zunehmend der Elektronik gehörte.

In oberflächlichen Darstellungen kehrt die Behauptung hartnäkkig wieder, Horn und Mock hätten an diesem Tag den Eisernen Vorhang geöffnet und damit Zehntausenden von Ostdeutschen den Weg in den Westen freigegeben. In Wirklichkeit war die Demontage des Eisernen Vorhangs zu der Zeit schon so weit fortgeschritten, daß für die Minister mühsam ein noch intakter Abschnitt von einigen hundert Metern gesucht werden mußte, an dem sie fotogen mit den

Zangen ans Werk gehen konnten. Dies zum einen. Zum anderen stand der Weg nach Österreich – trotz der Entfernung der Sperranlagen – einstweilen keineswegs offen. Die ungarischen Behörden hielten sich fürs erste tatsächlich an den Vorsatz, die Grenze streng zu bewachen. Das Problem, dem man sich im Spätsommer gegenübersah, ergab sich gerade hieraus: Massen von DDR-Deutschen strömten nach Ungarn, geleitet von der Vorstellung, daß die Trennungslinie zwischen Ost und West hier hindernisfrei und passierbar sei. Sie machten aber die Erfahrung, die sich schnell herumsprach, daß der ungarische Grenzschutz sich nach Kräften bemühte, Fluchtversuche zu unterbinden. Damit begann der Stau. Der Druck auf die Grenze nahm mit jedem Tag zu, und damit geriet auch die ungarische Regierung zunehmend unter Zugzwang: Sollte sie weiter widerstehen oder die Grenze öffnen?

Was Horn und Mock am 27. Juni 1989 unternahmen, war nicht mehr als eine symbolische Handlung. Aber Symbole können von stärkerer politischer Ausstrahlung sein als Taten. Der ungarische Außenminister Horn hatte im August und im September zweifellos seinen Anteil an der Lösung der Flüchtlingskrise. Seinen Ruf indessen, den Eisernen Vorhang für die DDR-Flüchtlinge gleichsam im Alleingang geöffnet zu haben, verdankt er seinem Gespür für wirkungsvolle Szenen. Freilich brachte er auch den nötigen Mut auf, um solche großen Auftritte zu absolvieren.

Die feierliche Durchtrennung des Stacheldrahts in der Nähe von Sopron war ein Auftritt solcher Art. Kunst der Selbstinszenierung – die einen beherrschen sie, die anderen nicht. Der ungarische Parteichef Grósz hatte schon am 17. Mai, ebenfalls in der Soproner Region, die Grenze besucht. Man hatte erwogen, ihn zusammen mit den Soldaten zu fotografieren, die dabei waren, die Hindernisse zu beseitigen. Der Begleiter des Parteichefs, Innenminister Horváth, riet ab: Das Grenzgebiet sei derzeit kein geeigneter Hintergrund für Fotos. Grósz solle lieber in einem Jahr wiederkommen, dann könnte eine Aufnahme entstehen, die ihn nicht vor einer Baustelle, sondern inmitten eines üppigen Kornfelds zeige.

Der Parteichef folgte dem Rat, doch Horváth mußte sich bald schon den Vorwurf gefallen lassen, er habe Grósz der Möglichkeit beraubt, sich eindrücklich in Szene zu setzen. Horváth verwahrt sich dagegen: Erstens habe er nicht geahnt, daß Grósz, er selbst und manche andere ein Jahr später nicht mehr an der Macht sein würden. Und zweitens – er sagt das etwas verschämt – sei ihm die harmlose Idee mit dem Kornfeld beim Gedanken an ein berühmtes Bild des früheren Parteichefs Mátyás Rákosi gekommen.[175] Das Foto, das ihn inspirierte, hatte in den frühen fünfziger Jahren an Abertausenden von Wänden gehangen; es zeigte den Diktator in der Pose des Landesvaters, wie er zufrieden lächelnd eine Weizenähre prüfte.

Károly Grósz mit einer Drahtschere an der Grenze – hätte ein solches Pressebild die Akzente anders gesetzt? Wäre der Parteichef als einer der positiven Helden in die Geschichte der Grenzöffnung eingegangen? Vielleicht. Die Gelegenheit wurde verpaßt, und Grósz hinterließ in Sopron den gegenteiligen Eindruck: In seiner Rede vor Offizieren des Grenzschutzes polterte er ideologisch und forderte, daß die Grenze mit oder ohne Drahthindernisse weiterhin strengstens bewacht werde.[176] Horn dagegen erkannte einen guten Monat später die werbewirksame Chance. Bemerkenswert allerdings, daß die Anregung zur feierlichen Szene der Minister nicht von ihm, sondern von Mock gekommen war.

Ungarns Botschafter war Anfang Juni von Außenminister Alois Mock empfangen worden, und die beiden unterhielten sich über die Vorbereitung von Horns Besuch in Wien, der vom 25. bis zum 27. Juni stattfinden sollte. Der Botschafter überreichte dem Minister als Geschenk ein Drahtstück aus dem Eisernen Vorhang. Mock, so berichtete der ungarische Diplomat nach Budapest, wünscht sich aber als Andenken ein weiteres Stück vom Stacheldraht, das er von der Grenze selber mitnehmen will. Der österreichische Außenminister habe, wie es weiter heißt, wiederholt die Hoffnung ausgedrückt, daß Horn mit seiner Bitte um eine solche Veranstaltung an der Grenze, die an den Besuch in Wien anschließen sollte, einverstanden sein werde. Und weiter: Mock sei überzeugt, daß der Abbruch der

Hindernisse eine neue historische Periode einleite, und das, so glaube er, würde die Teilnahme der beiden Außenminister voll rechtfertigen – als Demonstration, daß Österreich und Ungarn es ernst meinten mit der Errichtung des gemeinsamen europäischen Hauses und darüber nicht bloß in Trinksprüchen redeten.[177]

Mit dem Ausdruck »gemeinsames europäisches Haus« zitierte Mock den sowjetischen Parteichef Gorbatschow – als Rückversicherung für die Ungarn. Auch am 27. Juni, als die zwei Außenminister nach verrichteter Arbeit an der Grenze in Sopron eine Pressekonferenz gaben, betonte Mock, daß die Entfernung der Hindernisse dank dem positiv gewordenen Verhältnis der zwei Supermächte, der neuen sowjetischen Politik und dank auch dem politischen Willen des österreichischen und des ungarischen Volks möglich geworden sei.[178] Im Rückblick ließ der österreichische Politiker erkennen, daß seinerzeit trotz aller Zuversicht ein Rest von Ungewißheit auch bei ihm geblieben war: Er sei aufgrund der eigenen Informationen und bei Kenntnis der Darstellung des ungarischen Partners zur Einschätzung gekommen, daß das Nachbarland mit Blick auf Moskau wohl ein Risiko auf sich nehme, dieses aber tragbar sei.[179] Mock unterstrich damals wie später, er habe, als er zusammen mit Horn den Stacheldraht durchschnitt, den schönsten Augenblick seiner Karriere erlebt.

Aus Moskau kam abermals kein Kommentar. Andernorts im Ostblock sah man den Dingen in Ungarn weniger gelassen zu. Verstärkt wurde das Mißtrauen durch die Entwicklung in Polen, wo kurz zuvor die zumindest teilweise freien Parlamentswahlen mit einer schweren Niederlage der Kommunisten geendet hatten. Westliche Diplomaten irrten sich, wenn sie eine gegen die Reformstaaten gerichtete Frontbildung der Sowjetunion, der DDR und der Tschechoslowakei befürchteten. (Ungarns Botschafter in Ostberlin hatte über solche besorgten Erkundigungen berichtet.) Die Sowjetunion, soweit und solange Gorbatschow den Ton angab, stand auf Seiten der Reformer.[180] Gemeinsame Sache im Lager der Gegner machten die DDR, die Tschechoslowakei, Rumänien und Bulgarien. Das ungarisch-rumänische Verhältnis, historisch ohnehin belastet, bot jetzt manchen zusätzlichen Grund für Spannungen. Da gab es die Minderheitenfrage, das Projekt zur »Systematisierung«, das die Außenwelt unter dem Stichwort »Dorfzerstörung« kannte, die Flüchtlingswelle und insbesondere die Tatsache, daß die beiden Länder politisch-ideologisch auseinanderdrifteten. Bukarest begnügte sich nicht mit Propagandaangriffen, sondern suchte auch hartnäckig eine einheitliche Aktion des Ostblocks gegen die abtrünnigen Polen und Ungarn zustande zu bringen.

Im Februar 1989 kam es zu einem Eklat, als sich Ungarn in Genf in der UNO-Kommission für Menschenrechte einer schwedischen Resolution anschloß. Diese sah die Entsendung eines Sonderbeauftragten vor, der die Lage in Rumänien untersuchen sollte. Bukarest protestierte und erhob Vorwürfe gegen Gyula Horn, damals noch Staatssekretär, der in Genf das Wort ergriffen hatte. In einem Brief an die ungarische Partei beschuldigte Rumänien Ungarn, sich dem antisozialistischen Lager angeschlossen zu haben. Die ungarische Parteispitze wies die Vorwürfe zurück.[181] Im April besuchte das SED-Politbüromitglied Hermann Axen Bukarest und führte Gespräche mit Ceaușescu. Der Botschafter Ungarns meldete, die beiden hätten ihre Besorgnis geäußert wegen des abweichenden Verhaltens einzelner sozialistischer Länder. Die rumänische Seite habe angeregt, daß die Generalsekretäre der »Bruderparteien« möglichst bald zu einem zwei- bis dreitägigen informellen Arbeitstreffen zusammenkommen und über die Entwicklung des Sozialismus diskutieren sollten. Die Rumänen, schrieb der Botschafter, hätten den Vorschlag zuvor auch sowjetischen und tschechischen Parteidelegationen unterbreitet.[182] Was Ceaușescu anstrebte, war offensichtlich ein Scherbengericht.

Am 16. Juni wurden in Budapest Imre Nagy und seine Mitstreiter feierlich neu bestattet. Am 17. Juni bestellte der rumänische Außenminister Ion Totu den ungarischen Botschafter – dramatisierend um Mitternacht – zu sich und überreichte ihm eine Protestnote wegen angeblicher antirumänischer und antisozialistischer Parolen tags zuvor bei der Trauerfeier. Ungarn habe den Warschauer Vertrag verletzt und sei »zu einem destabilisierenden Faktor in Europa und der Welt geworden«.[183] Die ungarische Vertretung in Bukarest meldete drei Tage später unter Berufung auf sowjetische Diplomaten, der an Ungarn ergangene Protest sei in identischer Form den Repräsentanten aller Warschaupaktländer zugestellt worden, mit der offensichtlichen Absicht, eine breite Aktion zur Isolierung von Budapest in Gang zu bringen.[184]

Ende Juni, kurz nach Horns und Mocks Auftritt an der Grenze, konnte man im ungarischen Außenministerium einem diplomatischen Bericht aus Kiew folgendes entnehmen: Ein ukrainischer Funktionär im Ministerrang erzählte nach der Rückkehr aus der DDR, wo er mit mehreren Politbüromitgliedern zusammengetroffen war, daß gleich zu Beginn der Unterredung jeder seiner Gesprächspartner die Ereignisse in Ungarn verurteilt habe: Ungarn verrate den Sozialismus und füge dem ganzen sozialistischen Lager unermeßlichen Schaden zu.[185]

Unter diesen Vorzeichen fand am 7. und 8. Juli in Bukarest die Tagung des Politisch Beratenden Ausschusses des Warschaupakts – ein Gipfeltreffen der Ostblockländer – statt. An dessen Anfang gehört aus ungarischer Sicht eine kleine anekdotische Begebenheit, die als Zeitzeichen von einigem politischem Symbolwert ist. In Budapest stand der Besuch des Präsidenten der Vereinigten Staaten, George Bush, bevor, und während des Flugs der ungarischen Delegation von Budapest nach Bukarest kam die leidige protokollarische Frage zur Sprache, welche persönlichen Geschenke der hohe Gast erhalten solle. Verteidigungsminister Kárpáti zog den Regierungschef, Miklós Németh, im Flugzeug beiseite und zeigte ihm seinen Vorschlag: ein Stück Stacheldraht, auf ein rot bezogenes Brett gespannt, versehen mit Metallplaketten in ungarischer und englischer Sprache, die belegten, daß das Objekt aus dem abgebrochenen Eisernen Vorhang stammte.

Tatsächlich überreichten die Gastgeber Mitte Juli in Budapest Präsident Bush sowie Außenminister James Baker dieses Geschenk, dessen Vorgeschichte auch ein Wort wert ist: Kárpáti hatte Anfang 1989 den unter schwerem Sparzwang stehenden Németh freiwillig unterstützt, indem er bei Rüstungsprojekten der Armee bedeutende Abstriche anbot. Aus Dankbarkeit gestattete der Ministerpräsident hierauf dem Militär eine gewisse Gewerbe- und Handelstätigkeit. Auf dieser Grundlage stellten Kárpátis Leute die »Eiserner-Vorhang-Souvenirs« her, indem sie die rostigen Drahtstücke versilberten.[186]

Den Anfang des Schlußkapitels in der Geschichte der DDR datierte der Ostberliner Verteidigungsminister Heinz Kessler im Rückblick auf den 7. Juli 1989, den ersten Tag der Bukarester Tagung des Warschaupakts.[187] Grollend vermerkt Kessler in seinen Erinnerungen, daß er in Bukarest unter den Mitgliedern der ungarischen Delegation auch Gyula Horn begegnete, dessen Erklärungen über den Eisernen Vorhang »bei uns auf Erstaunen und Widerspruch gestoßen waren«. Zehn Tage nach Horns denkwürdigem Auftritt bei Sopron verband sich somit für Kessler die Demontage der Grenzsperre bereits eng mit dem Namen des Außenministers. Egon Krenz, ebenfalls in der Delegation der DDR, will damals (trotz aller Evidenz) sogar schon gewußt haben, daß Horn der treibende Geist hinter dem Beschluß gewesen sei, die Hindernisse abzutragen.[188]

Kessler vermerkt bitter kritisch, daß die Wortmeldungen in Bukarest einzig Allgemeines, Unverbindliches enthielten; niemand sprach »über die – wie wir meinten – offensichtlichen ›Kungeleien‹ Ungarns in der Frage der Grenzsicherung«. Erich Honecker, versichert Kessler, hätte diese Dinge im Kreis der Generalsekretäre vorbringen wollen, doch er erkrankte und mußte nach Berlin zurückgeflogen werden. Ministerpräsident Stoph, der ihn als Delegationsleiter vertrat, verzichtete darauf, das heikle Thema zu berühren, weil Honecker ihn nicht beauftragt hatte, an seiner Stelle zu reden.

Kessler macht geradezu das Schicksal verantwortlich, das sich bei Honecker im entscheidenden Augenblick in der Form einer schweren Gallenkolik meldete und so verhinderte, daß der SED-Chef in Bukarest mit seinen geplanten Ausführungen über die Verschärfung des internationalen Klassenkampfes zu Wort kam. Denn seine Rede, so die gewagte These des DDR-Verteidigungsministers, hätte vielleicht den 11. September in Ungarn – die Grenzöffnung – verhindern können oder die ungarische Regierung zumindest unter stärkeren Druck gesetzt.[189]

Doch daß das Grenzproblem bei der Tagung völlig ignoriert worden sei, trifft nicht ganz zu. Gorbatschow brachte es Németh gegenüber zur Sprache. Freilich tat er dies buchstäblich zwischen Tür und Angel, am Rande der Sitzung und auf scherzende Weise, womit er zu erkennen gab, daß er der Geschichte nach wie vor wenig Bedeutung beimaß. Die Szene spielte sich vor dem Festbankett ab. Die Parteiführer waren dabei, sich in den Eßsaal zu begeben, doch Ceauşescu hielt sie auf, er prahlte, indem er mit vielen Worten und Zahlen die Ernteergebnisse der rumänischen Landwirtschaft rühmte. Gorbatschow blinzelte dem ungarischen Ministerpräsidenten ironisch zu und bemerkte: »Na, Genosse Németh, auf solche Resultate wären gewiß auch Sie stolz, nicht wahr?« Hernach ergriff er Németh am Arm, zog ihn in Richtung der Saaltüre und fragte: »Also, wie steht es diesen Sommer bei Ihnen mit dem deutsch-deutschen Familientreffen am Plattensee?« Gorbatschow gab damit zu erkennen, daß er gewisse Konsequenzen der besonderen Lage nun schon ermaß. Doch eine beschwichtigende Antwort Némeths genügte ihm.[190]

Nur auf indirekte, jedoch viel ernsthaftere Art wurde die Frage in den Reden Ceauşescus und des bulgarischen Parteichefs Todor Schiwkow erwähnt. Der Rumäne wiederholte seine Forderung nach einer baldigen, spätestens bis Oktober abzuhaltenden Beratung der Generalsekretäre. Diese sollten den Stand der Dinge in den sozialistischen Ländern erörtern und Maßnahmen beschließen. Man müsse eine Einheitsfront bilden, verlangte Ceauşescu. Parlamentarismus und bürgerliche Demokratie führten zur Liquidierung der Macht der Arbeiterklasse. Schiwkow wurde noch um einiges deutlicher. Er fand es beunruhigend, daß einzelne Länder unter dem Vorwand der Reform den Boden des Sozialismus verlassen wollten, und er warnte davor, abzuwarten und die Entstehung vollendeter Tatsachen zuzulassen. Ominös sprach er von der internationalistischen Verantwortung.[191]

Die Ungarn empfanden diese Wortmeldungen als Drohung. Daß sie nichts, keine Strafaktion zeitigten, lag an Gorbatschow. Der sowjetische Parteichef sagte nicht, daß er mit den Vorschlägen einverstanden sei, und er lehnte sie auch nicht ab; er schwieg beharrlich.[192] Damit war das Thema vom Tisch, denn ohne sowjetische Zustimmung ließ sich in diesem Gremium nichts beschließen. Rezső Nyers, seit kurzem Vorsitzender der ungarischen Partei und in Bukarest Delegationsleiter, sprach seinerseits vor der Konferenz offen von der »Breschnew-Doktrin« – der These von der begrenzten Souveränität der sozialistischen Länder –, deren Zeit nun ein für allemal abgelaufen sei. In diesem Sinn und im Gegensatz zu Ceaușescus Vorstoß hielt das Schlußcommuniqué fest, daß es ein Sozialismus-Modell von universeller Geltung nicht gebe, niemand über ein Wahrheitsmonopol verfüge und jedes Land das Recht habe, die neue Gesellschaft ohne äußere Einmischung gemäß seinen spezifischen Bedingungen aufzubauen.

Das wurde von den Ungarn als Erfolg und Ermunterung verbucht. Zuvor allerdings hatten sie noch eine überaus unangenehme bilaterale Aussprache mit Ceaușescu durchzustehen. Nyers stellte mit Bedauern fest, daß die Beziehungen einen Tiefpunkt erreicht hätten, und erwähnte die Behandlung der ungarischen Minderheit in Rumänien sowie das Programm zur Einebnung von Dörfern. Der rumänische Parteichef, von dem die Gesprächspartner den Eindruck einer pathologischen Persönlichkeit gewannen, konterte zornig: Ungarn solle seine antirumänische Kampagne beenden; es sei ja allbekannt, daß neunzig Prozent der Berichte, die in amerikanischen Zeitungen über Rumänien erschienen, von den Ungarn bezahlt seien.

Nyers griff hierauf ein anderes, nicht minder heikles Thema auf. Man habe, sagte er, an einigen Orten (gemeint waren rumänische Veröffentlichungen) befremdende Andeutungen gelesen, Hinweise auf militärische Mittel, über die Rumänien verfüge. Die ungarische Führung fühlte sich seit dem Frühjahr 1989 beunruhigt durch Informationen, die wiederholt besagten, Politiker aus Ostberlin, Prag, Bukarest und Sofia hätten über die Entwicklung in Ungarn unter sich beraten. 1956 hatte die Sowjetunion in Budapest allein interveniert, aber 1968 bei der Invasion der Tschechoslowakei auch die übrigen Verbündeten im Block aufgeboten; ließ es sich ausschließen, daß einige Satelliten diesmal auf eigene Faust handeln würden? Es blieb bei der Besorgnis. Der damalige Verteidigungsminister, Ferenc Kárpáti, sagt im Rückblick, von tatsächlichen militärischen Vorbereitungen der Nachbarn sei ihm nichts bekannt. Das Außenministerium empfing im Sommer 1989 allerdings mehrmals Berichte der ungarischen Botschaft in Bukarest, die Hinweise auf die Planung militärischer Schritte – in einem Fall namentlich im Grenzgebiet zu Ungarn – enthielten. Doch Kárpáti, wie sich Németh erinnert, hielt nur seinen eigenen, der Armee unterstellten Nachrichtendienst für glaubwürdig.[193]

Doch das Bukarester Treffen setzte keinen Schlußpunkt. Ceaușescu mochte ein Psychopath sein, ein Tölpel war er nicht. Verstand und Instinkt sagten ihm – wie wir seither wissen: richtig –, daß der Lauf der Dinge für ihn und seinesgleichen eine verhängnisvolle Wendung genommen hatte. Unheil drohte aus dem Nachbarland Ungarn, dessen Ministerpräsidenten er jetzt bei den Diskussionen in Bukarest verächtlich nur noch mit »Herr« ansprach; einen Genossen sah er in ihm nicht mehr. Noch blieb Zeit, um das Schlimmste abzuwenden, aber sie war knapp. Der einzige, der handeln konnte, hieß Gorbatschow. Der rumänische Parteichef wandte sich mit einem Brief an den Machthaber in Moskau. Er wiederholte seinen Vorschlag für eine Beratung der Generalsekretäre und verklagte Ungarn, das auf krummen Pfaden wandle. Gorbatschow setzte hierauf ein ungewöhnlich starkes Zeichen – zur Demonstration, wo seine Sympathien lagen: Er stellte der ungarischen Führung eine Kopie von Ceaușescus Brief zu.[194]

Gorbatschow sagte dem Verfasser dieser Zeilen, daß er sich an diese Episode nicht mehr erinnern könne. Wohl aber daran, daß Ceaușescu bei ihm immer wieder vorstellig geworden sei und zur

Rettung des Sozialismus hartnäckig Sanktionen gegen Polen und Ungarn gefordert habe. Wie Gorbatschow erzählt, stellte er dem rumänischen Parteichef die Gegenfrage, auf die er auch jene Moskauer Genossen um Antwort bat, die sich wegen der Entwicklung in den Satellitenländern ungehalten zeigten: Was also sollen wir tun, Nicolae, sollen wir die Panzer schicken? So wie 1968 in der Tschechoslowakei, wo du dagegen warst? Die Sowjetunion, belehrte Gorbatschow den rumänischen Parteichef, verteidige den Sozialismus sehr wohl, indem sie die Perestroika führe, die Politik des Umbaus. Möge sich jeder um sein eigenes Land kümmern.[195]

Als Nachtrag zum Bukarester Treffen wird man anerkennen, daß die bittere Verwunderung des Verteidigungsministers der DDR, Kessler, nicht ganz unverständlich war. Das Problem, das die hindernisfreie Grenze verursachte, wurde von keiner Delegation vorgebracht, weder im Plenum noch in bilateralen Gesprächen. Ein Meinungsaustausch zwischen den Vertretern Ungarns und der DDR fand in Bukarest überhaupt nicht statt.[196] Dabei war in diesen Tagen bei der Staatssicherheit in Ostberlin schon Feuer am Dach. Ein vom 13. Juli 1989 datierter Lagebericht der Hauptabteilung II des Ministeriums zählte bedenkliche Dinge auf.[197] Bestätigt wurde vor allem, daß die ungarischen Organe gegen gefaßte Grenzverletzer keine Ermittlung mehr in Gang setzten und die aufgegriffenen DDR-Bürger nicht dem MfS übergaben, sondern sich damit begnügten, sie auszuweisen. Infolge der Vorgänge in Ungarn, so stellte das MfS fest, nähmen die Bestrebungen der eigenen Bürger zu, »die DDR unter Mißbrauch des Territoriums der UVR [Ungarischen Volksrepublik] ungesetzlich zu verlassen«. Und die gravierendste Nachricht: Bis Mitte Juli 1989 gab es an der ungarischen Grenze bereits mehr – gescheiterte und erfolgreiche – Fluchtversuche als im ganzen Jahr zuvor; auf die letzten zweieinhalb Monate entfielen 76 Prozent aller Fälle. Sodann (und auch das konnte keine gute Neuigkeit sein) stieg die Zahl der nach Ungarn reisenden DDR-Bürger; sie lag im Vergleich mit dem Vorjahr in den ersten sechs Monaten 1989 um 35 Prozent höher.

Ein weiterer MfS-Bericht etwa eine Woche später enthielt denselben Befund.[198] Die Staatssicherheit produzierte in dieser Sache vom Frühsommer an eine Unmenge Papier: Akten, die aufeinander beruhen und darum einander nicht nur im Inhalt gleichen; man trifft bei ihrer Lektüre wie auf alte Bekannte immer wieder auf die gleichen Formulierungen. Zur Verhinderung der Flucht empfahl und forderte die Staatssicherheit Kontrolle und nochmals Kontrolle, polizeiliche Maßnahmen zur Überprüfung der nach Ungarn reisenden DDR-Bürger. Manches klingt schon wie eine Beschwörung. So wenn mit üppigem, aber inhaltsleerem Wortschatz sogar das terroristische Sicherheitsorgan von Lenins Bolschewiken als Vorbild bemüht wird: »Diese neuen Lagebedingungen erfordern von allen Diensteinheiten hohe tschekistische Wachsamkeit, die weitere Qualifizierung [Qualitätsverbesserung] der operativen Grundprozesse sowie die wirksame Verstärkung der vorbeugenden politisch-operativen Arbeit.«

Auffallend immerhin, wie genau die Sicherheitsorgane der DDR schon über die in Ungarn geplanten juristischen Änderungen im Bild waren. Selbst Ungarns Rechts- und Polizeibehörden hatten Mitte Juli noch kaum etwas davon gehört, daß die versuchte Grenzverletzung künftig nicht mehr als Verbrechen, sondern als Regelverstoß – in der Rechtssprache der DDR: als Ordnungswidrigkeit – eingestuft werden sollte. Die ungarische Staatsanwaltschaft war zu der Zeit erst im Begriff, Richtlinien auszuarbeiten. Das ungarische Innenministerium, namentlich der Chef des Sicherheitsdienstes, Staatssekretär Pallagi, hatte sowohl die DDR-Organe informiert als auch den eigenen Staatsanwalt zur Präsentierung neuer Direktiven aufgefordert.[199]

Der Auftrag ging an Sándor Nyíri, Stellvertreter des Obersten Staatsanwalts, da er im Ruf eines mutigen und reformfreudigen Juristen stand.[200] Er stellte am 20. Juli Außenminister Horn seinen Entwurf für neue Richtlinien bei der Behandlung von ostdeutschen Grenzverletzern zu und bat um eine Stellungnahme. Die Antwort kam eine Woche später von Staatssekretär László Kovács: Das Ministerium habe keine Einwände.[201] Nyíri beschrieb die bisherige Vorgehensweise: Gegen festgenommene Staatsangehörige der DDR leitete man in Ungarn zwar ein Strafverfahren ein, doch nach ihrer Übergabe an das ostdeutsche Ministerium für Staatssicherheit war die strafrechtliche Erledigung des Falles Sache der DDR. Die Grundlage dazu bildete ein Rechtshilfeabkommen der zwei Länder aus dem Jahr 1957. Die Auslieferungen wurden auf ungarischer Seite durch eine 1958 erlassene Regierungsverordnung mit Gesetzeskraft geregelt. Bei der Unterzeichnung des Abkommens hatten sich die Justizminister Ungarns und der DDR in einem Briefwechsel in einer »Interpretation« darauf geeinigt, welche Verbrechen die Auslieferung nach sich ziehen sollten. Besagter Briefwechsel wurde zwar niemals veröffentlicht, er war aber maßgeblich bei der Praxis, gefaßte Grenzverletzer dem Ursprungsland zu übergeben. Auszuliefern war demnach derjenige, der sich nach dem Recht beider Länder strafbar gemacht hatte und zumindest mit einem Jahr Gefängnis rechnen mußte. »Staatsfeindliche Umtriebe«, so auch die »Republikflucht«, gehörten in diese Kategorie. Die Modalitäten bei der Übergabe eines Strafverfahrens an das andere Land, sprich, bei der Auslieferung eines Beschuldigten, waren in einem Vertrag festgehalten, den 1963 der ostdeutsche Minister für Staatssicherheit, Mielke, und der damalige ungarische Innenminister János Pap geschlossen hatten.[202]

Die ungarische Staatsanwaltschaft, im Sommer 1989 von liberalem Geist jäh erleuchtet, entdeckte in diesen jahrzehntelang angewendeten Vereinbarungen mit einem Mal juristische Widersprüche, und sie erklärte, wie in Nyíris Richtlinien steht, die bisherige Praxis für unhaltbar. Die vom Staatsanwalt ausgemachten Unstimmigkeiten[203] sind nicht ganz leicht nachvollziehbar. Reizvoll wirkt ein formaljuristisches Argument: Der Versuch des unerlaubten Grenzübertritts sei, wenn man die Formulierung des Rechtshilfeabkommens wörtlich nehme, eigentlich doch kein Grund zur Auslieferung. Denn es handle sich nicht um einen Tatbestand, der in der DDR wie in Ungarn gleichermaßen strafbar sei. Dies darum, weil das ungarische Gesetz nur die Verletzung der ungarischen Grenze sanktioniere, ebenso wie das Strafgesetzbuch der DDR einzig für die unerlaubte

Überquerung der DDR-Grenze Strafen in Aussicht stelle, über diejenige Ungarns aber schweige.

Das von Nyíri im weiteren Vorgebrachte leuchtet besser ein. So seine Hinweise auf Ungarns Beitritt zur Genfer Konvention und den zunehmenden Umfang der Fluchtbewegung. Nach seinem Nachweis gab Ungarn in der ersten Hälfte 1989 mehr als vierhundert festgenommene DDR-Bürger dem MfS zurück.[204] Die Berichtigung der bisherigen Vorgehensweise sah Nyíri so vor: Gegen Grenzverletzer ist ein Verfahren in Ungarn durchzuführen. Macht der Festgenommene für seinen Fluchtversuch triftige, vor allem familiäre Gründe geltend, dann soll man es bei einer Rüge belassen und auf ein Strafverfahren verzichten. Zugleich habe man polizeilich-administrative Maßnahmen einzuleiten, damit der Betreffende in seine Heimat zurückkehrt. Gemeint war damit offenbar nur eine Aufforderung zur Rückkehr, keine Festnahme, denn der Staatsanwalt rechnete damit, daß die ermahnten Personen einen neuen Fluchtversuch unternehmen könnten. Wiederholungstäter, sagte er, habe man vor Gericht zu bringen. Alles in allem: Die Direktiven besagten, daß DDR-Bürger, wenn überhaupt, in Ungarn abzuurteilen seien. Nyíri stellte diese Anordnung, die er selbst »Richtungsweisung« nannte, am 8. August den regionalen Staatsanwälten zu.[205]

Währenddessen ließ in Ostberlin Innenminister Dickel dem für Sicherheitsfragen zuständigen Politbüromitglied Egon Krenz pflichtgetreu Angaben über die Fluchtbewegung zukommen, Zahlen, die Krenz mit gleicher Genauigkeit und Regelmäßigkeit an den erkrankten Parteichef Honecker weiterleitete. Am 28. Juli meldete Krenz, daß sich 83 Personen in der Budapester Botschaft der Bundesrepublik befanden und daß in der Woche zuvor 128 Personen aus der DDR über sozialistische Länder in den Westen geflüchtet waren, 118 von ihnen über Ungarn. Seit Beginn der Abbaumaßnahmen in Ungarn Anfang Mai hatten dort 360 DDR-Bürger die Grenze überschritten, während 532 Fluchtversuche von den ungarischen Organen verhindert worden waren.[206]

Vier Tage später, am 1. August, legte der stellvertretende Minister für Staatssicherheit, Rudolf Mittig, einen weiteren Textentwurf vor, der, mitverfaßt und gebilligt von vielen Abteilungen des MfS, einen neu-alten Lagebericht und Maßnahmenplan enthielt.[207] Gegenüber Früherem fand sich darin wenig Überraschendes. Da standen die Schuldzuweisung an den Feind, dessen Presse mit ihrer »Hetzkampagne« die Einwohner der DDR zur Flucht anstachle, der Hinweis auf die unberechenbar gewordenen ungarischen Behörden und die Befürchtung, daß DDR-Bürger in Ungarn unter Berufung auf die Genfer Konvention um Asyl bitten könnten. Und dann folgte Seite für Seite die Aufzählung der »vorbeugenden politisch-operativen« Gegenmaßnahmen. Eine Anmerkung, die auffällt, weil sie doch Neues enthält, zeigt den Stand der Dinge im Verhältnis der zwei »Bruderländer«: »Es ist davon auszugehen, daß operative Maßnahmen in der UVR gegen verdächtige Personen zur Verhinderung von Straftaten gemäß §§ 105 und 213 StGB [»Republikflucht« und Fluchthilfe] nicht mehr möglich sind.« Bemerkenswert hieran ist auch das Faktum, daß der ungarische Staatssicherheitsdienst dem Leiter der in Ungarn tätigen Stasi-Gruppe, Oberstleutnant Heinz Weller, noch Ende Juni versichert hatte, »daß unsere Organe zur Verrichtung der operativen Arbeit jede Hilfe gewähren«.[208]

Am gleichen 1. August trat in Ungarn eine Maßnahme in Kraft, welche die Flucht bedeutend erleichterte und das Tagewerk der Grenzwächter erschwerte, ja beinahe hoffnungslos machte. Die Grenzzone, der etwa zwei Kilometer breite Streifen zwischen dem Standort der abgebrochenen Hindernisse und der eigentlichen Grenzlinie, wurde zum normal zugänglichen Land, das keinen Einschränkungen mehr unterstand. Die ungarische Regierung hatte am 18. Mai beschlossen, auf die Sonderzugangsregelung in dieser Zone zu verzichten.[209] Die Maßnahme war Teil der Entscheidung, den Eisernen Vorhang abzutragen, und sie hatte ihre Logik, die sich politisch wie praktisch begründen ließ. Politisch: Die Bewegungsfreiheit sollte überall im Land gleichermaßen gelten. Praktisch: Wenn man Stacheldraht, Signalanlage und Beobachtungstürme nicht mehr brauchte, war auch der gesperrte Grenzstreifen sinnlos geworden.

Die Regierung hatte den 31. Juli als Frist für die Aufhebung des Verbots gesetzt, und Balázs Nováky, der stellvertretende Befehlshaber des Grenzschutzes, kündigte die neue Ordnung am gleichen Tag bei einer Pressekonferenz in der Grenzstadt Kőszeg an. Die Regelung brachte allerdings mit sich, daß fortan kein Grenzwächter mehr das Recht besaß, jemanden im Vorfeld der Grenze aufzuhalten. Bei der Entscheidung zweieinhalb Monate zuvor hatte natürlich niemand den Massenandrang der DDR-Deutschen vorausgesehen. Vom 1. August an verhielt es sich nun so, daß das Vordringen bis zur Grenzlinie legal und erst der Schritt darüber hinweg nach Österreich unerlaubt war; die Grenzwächter hätten Flüchtlinge – eigentlich – erst auf diesem letzten Meter behindern dürfen. Hielten sie sich streng an die Legalität, dann konnten sie nicht einmal mehr dagegen einschreiten, wenn sich jemand auf einen Grenzstein setzte.[210]

Und nun kann man darüber rätseln, ob die ungarische Seite die DDR wider besseres Wissen irregeführt oder allenfalls nur verlegen mit Maßnahmen vertröstet hatte, an die sie selber nicht recht glaubte; so wie auch die Vermutung manches für sich hat, daß in Budapest die eine Hand nicht wußte, was die andere tat und plante. Tatsache ist, daß die ungarischen Behörden ihre Partner in der DDR – Verteidigungsminister Kessler ebenso wie die Abgesandten der Staatssicherheit – seit dem Frühling stets damit abgespeist hatten, die Grenze werde künftig, wenn die technischen Sperranlagen fehlten, umso intensiver insbesondere in der Tiefe bewacht. Diese weit ins Landesinnere hineinragende vielzitierte Tiefe war nun, Anfang August, als der Druck der DDR-Flüchtlinge seinem Höhepunkt zuzustreben begann, auf einen knappen Meter zusammengeschrumpft.

8

Zwischen Bonn und Ostberlin

Im ungarischen Außenministerium, auf dem Bem-Platz am rechten Donauufer, kam im Verlauf des Monats August ein Spruch in Umlauf: »An geraden Tagen erscheint bei uns im Haus der ostdeutsche, an ungeraden der westdeutsche Botschafter.« In Tat und Wahrheit kam es vor, daß die beiden am gleichen Tag und so dicht hintereinander eintrafen, daß der eine um den anderen einen Bogen machen mußte. Und begegneten sie einander, so war das weiter auch nicht schlimm, denn die zwei Diplomaten, Alexander Arnot, der Botschafter der Bundesrepublik, und DDR-Botschafter Gerd Vehres unterhielten, wie sie sich übereinstimmend erinnern, ein leidlich gutes Verhältnis. Worunter man sich nicht Fachgespräche oder gar den Austausch von Informationen vorzustellen hat, sondern freundliche Worte und einen Schuß Ironie: »Heute muß ich mich im Außenministerium wieder über Sie beschweren.« »Ja, bitte, tun Sie das.«

Der westdeutsche Botschafter begann die lange Reihe seiner Demarchen beim Innenminister. Dieser ließ sein Gesuch um ein Gespräch einige Tage unbeantwortet, was den Botschafter verärgerte. Er erbat Hilfe beim Außenministerium und wurde dank dessen Fürsprache am 4. August von Innenminister István Horváth empfangen. Botschafter Arnot hatte bei seiner Intervention Erkenntnisse, wonach die ungarischen Organe gelegentlich immer noch DDR-Deutsche der Stasi übergaben.[211] Häufig kam es sodann noch vor, daß Daten der in Grenznähe gefaßten Flüchtlinge den Behörden der DDR gemeldet und die Pässe oder die sogenannte Reiseanlage, die zum DDR-Personalausweis gehörte, mit Stempeln versehen wurden.[212] Aus diesen Vermerken ging hervor, daß man die fraglichen DDR-Bürger wegen Straftaten aus Ungarn ausgewiesen hatte. Um die Abschaffung gerade dieser Praxis hatte der Bonner Außenminister Genscher zwei Monate zuvor in Budapest gebeten, und Horn zeigte sich damals entgegenkommend. Botschafter Arnot war jetzt entschlossen, Druck auszuüben.[213]

Aus Bonner Sicht ging es – und dies sollte in den folgenden drei Augustwochen so bleiben – um zwei Anliegen: um die unübersehbar zunehmende Zahl von Ostdeutschen in Ungarn, die darauf hofften, die Grenze überqueren zu können, und um die bundesdeutsche Botschaft in Budapest, wo ebenfalls immer mehr DDR-Bürger Zuflucht suchten.[214] Die erste Frage betraf Massen, aber eine Lösung schien, wenn überhaupt, auf kurze Frist ausgeschlossen. Beim zweiten Fall hatte man nur mit einer begrenzten Anzahl von Ausreisewilligen zu tun; auf dem Höhepunkt der Krise befanden sich in der Botschaft 181 Flüchtlinge. Doch die Lebensbedingungen im überfüllten Gebäude und das Faktum, daß die diplomatische Vertretung ihre Arbeit nicht mehr verrichten konnte, riefen nach schnellen Entscheidungen. So besehen nicht verwunderlich, daß in dieser Phase der Angelegenheit der Botschaft Priorität zukam.

Botschafter Arnot setzte dem Innenminister angriffig auseinander, daß Ungarns feierliche Stellungnahmen in humanitären Fragen und sein tatsächliches Verhalten sich nicht deckten; die Regierung und die Öffentlichkeit der Bundesrepublik stünden verständnislos vor dieser Tatsache.[215] Er bat darum, die Botschaftsflüchtlinge – ihre Zahl betrug nun mehr als hundert – unter diskreter Toleranz der ungarischen Behörden in Privatwohnungen unterbringen zu können, bis die ungarische Seite entschieden habe, ob sie gemäß der Genfer Konvention Flüchtlingsstatus bekommen könnten. Eine Beamtin des Innenministeriums, Judit Tóth, hatte tags zuvor erklärt, daß Ungarn bereit sei, Asylgesuche von DDR-Bürgern zu prüfen. Die Regierung, sagte sie im weiteren, erwäge die Einrichtung von Flüchtlingslagern. Am gleichen Tag hatte sich aber auch die Deutsche Presseagentur (dpa) mit Kritik an Ungarn gemeldet: Gefaßte Flüchtlinge würden trotz dem Beitritt zur Flüchtlingskonvention immer noch an die DDR ausgeliefert.[216]

Botschafter Arnot bat darum, nicht nur den Botschaftsflüchtlingen, sondern allgemein allen DDR-Deutschen die gleiche Behandlung zuteil werden zu lassen. In der Praxis hieß das so viel, daß Ungarn alle tolerieren und prüfen sollte, ob sie Asyl erhalten könnten. Arnot bat sodann die ungarischen Behörden darum, über jene, die man an der Grenze gefaßt hatte, der DDR keine Angaben zu machen. Horváth gab sich befremdet. Seine Antwort verrät, daß die offizielle Haltung sich zu diesem Zeitpunkt noch nach den Absprachen im Block richtete. Unsicherheit, die Horváth gegenüber dem Botschafter zugab, war freilich mit im Spiel. Die Behauptung, daß Ungarns Erklärungen und Handlungen sich nicht deckten, wies der Minister zurück. Dann räumte er ein, daß man Zeit und Erfahrungen brauche, um die Folgen einzuschätzen, die sich aus dem Beitritt zur Flüchtlingskonvention ergäben. Aber und dies zur Hauptsache: »Ungarn kann für die DDR-Bürger nicht zum Sprungbrett werden, damit sie illegal in die Bundesrepublik umsiedeln.«

Der 4. August war ein Freitag, und am Wochenende verstärkte sich der bundesdeutsche Druck auf Ungarn. Auszüge aus einem Interview Genschers mit *Bild am Sonntag* wurden von der dpa schon vorweg verbreitet. Der Außenminister, der sich in Berchtesgaden von Herzbeschwerden erholte, ließ wissen, daß er den Botschafter in Budapest angewiesen habe, beim Innen- und beim Außenminister vorstellig zu werden und darauf zu drängen, daß Ungarn die Stempel-Praxis beende.[217] Freilich: Was in Ungarn ein Jahr zuvor noch undenkbar gewesen wäre, das geschah jetzt beinahe schon natürlich: Die Behandlung der DDR-Flüchtlinge war zum Thema einer innenpolitischen Diskussion geworden, die auch in den einheimischen Zeitungen stattfand. Die Ungarn konnten etwa in *Magyar Hirlap*, dem Regierungsorgan, lesen, daß die Opposition, die Weltpresse und vor allem die betroffenen DDR-Deutschen den Gebrauch von Ausweisungsstempeln scharf kritisierten. Das Blatt ließ auch je einen Vertreter des Grenzschutzes und der Polizei zu Wort kommen. Jener wies die Verantwortung von sich – für die Stempelei hafte die Polizei –, dieser wiederum berief sich auf die vertraglich festgelegte Pflicht, die DDR zu orientieren.[218]

Das war der Amtsstandpunkt. Im Alltag allerdings herrschte auf ungarischer Seite keine geringe Verwirrung darüber, was nun galt und was nicht galt, und man versteht leicht, daß Ostberliner Ordnungssinn an diesem Zustand schier verzweifelte. Der Grenzschutz hatte bereits am 4. August die Anweisung erhalten, mit festgenommenen Flüchtlingen aus der DDR auf eine neue Art zu verfahren: Wer zum ersten Mal beim illegalen Grenzübertritt gefaßt wird, muß von der Grenzwache mündlich ermahnt werden. (In welcher Sprache das geschehen sollte, blieb dahingestellt.) Bei wiederholten Fluchtversuchen dagegen oblag es den Grenzwächtern, den Entzug der Aufenthaltsbewilligung zu »empfehlen«.[219] Das nun war ein Kinderspiel, keine Abschreckung mehr. Als der bundesdeutsche Botschafter am Montag, dem 7. August, nach seiner Instruktion im Außenministerium die gleichen Beschwerden und Wünsche vortrug wie drei Tage zuvor am anderen Donauufer beim Minister des Inneren, bestätigte man ihm die Änderungen in der Behandlung der Flüchtlinge. Wie weit sich die Neuerungen auf die Praxis schon auswirkten, stand allerdings auf einem anderen Blatt.

Die Versicherungen, die der bundesdeutsche Botschafter im Ministerium zu hören bekam, lauteten beruhigend, aber ein reales Bild ergab sich erst nach einigen Abstrichen: Die gruppenweise Rückschaffung von Flüchtlingen mit Flugzeugen hatte man eingestellt (das traf zu, doch zu Auslieferungen kam es in manchen Fällen weiterhin); der Versuch des unerlaubten Grenzübertritts wird nur noch als Regelverstoß bewertet (dafür gab es aber vorerst noch kein Gesetz), und in die Reisedokumente von Ausgewiesenen werden keine Eintragungen mehr gemacht (da blieb es für die gefaßten DDR-Bürger noch eine gute Weile Glückssache, wie sich die einzelnen Polizisten verhielten, denen sie vom Grenzschutz weitergereicht wurden). Botschafter Arnot nahm dennoch namentlich die letzte Auskunft mit Genugtuung zur Kenntnis.[220]

Arnots Partner im Außenministerium war Staatssekretär Ferenc Somogyi; er legte dem Botschafter das Dilemma dar: Sein Land wolle die Beziehungen mit keinem der beiden deutschen Staaten verschlechtern, aber die Bundesrepublik und die DDR träten jetzt an Ungarn mit Wünschen heran, die einander entgegengesetzt seien. Dann folgte eine Anmerkung an die Adresse des Bonner Außenministers: In Angelegenheiten, die Diskretion, Geduld und Verständnis erforderten, nützten forsche Erklärungen wenig; dies, wie Somogyi ausführte, gilt auch für die von Genscher erhobene Forderung, das »Stempeln« einzustellen. Denn Ungarn wolle den Anschein vermeiden, es unternehme entgegenkommende Schritte unter westdeutschem Druck. Im übrigen habe Ungarn guten Willen bewiesen und bisher mit keinem Wort zur Sprache gebracht, daß die Botschaft der Bundesrepublik sich an der Aufnahme von DDR-Bürgern aktiv beteilige; im Gegenteil, die Zustimmung zur Einreise von drei zusätzlichen, für die Betreuung der DDR-Deutschen benötigten Diplomaten sei unverzüglich gegeben worden.

Den Abschiedsworten von Botschafter Arnot läßt sich entnehmen, wie einfach am Ende der ersten Augustwoche die Dinge noch erschienen. Zwar gab er die Zahl der Flüchtlinge in seiner Botschaft an diesem Morgen schon mit 162 an, doch er meinte, wenn Ungarn auf die erwähnte Weise kooperiere, werde für diese Personen in den nächsten Wochen die traditionelle, vom DDR-Anwalt Wolfgang Vogel vermittelte Lösung möglich: Nach der Rückkehr der Auswanderungswilligen in die DDR würden deren Behörden ihnen die Übersiedlung in die Bundesrepublik gestatten. Was der Botschafter vermutlich erst einige Stunden später erfuhr: Vogel teilte am gleichen 7. August dem Bonner Ministerium für innerdeutsche Beziehungen mit, daß er den zurückkehrenden Botschaftsflüchtlingen in der DDR wohl Straffreiheit, aber keine Garantie mehr für eine günstige Erledigung ihrer Auswanderungsgesuche zusichern könne.[221] Im Budapester Außenministerium endete das Gespräch indessen noch mit einer optimistischen Note; die Hektik der kommenden Tage und Wochen war anscheinend nicht vorauszusehen. Der Botschafter stellte in Aussicht, daß er im Verlauf des Septembers – das heißt: etwa einen Monat später – in der gleichen Sache erneut vorsprechen werde.

In diesen Tagen des Hochsommers schien die Welt noch in Ordnung zu sein. Außenminister Horn befand sich in Urlaub. In den Ferien weilten auch Staatssekretär László Kovács sowie der stellvertretende Außenminister István Őszi, der für die sozialistischen Länder zuständig war. Somogyi hatte mit der Flüchtlingskrise nur am Rande zu tun, aber in diesen Tagen mußte er die ersten diplomatischen Demarchen entgegennehmen – als Ranghöchster, der im Ministerium allein den Herd hütete.[222] Der Verteidigungsminister der DDR, Kessler, will den Anfang des dramatischen Niedergangs zwar schon Anfang Juli beim Bukarester Treffen des Warschaupakts registriert haben, aber danach, wie er freimütig erzählt, trat auch er seinen Jahresurlaub an.[223]

DDR-Botschafter Gerd Vehres, auch er gerade vom Urlaub nach Budapest zurückgekehrt, hatte sich am 2. August, als er im Außenministerium vorsprach, mit dem stellvertretenden Minister Béla Havasi zu begnügen, der eigentlich für die Finanz- und Wirtschaftsverwaltung des Außenministeriums verantwortlich war. Ihm trug er als erstes die »halboffizielle Anfrage« vor, wie es habe geschehen können, daß ein Mitarbeiter des DDR-Außenministeriums namens Bernhard Pfannenberg über Ungarn nach Kanada emigriert sei.[224] Vehres sprach von »Menschenschmuggel«; dies sollte auf Seiten der DDR bald zum Stichwort werden. Der DDR-Botschafter bat um Auskunft darüber, zu welchen Bedingungen Ungarn sich der Genfer Konvention angeschlossen habe. Das Interesse der DDR, führte er aus, sei verständlich. Seine Botschaft habe gegenwärtig viel zu tun mit DDR-Bürgern, die einen Fluchtversuch unternähmen, und mit solchen, die, nachdem die ungarischen Behörden sie gefaßt und wieder freigelassen hätten, in der bundesdeutschen Botschaft Zuflucht suchten. Das Problem habe auch in der Berliner Zentrale Unruhe bewirkt.

Das traf zu. Am 4. August richtete der Außenminister der DDR, Oskar Fischer, einen besorgten Brief an Parteichef Honecker. Unter Berufung auf die – hier bereits erwähnte – Stellungnahme des ungarischen Innenministeriums legte Fischer die drohende Möglichkeit dar, daß DDR-Bürger in Ungarn als Flüchtlinge anerkannt werden könnten, und er empfahl baldige Verhandlungen mit Budapest.[225]

Beanstandete der bundesdeutsche Botschafter, daß die Ungarn die Vertretung der DDR über gescheiterte Fluchtversuche immer noch orientierten, so beschwerte sich Vehres seinerseits darüber, daß dies nicht der Fall sei. Der DDR-Botschafter wies vorwurfsvoll darauf hin, daß die westdeutsche Seite auf der Bimbó út, einer Straße auf dem Budaer Rosenhügel, ein Gebäude gemietet und darin DDR-Bürger untergebracht habe.[226] Im übrigen erklärte er – und auch das sollte in den nächsten Wochen unzählige Male wiederholt werden –, daß jenen, die nach gescheiterten Fluchtversuchen in die DDR zurückkehrten, Straflosigkeit zugesichert werde. Zur Entkräftung westlicher Presseberichte beteuerte er, die DDR denke nicht daran, den Personenverkehr nach Ungarn einzuschränken. Von Havasi, dem ungarischen Gesprächspartner, bekam Vehres eine knappe Antwort: Vom gemieteten Gebäude wisse man nichts. Im übrigen werde Ungarn von der Opposition zu Hause und den Medien im Ausland gerade deswegen kritisiert, was der Botschafter vermisse: daß es sich zu genau an die gültigen Vereinbarungen halte.

Am 8. August, 24 Stunden nach Botschafter Arnot, empfing auch Staatssekretär Somogyi den DDR-Botschafter (es war tatsächlich ein gerader Tag). Botschafter Vehres hob hervor, daß er um das Treffen nicht nur im Auftrag des DDR-Außenministeriums, sondern auch des Zentralkomitees der SED ersucht habe. Höflichkeiten wurden ausgetauscht: Die guten Beziehungen sollen bewahrt bleiben, keine Seite zieht den guten Willen der anderen in Zweifel, dankenswert, daß Ungarn auf die Anregung, über die Angelegenheit der DDR-Bürger Expertengespräche zu führen, gleich zustimmend reagiert hat. Mit ebenso tadelloser Höflichkeit wurden nun allerdings auch Differenzen aufgezählt. Auffassungen und Sachverhalte kamen zur Sprache, die ein Land, das sich auf dem Weg zum Rechtsstaat befand, von einem anderen unterschieden, das eine Diktatur blieb. Somogyi suchte zu beruhigen: Der größte Teil der in Ungarn weilenden DDR-Deutschen entspreche nicht den Kriterien der

Genfer Konvention, weshalb es unwahrscheinlich sei, daß DDR-Deutsche Flüchtlingsstatus bekämen. Ausschließen, so fügte er hinzu, lasse sich freilich auch das Gegenteil nicht, denn die Konvention untersage eine Diskriminierung nach Ländern. Als der Botschafter das Außenministerium bat, auf die ungarische Presse einzuwirken, sie solle westliche Agenturberichte nicht kritiklos übernehmen, bekam er zu hören, daß die Mittel des Ministeriums zur Beeinflussung der Medien infolge der veränderten Informationspolitik begrenzt seien.

Vor allem kam nun eine Frage aufs Tapet, die in den folgenden Wochen für die ungarische Seite zur eigentlichen Knacknuß und zuletzt, als Ungarn sich für eine Antwort entschied, zum Grund einer bitteren Entzweiung zwischen Budapest und Ostberlin werden sollte. Somogyi, ein betont leidenschaftsloser, präzis formulierender Diplomat, setzte Vehres auseinander, daß es für Ungarn in diesem Übergangsstadium gelte, »die völlige Übereinstimmung zu schaffen zwischen unseren Verpflichtungen, die sich aus multilateralen Verträgen ergeben, und gewissen Verfügungen einzelner bilateraler Abkommen sowie den entsprechenden einheimischen Rechtsvorschriften«. Der veränderte Standpunkt in Fragen der Menschenrechte, so der Staatssekretär weiter, sei ein Teil der in Ungarn vor sich gehenden Umgestaltung. Und er formulierte, was das zu bedeuten hatte: »Für das konkrete Thema folgt hieraus, daß man gemeinsam mit den zuständigen Behörden der DDR gewisse Bestimmungen der Vereinbarung der Staatsanwälte über die praktische Umsetzung des Rechtshilfeabkommens und Bestimmungen des Vertrags über die Bedingungen des visumfreien Reiseverkehrs modifizieren muß.«[227] Die mit der DDR geschlossenen Verträge, auf die man sich bei der Auslieferung von Grenzverletzern berief, waren in einzelnen Punkten unhaltbar geworden.[228]

Vorläufig hoffte man in Budapest darauf, die Vertragsänderungen mit der DDR aushandeln zu können. Noch strebte das Außenministerium danach, zwischen den zwei deutschen Staaten zu balancieren. Nach dem Besuch des DDR-Botschafters veröffentlichte es am selben 8. August eine Stellungnahme. Darin erklärte sich die ungarische Seite einverstanden mit einer amtlichen Verlautbarung in Ostberlin: Die Angelegenheit der DDR-Bürger dürfe die Beziehungen der zwei Länder nicht beinträchtigen. Ebensowenig dürfe sie die Beziehungen zu weiteren Staaten belasten, die an dieser Frage in irgendeiner Weise interessiert sein könnten – diskret-eindeutige Anspielung auf die Bundesrepublik. Ungarn sei ein gastfreundliches Land, erwarte aber von den Touristen, daß sie die Gesetze respektierten. Und: »Das Außenministerium hält das Eindringen in ausländische Vertretungen für keine geeignete Methode zur Erzwingung von Übersiedlungsbewilligungen.«[229]

Doch die Entwicklung entglitt zusehends der Kontrolle. Botschafter Arnot versuchte immer wieder, auf die westdeutschen Medien einzuwirken, vorab den Fernsehanstalten zu verstehen zu geben, daß die Überquerung der ungarischen Grenze entgegen ihren Berichten nach wie vor kein ungefährlicher Spaziergang sei.[230] Das war zwar richtig, doch die Zahl der Flüchtlinge stieg. Die österreichischen Behörden machten auf Ersuchen Bonns keine genauen Angaben mehr; die ungarische Presse zitierte inoffizielle Auskünfte, nach denen »in den letzten Wochen mehr als 800 Personen« die Grenze illegal überschritten hatten. Am 8. August traf in Frankfurt am Main eine Gruppe von etwa hundert DDR-Bürgern ein, die über Ungarn in den Westen gelangt waren; die Österreichischen Bundesbahnen hatten in Wien zwei für sie reservierte Wagen an einen Zug gehängt.[231] Um die Flucht in die Botschaften einzudämmen, betonten Sprecher in Bonn, daß niemand den Botschaftsflüchtlingen – es gab sie mittlerweile auch in Prag und an der Ständigen Vertretung der Bundesrepublik in Ostberlin – Hoffnungen machen könne. Der Zustrom hielt trotzdem an. Insbesondere DDR-Bürger, die von den Ungarn an der Grenze gefaßt und zurückgeschickt worden waren, suchten ihre Chance über die westdeutsche Vertretung. Die Associated Press meldete am 7. August aus Budapest, man habe an der bundesdeutschen Botschaft überrascht festgestellt, daß es in den Reiseausweisen einiger solcher DDR-Bürger keine Stempel mehr gab.

Nun verstärkte auch die DDR ihre Versuche, auf die Ungarn einzuwirken. Wie Außenminister Fischer angeregt hatte, kam es zu Beratungen von Experten. Eine vom Ostberliner Ministerium für Staatssicherheit entsandte Delegation, geleitet von Generalmajor Gerhard Niebling, machte im August kurz hintereinander zweimal die Reise nach Budapest. Die Gastgeber setzten den Besuchern am Verhandlungstisch in beiden Fällen Partner mit bescheidenem Rang gegenüber. Auf ostdeutscher Seite war beim ersten Mal auch der Chef der Konsularischen Abteilung des DDR-Außenministeriums, Hans-Joachen Vogel, dabei, während beim nächsten Treffen nur noch MfS-Beamte nach Budapest fuhren. Die ungarische Seite bestand trotzdem darauf, daß ihrer Delegation nicht nur Beamte des Innen-, sondern auch des Außenministeriums angehörten. Was soviel bedeutete, daß die Sicherheitsleute nicht unter sich waren.[232] Dies erklärt wohl unter anderem, weshalb den Ostdeutschen bei beiden Besuchen daran lag, sich zusätzlich mit dem Chef der ungarischen Staatssicherheit, Generalmajor Ferenc Pallagi, zu treffen. Pallagi freilich war, im Gegensatz zu Erich Mielke, dem mächtigen Herrn des Ostberliner MfS, lediglich ein stellvertretender Innenminister – in der Asymmetrie spiegelte sich die Verschiedenartigkeit der Verhältnisse.

Die erste Gesprächsrunde in Budapest fand am 9. und 10., die zweite am 16. und 17. August statt. Manches von dem, was da vorgetragen, vereinbart und anschließend weitergemeldet wurde, gehört zu den nicht wenigen Seltsamkeiten der hier erzählten Geschichte. Zu Beginn herrschte beim Meinungsaustausch noch erträgliches Einverständnis. Die ungarische Haltung verhärtete sich zwar zwischen den zwei Daten merklich, aber die Gäste glaubten doch beide Male mit der Gewißheit abreisen zu können, sie hätten wesentliche Konzessionen erhalten. Der ungarischen Delegation stand Botschafter Imre Stankovics vor, der Chef der Konsularabteilung im Außenministerium. Im Bericht der Ungarn über die ersten Verhandlungen heißt es, die Mitteilung, daß man nicht beabsichtige, die DDR-Bürger als Flüchtlinge anzuerkennen, habe auf die Gäste offensichtlich beruhigend gewirkt. Zuletzt, noch ganz im Ton der unter sich einigen Genossen: Es sei richtig gewesen, Bereitschaft zu Verhandlungen bewiesen und so »die von westlicher Propaganda geschürten Ängste« zerstreut zu haben.[233] Die Abgesandten der DDR wiederum meldeten nach ihrer Heimkehr, Ungarn wolle sich an den 1969 geschlossenen Vertrag über den visumfreien Verkehr halten, die Weiterreise von DDR-Bürgern in Drittstaaten verhindern, die Ausreise der Besetzer der bundesdeutschen Botschaft nicht zulassen und die Namen von gefaßten Grenzverletzern »auf dem bewährten Weg der Botschaft der DDR« übergeben.[234]

Die Ungarn sicherten hier Dinge zu, die mit der Wirklichkeit nicht mehr viel zu tun hatten. Der zitierte Bericht, den die MfS-Leute am 11. August zu Hause vorlegten, vermerkt denn auch, die Regelung, gemäß welcher die Ungarn die Daten der im Grenzgebiet Gefaßten der DDR-Botschaft weitergeben, werde »gegenwärtig nicht realisiert«. Merkwürdig sodann, daß die Gastgeber beim ersten Treffen zwar wortreich beteuerten, wie sehr sie den Vertrag von 1969 als positive Grundlage schätzten, zugleich aber die nun schon bekannte These wiederholten, gewisse Änderungen seien wegen Ungarns neuer internationaler Verpflichtungen unvermeidlich. Und intern, zuhanden ihrer Vorgesetzten, wurden sie sogar präziser: »Nach unserer Vorstellung scheint die Modifizierung der Punkte 6 und 8 des entsprechenden Vertrags sowie des vertraulichen Protokolls notwendig.«[235] Damit waren die nicht mehr erfüllbaren Verpflichtungen zum ersten Mal genau benannt, jene Teile des Vertrags, die Ungarn schließlich bei der Grenzöffnung nach langem Zögern außer Kraft setzte.

Der 1969 geschlossene Vertrag enthielt – im Gegensatz zu einer oft wiederholten Behauptung – keine Bestimmung, die Ungarn dazu verpflichtet hätte, beim illegalen Grenzübertritt festgenommene Ostdeutsche den Behörden der DDR auszuliefern. Diese Pflicht stand, wie wir gesehen haben, im Rechtshilfeabkommen der zwei Länder und in dessen »Interpretation« durch die Justizminister. Der Vertrag aus dem Jahr 1969 war aus anderen Gründen unhaltbar geworden. Punkt 6 darin bestimmte, daß die Staatsbürger Ungarns und der DDR sich jeweils dreißig Tage im anderen Land aufhalten dürften und diese Zeit vom Gastland um weitere dreißig Tage verlängert werden könne. Eine weitere Verlängerung habe zur Bedingung, daß die diplomatische Vertretung des Partnerlandes dazu ihr Einverständnis gebe. Die Erfüllung dieser Auflage im Spätsommer 1989, als Tausende von Ostdeutschen auf die Öffnung der Grenze warteten und ihre Aufenthaltszeit weit überzogen, war weder aus praktischen noch aus prinzipiellen Gründen mehr möglich.

Gleiches galt für Punkt 8. Dieser sah vor, daß das Gastland Bürgern des Partnerlands bei Gesetzesverletzungen die Aufenthaltsbewilligung entziehen und sie ausweisen könne, in diesem Fall aber die Botschaft des anderen Landes unverzüglich orientiere. Dieser Meldepflicht wollte Ungarn fortan nicht nachkommen. Das Zusatzprotokoll schließlich, das geheim blieb, aber als integraler Teil des Vertrags galt, legte fest: Die Organe der beiden Länder verhindern die Reise der Staatsbürger in solche Staaten, für welche deren Reisedokumente ungültig sind. War an der Grenze zu Österreich nun der Stacheldraht aufgerollt worden, so oblag es Ungarn gemäß dieser Bestimmung doch – die DDR wurde nicht müde, sich darauf zu berufen –, die Flucht in westliche Richtung mit anderen Mitteln zu unterbinden.[236]

Zum zweiten Treffen der Experten in Budapest kam es schon sechs Tage später, am 16. und 17. August. Und diesmal ging es härter zu. Die Delegation des MfS erkundigte sich vor allen Dingen, wie nun Ungarn mit Grenzverletzern verfahre. Die Antwort lautete: Beim ersten und zweiten Versuch erteile man eine Ermahnung, beim dritten weise man den Delinquenten aus; diese Verfügung werde in die Reiseausweise eingestempelt. Niebling und seine Begleiter stellten das in Abrede. Sie warfen den Ungarn vor, Punkt 8 des Vertrags über den Reiseverkehr zu verletzen: Die Botschaft der DDR werde über Ausweisungen nicht konsequent unterrichtet. Sie forderten, unzufrieden auch in dieser Hinsicht, die lückenlose Eintragung von Ausweisungsstempeln in die DDR-Reisedokumente. Als die ungarische Delegation laut erwog, daß man den fraglichen Punkt 8 abschaffen könnte, stieß sie auf Widerstand. Hierauf führten die Gastgeber erneut ihre internationalen Verpflichtungen ins Feld und fügten hinzu, die Fortsetzung der Praxis mit den Stempeln bringe Ungarn den Vorwurf ein, die heimkehrenden DDR-Bürger Vergeltungsmaßnahmen auszusetzen. Die ostdeutsche Delegation erwiderte, die DDR sichere den Zurückkehrenden Straflosigkeit zu, und sie verlangte von Ungarn, öffentlich zu erklären, es betrachte die Staatsangehörigen der DDR nicht als Flüchtlinge im Sinne der Genfer Konvention. Die Ungarn lehnten ab: Sie könnten dies nicht tun, weil die Konvention bei Asylgesuchen eine individuelle Abklärung vorsehe.[237]

Das ungarische Außenministerium bewertete die Gespräche als ergebnislos.[238] Das war nicht unbedingt die Meinung der von Budapest nach Ostberlin zurückgekehrten Mitarbeiter der Staatssicherheit. Oberstleutnant Osterloh, einer der Teilnehmer, legte am 18. August einen Bericht vor, der von der schriftlich festgehaltenen Auffassung der Ungarn in einigen Einzelheiten auffallend abweicht.[239] Nach ihm gelang es bei den Verhandlungen, die Zusicherung zu erwirken, daß die Entscheidung, DDR-Bürger auszuweisen, in deren Personalausweis vermerkt wird. Osterloh wußte auch von einer weiteren Zusage, welche die MfS-Delegation erzwungen habe: Der DDR-Konsul in Budapest werde von jeder Ausweisung »namentlich informiert«. Im weiteren ist der Bericht allerdings ungeschminkt: Mitglieder von ungarischen Ordnungskräften würden die Ausgewiesenen nicht mehr an die Grenzstationen begleiten (nicht übergeben), ein Ermittlungsverfahren gegen Grenzverletzer leiteten die Behörden Ungarns nur noch beim Verdacht auf terroristische Methoden ein, und gegen DDR-Bürger, die ihre Aufenthaltsfrist überschritten, würden sie keine Maßnahmen ergreifen. Der Zusatz, daß beide Seiten bestrebt seien, die DDR-Bürger in der Budapester Botschaft der Bundesrepublik zur Heimkehr zu bewegen, wirkt nur noch wie ein schwacher Trost. Von Gereiztheit zeugt die Schlußbemerkung: Die DDR erwarte von Ungarn, daß es sich nicht neutral verhalte und die Verletzung seiner Rechtsordnung durch die Bundesrepublik und die DDR-Bürger nicht hinnehme.

Mehr Verständnis fanden die Besucher aus der DDR beim Kollegen Ferenc Pallagi. Der Chef der ungarischen Staatssicherheit sprach offenbar die gleiche politische Sprache wie die Gäste aus Ostberlin, als er einen regelrechten »Medienterrorismus« für die Zuspitzung der Lage verantwortlich machte und mit Blick auf das neue ungarische Grenzregime und die Genfer Flüchtlingskonvention erklärte, man müsse nun zusehen, wie sich noch größerer Schaden verhüten lasse. Unklar, ob Pallagi wider besseres Wissen sprach, wenn er am 10. August bei der ersten Begegnung Niebling versicherte, »die Verfahrensweise [bei] der Behandlung von Grenzverletzern habe sich nicht geändert«. So zumindest wurde er von den ostdeutschen Gesprächspartnern zitiert.[240] Zwei Tage zuvor waren, wie bereits erwähnt, die »Richtlinien« des (vom Innenministerium selber dazu angehaltenen) Staatsanwalts Nyíri ergangen, nach denen der Versuch zum illegalen Grenzübertritt nur noch als Regelverstoß zu bewerten und mit einer Ermahnung zu ahnden sei. Der Grenzschutz wiederum hatte entsprechende Befehle bereits am 4. August erhalten.[241]

Pallagi selbst beteuerte gegenüber dem Verfasser dieses Buches im Rückblick, er bestreite die Glaubwürdigkeit der aus DDR-Quellen stammenden Dokumente, aus denen man von ihm das Bild eines rückwärtsgewandten und gegen die Grenzöffnung arbeitenden Funktionärs gewinnt. Auch sein einstiger Vorgesetzter, Innenminister Horváth, meint, er habe Pallagi vertraut als einem Mann, der loyal war und wußte, daß der Staatssicherheitsdienst im Zuge der demokratischen Umwandlung vor einschneidenden Änderungen stehe. Horváth betont sodann, die ungarische Staatssicherheit sei im Vergleich zum MfS ein kleiner, unbedeutender Laden gewesen. Die ostdeutschen Kollegen hätten ihre Informationen mit dem ungarischen Dienst oft geteilt, und es sei gelegentlich sogar vorgekommen, daß das MfS den Austausch von Personen eingefädelt und abgewikkelt habe, um im Westen enttarnte und festgenommene ungarische

Agenten freizubekommen. Die Kontakte und der Umgangston zwischen den beiden Diensten seien entsprechend eng und freundlich gewesen. Offensichtlich war dem auch im Spätsommer 1989 noch so, zu einer Zeit, da die Regierungen der beiden Länder und selbst ihre herrschenden Parteien miteinander schon in ganz anderem Stil verkehrten.[242]

Lag es an dieser Frontkameradschaft, daß die MfS-Leute den Eindruck erhielten, ihr Anliegen sei beim ungarischen Sicherheitschef am besten aufgehoben? Oder hatten die Stasi-Leute in Pallagi einen ideologisch gleichgesinnten Kameraden? Spielten die Ungarn womöglich mit verteilten Rollen? Die Vermutung wurde später gelegentlich geäußert, die Staatsführung Ungarns habe die DDR hinters Licht geführt, selber die Öffnung der Grenze vorbereitet, Pallagi aber die Aufgabe zugeteilt, auf die Genossen aus Ostberlin beruhigend einzuwirken. Hierauf angesprochen, gab Pallagi die Antwort, diese Version der Dinge höre er zum ersten Mal.[243]

Wie dem auch sei, Pallagi betonte jedenfalls Mitte August in beiden Gesprächen Niebling gegenüber seine Bereitschaft zur Zusammenarbeit mit dem MfS. Daß er, wie so viele andere in diesen Wochen, die unmittelbare Zukunft falsch einschätzte, zeigt seine Bemerkung, er würde über diese Kooperation allenfalls gegen Ende 1989 in Berlin gern Gespräche führen.[244] Bei der zweiten Begegnung mit Niebling schwächte Pallagi seine die Woche zuvor gemachten Aussagen ab. Nun sprach er nicht mehr von unveränderter Behandlung der Grenzverletzer, sondern von »Belehrung und Zurückweisung«, von »Entzug der Aufenthaltserlaubnis« bei Wiederholungstätern, die aufgefordert würden, Ungarn zu verlassen, ferner von Strafverfahren und Ausweisung, wenn jemand auch zum dritten Mal an der Grenze erwischt werde. Doch Stempeleintragungen würden, so versicherte er, weiterhin vorgenommen, ebenso werde die Vertretung der DDR die Namen aller Personen erhalten, die Ungarn verlassen müßten.[245]

Wiederholt dankte Pallagi den Abgesandten der DDR für die Zusicherung Ostberlins, die Rückkehrer würden straffrei ausgehen.

Angesichts dieser Garantie könne sich niemand mehr auf eine politisch motivierte Verfolgung berufen und im Sinne der Genfer Konvention Asyl beantragen. Mit dieser Zusicherung hatte sich Ostberlin allerdings selber zu Korrekturen gezwungen. Denn Strafverfahren gegen eigene Staatsangehörige, die Ungarn insbesondere in der ersten Hälfte des Jahres noch ausgeliefert hatte, waren bereits im Gange. Die Staatssicherheit empfahl, sie einzustellen und auch darauf zu verzichten, allenfalls zurückkehrende Botschaftsbesetzer oder andere DDR-Bürger, die in Ungarn ihre Aufenthaltsfrist überschritten hatten, einer Befragung zu unterziehen.[246]

In Budapest lautete Pallagis Fazit im übrigen und trotz allem, die Dinge würden bleiben, wie sie seien: Ungarn werde illegale Grenzübertritte nicht zulassen, DDR-Bürger könnten nicht in Drittstaaten ausreisen, und die Behörden Ungarns akzeptierten keine westdeutschen Pässe, welche die Vertreter der Bundesrepublik DDR-Bürgern auf ungarischem Territorium ausstellten. Das war zu diesem Zeitpunkt – am 17. August – immer noch der offizielle Standpunkt. Bestätigt hatte ihn eine Woche zuvor das Innenministerium bei einer Pressekonferenz und mit einem Communiqué, das *Neues Deutschland*, das Parteiorgan der DDR, mit Genugtuung zitierte: »Ungarn wird auch künftig die Unverletzlichkeit seiner Grenzen sichern.«[247] Die Beamten des ungarischen Innenministeriums hatten vor den Journalisten wiederholt erklärt, sie sähen keine Möglichkeit für die Ausreise der in Ungarn wartenden Staatsangehörigen der DDR.[248]

Doch manches war an diesem Standpunkt des Innenministeriums nicht in Ordnung. Das fanden jedenfalls die Völkerrechtsexperten des Außenministeriums, die einen Tag später in einem Papier zum Gesagten kritisch Stellung nahmen.[249] Damit bestätigten auch sie, daß zwischen den verschiedenen, von der Flüchtlingswelle überrumpelten Regierungsämtern keine Harmonie herrschte und es vorerst auch keine Koordinierung gab. Bei der Pressekonferenz war gesagt worden, es gebe einen Unterschied zwischen den rumänischen Staatsbürgern, die nach einem illegalen Grenzübertritt in Ungarn Zuflucht suchten, und den als Touristen eingereisten DDR-Deutschen. Asyl biete Ungarn den aus Rumänien Zugezogenen nicht nach den Regeln der Genfer Konvention; da es sich bei der großen Mehrheit um Siebenbürger Magyaren handle, gehe es in ihrem Fall nicht um eine Flüchtlingsfrage, sondern um eine nationale Angelegenheit. Im Gegensatz zu ihnen kämen die Leute aus der DDR mit Pässen, sie seien mit ungarischer Währung ausgestattet, hätten zuvor andere Landesgrenzen legal passiert. Das stelle grundlegend in Frage, ob ihnen der Flüchtlingsstatus gewährt werden könne.

Die Völkerrechtler erwiderten, die Genfer Konvention untersage jede Unterscheidung von Flüchtlingen nach Rasse und nationaler Herkunft. Die Versicherung, daß jene, die aus Rumänien stammten, nicht nach den Regeln der Konvention behandelt würden, empörte die Experten des Außenministeriums besonders: Ungarn habe sich doch gerade auf diese Flüchtlinge berufen und den Beitritt zur Genfer Vereinbarung wegen des Zustroms aus dem östlichen Nachbarland gesucht. Auch sei von der eigenen Diplomatie etliche Male dargelegt worden, daß es sich beim Fall der geflüchteten Siebenbürger nicht um eine ungarische Angelegenheit handle, sondern um eine Frage der allgemeinen Menschenrechte. Daß die DDR-Deutschen Dokumente hätten und sich deshalb nicht auf der Flucht befänden? Die Genfer Konvention kenne kein solches Kriterium.

Um den Kern des Problems ging es schließlich bei einer weiteren beanstandeten Feststellung des Innenministeriums. In dessen Communiqué hieß es, ganz im Sinne des Geheimprotokolls zu dem 1969 mit der DDR geschlossenen Vertrag: »Wir ermöglichen weiterhin nicht, daß jemand unser Land dazu benutzt, in ein Drittland weiterzureisen, sofern sein Reisedokument ihn dazu nicht ermächtigt.« Dazu hatten die Völkerrechtler des Außenamts dies zu sagen: Die Schlußerklärung des Wiener Treffens der Konferenz für Sicherheit und Zusammenarbeit in Europa (KSZE) hält für alle Menschen das Recht fest, ein Land zu verlassen. Im weiteren ist jeder Signatarstaat der Genfer Konvention verpflichtet, Flüchtlingen Reisedokumente auszustellen. Sodann (und dies betraf die DDR-Bürger): Es ist von vornherein kein ernsthafter Standpunkt, wenn man die Behandlung der Flüchtlingsfrage von Reisedokumenten abhängig macht, die das Herkunftsland der Flüchtenden ausstellt.

Alles in allem: eine Mehrstimmigkeit in der ersten Verwirrung, ein Nebeneinander von linientreuen Sprüchen und juristischen Fachmeinungen, alten Reflexen und tastenden Versuchen zur Ergründung neuer Freiräume und Kompromisse – all dies vorläufig im Zeichen der scheinbar unverrückbaren Sentenz, daß die Grenze geschlossen bleibt. Doch während Geheimdienstler und Ministerialbeamte, Polizeioffiziere und Diplomaten zumeist über Einzelaspekte diskutierten, nahm sich die politische Führung diskret des Falles an. Mitte August war von dem, was im Vordergrund an Worten fiel, manches bereits überholt.

9

Was tun?

Was tun? Die Frage stellte sich immer gebieterischer. Ministerpräsident Németh hatte im Frühjahr, als er den künftigen Erziehungsminister Ferenc Glatz in sein Kabinett holte, in ersten Kontakten mit ihm auch das rumänische Flüchtlingsproblem zur Sprache gebracht und besorgt die Möglichkeit erwähnt, daß Ungarn auch für die Bürger der anderen sozialistischen Länder zum Fluchtkorridor werden könnte. Von den DDR-Deutschen im besonderen war zu dem Zeitpunkt noch keine Rede.[250]

Ende Juli, Anfang August wurde das Problem der DDR-Bürger unübersehbar. Maßnahmen drängten sich auf. Doch eine Koordinierung fehlte. Sie mußte fehlen, denn einstweilen hatte in Budapest niemand ein Ziel bestimmt. Die Grenze öffnen? Schwer denkbar. Die Flüchtlinge der DDR ausliefern? Zehntausende gewaltsam zurückschaffen? Unmöglich. Man konnte nicht in allen Winkeln des Landes mit Patrouillen nach ostdeutschen Urlaubern suchen, und Zwangsmaßnahmen gegen sie hätten dem offiziellen Bekenntnis zu humanitären Verpflichtungen Hohn gesprochen. Auch hatte die demokratische Opposition mittlerweile ihr »Asyl-Komitee« gegründet und setzte sich für den Schutz der Flüchtlinge ein.[251] Nicht daß die Regierung zur späteren Grenzöffnung durch die Opposition gezwungen worden wäre. Aber die neuen politischen Widersacher hatten ihr Gewicht.[252]

Wenn man nun die DDR-Bürger nicht zurückgab, was dann? Im Land gab es für sie keinen Platz, und sie dachten auch nicht im Traum daran, in Ungarn zu bleiben. Doch daß man ihnen den Weg in Richtung Westen freigeben sollte, das überstieg das Vorstellungsvermögen der meisten Amtspersonen, die im Einparteistaat groß geworden waren. Die Welt in Ungarn war zwar seit einiger Zeit aus den Fugen, aber noch galt die Blockdisziplin, noch gab es Verträge mit der DDR. Die Sowjetunion zeigte wohl Schwächezeichen, bestand jedoch weiterhin in ihrer ganzen furchterregenden Größe. Und die Nachbarn, die man innerhalb des Warschaupakts »Verbündete« zu nennen hatte, blickten mißtrauisch auf Budapest. Was also tun?

Darüber, was machbar sei, dachte man namentlich in zwei intellektuellen Werkstätten nach: im Ministerpräsidentenamt und im Außenministerium. Stark eingebunden in den Prozeß als Behörde, welcher der Grenzschutz unterstand, war das Ministerium für Inneres. Minder intensiv, aber in wichtiger Funktion mit dem Fall zu tun hatte sodann das Justizministerium. Kaum mehr ins Gewicht fiel die Meinung der Partei. Es gab eine Arbeitsteilung, mehrere Akteure, die zur Lösung beitrugen. Anderthalb Jahrzehnte später sollte das eine Vielzahl von divergierenden persönlichen Erinnerungen zur Folge haben. Die bisher mehr oder minder überblickbare Geschichte wird in ihrer letzten, heißen Phase zum Dickicht der Behauptungen.

Ministerpräsident Németh war am Wochenende vom 22./23. Juli an den Plattensee in den Urlaub gereist, wo er seinen Lieblingssport, das Segeln, pflegte. Er kehrte zwei Wochen später nach Budapest zurück. Am Abend seines ersten Arbeitstags, am Montag, dem 7. August, besuchte er mit seiner Frau Freunde im 12. Stadtbezirk in der Nähe des bundesdeutschen Konsulats. Er habe, erzählt Németh, zuvor schon am Plattensee die von DDR-Familien überbelegten Campingplätze, die unter ungewöhnlich prekären Verhältnissen zusammengepferchten Massen von Ostdeutschen wahrgenommen. Der Anblick vor dem Konsulat übertraf aber das bisher Gesehene. Hunderte von DDR-Bürgern lagerten auf dem Platz und in den Straßen der Umgebung, sie übernachteten mit ihren Schlafsäcken in dichten Reihen auf dem Trottoir, man mußte über die Liegenden hinwegsteigen. Die Menschen warteten auf einen Rat, einen westdeutschen Paß (den aber Ungarn nicht anerkannte), sie warteten auf ein Wunder. Der Ministerpräsident, tief betroffen, lenkte bei der befreundeten Familie das Gespräch auf die Zustände vor der Tür. Die Gastgeber antworteten, so gehe es in der Umgebung schon seit Wochen zu.[253]

In diesem Moment, sagt Németh, habe er beschlossen, die Dinge in die Hand zu nehmen. Er hatte seinen engsten Mitarbeitern, László Mohai und György Jenei, schon vor seiner Abreise an den Plattensee aufgetragen, die Entwicklung im Auge zu behalten. »Daß das Problem auf uns zukam, war uns bereits Mitte Juli klar«, erzählt einer der Beauftragten.[254] Doch jetzt stand für Németh fest, daß es mit der passiven Hinnahme nicht mehr getan war, daß etwas geschehen mußte. Was dann tatsächlich geschah, darüber allerdings gehen die Meinungen heute auseinander. Németh sagt, er habe umgehend das Außen-, das Innen- und das Justizministerium angewiesen, aus ihrem spezifischen Blickwinkel Analysen zu erstellen. Gemeint war noch nicht, daß man den DDR-Bürgern einen Freipaß geben, sie in Richtung Westen entlassen und ihnen Glück für die Reise wünschen würde; gemeint waren einzig Berichte über die Möglichkeiten und Risiken, die sich aus der Lage ergaben. Allerdings wollen sich weder Außenminister Horn noch Innenminister Horváth an einen formellen Auftrag dieser Art erinnern. Von der Logik der Sache her – es mußte vorerst tatsächlich darum gehen, den eigenen Spielraum auszuloten – leuchtet indessen Némeths Angabe ein. Vermutlich handelte es sich nicht um amtliche Aufträge, sondern um informelle, am Rande von Beratungen getroffene Absprachen.

Das Bestreben, eine einheitliche Linie zu finden, hatte schon vor Némeths Rückkehr aus dem Urlaub eingesetzt. So im Ministerium des Inneren. Dort fand bereits am 4. August eine Beratung statt, die Generalmajor Pallagi, der für Staatssicherheit zuständige Vizeminister, einberufen hatte. Führende Beamte befaßten sich mit einem Bericht über die Frage der DDR-Bürger. Das Dokument war vom Polizeipräsidium ausgearbeitet worden und enthielt Vorschläge für die weitere Behandlung der Ostdeutschen. Sie wurden bei der Tagung ergänzt und gebilligt. Mit seiner Unterschrift auf dem Papier bestätigte auch Innenminister Horváth seine Zustimmung.[255]

Im Lagebericht, datiert vom 4. August, stand folgendes: Die Versuche von DDR-Bürgern, die Grenze zu überwinden, sind zu einer Massenerscheinung geworden. In der ersten Hälfte des Jahres gab es gegen 600 Fälle von verhinderten Grenzübertritten. Nach Schätzungen überschritten etwa 170 Personen illegal die West- beziehungsweise die Südgrenze. Die Tendenz ist steigend, in jüngster Zeit nahm man täglich sechzig bis achtzig Grenzverletzer fest. Gemäß den Richtlinien des Obersten Staatsanwalts sind DDR-Bürger nicht mehr dem MfS auszuliefern. Die letzte Übergabe fand am 31. Juli statt.[256] Die DDR-Bürger, die man ohne Einleitung eines Verfahrens wegen versuchter Grenzverletzung bloß ermahnt und zum Verlassen des Landes auffordert, gehorchen in der Regel nicht, sondern unternehmen einen neuen Fluchtversuch. Angesichts der zunehmenden Aufmerksamkeit der in- und ausländischen Medien wurden die Polizeiorgane um ein »umsichtiges und differenziertes Vorgehen« gebeten. Sie bekamen auch die Erlaubnis, »in begründeten Fällen« den Stempel, der in den Reisedokumenten den Entzug der Aufenthaltsbewilligung anzeigt, auf ein getrenntes Einzelblatt zu setzen.

Ihren Vorschlägen stellten die Verfasser des Dokuments zwei Bemerkungen voran: Zu erwarten sei, daß die Spannungen zunehmen würden. Und mit Blick auf die Bürger anderer sozialistischer Länder werde die Behandlung der DDR-Deutschen zum Präzedenzfall. Die Vorschläge selber fielen verschiedenartig aus; teils legten sie die Beibehaltung der bisherigen Vorgehensweise nahe, teils sahen sie eine Liberalisierung vor: Wegen unerlaubten Grenzübertritts sollte den DDR-Behörden künftig niemand mehr ausgeliefert werden. Wer den Versuch aus familiären oder anderen triftigen Gründen unternommen hat, wird beim ersten Mal lediglich ermahnt. Ist anzunehmen, daß der gefaßte Grenzverletzer sich nach seiner Freilassung wohlverhält und nicht zum Wiederholungstäter wird, dann erhält er einen Ausweisungsstempel auf ein loses Sonderblatt, sein Fall wird der DDR-Botschaft in Budapest nicht mitgeteilt. Mehrmalige Versuche dagegen ziehen eine Eintragung in die Reisedokumente und die Orientierung der DDR-Vertretung nach sich.

Das Wichtigste, kategorisch: Dem Wunsch nach Weiterreise in die Bundesrepublik wird weiterhin nicht stattgegeben. Doch auch diese grundsätzliche Position erfuhr jetzt eine Aufweichung: Handelt es sich um Familienzusammenführungen oder um andere wohlbegründete Fälle, dann soll das Gesuch um Entlassung in den Westen von den ungarischen Organen geprüft werden. Als letzte Instanz entscheidet der für Staatssicherheit zuständige stellvertretende Innenminister. Stimmt er zu, dann hat die Fremdenpolizei, gemeinsam mit den Aufklärern des Grenzschutzes, den »spurlosen Grenzübertritt der betreffenden Personen zu sichern«. Nichts freilich lag den DDR-Deutschen ferner als der Gedanke, den ungarischen Behörden Gesuche einzureichen.

Verständlich, daß die Beamten des Innenministeriums am 10. August bei ihrer Pressekonferenz nicht klarstellen konnten, wie es mit dem famosen Ausweisungsstempel stand: ob und wann man ihn in die Reisedokumente oder auf ein loses Blatt eintrug.[257] Weniger verständlich, daß der Chef der ungarischen Staatssicherheit, Pallagi, seinen Kollegen vom MfS am selben 10. August noch versicherte, die Behandlung der Grenzverletzer habe sich nicht geändert. Oder suchte er den Kollegen aus der DDR gewisse neue Entwicklungen schonend, durch die Blume beizubringen? So etwa mit der Beteuerung, alles bleibe beim alten, nur vorbeugend schicke man jetzt häufiger Personen zurück, wenn sie sich als »Ausflügler« in Grenznähe befänden.[258] Von unverrücktem Standpunkt durfte er allerdings insofern sprechen, als zu der Zeit eine Öffnung der Grenze noch niemand laut empfahl.

Anders lagen die Dinge beim Außenministerium. Unklar ist, wann es sich mit der Flucht aus der DDR intensiv zu befassen begann. Botschafter István Horváth, der Ungarn in Bonn vertrat, datiert eine Beratung der Leiter des Ministeriums auf Ende Juli. Er hielt sich zu dieser Zeit in Budapest auf und erzählt, wie in einer Runde mit Außenminister Horn, den Staatssekretären Kovács und Somogyi und Vize-Außenminister Őszi plötzlich alarmierende Nachrichten über die sich häufenden Versuche von illegalen Grenzübertritten eintrafen.[259] Kovács sprach in einem Vortrag fünf Jahre nach den Ereignissen davon, daß es von Anfang Juli an Hinweise auf DDR-Bürger gegeben habe, die sich geweigert hätten, die Heimreise anzutreten. »So begannen wir über die Möglichkeiten einer Regelung nachzudenken«, heißt es bei ihm. In der ersten Augusthälfte sei dann Harry Ott, stellvertretender Außenminister der DDR, nach Budapest gekommen; er, Kovács, habe mit ihm Gespräche geführt.[260] Horn hatte, wie sich der damalige Staatssekretär erinnert, seine engsten Mitarbeiter bereits Mitte Juli aufgefordert, über Lösungen für die sich anbahnende Flüchtlingskrise nachzudenken. Er, sagt Kovács, habe dabei gleich die Meinung vertreten, daß es keine Alternativen gebe: Wenn man die DDR-Deutschen nicht heimschaffe, werde man sie in Richtung Westen entlassen müssen.[261]

Die von Botschafter Horváth erwähnte Zusammenkunft im Außenministerium fand wahrscheinlich nicht in den letzten Julitagen, sondern schon etwas früher statt. Außenminister Horn trat nämlich am 24. Juli seinen Urlaub an.[262] Was wiederum Harry Ott angeht, so versichert der frühere Botschafter der DDR in Budapest, Gerd Vehres, daß Ott erst Anfang Oktober, das heißt gute drei Wochen nach der Grenzöffnung, Verhandlungen in Budapest geführt habe, und zwar über den Wunsch der DDR, Ungarn möge die frühere Grenzordnung wiederherstellen. Bei dieser Gelegenheit wurde Ott tatsächlich von Horn, Kovács und Őszi empfangen. Soweit ersichtlich, ist auf ungarischer Seite nur dieser Besuch dokumentiert.[263]

Es war, wie schon erwähnt, Staatssekretär Somogyi, der während der ersten zehn Tage im August die Demarchen der Bundesrepublik und der DDR entgegennehmen mußte, da sich seine Kollegen im Urlaub befanden. Deshalb ist wohl auch Horns Angabe irrig, er habe Anfang August seine Mitarbeiter zu einer Beratung über die Flüchtlingsfrage zu sich bestellt.[264] Őszi, der für die sozialistischen Länder zuständige Vize-Außenminister, erinnert sich seinerseits so, daß er am 18. August nach seiner Rückkehr aus den Ferien Botschafter Vehres empfing und dies seine erste amtliche Auseinandersetzung mit der Flüchtlingskrise war.[265]

Als wahrscheinliches Bild ergibt sich aus dem Angeführten, daß das ungarische Außenministerium die ersten bedrohlichen Zeichen im Verlauf des Juli registrierte, sich mit der Krise hernach zu befassen begann, wobei die Arbeit erst Mitte August auf Touren kam, als es sich immer klarer offenbarte, daß die beiden deutschen Staaten nicht imstande waren, gemeinsam eine Lösung zu finden und daß dies folglich die Aufgabe Ungarns sein werde.

Die Vertreter Bonns und Ostberlins sorgten allerdings für Unruhe. Die bundesdeutsche Seite, in Bedrängnis schon wegen der Flüchtlinge in ihrer Botschaft, suchte weiterhin Druck zu entwickeln. Am 11. August, einen Tag nach der Pressekonferenz des Innenministeriums, sprach Detlef von Berg, Gesandter der Bundesrepublik, im Außenamt vor. Empfangen wurde er von einem Abteilungsleiter, den er zuerst über die Lage in der Botschaft orientierte: Die Zahl der Flüchtlinge nehme zu. Zur Lösung des schwerwiegenden Problems hielten sich zwei zusätzliche Diplomaten, unter ihnen Michael Jansen, Leiter der Zentralabteilung im Bonner Außenministerium, in Budapest auf. Es bestehe die Absicht, in Budapest weitere Gebäude zu mieten, um Flüchtlinge unterzubringen. Danach gab von Berg gemäß seinen Instruktionen eine mündliche Erklärung ab: Die Bundesregierung nehme die Aussagen bei der Pressekonferenz des Innenministeriums tags zuvor zur Kenntnis. Demnach werde Ungarn keinen DDR-Deutschen an sein Ursprungsland ausliefern, es sei denn, der DDR-Bürger habe eine Straftat begangen. Die Bundesrepublik gehe davon aus, daß sie sich auf diese Zusicherung verlassen könne.[266]

Es gab offensichtlich zwei Lesarten der vom Innenministerium gegebenen Pressekonferenz. Die DDR entnahm ihr, daß die ungarische Westgrenze weiterhin geschlossen bleiben würde. Die Westdeutschen suchten dagegen die Ungarn auf die Zusage festzulegen, niemand werde des Landes verwiesen, Straftäter ausgenommen. Fragte sich nur, wer zur letzten Kategorie zählte. Diejenigen, die an der Grenze zum ersten Mal erwischt wurden, gehörten nach der Neuregelung durch die Staatsanwaltschaft nicht mehr dazu, Wiederholungstäter dagegen sehr wohl – sofern es überhaupt gelang, ihnen frühere Versuche nachzuweisen. Denn wer heute bei Szombathely (Steinamanger) festgenommen und ins Landesinnere zurückgebracht wurde, konnte es ja morgen achtzig Kilometer weiter nördlich in der Nähe von Sopron nochmals versuchen. Der ungarische Grenzschutz, ärmlich ausgerüstet und ins Zeitalter der Elektronik noch kaum eingetreten, verfügte über kein zentrales Register, wo man die Namen der bereits einmal Gefaßten über Computer hätte abrufen können. Manchmal bemühten sich die Fluchtwilligen nicht einmal mehr, den Ort zu wechseln. Es kam vor, daß Grenzsoldaten die gleichen ostdeutschen Gruppen in einer Nacht mehrmals festnahmen, nur um sie achselzuckend wieder freizulassen.[267]

Bei den Kabinettssitzungen, zu denen Ministerpräsident Németh immer wieder einige wenige Minister und Spezialisten einberief, verzichtete man (zum Leidwesen des Historikers) häufig darauf, Protokoll zu führen. So auch am Wochenende vom 12./13. August, als eine solche Beratung über die Flüchtlingsfrage stattfand.[268] Nach dem abendlichen Erlebnis des Regierungschefs vor dem bundesdeutschen Konsulat fünf Tage zuvor galt es, die Ansichten verschiedener Ministerien aufeinander abzustimmen. Offenbar herrschte

Einverständnis darüber, daß die Rückschaffung der DDR-Bürger in ihr Ursprungsland nicht in Frage kam. Weit entfernt war man aber noch von einem Beschluß, wie die Lösung herbeigeführt werden sollte.[269]

Am 13. August, dem Jahrestag der Errichtung der Berliner Mauer, fand in Budapest eine Demonstration statt, die mit ihrem Bezug auf die Flüchtlingskrise von der politischen Atmosphäre zeugte. Mehrere hundert Anhänger von oppositionellen Organisationen errichteten in der touristischen Fußgängerzone der Pester Innenstadt mit Pappkarton-Elementen, die sie vor sich hertrugen, eine lebendige »Berliner Mauer«, die zuletzt dann abgerissen wurde. Die Demonstranten forderten Reise-, Informations- und Meinungsfreiheit für die Bevölkerung der DDR. An der Kundgebung nahmen auch etwa fünfzig Staatsangehörige der DDR teil, wie ein Bericht des MfS mißbilligend vermerkte. Die vom 23. August 1989 datierte Monatsübersicht der Staatssicherheit befaßt sich nicht mit der Flüchtlingsfrage, beurteilt aber in amtlicher DDR-Perspektive die Lage in Ungarn mit tiefstem Pessimismus: »Die Tendenz zur Umwandlung Ungarns in eine bürgerlich-parlamentarische Demokratie verstärkt sich.« Die »Anti-DDR-Demonstration« versieht der Bericht mit der Anmerkung, sie sei von den Behörden genehmigt worden – »auch das war ein Ausdruck des Nachgebens der Partei und der Regierung vor dem wachsenden Druck der antisozialistischen Kräfte«.[270]

Am gleichen Wochenende schaltete sich die Bundesregierung direkt in das Geschehen ein. Am 13. August, Sonntag, flog Jürgen Sudhoff, Staatssekretär im Bonner Auswärtigen Amt, nach Budapest. Horn schreibt in seinen Memoiren, die Landung der deutschen Militärmaschine sei in Budapest gleichsam im letzten Augenblick genehmigt worden, nachdem bekannt geworden war, wer an Bord sei.[271] Laut dem ungarischen Botschafter in Bonn, Horváth, hatte dagegen die ungarische Seite um die Entsendung eines Mitglieds der Bundesregierung ersucht.[272] Sudhoff selber erzählte dem Verfasser dieser Zeilen, daß er mit Horn, der vor seiner Ernennung zum Außenminister drei Jahre lang Staatssekretär und damit Sudhoffs gleichrangiger Gesprächspartner gewesen war, bereits seit längerer Zeit Kontakte unterhalten hatte. Er gewann dabei den Eindruck, daß Ungarn schon vor 1989 entschlossen seinen eigenen außenpolitischen Weg suchte. Wegen der Flüchtlingskrise besprach sich der Staatssekretär jetzt telefonisch täglich mit Außenminister Genscher, der sich, wie erwähnt, als Rekonvaleszent in Berchtesgaden befand. Nun hatte er von Genscher die Weisung bekommen, nach Budapest zu reisen: Er möge zusehen, was sich dort tun lasse, er kenne ja Horn.[273]

In der ungarischen Hauptstadt begab sich Sudhoff als erstes in die bundesdeutsche Botschaft. Die überfüllte, zum Flüchtlingslager gewordene Vertretung stellte ihre Tätigkeit auf Geheiß des Auswärtigen Amts gerade an diesem Wochenende ein; sie wurde faktisch am 13. und offiziell am 14. August geschlossen.[274] Sudhoff suchte sich im Gespräch mit DDR-Bürgern ein Bild zu machen von der Stimmung und den Verhältnissen im Gebäude. Horn und Staatssekretär Kovács empfingen ihn am nächsten Morgen. Sudhoff war wohl mit dem Auftrag gekommen, als Fürsprecher aller DDR-Deutschen aufzutreten, den Weg nach dem Westen allen zu ebnen. Priorität kam aber dem Fall der Botschaftsflüchtlinge zu. Auf den Vorschlag, eine Lösung über den Hochkommissar der UNO für Flüchtlinge (UNHCR) zu erwirken, konnte die ungarische Seite nicht eingehen. Dafür hatte Sudhoff Verständnis, und nachträglich zollt er dem Verhalten der ungarischen Diplomatie sogar Anerkennung: Die DDR-Deutschen waren im Sinne des UNHCR keine registrierten Flüchtlinge, sie hatten Asylrecht weder bekommen noch beantragt, und die ungarische Seite drängte den Ankömmlingen keinen Status auf, betrachtete sie gleichsam als Feriengäste. Auf diese Weise, meint Sudhoff, habe Ungarn eine Definition und damit eine politische Stellungnahme geschickt vermieden.

Als ein begehbarer Weg erschien dagegen beiden Seiten die Einschaltung des Internationalen Komitees vom Roten Kreuz (IKRK). Ungarn brauchte einen Vermittler, um den Anschein zu vermeiden, es habe eine direkte Vereinbarung mit der Bundesrepublik getroffen. Sudhoff hatte zugleich den Eindruck, daß die ungarische Diplomatie eine Internationalisierung des Problems anstrebte. Horn habe offen über die Gründe gesprochen, welche die ungarische Regierung am freien Handeln hinderten: Zugehörigkeit zum Ostblock, Verträge mit der DDR, Ungewißheit über das sowjetische Verhalten, von dem auch der Erfolg der ungarischen Reformpolitik abhing. Auch wolle Ungarn nicht zum Land werden, das alle Auswanderungswilligen aus den übrigen osteuropäischen Ländern anziehe. Die ungarische Seite werde die Möglichkeiten einer Lösung unter Einbeziehung des IKRK in kleinem ministeriellem Kreis prüfen, sicherte der Außenminister zu. Vereinbart wurde, daß das Bonner Auswärtige Amt demnächst Kontakt mit dem IKRK aufnimmt. Horn regte an, auch Österreich einzubeziehen. Das Gespräch sollte in Kürze fortgesetzt werden.

Die Frage blieb offen, sagt Sudhoff, aber ihm war klar, daß die Ungarn den guten Willen hatten, sie im Sinne der Bundesrepublik zu lösen.[275] Der deutsche Staatssekretär flog nach Salzburg und begab sich zur Berichterstattung zu Genscher nach Berchtesgaden. Dieser orientierte Bundeskanzler Helmut Kohl, der in St. Gilgen am Wolfgangsee den Sommerurlaub verbrachte. Von Bonn aus nahm Sudhoff am nächsten Tag Kontakt auf mit dem Präsidenten des IKRK, Cornelio Sommaruga, sowie mit Thomas Klestil, dem ihm freundschaftlich verbundenen Generalsekretär des Außenministeriums in Wien. Beide sagten ihre Hilfsbereitschaft ohne Zögern zu. Sommaruga vermerkte allerdings, daß das IKRK zu einer Aktion auch die Aufforderung der Regierung in Budapest oder zumindest des ungarischen Roten Kreuzes brauche. Diese Bestätigung erfolgte wenig später, indem Außenminister Horn selber in Genf anrief und Sommaruga um die Unterstützung des IKRK bat.[276] Die Einbeziehung Österreichs zu diesem Zeitpunkt spricht wiederum dafür, daß der später tatsächlich verwirklichte Plan jetzt schon ins Auge gefaßt wurde: die Botschaftsflüchtlinge nach Österreich auszufliegen – in ein Drittland, nicht in die Bundesrepublik – und auf diese Weise den Anschein einer direkten Abmachung zwischen Budapest und Bonn zu vermeiden.

Am 16. August, zwei Tage nach dem ersten Besuch, kehrte Sudhoff nach Budapest zurück. Der Staatssekretär besprach mit Horn die geplante Evakuierung der Botschaft und beschwor seinen Gastgeber, die Leute – und damit waren nun alle DDR-Deutschen gemeint, nicht nur die Botschaftsflüchtlinge – ziehen zu lassen: »Macht die Augen zu und die Tore auf!« Einigung kam in dieser Hinsicht vorerst nur über eine einzige greifbare Maßnahme zustande: Ungarn werde auf die Praxis, in die Reisedokumente von gefaßten DDR-Bürgern Stempel einzutragen, künftig ganz verzichten. Laut Sudhoff handelte es sich nicht um eine schriftliche Vereinbarung, sondern um ein Gentlemen's Agreement. Er erinnert sich, daß sich Horn, wie schon bei der Begegnung zwei Tage zuvor, während des Gesprächs telefonisch mit Ministerpräsident Németh verbinden ließ. Der ungarische Außenminister legte sich einstweilen auf nichts fest, es war, wie der deutsche Diplomat sich ausdrückt, »aus unserer Sicht eine Hängepartie«.[277]

Horns Gründe, wenn er zögerte, mochten legitim sein. Er beurteilte zu diesem Zeitpunkt die tatsächlichen und möglichen Reaktionen der Warschaupakt-Länder pessimistischer als die Umgebung des Ministerpräsidenten. Sudhoff gegenüber berichtete er bei der zweiten Begegnung von einem höchst unerfreulichen Gespräch mit DDR-Botschafter Vehres, den er zwei Tage zuvor im Anschluß an Sudhoffs Besuch empfangen hatte. Bei der Verabschiedung Sudhoffs spielte sich eine Szene ab, die auf diesen großen Eindruck machte, an die sich aber Horn, wie der deutsche Diplomat kopfschüttelnd vermerkt, heute nicht mehr erinnern will. Horn öffnete demnach das Fenster auf den von Verkehrslärm erfüllten Donauquai und trug dem Gast auf englisch auf, zu Hause auszurichten, die ungarische Regierung werde einen Weg finden, um den Menschen zu helfen.

Der ungarische Zeithistoriker László Varga meint, die Szene am Fenster müsse eine Legende sein – Horn habe sich vor Abhördiensten nicht fürchten müssen, auch sei das Mitgeteilte damals nicht mehr geheim gewesen.[278] Kleinigkeiten können indessen entscheidend sein, wenn Aussage gegen Aussage steht. Eine Einzelheit scheint die Echtheit des von Sudhoff geschilderten Auftritts zu bezeugen: Der deutsche Staatssekretär bemerkte bei dieser Gelegenheit, daß Horn nur schwach Englisch spricht – was zutrifft.[279] Das Inhaltliche war im Augenblick allerdings wichtiger. Sudhoff interpretierte Horns Aussage als ein Versprechen, und er rechnete es ihm später, bei der Öffnung der Grenze, hoch an, Wort gehalten zu haben.

Der Botschafter der DDR hatte zwei Tage zuvor tatsächlich eine harte Auseinandersetzung mit Horn ausgetragen. Allerdings war er von Horn bestellt worden und nicht als Reaktion auf Sudhoffs ersten Besuch ins Außenministerium geeilt. Dies zeigt ein Communiqué des Außenministeriums über Horns Unterredungen mit Sudhoff und Vehres am 14. August. Lakonisch hieß es darin, man habe über die 181 DDR-Bürger in der bundesdeutschen Botschaft gesprochen, und beiden Besuchern sei mitgeteilt worden, die Frage gehe Ungarn direkt nichts an, vielmehr sei es Sache der beiden deutschen Staaten, sie zu lösen. Weder von den Schritten, die gegenüber dem IKRK eingeleitet wurden, noch von der unfreundlichen Auseinandersetzung zwischen Horn und Vehres drang etwas an die Außenwelt.[280] Vehres hatte die Einhaltung der bestehenden bilateralen Verträge gefordert und nicht näher bezeichnete Konsequenzen für Ungarn in Aussicht gestellt, worauf sich Horn gegen jedwede Drohung verwahrte. Vehres spricht gut Ungarisch, er und Horn duzten einander, was diesmal nichts am harten Ton änderte. Er habe, sagt Vehres im Rückblick, gemäß den Instruktionen seiner Ostberliner Zentrale gehandelt.[281]

Am 16. August, dem Tag, an dem Sudhoff in Budapest zum zweiten Mal vorsprach, übermittelte das Außenministerium der DDR über den ungarischen Geschäftsträger in Ostberlin eine Note. Als Absender zeichnete Staatssekretär Herbert Krolikowski.[282] Er beanstandete die Tätigkeit von bundesdeutschen Organen in Budapest und ließ wissen, Berlin erwarte, daß Ungarn gegen deren Machenschaften entschieden auftrete. Das war offensichtlich eine Reaktion auf die Eröffnung des ersten Flüchtlingslagers in einer Pfarrei in Zugliget, einem grünen Ausflugs- und Villenviertel in Buda. Nachdem man am 13. August die Botschaft und das Konsulat der Bundesrepublik geschlossen hatte, traten Diplomaten der Bundesrepublik sowohl an Pater Imre Kozma als auch an Csilla Freifrau von Boeselager, beide Mitglieder des Malteser Hilfsdienstes, mit der Bitte heran, bei der Unterbringung und Betreuung der Flüchtlinge aus der DDR Hilfe zu leisten.[283] Das erste Lager in Zugliget (dem bis Anfang September drei weitere folgen sollten) wurde von westdeutschen Maltesern eingerichtet. Frau von Boeselager, die erst am 13. August in Budapest angelangt war, sagte später, die deutschen Malteser hätten 23 freiwillige Helfer zur Verfügung gestellt, die ursprünglich mit touristischem Ziel nach Ungarn gekommen seien.[284]

Die Lager wurden in den Augen der DDR zunehmend zum Ärgernis. Dies wegen der starken westdeutschen Beteiligung, ohne die der erst im Februar 1989 neu gegründete ungarische Malteser Dienst wohl verloren gewesen wäre. Ostberlin empörte sich aber auch, weil Kozma dem bundesdeutschen Konsulat Gastrecht gewährte; in der Pfarrei in Zugliget wurde ein Konsulatsbüro eingerichtet, wo man die DDR-Deutschen beriet und ihnen auch bundesdeutsche Pässe ausstellte. Das ungarische Visum und der Einreisestempel fehlten in diesen Pässen, weshalb sie nicht dazu benutzt werden konnten, das Land zu verlassen. Die Flüchtlinge verlangten sie trotzdem, weil der Besitz des Dokuments ihnen offenbar einen inneren Halt verlieh. Die DDR beanstandete die Lager schließlich auch mit dem Argument, sie übten auf ihre Staatsbürger eine Sogwirkung aus, sie animierten dazu, sich als Flüchtlinge registrieren zu lassen und in Ungarn zu bleiben.

Die ungarische Seite erwiderte auf diesen letzten Vorwurf, man wolle mit der Aufstellung von Lagern niemanden zur Auswanderung ermuntern, sondern mit Blick auf die öffentliche Ordnung und die Hygiene zumindest vorübergehend annehmbare Verhältnisse schaffen.[285] Tatsächlich lagerten zu dieser Zeit bereits Tausende von DDR-Deutschen auch in den Parkanlagen von Budapest. Die ungarische Regierung stellte sich auf den Standpunkt, daß sie mit den Flüchtlingslagern nichts zu tun habe: Sie seien auf zivilgesellschaftliche Initiativen hin entstanden und würden von ihnen in Betrieb gehalten. Das Rote Kreuz Ungarns beteiligte sich an den Hilfsaktionen, seine Leitung verhielt sich aber, wie Kozma sich erinnert, sehr kühl, noch beinahe amtlich-volksdemokratisch abweisend. Überwältigend dagegen war die spontane Hilfsbereitschaft der ungarischen Bevölkerung.[286]

Auf seiten der DDR bestritt man, daß das offizielle Ungarn mit den Flüchtlingslagern nichts zu tun habe. In einem Brief an seinen Außenminister erwähnte Botschafter Vehres, daß beispielsweise beim Aufbau von Zelten im Pionierlager Zánka am Plattensee, das man den DDR-Deutschen zur Verfügung stellte, Einheiten der ungarischen Armee eingesetzt wurden.[287]

Am 17. August trat die ungarische Regierung zum ersten Mal nach den Ferien zu ihrer wöchentlichen Donnerstag-Sitzung zusammen. Zum ersten Mal überhaupt kam die Flüchtlingskrise in diesem erweiterten Kreis zur Sprache. Behandelt wurde sie allerdings als eine unter vielen Fragen, und es mutet aus dem Rückblick erstaunlich an, daß die Minister nicht nur über die Rundtischgespräche mit der Opposition und die künftige politische Pluralität diskutierten, sondern auch über den Agrarhochschulunterricht und das Pető-Institut für körperlich Behinderte, die Modifizierung von Strafverfahren und das Gesetz über Ein- und Auswanderung, die Bewässerung in der Landwirtschaft und die Exporte in Länder mit Rubel-Verrechnung sowie die Schwierigkeiten des Stickstoffwerks von Pét – alles Probleme, mit denen sie sich zum Teil viel eingehender befaßten als mit den Flüchtlingen aus der DDR. Über diese sprach man im Ministerrat nur kurz – eigentlich sprachen nur Außenminister Horn und Innenminister Horváth –, und das offizielle Protokoll darüber ist noch kürzer.[288] Ein ausführlicheres, verläßlicheres Bild läßt sich aus den handschriftlichen Notizen gewinnen, die Staatssekretär Miklós Raft, Leiter des Ministerrat-Sekretariats, während der Sitzung erstellt hat.[289]

Die Flüchtlingszahlen, die Horn bei der Regierungssitzung nannte, zeugen davon, daß das Problem zu der Zeit noch weit unterschätzt wurde. Horn sprach von 1800 DDR-Deutschen in Ungarn, von denen etwa tausend nicht in ihre Heimat zurückkehren wollten. Zu diesen rechnete er 171 Flüchtlinge in der bundesdeutschen Botschaft. Ausgeschlossen, daß sie gewaltsam zurückgeschafft werden sollten, stellte der Außenminister fest. Vom IKRK ließ Horn nichts verlauten, doch er deutete mit Stichworten an, daß sich für die Botschaftsflüchtlinge unter Einbeziehung von Österreich eine Lösung werde finden lassen. Den übrigen 800 Personen könne Ungarn keinen Flüchtlingsstatus gewähren. Die Öffnung der Grenze, meinte Horn, würde das Grenzregime umstoßen, ein solcher Schritt wäre nur ausnahmsweise möglich. Für die umfassende Lösung, die er erst tastend suchte, nannte er folgende Ideen: Die ungarische Seite könne den DDR-Bürgern gemäß dem mit der DDR bestehenden Reiseverkehr-Vertrag zwar kein Ausreisevisum geben, dieser Vertrag ließe sich aber suspendieren. Dann würde jenes Land die Verantwortung tragen, dessen Vertretung in Budapest in die Pässe oder die Reiseanlagen der DDR-Bürger ein Visum einstemple, so daß sie Ungarn in westlicher Richtung verlassen könnten. Im übrigen, fügte Horn hinzu, gebe die Regierung der Beschäftigung mit den Flüchtlingen keinen offiziellen Charakter, sondern lasse sie Sache des Roten Kreuzes und der zivilgesellschaftlichen Organisationen sein.

Anschließend meldete sich Innenminister Horváth zu Wort. Er rechnete anscheinend schon fest damit, daß man die DDR-Bürger in der Botschaft würde ausreisen lassen. Und so schlug er vor, die Bundesrepublik um eine Garantie zu ersuchen, daß dieser Fall der 171 Flüchtlinge der erste und der letzte sei. Sodann sprach er sich dafür aus, die Verhandlungen auch mit der DDR fortzusetzen.[290] Das Thema blieb in der Schwebe. Die Minister schlossen die Diskussion ab und wandten sich gemäß Tagesordnung dem nächsten Gegenstand zu: der Rückgabe des einst verstaatlichten Vermögens an die religiösen Orden.

10

Grenzpicknick und Tod an der Grenze

Der 19. August war ein Samstag. Zwei Tage später berichteten die Zeitungen überall in der Welt über ein Ereignis, das sich an diesem Wochenende an der ungarisch-österreichischen Grenze in der Nähe der Stadt Sopron zugetragen hatte: Hunderte von DDR-Bürgern hatten ein Fest an der Grenze zur Massenflucht hinüber auf österreichisches Territorium genutzt. »Paneuropäisches Grenzpicknick« – der Name hat seither seinen Platz in der Geschichte der Grenzöffnung. Durch die Geschehnisse beim Picknick wurde der Druck, unter dem die Grenze und damit die ungarischen Behörden standen, vollends manifest.

Daß die Dinge sich so entwickelten, entsprach Absichten und geschah zugleich unbeabsichtigt. Dies darum, weil hinter dem Grenzpicknick verschiedene Leute mit verschiedenartigen Vorstellungen standen. Auf der einen Seite (und in der Hauptsache) handelte es sich um eine spontane Initiative von Bürgern; auf der anderen taten beim Spiel auch hochrangige Politiker mit. Seinen Anfang nahm das Picknick durch eine zivilgesellschaftliche Aktion. Dergleichen hatte es in Ungarn jahrzehntelang nicht gegeben, nicht geben dürfen. Es war ein Zeichen der veränderten Zeiten und des erwachenden Bürgerbewußtseins, daß einzelne die Durchführung eines Grenzpicknicks anregten und neu entstandene, vom Staat unabhängige Kräfte, Parteien der Opposition, sich des Vorschlags annahmen. Dieser lief darauf hinaus, an der endlich hindernisfrei gewordenen Grenze, die bisher österreichische und ungarische Nachbardörfer voneinander getrennt hatte, Leute von hüben und drüben zum »Speckbraten« bei einem gemeinsamen Fest zusammenzuführen und ihnen auch Gelegenheit zu geben, ein Stück Draht von den Resten des Zauns als Andenken mitzunehmen. An die DDR-Deutschen dachte ursprünglich niemand; Mitte Juni 1989, als die Idee auftauchte, gab es dafür noch keinen Grund.[291]

Bei allem Mut und aller Phantasie fühlten sich die Initianten doch unsicher – kein Wunder im bewegten Sommer 1989. Sie suchten Schirmherren zur politischen Rückendeckung. Die Anregung zur Veranstaltung war am 20. Juni 1989 beim Abendessen nach einem Vortrag Otto von Habsburgs in Debrecen von Ferenc Mészáros gekommen, einem Mitglied des Ungarischen Demokratischen Forums, und andere am Tisch stimmten ihm zu. Für sie lag es nahe, Dr. Habsburg, der zugleich Präsident der Paneuropa-Union war, um Übernahme der Schirmherrschaft zu bitten. Otto von Habsburg sagte sofort zu.[292] Damit befand sich ein angesehener Veteran der Europapolitik auf Seiten der Initianten.

Die Organisatoren hatten zur Unterscheidung von der Paneuropa-Union das Adjektiv gewählt: Paneuropäisches Picknick. Bei der Veranstaltung selbst entfalteten dann die mitfeiernden Mitglieder der Paneuropa-Union ihre Fahnen – nicht zur Freude der Soproner Gastgeber, die aus Vorsichtsgründen auf politische Symbole hatten verzichten wollen. Allerdings, die ideelle Zielsetzung der Union, die europäische Vereinigung, hätte im Spätsommer 1989 keinen klareren Ausdruck finden können als die Festfreude darüber, daß eine Staatsgrenze wieder durchlässig geworden war. Bei so viel Symbolkraft und unter Otto von Habsburgs Schirmherrschaft verwuchs das Picknick mit der Paneuropa-Union, und kaum jemand mehr beachtete, daß das Picknick in Wirklichkeit nicht von der Union, sondern von ungarischen oppositionellen Gruppierungen vorbereitet worden war.[293]

Die Grenzstadt Sopron schien den Initianten in Debrecen für die Verwirklichung ihrer Idee geeignet. Das Demokratische Forum (MDF), zu dieser Zeit erst eine lose Bewegung, war doch schon soweit organisiert, daß seine Mitglieder in Debrecen Kontakt mit dem Soproner MDF aufnehmen konnten. Die Opposition wiederum, namentlich in der Provinz, war zu dieser Zeit noch soweit einig, daß sie in Sopron die Vorbereitung gemeinsam in Angriff nahm. Vier

Parteien, später unter sich zerstritten, das Forum, die Jungdemokraten, die Kleinlandwirte und die Freien Demokraten, ergänzt durch die Gewerkschaft des wissenschaftlichen Personals an der örtlichen Universität, teilten sich in die Arbeit.[294]

Der zweite Schirmherr, dem kraft seiner Stellung und Autorität die Aufgabe zufiel, im Inland seine schützende Hand über das Grenzpicknick zu halten, hieß Imre Pozsgay. Die Initianten wandten sich an ihn, weil sie zu ihm Vertrauen hatten: Als der wagemutigste Reformer war er ein überaus populärer Politiker. Bevor er sich entschied, besprach sich Pozsgay mit Ministerpräsident Németh: Ob er akzeptieren solle? Németh bejahte. Das Picknick werde aber Folgen haben, gab Pozsgay zu bedenken.[295] Mitte Juli, als er den Veranstaltern seine Zusage gab, begann sich der Andrang der DDR-Deutschen bereits abzuzeichnen. Der frühere Staatsminister sagt nachträglich, er habe die Soproner Veranstaltung bewußt mit dem Problem der DDR-Flüchtlinge verbunden. Pozsgay ging es darum, Verhandlungen zwischen Ungarn und der DDR, von denen er sich nichts Gutes versprach, durch verstärkten Druck auf die Grenze zu unterlaufen. Er habe, räumt er heute ein, seinerzeit nicht gewußt, daß Mitte August Delegationen der Stasi in Budapest wiederholt zu Beratungen erschienen seien, es aber wohl geahnt. Er befürchtete, Ungarn könnte den Forderungen Ostberlins nachgeben, weshalb er danach strebte, vollendete Tatsachen zu schaffen: eine Situation, in der Gespräche mit der DDR keinen Sinn mehr hätten.[296]

Am zehnten Jahrestag der Veranstaltung 1999 kam es bei einer Tagung in Sopron zur heftigen Kontroverse über die Frage, ob die Massenflucht der DDR-Deutschen beim Picknick eine geplante Aktion gewesen sei, über welche einzelne Mitglieder der Regierung – im Gegensatz zu den überraschten Organisatoren des Picknicks selbst – schon zuvor Bescheid gewußt hätten.[297] Pozsgay, selber im Kreuzfeuer der Kritik, ließ durchblicken: Ja, man hatte wissen können, was beim Picknick bevorstand, sprich: daß Hunderte von Ostdeutschen als ungeladene Gäste beim Fest erscheinen und die vorgesehene kurze Grenzöffnung zur Flucht nutzen würden.[298]

Offen spricht Miklós Németh. Nach seiner Darstellung gab es eine Absprache zwischen ihm, Pozsgay und Innenminister Horváth. In Némethș Konzeption galt das Picknick von Anfang an als ein Test, bei dem sich weisen sollte, wie die Sowjets auf eine erste, »kleine« Grenzöffnung und Fluchtbewegung reagieren würden.[299] Der frühere Ministerpräsident erzählt, er habe den 19. August 1989 in schlimmer Nervosität verbracht. Befürchtungen hegte er weniger wegen einer allfälligen Reaktion in Moskau. Nur die größten Skeptiker in seiner Umgebung wiederholten hartnäckig die Warnung, daß die Sowjets unberechenbar seien und daß selbst Gorbatschow imstande sein könnte, sich einzumischen; im allgemeinen schloß man diese Möglichkeit aber aus. Ungewißheit hingegen herrschte darüber, ob die Befehlshaber der in Ungarn stationierten sowjetischen Streitkräfte die Aktion tatenlos hinnehmen würden.

Wie man es dreht und wendet: Die politische Führung instrumentalisierte das von Bürgern geplante Grenzpicknick. Zwar hielt sie einen gewaltsamen Ausgang für unwahrscheinlich, nahm ihn aber in Kauf. Nicht jedermann allerdings teilte die Besorgnis des Ministerpräsidenten. Verteidigungsminister Kárpáti erzählt heute genüßlich, wie er den Regierungschef belehrt habe: Németh, ein Zivilist, kenne die sowjetischen Offiziere nicht. Wer mit ihrer Mentalität vertraut sei, wisse genau, daß ohne Anweisungen aus Moskau kein Sowjetgeneral sich zu rühren wage.[300] Auf seine Weise berief sich Kárpáti darauf, daß die Auflehnung des Militärs gegen die politische Obrigkeit in der russischen Geschichte keine Tradition hat. Tatsächlich behielt er an diesem 19. August 1989 in Ungarn recht. Aber auf den Tag genau zwei Jahre später, am 19. August 1991, stand in Moskau zumindest ein Teil der Sowjetarmee hinter dem Versuch von Putschisten, Gorbatschow zu stürzen. Insofern war die Besorgnis der ungarischen Politiker im Vorfeld des Grenzpicknicks doch nicht ganz grundlos.

Dann sagten die beiden Schirmherren ihre persönliche Teilnahme am Picknick ab. Eine der Organisatoren, Maria Filep, hielt später in einem Aufsatz über das Grenzpicknick fest, sie habe am 4. August erfahren, daß Imre Pozsgay als Vertreter den Leiter seines Sekretariats, László Vass, entsenden werde.[301] Ministerpräsident Németh billigte Pozsgays Entscheidung, dem Picknick fernzubleiben; die beiden hatten sich im Erholungsheim der Regierung in Aliga am Plattensee getroffen, wo der Regierungschef seinen Urlaub verbrachte. Über die Frage herrschte Einverständnis; mehr als einige Worte, wie Németh sich erinnert, wurden über das Thema nicht gewechselt.[302]

Otto von Habsburgs Tochter Walburga bestätigt, ihr Vater sei Anfang August mit Pozsgay übereingekommen, sich ebenfalls vertreten zu lassen. So wurde Walburga von Habsburg beim Picknick zur Repräsentantin der Paneuropa-Union. Eine Drittperson hatte Pozsgays Bitte an Otto von Habsburg weitergeleitet. Zur politischen Abschirmung der ungarischen Regierung vermieden jeweils beide Seiten direkte Kontakte zwischen dem Sohn des letzten Herrschers der Monarchie und dem Staatsminister. Als Mittelsmann fungierte zumeist Lukács Szabó vom Demokratischen Forum, der schon bei der Geburt der Picknick-Idee in Debrecen dabeigewesen war.[303]

In seinen Erinnerungen spricht Pozsgay davon, daß es dem Land nicht zum Vorteil gereicht hätte, wenn er als prominentes Mitglied der Regierung bei einer Massenflucht von DDR-Deutschen an Ort und Stelle gewesen wäre. Deshalb die Übereinkunft mit Otto von Habsburg, die Schirmherren sollten im Hintergrund bleiben. Worin bestand das Risiko? Hätte Ungarn durch die Zulassung der Flucht den sozialistischen Nachbarn eine Angriffsfläche geboten? Oder mußte man befürchten, daß es beim Grenzpicknick womöglich zu Blutvergießen kommen könnte? Pozsgay gibt zur Antwort, er habe vor allem die politische Gefahr bedacht, aber auch Zwischenfälle beim Picknick nicht ausgeschlossen. Der frühere Staatsminister hebt hervor, es sei insbesondere der erfahrene Politiker Otto von Habsburg gewesen, der damals die Meinung vertrat, angesichts der veränderten Umstände, unter denen das Picknick anscheinend vor sich gehen werde, sei es klüger, wenn sie beide ihre Teilnahme absagten.[304]

Walburga von Habsburg setzt die Akzente etwas anders. Ihrem Vater und ihr selbst war demnach bekannt, daß man in ungarischen

Regierungskreisen wegen der allfälligen Reaktion der im Land stehenden Sowjettruppen Bedenken hegte. Allerdings habe sie selber sich keine Gedanken darüber gemacht, daß das Picknick eine böse Wendung nehmen könnte – »ich glaube, daß ich dazu zu naiv war und zu viel Gottvertrauen hatte«.[305] Naheliegend, daß mit einem schlechten Ausgang auch Otto von Habsburg nicht rechnete, sondern sich bei der Absage von politischen Überlegungen leiten ließ. Hätte er einen Eingriff des sowjetischen Militärs befürchtet, so wäre er gewiß nicht darauf verfallen, die eigene Tochter zum Fest an der Grenze zu delegieren.[306] Tatsächlich zählten beim Picknick außer Walburga auch Kleinkinder der Familie Habsburg zu den Teilnehmern.

Unter den Eingeweihten auf Regierungsseite begnügte man sich nicht damit, passiv abzuwarten, ob und wie es beim Grenzpicknick zu einem Test kommen werde; man bereitete diesen Test auch bewußt vor. Von der Regierung gefördert oder zumindest stillschweigend toleriert, verbreitete sich die Nachricht von dem bevorstehenden Picknick unter den in Ungarn weilenden DDR-Deutschen: Die Grenze werde am 19. August in der Nähe von Sopron während einiger Stunden offen sein, und wer sich an diesem Nachmittag ganz zufällig dort aufhalten sollte, könnte womöglich nach Österreich hinübergelangen.[307] Die Organisatoren des Picknicks berichten, sie hätten mit ihren bescheidenen technischen Mitteln lediglich 3000 Flugblätter hergestellt, die als Einladung zum Picknick in der Region Sopron verteilt wurden. Sie entdeckten dann überrascht, daß Kopien ihrer – teils ungarisch, teils deutsch beschrifteten – Blätter in großer Zahl auch in Budapest und im Plattensee-Gebiet auftauchten. Nach ihrer Vermutung taten bei der Vervielfältigung und Verteilung des deutschsprachigen Flugblatts auch Agenten des Bundesnachrichtendienstes mit.[308]

Merkwürdig in der Tat 15 Jahre später die Erzählung ehemaliger Flüchtlinge, die beim Durchbruch in Sopron dabeiwaren. In einer Reportage des Zweiten Deutschen Fernsehens sagen sie, sie hätten damals im ungarischen Grenzgebiet seit Tagen verzweifelt nach

Fluchtmöglichkeiten gesucht, bis eines Morgens auf ihrem Zeltplatz jemand, sie wüßten nicht wer, ihnen das Flugblatt, die Einladung zum Picknick, die auch eine Kartenskizze enthielt, in die Hand drückte.[309] Pater Kozma, der Leiter des Flüchtlingslagers in der Pfarrei in Zugliget, bereitete seine Schützlinge am Vorabend des Picknicks auf die Reise nach Sopron und weiter nach Österreich sehr genau vor. Er und seine Helfer erklärten den DDR-Deutschen den Weg und übergaben ihnen Karten, mit deren Hilfe sie von Sopron aus den Festplatz finden konnten.[310] Zumindest unter den Betroffenen, so scheint es, war die bevorstehende Massenflucht ein offenes Geheimnis.

Die Staatsmacht plante das Picknick in stiller, uneingestandener Komplizenschaft mit Kräften, die sich entweder als neutrale, karitative Organisationen betrachteten oder zu den Gegnern des Einparteistaates zählten. Oder verhielt es sich doch nicht so? Innenminister Horváth, dem die Grenzwache und die Staatssicherheit unterstanden und dem deshalb eine Schlüsselrolle zufiel, sagt heute, er habe das Picknick befürwortet, jedoch seinen Testcharakter nicht gekannt und wohl mit einzelnen unerlaubten Grenzübertritten, aber nicht mit einer Massenflucht gerechnet.[311] Horváth erinnert sich insbesondere daran, daß Pozsgay ihn um seine Mitarbeit gebeten und er, Horváth, einem seiner Stellvertreter, dem Landes-Polizeipräsidenten András Túrós, gesagt habe: Stopft die Gegend nicht gerade mit Maschinengewehrnestern voll, und wenn einer daherkommt, dann laßt ihn durch. Túrós hatte seinem Minister einen Plan vorgelegt, wie das Fest an der Grenze mit Straßensperren ganz zu verhindern wäre. Horváth war anderer Ansicht: Die Leute sollten ruhig ihr Picknick feiern.

Eine Anweisung an den Grenzschutz, die DDR-Bürger im Verlauf des Picknicks unbehindert nach Österreich ziehen zu lassen, will Horváth dagegen nicht gegeben haben. Seltsamer Sachverhalt: Der Ministerpräsident plant eine Probe der Grenzöffnung, worauf die Schirmherren Otto von Habsburg und Imre Pozsgay ihre Teilnahme schon zwei Wochen vor dem Fest absagen; deutschsprachige Flugblätter mit Einladungen zum Anlaß kursieren im Land; DDR-Deutsche werden im Flüchtlingslager Zugliget mit Karten ausgestattet und verabschiedet – aber der Innenminister rechnet mit keiner Massenflucht, ebensowenig sein Stellvertreter, der die Geheimdienste beaufsichtigt.[312]

Etwas lief schief; so schief, daß das Picknick leicht zu einem tragischen Ereignis hätte werden können. Wie im Vorfeld der Veranstaltung Sand ins Getriebe geriet, ist bis heute nicht vollständig geklärt. Ministerpräsident Németh sagt, er sei mit dem Innenminister übereingekommen, das Dienstreglement des Grenzschutzes für den 19. August außer Kraft zu setzen.[313] Der Regierungschef und Staatsminister Pozsgay nahmen offenbar an, das sei klar genug; der Weg für die Ostdeutschen würde damit frei. Der Grenzschutz hätte demnach auch ohne große Worte verstehen müssen, was gemeint war. Der Grenzschutz war aber klare Befehle gewohnt, sonst nichts. Auch János Székely, der Oberbefehlshaber der Grenztruppen, gab noch zehn Jahre später zu Protokoll, der Durchbruch der DDR-Deutschen beim Picknick sei nicht vorhersehbar gewesen.[314]

Es gibt eine andere Vermutung: daß der Grenzschutz nicht so naiv war. Der für die Grenztruppen zuständige stellvertretende Innenminister, Jenő Földesi, hatte an einer Konferenz des Offizierskorps schon im Frühsommer 1989 die unbestimmt vielsagende Parole herausgegeben, DDR-Bürger seien »positiv zu diskriminieren«.[315] Im Vorfeld des Picknicks war aber davon beim Grenzkommando von Sopron keine Rede. Die Grenzwächter, die berühmten »kleinen Leute« am Ende der Rangordnung, verrichteten am Nachmittag des 19. August in Sopronpuszta, dem Schauplatz des Picknicks, ihren Dienst wie immer gemäß dem Befehl, jeden unerlaubten Grenzübertritt zu verhindern. Wenn es eine Weisung gegeben hatte, die DDR-Deutschen ziehen zu lassen (was nicht sicher ist), so kam sie auf der untersten Ebene nicht an. War sie auf irgendeiner Stufe des Dienstwegs steckengeblieben? Möglich. Manche meinen: wahrscheinlich. Jemand machte nicht mit. Ob aus ängstlicher taktischer Berechnung oder ideologischer Feindseligkeit – einerlei. Verunsicherte Menschen, die die Verantwortung scheuen und – wie die Geschichte auch endet – mit reiner Weste dastehen wollen, gehören ebenso zum Personal einer stürmischen Umbruchzeit wie sture Saboteure und Diener des alten Regimes.

Die Ereignisse beim Picknick, an dem schließlich etwa 1500 bis 2000 Personen teilnahmen[316], sind oft beschrieben worden. Im Grenzgebiet nordöstlich von Sopron dominieren auf ungarischer Seite Wiesen das Gelände, während drüben, in Österreich, ein Wald an die Grenze heranreicht. Auf der einst nach Preßburg führenden schmalen, lange nicht mehr benutzten Landstraße markierte ein mit Drahtgeflecht versehenes Holztor die Trennungslinie. Beim Picknick diente es als improvisierter, zeitweiliger Grenzübergang. Die Behörden beider Länder hatten dazu ihre Bewilligung erteilt. Die Grenze sollte – unter Vorweisung von Pässen – am Nachmittag des 19. August von 15 bis 18 Uhr passierbar sein. Für die Abfertigung beorderte man lediglich fünf ungarische Grenzbeamte mit ihrem Kommandanten zum Tor.

Diese einzig mit Pistolen bewaffnete kleine Mannschaft sah sich einige Minuten vor 15 Uhr jäh einem dichten Zug von DDR-Flüchtlingen gegenüber, die auf die Grenze zustürmten. »Rennen, rennen«, riefen sich die Flüchtenden zu, gut hundert Personen, unter denen die allermeisten nicht einmal wußten, wo sie sich befanden und in welche Richtung sie laufen mußten. Sie folgten bloß dem Zug, an dessen Spitze sich aber einzelne sehr gut auszukennen schienen.[317] Der Befehlshaber der kleinen Grenzwache, Oberstleutnant Árpád Bella, hatte, wie er sich erinnert, keine Minute zum Nachdenken. Er ließ die Ostdeutschen widerstandslos nach Österreich passieren. Jede andere Entscheidung – Waffengebrauch, und sei es nur zur Abgabe von Warnschüssen, Versuche, der Menge den Weg zu versperren – hätte unweigerlich zu Tumulten und womöglich zu Todesopfern geführt. Zahlreiche weitere Gruppen von DDR-Deutschen erreichten bis zum Abend in unmittelbarer Nähe des Tors, wo niemand die Grenze bewachte, österreichisches Gebiet.[318]

Die Bedingungen, unter denen Oberstleutnant Bella beim Picknick seinen Dienst verrichten mußte, und manche Umstände, die der Veranstaltung vorangegangen waren, wirkten in der Sicht der Grenzoffiziere irritierend widersprüchlich. Bella, ein Spezialist der Grenzverkehrskontrolle, hatte die für ihn ungewohnte Aufgabe beim Picknick mit der Begründung erhalten, daß österreichische und ungarische Delegationen die zeitweilige Übergangsstelle benutzen würden. Seine Vorgesetzten ließen ihn zugleich beruhigend wissen, er und seine Leute sollten sich einzig um die Paßkontrolle kümmern. Bella schloß hieraus, daß die Gewährleistung der Ordnung Sache der ungarischen Staatssicherheit sein werde. Zwei Tage vor dem Picknick traf beim Kreiskommando in Sopron eine Mitteilung der Zentrale ein, in der nächsten Zeit sei an der Grenze mit größeren Gruppen von DDR-Bürgern zu rechnen. Die Anweisung des örtlichen Stabschefs: Man habe diese Gruppen durch eine verdichtete Patrouillentätigkeit am Überqueren der Grenze zu hindern; Waffengebrauch sei auszuschließen, außer bei Angriffen auf Mitglieder der Grenzwache.[319]

Der ungarische Grenzschutz hatte seit März 1989, dem Zeitpunkt des Beitritts zur Genfer Flüchtlingskonvention, laut einer internen Regelung keinen Schießbefehl mehr; zur Waffe greifen durften die Soldaten einzig zur Selbstverteidigung. Lag dieser Fall vor, wenn eine flüchtende Menge sich bereit zeigte, die Grenzwächter über den Haufen zu rennen? Man hatte größere Gruppen erwartet, zum Picknick aber eine winzige Einheit von Grenzsoldaten abkommandiert. Und wie vertrug sich die »dichtere Patrouillentätigkeit« mit einem Befehl des Landeskommandos, in einem Umkreis von einem Kilometer um das Picknick dürfe es keine Uniformierten geben?[320] Oberstleutnant Bella fragte besorgt vor der Veranstaltung beim Aufklärungsdienst und bei verschiedenen Kreisleitungen des Grenzschutzes an, doch hatte dort von größeren fluchtwilligen Gruppen niemand etwas gehört. Anderswo schien man besser vorgewarnt zu sein. Westliche Fernsehleute waren schon in den Tagen vor dem Picknick erschienen, um sich mit den örtlichen Gelände- und Lichtverhältnissen vertraut zu machen, und österreichische Kollegen hatten Bella bereits um den 10. August erzählt, die Österreichischen Bundesbahnen bereiteten sich auf Sondertransporte vor, da Ungarns Regierung den DDR-Flüchtlingen den Weg demnächst freigeben werde.

Das Gerücht kursierte, man werde die Grenze am Nachmittag des 19. August in beide Richtungen frei, ohne Kontrolle überschreiten können, und ungarische Medien sprachen davon in ihrer Vorschau auf das Picknick. Bella, dessen Auftrag anders lautete, ließ deshalb in letzter Minute eine Pressemitteilung veröffentlichen: Die Grenzwache wolle mit der Errichtung einer zeitweiligen Übergangsstelle in Sopronpuszta zum Erfolg des Paneuropäischen Picknicks beitragen, aber die Gesetze und die internationalen Abkommen hätten nach wie vor Geltung; gültige Reiseausweise im Grenzverkehr seien auch bei diesem Anlaß unerläßlich.[321]

Das Unheimlichste für den Offizier im Dienst: Während etwa vierzig Minuten, nachdem die ersten DDR-Flüchtlinge beim Tor den Durchbruch geschafft hatten, war für Oberstleutnant Bella kein Vorgesetzter erreichbar; seine Anrufe nahm niemand entgegen. Der Leiter der Inlandabwehr der Staatssicherheit, József Horváth, behauptete später vollmundig, er habe am 19. August mit seiner telefonischen Anweisung, von der Waffe keinen Gebrauch zu machen, im letzten Moment ein Blutvergießen verhindert.[322] Tatsache ist dagegen, daß der Schießbefehl nur für die Notwehr galt und vor allem, daß man Bella im entscheidenden Augenblick allein ließ und die Verantwortung auf ihn abwälzte. Der friedliche Verlauf, bei dem es zu keinem Zwischenfall kam, war seiner Vernunft zu verdanken. Nach rund dreiviertel Stunden erschien dann der örtliche Stabschef der Grenzwache, um Bella mit Vorwürfen zu überhäufen: Er habe nicht einmal Warnschüsse abgeben lassen. Der Oberstleutnant rechnete mit der Suspendierung vom Dienst und einem Disziplinarverfahren. Erst nach der Grenzöffnung im September entdeckte er, daß das, was man ihm drei Wochen zuvor noch als Befehlsmißachtung vorgehalten hatte, nun als Verdienst galt.

Das Picknick war das Werk der neuen Opposition, namentlich

junger Menschen, die den Anlaß unter schwierigen Bedingungen mit viel Begeisterung, Arbeit und Improvisationsgabe auf die Beine stellten. Aus Unerfahrenheit begingen sie dabei auch Fehler, etwa wenn selbst der Botschafter der DDR eine Einladung zum Grenzpicknick erhielt, was diesen in keine geringe Verlegenheit stürzte.[323] Mit am Werk war aber, ohne dies den Veranstaltern mitzuteilen, auch die Staatsmacht. Die Politiker Miklós Németh und Imre Pozsgay verfolgten ihre eigenen Pläne. Die Staatssicherheit war präsent, und einzig beim Grenzschutz kam es, wie wir gesehen haben, zu einer Panne. Letzten Endes ging aber sowohl die Rechnung Némeths als auch diejenige Pozsgays auf: Der Test gelang. Die Sowjetunion schwieg, ihre Truppen in Ungarn rührten sich nicht. Und die Massenflucht enthüllte den Handlungsbedarf; das Picknick beschleunigte den Entscheidungsprozeß.

Der Test gelang so gut, daß man das Spiel selbst im Ausland bald durchschaute. Folgender Satz stand wenig später in einem Bericht, den die ungarische Botschaft in Wien an die Zentrale schickte: »Die Ansicht ist hier allgemein, daß der massenhafte Durchbruch der DDR-Flüchtlinge an der Grenze anläßlich des Paneuropa-Picknicks unter ungarischem Beistand und dank ungarischer Organisation erfolgt ist.«[324] Großen Spürsinns bedurfte es zu dieser Schlußfolgerung nicht. Zwar wurden die österreichischen Behörden im Grenzgebiet am Tag des Grenzpicknicks von den Ereignissen überrascht; der Regierung in Wien dagegen hatte Ungarn schon vor dem 19. August einen Wink gegeben, eine größere Flüchtlingswelle sei zu erwarten.[325] Dem Verdacht, bundesdeutsche Dienste hätten ihre Hand ebenfalls im Spiel gehabt, begegnete der Bonner Regierungssprecher am 21. August mit einem Dementi, das auch die ungarischen Medien zitierten: Beim Grenzdurchbruch habe es sich um keine geplante Aktion gehandelt.[326]

Das schloß natürlich nicht aus, daß die ungarischen Regierungsorgane die Aktion oder eher deren Ausnützung geplant hatten. Wie es denn auch eine andere Frage ist, wer auf westdeutscher Seite vom bevorstehenden Durchbruch wußte. Tatsache ist, daß es unter den

DDR-Flüchtlingen manch einen gab, den auf der anderen Seite der Grenze westdeutsche Freunde oder Verwandte erwarteten. Augenzeugen berichten sogar davon, wie die in Österreich Ankommenden und die dort Wartenden die gelungene Flucht feierten und daß in der Menge hier und dort mit großem Knall auch Champagnerflaschen entkorkt wurden.[327] Es gelang aber nicht, die Behauptung zu erhärten, daß am 19. August 1989 auf der anderen Seite der Grenze mit österreichischer Bewilligung auch Vertreter von offiziellen Organen der Bundesrepublik anwesend waren.[328] Einstige DDR-Bürger, welche die Grenze an diesem Tag bei Sopronpuszta überschritten hatten, berichteten davon, daß ihre Personalien zuerst in der Gemeinde St. Margarethen von der österreichischen Gendarmerie und dann in Wien von Mitarbeitern der bundesdeutschen Botschaft aufgenommen wurden.

Eine kleine Beobachtung – Erinnerung – wirkt auch in diesem Fall recht überzeugend und könnte entscheidend sein, wenn wir die Antwort auf die Frage suchen, ob die Wiener Botschaft der Bundesrepublik von der Aktion gewußt und sich vorbereitet hatte. Einer der Flüchtlinge, der damals 16 Jahre alte Andreas Nagler, berichtet glaubhaft, daß der Empfang in der Botschaft am Abend recht improvisiert gewirkt und die den Flüchtlingen angebotene Verpflegung sich ziemlich ärmlich ausgenommen habe. Wie es denn auch von Improvisation zeugt, daß den Flüchtlingen nach einer längeren Zeit der Ungewißheit erst kurz vor Mitternacht mitgeteilt wurde, sie könnten die Reise in die Bundesrepublik noch in dieser Nacht antreten, da die Österreichischen Bundesbahnen einen Sonderzug zusammengestellt hätten.[329]

Die Massenflucht regte zur Nachahmung an. Am 20. August bahnten sich bei der Kleinstadt Szentgotthárd vierzig bis fünfzig DDR-Deutsche trotz dem Widerstand der Grenzwächter den Weg nach Österreich, nachdem sie 15 Autos auf ungarischem Territorium zurückgelassen hatten.[330] Bei der Botschaft der Bundesrepublik in Wien meldeten sich einen Tag nach dem Grenzpicknick abermals mehr als 600 ostdeutsche Flüchtlinge.[331] Der ungarische Geschäftsträger in Ostberlin berichtete am 21. August nach Budapest, die Mehrheit der DDR-Bürger, denen die Flucht über Ungarn gelungen sei, erwecke bei Interviews mit westdeutschen Fernsehsendern »tendenziös den Eindruck, daß man die ungarisch-österreichische Grenze ohne jede Schwierigkeit überschreiten kann«.[332]

Angesichts des internationalen Aufsehens hielt man in Budapest eine beruhigende Geste gegenüber den »Bruderländern« für ratsam. Der Innenminister und der Regierungschef kamen überein, nach dem Geschehenen nun etwas Härte zu demonstrieren.[333] Die Ordnungskräfte im westlichen Grenzgebiet wurden verstärkt, die Kontrollen verschärft. Zufahrtsstraßen riegelte man ab, und DDR-Bürger auf Campingplätzen in Grenznähe schickte man zurück ins Landesinnere. Als Helfer kamen selbst bewaffnete Betriebs-Kampfgruppen zum Zug. Die Arbeitermiliz, eine auch von der Regierung mißtrauisch beobachtete Privatarmee der Partei, war bereits heftig umstritten und sollte bald aufgelöst werden. Ihr Einsatz veranlaßte das Ungarische Demokratische Forum zu einer Protesterklärung über die Lage: »Nicht jede Entwicklung ist beruhigend; Banden, welche die verlassenen Wagen [der DDR-Flüchtlinge] plündern, sind erschienen, und auch die Arbeitermiliz zog zur Grenze, wo aber diese Organisation nichts zu suchen hat. Es ist die Pflicht der Regierung, dem Grenzschutz Befehl zum humanen Verhalten zu geben.« Es gehörte zu den Besonderheiten der veränderten Zeit, daß eine solche oppositionelle Stellungnahme auch in der Tagespresse veröffentlicht wurde.[334]

Die Regierung gab sich den Anschein, sie nehme die Bewachung der Grenze äußerst ernst. DDR-Botschafter Vehres, dessen Sprache sich gegen Ende August immer mehr verhärtete, ließ denn auch bei einer seiner Interventionen gegenüber Staatssekretär Kovács die Bemerkung fallen, die DDR betrachte die angekündigten Maßnahmen als günstiges Zeichen.[335] Der Grenzschutz erhielt aber keinen Einblick in die politischen Hintergründe; er befolgte Befehle. Bei den Offizieren herrschte Bitterkeit: »Was soll das gewaltige Aufgebot, der Kräfteverschleiß, wenn es doch nun offiziell gilt, daß der unerlaubte Grenzübertritt kein Verbrechen, nur noch ein Regelverstoß ist? Geben wir endlich die aus politischen Gründen immer wieder nachgeplapperte Fiktion auf, wonach sich die Grenze ›mit anderen Mitteln‹ ebenso dichtmachen läßt wie zuvor, als der Eiserne Vorhang noch stand. Oder aber die Regierung soll uns die fraglichen Mittel tatsächlich geben. Sommer für Sommer haben wir Ärger mit den DDR-Deutschen, diesmal nun massiv – am besten wäre es, man ließe sie ziehen, wohin ihnen beliebt.« So die Mehrheit.[336] Doch gab es unter den lokalen Kommandanten auch solche, die jetzt aufatmeten: Endlich kehrte man zum strengen Regime zurück, endlich war es wieder klar, was man zu tun hatte.

In dieser Situation ereignete sich am späten Abend des 21. August nordöstlich der Stadt Kőszeg ein tödlicher Zwischenfall. Ein ostdeutsches Paar und ein sechsjähriges Kind wurden unmittelbar vor der Grenzlinie von einer ungarischen Zweier-Patrouille gestellt. Nachdem einer der beiden Grenzwächter Warnschüsse abgegeben und eine Leuchtrakete abgefeuert hatte, kam es zwischen ihm und dem deutschen Mann zu einem Handgemenge. Dabei löste sich ein Schuß aus der entsicherten Maschinenpistole des Grenzwächters. Das Projektil traf den Flüchtling, den 1953 geborenen Kurt-Werner Schulz, am Kopf. Beim Ringen waren die beiden einige Meter weit bereits auf österreichisches Territorium hinübergeraten. Der Soldat zog Schulz zurück auf die ungarische Seite und versuchte, ihm Erste Hilfe zu leisten. Ein herbeigerufener Arzt konnte nur noch den Tod des Deutschen feststellen. Die Frau und das Kind wurden festgenommen.[337]

Die österreichischen Behörden erhielten umgehend Bescheid. Die gemeinsame Kommission der beiden Länder, ein Gremium zur Untersuchung von Grenzzwischenfällen, nahm am 23. August einen Augenschein vor und beriet in Kőszeg. Die zwei Soldaten, 20 und 19 Jahre alt, sowie Frau Gundula Schafitel, die Lebensgefährtin von Schulz, wurden angehört. Sie sagte aus, daß sie und ihr Kind, die sich auch schon etwa zwanzig Meter weit auf österreichischem Territorium befunden hätten, freiwillig nach Ungarn zurückgekehrt seien. Der Schuß war, wie Experten feststellten, aus einer Distanz von etwa zehn Zentimetern abgegeben worden. Die Kommission kam zum Schluß, daß es sich um einen Unfall gehandelt habe. Die ungarische Seite erklärte, sie bedauere sowohl die Grenzverletzung als auch den Todesfall; zu beidem sei es ohne Absicht gekommen. Die Österreicher anerkannten die korrekte Abwicklung der Affäre durch die Ungarn.[338] Frau Schafitel, vor die Wahl gestellt, ob sie über Ungarn zurück in die DDR oder in die Bundesrepublik weiterreisen wolle, entschied sich für die Fortsetzung ihres Wegs in den Westen; sie und ihr Sohn Johannes wurden von einem Wagen der Grenztruppen an die Grenze gebracht.[339]

Handelte es sich um Waffengebrauch zur Selbstverteidigung? In diesem Fall war es tatsächlich der DDR-Flüchtling, der den Grenzwächter angriff. Der Schuß fiel dennoch nicht aus Notwehr. Der Deutsche, bedeutend größer und stärker als der Soldat, versuchte diesem die Waffe zu entreißen; der Grenzwächter wehrte sich. Sie fielen hin, umklammerten und schleiften einander am Boden, erhoben sich wieder, ohne sich loszulassen. Bei diesem Handgemenge muß einer der beiden den Abzug berührt haben. Sowohl der Flüchtling als auch der Grenzwächter waren offensichtlich in Panik geraten; daß sie sich sprachlich nicht verständigen konnten, erwies sich als fatal. Übermächtig wurde in beiden die Furcht, wer die Waffe zuletzt in der Hand habe, werde den anderen erschießen. Der eine wie der andere glaubte, er schlage sich um sein Leben.[340]

Der Tod an der Grenze zeigte zweierlei: daß Ungarn, dessen humane Gesinnung nach dem Soproner Picknick vom westlichen Ausland soeben noch gerühmt worden war, nun Gefahr lief, als ein Land zu gelten, wo auf Flüchtlinge geschossen werde; und daß es nicht mehr anging, Offiziere und junge Soldaten an der Grenze Tag für Tag einer Lage auszusetzen, die sie, wie die Dinge standen, nicht meistern konnten.

11

Die Würfel fallen

Außenminister Gyula Horn gehörte vor dem Paneuropäischen Picknick nicht zu den Eingeweihten, welche die Vorbereitungen und die damit verbundenen Pläne verfolgten. Er wurde indessen kurzfristig orientiert, und laut István Őszi sagte er am Vorabend der Veranstaltung im Außenministerium seinen Mitarbeitern auch voraus, daß es in Sopron zu einer größeren Fluchtwelle kommen werde.[341] In all den Jahren nach 1989 bezeugte Horn stets eine demonstrative Verachtung für das Grenzpicknick; er sparte nicht mit abschätzigen Worten und beantwortete keine Einladung zu Tagungen und Gedenkfeiern in Sopron.[342] Horn selber sagt dazu dies: Man übertreibt maßlos, wenn man behauptet, daß dem Grenzpicknick bei der Bewältigung der Krise entscheidende Bedeutung zugekommen sei. Die Lösung, die man suchte, mußte auf einer politisch nachhaltigen und völkerrechtlich korrekten Grundlage beruhen, sie konnte nicht darin bestehen, daß man an Grenzwächtern vorbei in Gruppen nach Österreich hinüberlief.[343]

Zweifellos bedeutete der Durchbruch in Sopronpuszta, so aufsehenerregend er war, noch keinen Durchbruch in der gesamten Flüchtlingsfrage. Das Grenzpicknick brachte aber Bewegung in den mühsamen Prozeß der Entscheidungsfindung und setzte die Regierung unter Zugzwang. Was wiederum die nachhaltige, diplomatisch stichfeste Lösung angeht, so ist Horns Logik tadellos; bloß vertrat der Außenminister diese Linie keineswegs von Anfang an. Offenbar erwog und empfahl nämlich auch Horn noch während langer Zeit Nacht-und-Nebel-Aktionen, um die DDR-Bürger aus dem Land zu bringen. Dem Chef des Grenzschutzes, Székely, riet der Außenminister nach dem tödlichen Zwischenfall an der Grenze am 21. August am Telefon dazu, die Grenzwächter sollten sich abwenden und wegschauen, wenn DDR-Grenzverletzer auftauchten.[344] Den gleichen Vorschlag machte er Innenminister Horváth.[345] Székely wie Horváth lehnten ab: Grenzsoldaten hätten eine Aufgabe und brauchten eindeutige Befehle. Der Innenminister fragte sogar kritisch zurück: Woher sollten die Soldaten mitten in der Nacht im Gelände wissen, ob sie einem Ostdeutschen, Bulgaren oder Rumänen gegenüberstehen?

Manche Ideen, über die Mitte August debattiert wurde, zielten eher auf eine praktische, nicht auf eine politische Lösung: Sollte man die ostdeutschen Flüchtlinge nachts in Autobusse setzen und außer Landes bringen? Für sie Sonderzüge organisieren, die ohne Licht fuhren? An normale Züge reservierte Wagen anhängen? Ließe sich die Grenze in einer bestimmten Nacht an einer Stelle während einiger Stunden öffnen? Wie würde man aber die DDR-Bürger zuvor unauffällig an die fraglichen Orte bringen? Wie das bewerkstelligen, wo sie sich doch weigerten, Züge zu besteigen aus Angst, die Fahrt werde nicht in Wien, sondern in Ostberlin enden? Vertreter der Opposition, namentlich des Demokratischen Forums (MDF), meldeten sich diskret mit ähnlichen Vorschlägen, und eine Zeitlang sah es aus, als wollte die Regierung die Unterstützung des MDF akzeptieren. An die MDF-Führung, deren Sitz sich in Budapest damals im Hinterhof eines Mietshauses in einer engen Baracke befand, erging von Regierungsseite die geheime Anfrage, ob Leute des Forums in Westungarn an einer Aktion teilnehmen könnten, bei der man die Flüchtlinge nachts über die Grenze schleusen würde.[346]

Ob Pläne solcher Art ausführbar gewesen wären, bleibe dahingestellt; spätestens in der letzten Augustwoche waren sie überholt. Als der 1. September und damit der Schulbeginn in der DDR heranrückte, kehrten immer mehr ostdeutsche Familien aus dem Urlaub in Bulgarien und Rumänien zurück. Ihr Weg führte über Ungarn, und viele beschlossen, hier abzuwarten, statt die Reise in die DDR fortzusetzen. Wie viele Flüchtlinge in Ungarn campierten, wußte niemand genau, keiner hatte sie gezählt; in Schätzungen war aber jetzt von Zehntausenden die Rede. Diese Massen in einer Nacht heimlich über die Grenze nach Österreich zu schaffen – das kam nicht mehr in Frage.

Die ungarischen Außenpolitiker mußten in diesen Wochen des Spätsommers, in denen sich die Grenzöffnung als Ausweg immer klarer abzeichnete, die möglichen Reaktionen und Retorsionen abwägen. In erster Linie galt dies für die Haltung der Sowjetunion, in zweiter für diejenige der DDR. Auf die übrigen Staaten des Ostblocks brauchte man weniger Gedanken zu verschwenden, und noch weniger auf die westliche Welt, die einen solchen Beschluß gewiß begrüßen würde. Druck der Westmächte, die sich in dieser eminent deutschen Frage zurückhaltend benahmen, verspürten die ungarischen Politiker nach eigener Aussage nicht. Daß die Vereinigten Staaten beim Umbruch von 1989 eine lenkende Rolle gespielt hätten, wird heute oft als eine Selbstverständlichkeit vorausgesetzt. Die damals verfolgte Osteuropapolitik Washingtons liegt außerhalb unseres Themas. Ein Wort über das Verhalten Amerikas ist dennoch fällig.

George Bush, 1989 Präsident der Vereinigten Staaten, bekam 17 Jahre später in einem Interview die Frage gestellt, ob er von den ungarischen Beschlüssen, den Eisernen Vorhang abzubrechen und die Grenze für die DDR-Deutschen zu öffnen, im voraus gewußt habe. Bush verneinte und fügte lächelnd hinzu: »Vielleicht wußte das irgendein Genie im Nationalen Sicherheitsrat, ich aber nicht.« Die Geschehnisse in Ungarn nannte Bush eine angenehme Überraschung; die Entwicklung danach sei rascher gegangen als von der amerikanischen Administration erwartet.[347] Der damalige Botschafter der USA in Budapest, Mark Palmer, sagt das gleiche: Der Entschluß Anfang 1989, die Grenzhindernisse zu beseitigen, habe ihn erstaunt. Die Folgen, die Flüchtlingswelle, sah Palmer, wie er zugibt, nicht voraus. Als es aber soweit war, versuchte er für die Grenzöffnung zu wirken. Mehrmals sprach er im Außenministerium vor und warnte mit dramatischen Tönen: Wenn Ungarn die DDR-Deutschen zurückgebe, würden Amerikaner in diesem Land keinen Cent mehr investieren. Damit allerdings betrieb er lediglich seine Privatdiplomatie. Palmer hatte in Washington die Erfahrung gemacht, daß an

Ungarn kaum jemand Interesse zeigte, weshalb er nun beschloß, ohne Instruktionen auf eigene Faust zu handeln.[348] Daß sein Vorstoß viel bewirkte, ist schon darum zu bezweifeln, weil Außenminister Horn und er ein herzhaft schlechtes Verhältnis unterhielten.[349]

Das Gewicht der anderen Supermacht wog naturgemäß ungleich schwerer. Wie weit die Sowjetführung im Spätsommer 1989 über die ungarischen Absichten Bescheid wußte, ob und wie die Regierung Ungarns sich in Moskau rückversicherte, sind oft gestellte Schlüsselfragen. Gorbatschow hatte im März 1989 Ministerpräsident Németh zum Abbruch des Eisernen Vorhangs freie Hand gegeben. Von der Öffnung der Grenze für die DDR-Deutschen sprachen aber die beiden damals noch nicht.

Die Antwort auf die Frage, ob die Führung in Moskau im Bild war, ist kurz: Die Sowjets wußten alles. Die russischen Gewährsleute, die der Verfasser dieser Zeilen befragen konnte, Gorbatschow, das Politbüromitglied Alexander Jakowlew, Gorbatschows außenpolitischer Ratgeber Anatoli Tschernajew, der stellvertretende ZK-Abteilungsleiter Walerij Musatow und der ZK-Mitarbeiter Nikolai Portugalow, sehen manches unterschiedlich, doch in diesem Punkt stimmen sie überein. »Wir wußten von Tag zu Tag und von Stunde zu Stunde, was in Ungarn vor sich ging«, so die klarste, von Jakowlew verwendete Formulierung. Die Ungarn hätten vergeblich versucht, die Dinge konspirativ abzuwickeln. Gorbatschow seinerseits gab mit knappen Worten sehr bestimmt Auskunft, woher die Informationen der Moskauer Führung stammten: vom sowjetischen Außenministerium und von den Spezialdiensten.

Die Führung Ungarns bemühte sich um Geheimhaltung. Dies einerseits. Anderseits wurde der Resident des KGB in Budapest von seinen ungarischen Geheimdienst-Kollegen in die Vorgänge nach wie vor eingeweiht.[350] Daß der Resident (der ja auch seine ungarischen Zuträger hatte) wiederum sehr ausführliche Berichte nach Moskau schickte, erklärte sich nicht zuletzt damit, daß der Präsident des KGB in Moskau Wladimir Krjutschkow hieß. Er hatte, wie schon erwähnt, den Aufstand 1956 in der sowjetischen Botschaft in

Budapest erlebt, sprach Ungarisch und zeigte deshalb für Ungarn ganz besonderes Interesse. Das KGB leitete alles weiter, was es von den ungarischen Organen vernahm. Fragt sich nur, wie gut die ungarischen Geheimdienste ihrerseits auf dem laufenden waren. Wir wissen, daß im Laufe des Sommers zumindest die in Ungarn tätigen Vertreter der Stasi allmählich zu verzweifeln begannen. Sie wandten sich mit der Bitte um Nachrichten immer häufiger an die (zuvor wegen ihrer Uninformiertheit verachtete) Botschaft der DDR und beklagten sich, ihre Quellen lieferten kaum mehr etwas: »Die ungarischen Kollegen sagen, sie wüßten auch nichts, diese Sache werde in der Regierung hoch oben einzig von einigen wenigen behandelt.«[351] Auf eine für ungarische Verhältnisse ungewöhnliche Art brachte es die politische Führung im Verlauf der Flüchtlingskrise tatsächlich fertig, daß von ihren Beschlüssen kaum etwas in die Außenwelt durchsickerte.

Der andere von Gorbatschow genannte Informationskanal, der diplomatische Weg über das Außenministerium, wurde von den Ungarn rege benutzt. Nach ihrer Absicht diente er allerdings nicht dazu, Moskau offiziell zu unterrichten oder gar um Erlaubnis zu bitten. Statt dessen ging es darum, den Standpunkt der UdSSR zu erkunden. Wie Horn erklärt, wählte man diese Taktik darum, weil jede offizielle Anfrage die Sowjetunion zu einer Stellungnahme und als führende Macht des Warschaupakts dazu gezwungen hätte, die Verbündeten ins Bild zu setzen und sich mit ihnen womöglich auch zu beraten.[352] Die ungarische Seite ließ in Kontakten mit sowjetischen Stellen lediglich durchblicken, in welchem Dilemma sie sich befand, welche Schritte unumgänglich werden könnten, und sie registrierte die Reaktionen.[353] Anzunehmen ist, daß Leute mit persönlichen politischen Beziehungen in Moskau, Horn etwa, diese zur Erforschung der dortigen Stimmung ebenfalls benutzten.

Zu den Testpersonen gehörten die Diplomaten der Budapester Sowjetbotschaft, die zwar ein reges Interesse für den Fall zeigten, aber keine Meinung äußerten. Der sowjetische Geschäftsträger Vladlen Puntus sagte bloß, »das ist Ihre Sache«, als Vizeaußenminister Őszi ihm mitteilte, daß Ungarn die Botschaftsflüchtlinge der DDR nicht zurückgeben werde.[354] Der höchstgestellte sowjetische Amtsträger, mit dem über das Thema direkte Gespräche geführt wurden, war der stellvertretende Außenminister Wladimir Petrowski, der vom 9. bis zum 18. August in Ungarn weilte.[355]

Die Einladung an Petrowski, in Ungarn zusammen mit seiner Frau den Urlaub zu verbringen, war am 8. Februar 1989 von Horn ergangen. Horn, damals erst Staatssekretär, hatte dem Gast das Datum freigestellt; Hintergedanken an die DDR-Flüchtlinge hegte er zu diesem Zeitpunkt gewiß nicht. Daß aber Petrowski gerade inmitten der ihrem Höhepunkt zustrebenden Flüchtlingskrise in Ungarn einen Augenschein vornahm, erklärt sich wohl nicht mit der besonderen Schönheit der Spätsommertage am Plattensee. Dort nämlich verbrachte der Gast eine knappe Woche, nachdem er am 9. August, dem Tag seiner Ankunft, zu einer kurzen Besprechung von Staatssekretär Somogyi empfangen worden war. Am 16. August kehrte er nach Budapest zurück, und am gleichen Tag – die Spitze des Außenministeriums war mittlerweile wieder vollständig – besprach er sich mit Außenminister Horn. Über mangelnde Aufmerksamkeit konnte sich Petrowski auch sonst nicht beklagen: Somogyi offerierte ihm ein Diner und Staatssekretär Kovács ein Mittagessen, zu dem er an den Plattensee reiste.[356]

Petrowski, Spezialist für Westeuropa und Amerika, kannte am Ende seines Aufenthalts das Deutschland-Dilemma der Gastgeber gewiß in- und auswendig. Es versteht sich, daß er vorab während seiner letzten zweieinhalb Tage in Budapest auch die Meinungen der Sowjetbotschaft und der sowjetischen »Spezialdienste« kennenlernen konnte. Die Notizen, die ein Beamter des Außenministeriums von einem der mit ihm geführten Gespräche erstellte, sind unvollständig, sie enthalten die Einschränkung »solange ich dabei war«. Von den Flüchtlingen sprach man während dieser Zeit nicht. Erstaunlich indessen die massiven Freundlichkeiten, die der Beamte aus Petrowskis Mund vernahm. Der Gast sagte, er beobachte mit großem Interesse die Veränderungen in Ungarn und sei überzeugt, daß diese Vorgänge die Beziehungen zur UdSSR nicht nachteilig beeinflußten. Er lobte die ungarische Warenversorgung und meinte, die Wirtschaftssorgen seien in Ungarn im Gegensatz zur Sowjetunion nicht sichtbar. Und dann, vollends verblüffend: Die Sowjetunion, Polen und Ungarn stünden an der Spitze der Erneuerung des Sozialismus. Er, Petrowski, nehme mit Bestimmtheit an, daß sich andere sozialistische Länder ihnen anschließen würden.

Der Gast aus Moskau hatte sich am Plattensee offenbar umgesehen; der Anblick von Gemüse und Früchten, Fleisch und Milchprodukten in den Lebensmittelläden und der Geruch der von Fett triefenden Bratwürste in den Buden der Badestrände bedeuteten für einen Sowjetmenschen ein Aha-Erlebnis. Kein Zweifel, daß der Vizeminister bei den Spaziergängen jenseits der Zäune seines Prominentenhotels auch die ostdeutschen Massen auf ihren Campingplätzen wahrnahm. Sie waren unübersehbar. Petrowski wußte, worüber die ungarischen Partner seine Meinung zu erkunden suchten.

Wie die Sowjetführung ihre Informationen beschaffte und erhielt, läßt sich demnach in großen Linien nachvollziehen. Schwerer fällt die Antwort auf die Frage, weshalb sie den Ereignissen in Ungarn ihren Lauf ließ. Denn das Fazit der Moskauer Reaktionen, welche die ungarische Diplomatie mit den tastenden Abklärungsversuchen[357] hervorrief, lautete übereinstimmend: Das sei Sache Ungarns und der beiden deutschen Staaten. Die Beteiligten selber müßten eine Lösung finden, welche die Interessen der »sozialistischen Gemeinschaft« nicht verletze. Der Nachsatz blieb für Interpretationen offen, aber in Budapest deutete man die Verlautbarungen aus Moskau so, daß die Sowjetunion sich nicht einmischen werde.[358]

Nach Gorbatschows Erinnerung lieferte der Fall »Ungarn–DDR« im Spätsommer 1989 in Moskau kaum Stoff zu Diskussionen. Er räumt allerdings ein, daß es auf der Führungsebene der Armee und des KGB sehr wohl Leute gab, die sich gern eingemischt hätten.[359] Gorbatschows Mitstreiter Alexander Jakowlew erwähnt dazu das Politbüromitglied Jegor Ligatschow, der Widerspruch angemeldet und den Vorwurf erhoben habe, man lasse die Desintegration des sozialistischen Lagers zu. Tschernajew, politischer Ratgeber Gorbatschows, zählt auch den russischen Ministerpräsidenten Witalij Worotnikow zu den widerborstigen Politikern. Ungarn, sagt Tschernajew, sei im Sommer 1989 im Politbüro nie als eigenständiger Punkt auf die Tagesordnung gesetzt worden, er entsinnt sich aber an einen Wortwechsel, den Worotnikows Frage ausgelöst habe: Ob man nun die Ungarn so ganz einfach machen lasse? Gorbatschow bat um Gegenvorschläge: Soll man etwa die Panzer in Marsch setzen?[360]

Im Sommer 1989, sagt der frühere Parteichef im Gespräch, sei eine bewaffnete Intervention überhaupt nicht mehr in Frage gekommen. Die früheren Sowjetführer begründen heute diesen Verzicht auf gewaltsame Disziplinierung der Satellitenländer gern mit den Prinzipien der Perestroika und des »neuen Denkens«. Man kann, nüchterner, auf übergeordnete Interessen Gorbatschows hinweisen: darauf, daß die aus sowjetischer Sicht lebensnotwendige Politik der Verständigung mit den Vereinigten Staaten durch eine Intervention in Mitteleuropa völlig diskreditiert worden wäre.

Zweierlei kam hinzu. Die Verfechter der Perestroika um Gorbatschow trugen den Parteichef der DDR, Honecker, nicht in ihrem Herzen; sie wären ihn gern losgeworden, und so war es nicht ihr dringendstes Bedürfnis, ihm in der Not beizustehen. Sodann war die Sowjetführung zu dieser Zeit mit Sorgen bereits hoffnungslos überlastet. Um nur bei den Tagen zu bleiben, die für unsere Geschichte entscheidend waren: Am 23. August, dem 50. Jahrestag der Unterzeichnung des Molotow-Ribbentrop-Pakts, kam es im Baltikum zur gewaltigen Protestkundgebung einer Menschenkette, die Tallinn, Riga und Vilnius verband. Die ukrainische Nationalbewegung »Ruch« stand vor ihrer Gründung. Der armenisch-aserbaidschanische Konflikt um Nagorni-Karabach spitzte sich zu. Und was Ostmitteleuropa anging: In Polen ging am 24. August der Auftrag zur Regierungsbildung an Tadeusz Mazowiecki, der zum ersten nichtkommunistischen Ministerpräsidenten der Nachkriegszeit wurde. Inmitten der ideologischen, wirtschaftlichen und nationalen Zerrüttung brachte die sowjetische Parteispitze die Zeit und die Energie nicht mehr auf, sich um das kleine Ungarn zu kümmern: »Mögen sie tun, was sie wollen, der Teufel soll sie holen.«[361]

Ein Fehler allerdings blieb in dieser Rechnung; die Folgen der Grenzöffnung für die DDR wurden nicht einkalkuliert. Entgegen ihrer nachträglichen Darstellung ließen die Sowjetführer die Ungarn Anfang September nicht darum gewähren, weil sie zur Einsicht gekommen waren, daß das Recht, vereint in einem Staat zu leben, auch dem deutschen Volk zukam. Auf die Frage, wann man im Kreml den unvermeidlichen Verlust der DDR erkannt habe, antwortete Tschernajew dem Verfasser: »Im Januar 1990.« Gorbatschows Darstellung der Wiedervereinigung bestätigt diese Angabe.[362] Die sowjetische Deutschlandpolitik hielt in den Monaten zuvor am Fortbestand der DDR noch fest. Moskau handelte folglich gegen seine Interessen, indem es die Massenflucht in Ungarn zuließ. Dafür gibt es Erklärungen. Eine Intervention erschien nicht mehr machbar, ein Verbot nicht durchsetzbar und vor allem: Die Bedeutung der Ereignisse an Ungarns Westgrenze wurde unterschätzt.

Die Signale aus Moskau waren in ungarischer Optik beruhigend. Mit Blick auf Ostberlin sondierten die Ungarn nicht das politische, sondern das kommerzielle Terrain: Verfügte die DDR über lebenswichtige Waren, die sie im Handel mit Ungarn als Vergeltungsmaßnahme hätte sperren können? Oder war sie in der Lage, durch die Zurückweisung bestimmter ungarischer Erzeugnisse in Ungarn selbst ernsthafte wirtschaftliche Schwierigkeiten zu verursachen? Die Experten in Budapest verneinten dies.[363] Unter den anderen sozialistischen Ländern gab nur Rumänien einige Rätsel auf, doch der Zorn Ceauşescus richtete sich nun in erster Linie gegen Polen. Der Conducator regte am 18. August 1989 in einer Botschaft an Gorbatschow und andere Parteiführer an, die Ersten Sekretäre der Warschaupakt-Staaten zu einer außerordentlichen Tagung einzuberufen mit dem Ziel, der von Machtverlust bedrohten Polnischen Vereinigten Arbeiterpartei Hilfe zu gewähren. Gorbatschow winkte ab, und damit war der rumänische Vorstoß erledigt.[364]

Die Zeichen schienen also günstig. Doch Gyula Horn zögerte. Seine Mitarbeiter bezeugen, daß es im Außenministerium um die Flüchtlingsfrage zu heftigen Auseinandersetzungen kam. Auf den Vorschlag, die DDR-Bürger offiziell ziehen zu lassen, reagierte Horn mit der zornigen Frage, ob man die Absicht habe, die Russen wieder zu einem Eingriff in Ungarn zu veranlassen.[365] Vielleicht war Horns Besorgnis begründet durch Informationen, in die er allein Einblick hatte. Jedenfalls aber gehörte er, ganz im Gegensatz zu seinem späteren Ruf, nicht zu den frühen Befürwortern der Grenzöffnung. Oder wie einer seiner Kollegen es in seiner diplomatischen Sprache ausdrückte: In der Rangordnung jener, die für die Öffnung eintraten, nahm Horn unter den ersten drei keinen Platz ein.[366]

Im Ministerpräsidentenamt wartete man ungeduldig auf ein Zeichen des Außenministeriums. György Jenei, einer der zwei Berater des Regierungschefs, meldete sich telefonisch immer wieder ungeduldig bei Őszi, von dem er wußte, daß er für eine radikale Lösung eintrat. Őszi erwiderte jedes Mal, die Entscheidung hänge leider nicht von ihm ab.[367] Der Druck auf die ungarische Regierung nahm von mehreren Seiten zu: von der DDR, der Bundesrepublik, den Botschaftsflüchtlingen und der Grenzwache, deren Lage immer aussichtsloser wurde. Am 18. August erteilte Őszi Botschafter Vehres die Antwort auf Krolikowskis Note: Die Lösung liege bei den zwei deutschen Staaten. In Ungarn ausgestellte westdeutsche Pässe, in denen kein Einreisevermerk stehe, würden nicht anerkannt. Der humanitäre Charakter der von karitativen Organisationen erstellten Flüchtlingslager sei unbestreitbar, ihre Begrenzung wäre nicht zweckmäßig. Ungarn sei bereit, die von der DDR den Heimkehrern zugesagte Straflosigkeit in den ungarischen Medien bekanntzugeben, nicht aber dazu, nach DDR-Deutschen zu fahnden, deren Aufenthaltsgenehmigung abgelaufen sei. Nach Höflichkeiten – man wolle die guten Beziehungen bewahren – gab Botschafter Vehres zu bedenken, daß jetzt Geduld und Ruhe nötig seien. Außenminister Horn versah diese Stelle in Őszis Bericht mit einer gereizten Randbemerkung: »Die haben gut reden!«[368]

Fröhlichkeit freilich herrschte auch in Ostberlin nicht. Verschiedene Abteilungen des MfS legten am gleichen 18. August eine Reihe verzweifelter Vorschläge vor, wie die von Westdeutschland aus betriebene »Inspirierung von DDR-Bürgern zur Mißachtung der Gesetze« entlarvt und die eigenen Staatsangehörigen in Ungarn überzeugt werden könnten, daß sie bei einer Rückkehr keine Strafe zu gewärtigen hätten. Besonders sei zu betonen, schrieben die Autoren, daß Ungarn Ausreisen in Drittstaaten weiterhin nicht gestatte.[369] Doch an diesem Tag hielten sich schon Delegierte des Internationalen Komitees vom Roten Kreuz in Budapest auf, um die Überführung der Botschaftsflüchtlinge nach Österreich vorzubereiten[370], und Staatssekretär Sudhoff gab in Bonn im wesentlichen seine mit Horn getroffene Abmachung öffentlich bekannt: Die Ungarn hätten sich als verständnisvolle Partner erwiesen, und ihre Grenzwächter schickten gefaßte DDR-Bürger nunmehr ohne jede Konsequenz nur noch ins Landesinnere zurück.[371]

Das folgende Wochenende vom 19./20. August brachte das Soproner Grenzpicknick sowie die Flucht weiterer Gruppen, und am Abend des 21. August kam es zum tödlichen Grenzzwischenfall. Am gleichen Tag, noch vor dem Unfall, hatte der Oberbefehlshaber der Grenztruppen, Generalmajor Székely, einen Hilfsappell an die Leitung des Innenministeriums gerichtet. Die DDR-Deutschen, so zählte er auf, versuchten massenhaft gewaltsame Grenzdurchbrüche, das Signalsystem und der Spurenstreifen bestünden nicht mehr, laut werde propagiert, daß man gegen Grenzverletzer von der Waffe keinen Gebrauch mehr mache und daß die Polizei- und Justizorgane mit den Flüchtlingen liberal umgingen. Dann beschrieb er, daß die Polizei sich oft weigere, gefaßte Flüchtlinge überhaupt zu übernehmen, und er nannte den Zustand für die Mannschaft demoralisierend: »Die Diensttuenden empfinden die Patrouillengänge und die Festnahme von Grenzverletzern immer mehr als unnötig.« Székely bat um die Erlaubnis, die DDR-Bürger in einem fünf Kilometer tiefen Vorfeld vor der Grenze schon kontrollieren zu dürfen. Innenminister Horváth schickte das Schreiben noch am gleichen Tag mit folgendem Vermerk an den Ministerpräsidenten weiter: »Ich stelle Dir den Bericht einzig darum zu, damit Du die außerordentlichen Zustände an der Grenze nachempfinden kannst.«[372]

Am Vormittag des 22. August fand im Außenministerium eine Besprechung statt, bei der die Entlassung der DDR-Deutschen zur Debatte stand. István Őszi erinnert sich, daß das Ministerium kurz zuvor eine knapp gefaßte schriftliche Weisung des Regierungschefs erhalten hatte, fortan Modalitäten der freien Ausreise (nicht bloß Alternativen für die Lösung der Flüchtlingskrise) auszuarbeiten. Őszi entsinnt sich ebenso, daß Versuche, Prag und Warschau, wo es mittlerweile auch Botschaftsflüchtlinge gab, eine koordinierte Aktion vorzuschlagen, auf tschechischer und polnischer Seite zurückgewiesen wurden.[373] Die Idee, die DDR-Bürger ziehen zu lassen, hatte sich inzwischen im Grundsatz auch Horn zu eigen gemacht.[374] Laut dem führenden Völkerrechtsexperten des Ministeriums, János Görög, gehörte es indessen zu Horns Arbeitsstil, daß er darauf bestand, juristisch korrekte Formen zu wählen. Deshalb suchte er auch diesmal eine vertretbare Art der Abwicklung. Was also tun mit dem ungarisch-ostdeutschen Vertrag von 1969, der die Verhinderung der Weiterreise in ein Drittland vorsah? Horn trat temperamentvoll dafür ein, das Vertragswerk einfach zu kündigen. Görög wandte ein, die Kündigungsklausel des Vertrags sehe eine dreimonatige Frist vor. Eine saubere juristische Lösung biete sich nicht an, lediglich ein politischer Schritt, der sich aber tun lasse: Ungarn könne einzelne Teile des Vertrags zeitweilig außer Kraft setzen und sich so von den ihm auferlegten Verpflichtungen befreien.[375]

Horn rief hierauf Ministerpräsident Németh an und erklärte, eine Lösung für die Flüchtlingskrise sei gefunden. Der Regierungschef bat Horn, am frühen Nachmittag herüberzukommen; er werde auch den Innenminister beiziehen. Über diesen Telefonanruf gibt es nachträglich zwei Versionen, die einander geradezu grotesk widersprechen. Weder über den Zeitpunkt noch über den Inhalt und den Verlauf herrscht Einigkeit. Orientiert man sich an den Angaben Horns, was nicht leicht ist, weil er nur selten Daten nennt, dann fand das

Gespräch erst in den letzten Augusttagen statt. Er, Horn, sei nach langem nächtlichem Grübeln zum einsamen Beschluß gekommen, daß man den DDR-Bürgern die Ausreise ermöglichen müsse. Er habe dies Németh telefonisch mitgeteilt, der verblüfft »lange« geschwiegen und dann das nachmittägliche Treffen vorgeschlagen habe. In einem Zeitungsinterview Horns ein Jahr nach der Grenzöffnung hieß es sogar, Németh habe es die Sprache derart verschlagen, daß er am Telefon »während langer Minuten« nichts habe sagen können.[376]

Am anderen Ende des Drahts erlebte man den Anruf gründlich anders. György Jenei, Némeths Berater, schildert die Szene so: »Der Ministerpräsident war tatsächlich überrascht und zugleich hocherfreut, daß Horn sich endlich meldete und nach langem Zögern nun seine Bereitschaft signalisierte, bei einer klaren Lösung der Flüchtlingsfrage mitzuwirken. Denn es ging um eine außenpolitische Affäre. Ohne oder gar gegen das Außenministerium war nichts auszurichten, wir brauchten sein Einverständnis. Németh bedeckte also mit der flachen Hand die Sprechmuschel des Telefonhörers, wandte sich an uns, seine Mitarbeiter, und flüsterte: Horn ist am Apparat! Und ich flüsterte zurück: Sag ihm, am Nachmittag herüberzukommen. Was dann auch geschah. Horn registrierte richtig eine Gesprächspause, deutete sie aber völlig falsch.«[377]

Horn gibt in seinen Memoiren auch vom nachmittäglichen Gespräch im Amt des Regierungschefs seine eigene und eigenwillige Version.[378] Wir folgen hier der übereinstimmenden Darstellung von vier anderen Gewährsleuten, die an der Beratung teilnahmen. Sechs Personen nur bildeten die Runde, in der am 22. August 1989 der grundsätzliche Entscheid fiel, die DDR-Deutschen frei abziehen zu lassen: Ministerpräsident Németh, Innenminister Horváth, Außenminister Horn, Staatssekretär Gyula Borics vom Justizministerium sowie Némeths Mitarbeiter György Jenei und László Mohai.[379] Die beiden Letztgenannten griffen in die Diskussion nicht ein. Sie hatten aber in einer Vorbesprechung gegenüber dem Ministerpräsidenten mit Nachdruck die Öffnung der Grenze befürwortet.

Der erste Teil der Sitzung verlief kurz. Das hatte auch mit dem Todesfall am Abend zuvor zu tun, der als Warnung verstanden wurde: Eile tat not. Die Minister gestanden sich, man müsse von Glück reden, daß bisher nur ein Todesopfer zu beklagen sei.[380] Der Regierungschef stellte den Leitern der drei Ministerien gleich zu Beginn die Frage, wie sie zur Öffnung der Grenze stünden. Horn erklärte, das außenpolitische Risiko sei tragbar. Innenminister Horváth verbürgte sich für die Abwicklung durch den Grenzschutz und die Sicherheitsdienste. Staatssekretär Borics, in Vertretung des abwesenden Justizministers Kulcsár, legte das gleiche dar wie kurz zuvor die Völkerrechtsexperten des Außenministeriums: Zwei Punkte und das Zusatzprotokoll des 1969 mit Ostberlin geschlossenen Vertrags über Reiseverkehr ließen sich suspendieren. Ungarn befreie sich damit von der Verpflichtung, den DDR-Behörden Informationen zu übermitteln, wenn Bürger der DDR ihre Aufenthaltsfrist überziehen oder wenn sie straffällig und ausgewiesen würden. Ebenso entfalle die Auflage, die Weiterreise von DDR-Staatsangehörigen in Drittländer zu verhindern.[381]

Ministerpräsident Németh hörte zu und fällte dann die Entscheidung zur Öffnung der Grenze. Nun meldete sich Innenminister Horváth mit einer Frage, die er, wie er sich erinnert, nicht als politische Kritik vorbrachte. Er formulierte sie vielmehr aus dem Bedürfnis, eine Standortbestimmung vorzunehmen: »Ist es klar, was dies bedeutet: Wir haben uns im Streit der zwei deutschen Staaten auf die Seite der Westdeutschen gestellt?« Der Regierungschef antwortete: »Ja, genau das bedeutet es.«[382]

An den ersten Teil der Beratung schloß sich eine weitere Gesprächsrunde an, bei der Praktisches aufs Tapet kam: Wie und wann, mit welchen Mitteln und unter welchen Sicherheitsvorkehrungen soll die Ausreise der Flüchtlinge bewerkstelligt werden? Wer transportiert die DDR-Deutschen? Mit welcher Begründung gibt man die Entscheidung bekannt, wie bereitet man das Terrain im In- und im Ausland vor? Im Gegensatz zum prinzipiellen Beschluß blieben etliche dieser Probleme noch während längerer Zeit offen. Der spätere

Prestigestreit in Ungarn, wem das Verdienst an der Entlassung der DDR-Deutschen zukomme, hat vielleicht – auch – mit einer terminologischen Unklarheit zu tun: Unter »Grenzöffnung« kann man den politischen Grundsatzbeschluß verstehen, aber auch die materielle Vorbereitung und Sicherung der »Lösung«.

Zwei Beschlüsse wurden als Konsequenz gleich gefaßt. Zum einen sollte Ungarns Botschafter in Bonn im Bundeskanzleramt für Ministerpräsident Németh und Außenminister Horn um ein dringendes Treffen bitten. Wo sich nun die ungarische Führung auf die Seite der Bundesrepublik gestellt hatte, bedurfte es zur Bewältigung der Flüchtlingswelle westdeutsch-ungarischer Absprachen. Zum anderen galt es, die Flüchtlinge in der bundesdeutschen Botschaft noch vor dem Bonner Besuch in den Westen zu schaffen. Den Ungarn lag an der Demonstration, daß sie eigenständig handelten; der Eindruck sollte nicht aufkommen, sie hätten die Leerung der Botschaft mit der Bundesregierung vereinbart.[383]

12

»Ungarn verkauft keine Menschen«

Der Wunsch, die Flüchtlinge in der westdeutschen Botschaft möglichst bald außer Landes zu bringen, traf sich mit den Vorstellungen der in Budapest tätigen Delegierten des Internationalen Komitees vom Roten Kreuz (IKRK). Dessen Präsident, Cornelio Sommaruga, hatte dem Bonner Staatssekretär Sudhoff und dem ungarischen Außenminister Horn seine Hilfe zwar spontan zugesagt, mußte sich aber innerhalb der Führung des IKRK gegen Kritik wehren. Zur Überführung der Flüchtlinge, so der Einwand, dürfe das IKRK aus Gründen der Neutralität nur Hand bieten, wenn außer

Ungarn und der Bundesrepublik auch die DDR einbezogen werde. Sommaruga hielt dem entgegen, daß die Einschaltung der DDR die Blockierung jeder Aktion bedeuten müßte. Nach Ansicht des Präsidenten, der sich schließlich durchsetzte, handelte es sich nicht um eine Parteinahme zugunsten der Bundesrepublik, nicht um eine politische, sondern um eine humanitäre Angelegenheit, indem es galt, die im Botschaftsgebäude festsitzenden Menschen aus ihrer Notlage zu befreien.[384]

Kurz nach Sudhoffs und Horns Kontaktnahme mit Sommaruga flogen die ersten IKRK-Delegierten nach Budapest. Der Augenschein in der Botschaft veranlaßte sie dazu, um personelle Verstärkung zu bitten. Nach dem Wochenende vom 19./20. August bestand die Gruppe aus vier Personen. Ihr Leiter war der aus Genf stammende Schweizer Francis Amar, stellvertretender IKRK-Generaldelegierter für Europa und Nordamerika, ein in osteuropäischen Ländern erfahrener Mann. Die ungarischen Behörden vertrauten dem IKRK; Anfang 1989 hatte man eine lange schwelende Flüchtlingsaffäre in der bulgarischen Hauptstadt dank der Hilfe des IKRK beenden können. Eine Gruppe von Siebenbürger Ungarn hatte damals in der ungarischen Botschaft in Sofia um Asyl gebeten. Ungarn befürchtete die Rückgabe dieser Magyaren an Rumänien, dessen Staatsbürger sie ja waren. Der Fall fand schließlich seine Lösung durch die Vermittlung des IKRK: Die Flüchtlinge wurden nach Wien und somit in ein Drittland geflogen, von wo sie nach Ungarn einreisen konnten.

Sommaruga erzählt, er habe bei Sudhoffs Anruf gleich an eine ähnliche Flugzeug-Aktion gedacht. Doch die Aufgabe, die Lage an Ort und Stelle einzuschätzen, fiel den IKRK-Delegierten zu. Unhaltbar fanden sie insbesondere die hygienischen Verhältnisse in dem überfüllten Botschaftsgebäude. Ihre ersten Gesprächspartner, bundesdeutsche Diplomaten, drangen von Anfang an auf die Evakuierung der Botschaft. Vertreter des Ungarischen Roten Kreuzes stellten den Kontakt zum Außenministerium her, dessen Beamte klar zum Ausdruck brachten, daß die Regierung eine baldige Lösung wünsche und das IKRK unterstütze. Amar und seine Begleiter nahmen das mit Genugtuung zur Kenntnis; immerhin hatte in Ungarn seit 1956 keine Aktion des IKRK mehr stattgefunden.[385]

In Genf war mittlerweile eine erste Hilfssendung – Lebensmittel, Medikamente und Bedarfsartikel – zusammengestellt worden, doch Amar ließ schon nach kurzer Zeit wissen, die Delegation empfehle, die Flüchtlinge so rasch wie möglich ausreisen zu lassen. Besprochen wurde dies mit dem Direktor der IKRK-Operationen in Genf telefonisch in einem mehrsprachigen Mischmasch (zu dem dank Amars Mitdelegierten auch Schweizerdeutsch gehörte) und »durch die Blume« – aus Angst davor, abgehört zu werden.

Das enge Regierungskabinett hatte den Beschluß, die Botschaftsflüchtlinge außer Landes zu bringen, am Nachmittag des 22. August gefaßt, und er wurde bereits in den nächtlichen Stunden des nächsten Tages in die Tat umgesetzt. Der Chef der Operationen im Genfer IKRK-Hauptquartier konnte am Morgen des 24. August Präsident Sommaruga melden, man habe die Budapester Botschaftsflüchtlinge in der Nacht nach Wien ausgeflogen, alles sei gutgegangen.[386] Daß alles gutgehen würde, stand aber ursprünglich nirgends geschrieben. Die Beteiligten und Eingeweihten, ungarische Politiker und Sicherheitsleute, westdeutsche Diplomaten und die IKRK-Delegierten, rechneten mit den verschiedensten Gefahren. Allgegenwärtig namentlich unter den Ungarn war die Furcht vor Provokationen von Agenten der Staatssicherheit der DDR, denen man den Versuch zutraute, die Aktion zu verhindern. Stasi-Leute befanden sich nach ungarischen Erkenntnissen auch unter den Flüchtlingen selbst. Daß auch Sicherheitsleute der Bundesrepublik ihre Finger mit im Spiel hatten, war weder für die Ungarn noch für die IKRK-Delegierten ein Geheimnis.

Viel Kopfzerbrechen bereitete das Risiko, daß Scharen von DDR-Bürgern außerhalb der Botschaft vom Unterfangen Wind bekommen und im letzten Augenblick womöglich gewaltsam versuchen könnten, sich unter den privilegierten Ausreisenden noch einen Platz zu sichern. Und wie die Botschaftsflüchtlinge selber überzeugen, sie würden in keine Falle gelockt, man bringe sie wirklich in den Westen? Als Methode empfahl sich strikte Geheimhaltung und – damit möglichst wenig hinaussickerte – eine kurze Vorbereitungszeit.

Es gab weitere Umstände, die den Ungarn Sorgen bereiteten.[387] Die diplomatische Vertretung der Bundesrepublik lag in einer Gasse direkt gegenüber der Botschaft Rumäniens. Daß die Rumänen (oder die mit ihnen kooperierenden Stasi-Leute der DDR) versuchen könnten, aus den Fenstern Szenen der Evakuierung auf der anderen Straßenseite zu fotografieren oder gar zu filmen, ließ sich nicht ausschließen. Der ungarische Staatssicherheitsdienst ließ am Abend vor der rumänischen Botschaft schwere Hungarocamion-Lastwagen parken, deren hohe, von Plachen überspannte Laderäume die Sicht verdeckten.[388]

Als Transportmittel kam nur ein westliches Flugzeug in Frage, da kein DDR-Bürger bereit gewesen wäre, in eine Maschine mit dem Hoheitszeichen eines sozialistischen Landes zu steigen. Ein vom IKRK gechartertes Flugzeug der Balair, einer Tochtergesellschaft der Swissair, landete am Abend des 23. August auf dem Budapester Flughafen. Die DDR-Bürger im Botschaftsgebäude ahnten zu dieser Stunde noch nicht das geringste von der Aktion, deren Vorbereitung schon seit Tagen im Gange war. Bei einem ersten kurzen Erkundungs-Rundgang in der Botschaft war der Leiter der IKRK-Delegierten anonym geblieben, Gespräche mit den Flüchtlingen führte er nicht.

Jetzt, am letzten Abend, erschienen Amar und seine Mitarbeiter in Begleitung von Botschafter Arnot vor 23 Uhr in der Botschaft. Mit ihren Funkgeräten, zu denen damals (in einer Zeit noch ohne Mobiltelefone) lange Antennen gehörten, und mit ihren IKRK-Emblemen, die sie nun zum ersten Mal an ihren Jacken trugen, erregten sie Aufsehen und Unruhe. Die Nervosität stieg, als sie den Flüchtlingen bekanntgaben, daß sie in der Nacht ausgeflogen würden, daß sie sich aber zuvor, entsprechend den Regeln des IKRK, alle einzeln einer Befragung stellen und mit der Unterschrift bezeugen müßten, sie reisten aus freiem Willen. Den Flüchtlingen wurden IKRK-Reisedokumente ausgestellt; sie gaben ihre persönlichen Daten an, Fingerabdrücke wurden genommen. Die Absicht, Paßfotos zu machen, ließ man aus Zeitgründen fallen. Die Prozedur dauerte auch so zwei bis zweieinhalb Stunden.

Größte Spannung herrschte, als gegen 1 Uhr nachts die Flüchtlinge in den Autobussen vor der Botschaft Platz nahmen. Botschafter Arnot verabschiedete jeden, der aus dem Gebäude herauskam, mit Handschlag. Niemand sprach, und die meisten blieben auch während der Fahrt stumm. Die Chauffeure, neben denen ungarische Sicherheitsleute saßen, hatte man über die Natur des Auftrags bis zuletzt im ungewissen gelassen. Ein weiterer Bus brachte etwa dreißig zusätzliche Flüchtlinge aus dem Konsulatsgebäude in Buda. Dort hatten einige Mitglieder einer Familie im letzten Augenblick nicht gewagt, die Reise anzutreten, die Unterschrift verweigert, und das IKRK respektierte ihre Entscheidung.[389]

Auf der nächtlichen Fahrt zum Flughafen brach in einem der Busse für kurze Zeit Panik aus, als auf einer Ausfallstraße ein Polizeiwagen mit eingeschalteter Sirene vorbeiraste.[390] Die damalige bundesdeutsche Botschaft lag in der Nähe des Volksstadions auf der Pester Seite, etwa zwölf Kilometer vom Flughafen entfernt. Ungarische Polizei in Uniform und in Zivil sowie Agenten der Staatssicherheit bewachten die Route und hatten den Auftrag, allfällige Störmanöver des ostdeutschen MfS abzuwehren oder bei schweren Zwischenfällen sogar für den Abbruch der Operation zu sorgen.

Auf dem Flughafen Ferihegy kehrte normalerweise um 23 Uhr Nachtruhe ein, doch Offiziere des Geheimdienstes, ohnehin stets präsent, waren imstande, den Betrieb aufrechtzuerhalten. Die nächtliche Stunde erwies sich auch aus anderem Grund als günstig. Die Flüchtlinge hatte man wohl mit Reisedokumenten des IKRK ausgestattet. Doch da die Aktion gemäß den ungarischen Gesetzen eigentlich illegal war, befürchtete man, eifrige Beamte des Grenzschutzes könnten im Normalbetrieb bei der Abfertigung Schwierigkeiten bereiten.[391] So fuhren nun die Busse direkt aufs Flugfeld zu der dort abgestellten Maschine. Als die Flüchtlinge an deren Leitwerk das weiße Schweizerkreuz erblickten, entlud sich die Spannung: Sie stürmten das Flugzeug. Insgesamt gingen 108 DDR-Deutsche an Bord. Die vier IKRK-Delegierten, deren Mission in Ungarn zu Ende war, flogen mit; in Wien übergaben sie die Flüchtlinge den deutschen Behördenvertretern. Die Balair-Maschine landete nachts um 3 Uhr 30 auf dem Flughafen Wien-Schwechat, wo drei vom Österreichischen Roten Kreuz bestellte Autobusse auf die Ankömmlinge warteten. Gegen 7 Uhr passierten sie bei Passau bereits die Grenze der Bundesrepublik.[392]

Der Kreis jener, die über die Aktion schon früh Bescheid wußten, war auch auf bundesdeutscher Seite klein. Den CDU-Politiker Volker Rühe, der gerade am 23. August nach Budapest reiste, hatte Staatssekretär Sudhoff informiert. Rühe war kurz zuvor von Bundeskanzler Kohl zu einem Gespräch gebeten und gefragt worden, ob er das Amt des Generalsekretärs der CDU übernehmen würde. Als Kohl hörte, daß Rühe im Begriff war, sich nach Budapest zu begeben, empfahl er ihm, sich von Sudhoff über die Flüchtlingskrise ins Bild setzen zu lassen. Rühe war ursprünglich vom Zentralkomitee der USAP nach Ungarn eingeladen worden; einen Auftrag des Bundeskanzlers brachte Rühe, wie er versichert, nicht mit. Daß die Evakuierung der Botschaft bevorstehe, wurde ihm am Nachmittag des 23. August in Budapest im Außenministerium auch von Horn bestätigt.[393] Die Unsicherheit darüber, wer was wisse und wissen dürfe, führte danach zu einer merkwürdigen Szene. Botschafter Arnot, Genschers Sonderbotschafter Jansen und Rühe nahmen gemeinsam in der bundesdeutschen Residenz das Abendessen ein. Arnot und Jansen hatten von Francis Amar erfahren, was in der Nacht geschehen würde, und so waren sie alle drei im Bilde, vermieden es aber unter sich, das Thema zu berühren.[394]

Im Bilde war wohl bereits auch DDR-Botschafter Vehres, als ihn Vizeaußenminister Őszi am frühen Morgen des 24. August offiziell informierte. Die Bundesrepublik, so seine Darstellung, hatte das IKRK um Vermittlung ersucht, und die Aktion wurde von Ungarn einzig aus humanitären Erwägungen bewilligt. Die Vertreter der

Bundesrepublik hätten die Bedingung akzeptiert, daß der Fall sich nicht wiederholen dürfe und keine präjudizierende Wirkung habe; die Botschaft bleibe darum geschlossen. Dem Ersuchen, die Ausgabe von Pässen einzustellen, habe die bundesdeutsche Seite unter Berufung auf das Grundgesetz allerdings nicht stattgegeben. Der ungarische Schritt, behauptete Őszi diplomatisch unverfroren, ziele darauf, die durch Massenfluchtversuche charakterisierte Lage nach und nach zu beenden.

Botschafter Vehres entgegnete, Ungarn lasse gültige Verträge außer acht, informiere nicht mehr über Grenzverletzungsversuche und habe nun ohne Einwilligung der DDR-Behörden über Bürger der DDR verfügt. Unter den Maltesern in den Flüchtlingslagern befänden sich zahlreiche Bundesdeutsche. Im übrigen habe man von 171 Botschaftsflüchtlingen gesprochen; zehn hätten das Gebäude kürzlich freiwillig verlassen, nun sei von 101 Personen die Rede.[395] Wo sind die restlichen sechzig? Őszi zuckte die Achseln: Er wisse weder etwas von westdeutschen Maltesern noch von fehlenden Flüchtlingen.[396] Ob er gleich protestieren oder erst die Instruktionen aus Berlin abwarten solle, fragte Vehres nicht ganz ohne Humor. Ungarn, gab Őszi zurück, könnte wegen der Lage, in die es der Flüchtlingsstrom gebracht habe, täglich protestieren.[397]

Der 24. August war ein Donnerstag, der Tag der wöchentlichen Regierungssitzung. Zumindest offiziell, so daß sie im Protokoll erschienen wären, wurden weder die Geschehnisse der vorangegangenen Nacht noch die Flüchtlingskrise selber behandelt. Nach der Sitzung gab aber Außenminister Horn eine Pressekonferenz über das Thema. Die DDR-Bürger hätten die Botschaft verlassen, wie dies aus einer amtlichen Mitteilung bereits bekannt sei, sagte er. Anders als Őszi, der von der Bundesrepublik gesprochen hatte, gab Horn an, Ungarn und Österreich hätten das IKRK eingeschaltet. Abweichend von seiner Darlegung vor der Regierung eine Woche zuvor nannte der Außenminister jetzt hohe Flüchtlingszahlen: 150 000 bis 200 000 DDR-Deutsche hielten sich im Land auf, mindestens 20 000 wollten nicht in ihre Heimat zurück. Daß diese Zahl weiter wachse, liege nicht in Ungarns Interesse. Kein DDR-Bürger habe um Asyl gebeten. Die ungarischen Behörden suchten nach humanen Erwägungen zu handeln. Die von der bundesdeutschen Botschaft ausgestellten Pässe könnten sie allerdings nicht anerkennen, da dies die Souveränität der DDR in Frage stellen würde. Eine baldige Lösung sei wünschenswert und Sache der zwei deutschen Staaten.[398]

Botschafter Vehres übergab am nächsten Tag Staatssekretär Kovács eine Note seiner Regierung und versah sie mit Anmerkungen: Die DDR wünsche, daß die Bundesrepublik die von ihr akzeptierten Garantien einhalte, damit sich der Fall – Massenflucht in eine Botschaft – nicht wiederhole. Sie hoffe, daß die Gastgeber mit Volker Rühe nicht über eine neue Vereinbarung verhandelt hätten. Die Heimkehr der DDR-Bürger sei das gemeinsame Interesse beider Länder, die ungarischen Behörden sollten darum diejenigen, die ihre Aufenthaltszeit überzogen hätten, zur Abreise auffordern; der 1969 geschlossene Vertrag verpflichte Ungarn ohnehin dazu. Als persönliche Meinung fügte Vehres hinzu: Das Wichtigste an der Note ist, was sie nicht enthält, keinen ausdrücklichen Protest und keine Drohung. Darauf Kovács: Die ungarischen Behörden ermahnten die DDR-Bürger zur Heimreise, aber darüber hinausgehende administrative Schritte würden sie nicht unternehmen. Der Vertrag von 1969 setze einen normalen Reiseverkehr voraus, während die jetzige Lage eher einer Naturkatastrophe gleiche. Dies, bemerkte Kovács, beeinflußt selbstverständlich die Denkweise der ungarischen Führung, wenn sie nach Möglichkeiten sucht, das zunehmend gravierende Problem zu meistern.[399]

War das eine Anspielung, so konnte sie Vehres natürlich nicht verstehen. Denn am Morgen des gleichen Tages, an dem Kovács den DDR-Botschafter empfing, waren Ministerpräsident Németh und Außenminister Horn zu einer geheimen Reise nach Bonn aufgebrochen, um mit dem deutschen Bundeskanzler Verhandlungen zu führen. István Horváth, Ungarns Bonner Botschafter, hatte sich drei Tage zuvor gerade in Budapest aufgehalten, als der Auftrag an ihn erging, bei Bundeskanzler Kohl um ein Treffen für Németh nachzusuchen. Horváth pendelte in diesen Wochen und Tagen wiederholt zwischen Bonn und Budapest, da er befürchtete, fremde Spezialdienste hörten oder läsen bei der Übermittlung wichtiger Nachrichten mit. Der Botschafter, dem man den Grund des erbetenen Treffens nicht verraten hatte, fuhr mit dem Wagen nach Bonn und brachte den Bescheid zurück, Németh und Genscher würden vom Bundeskanzler am Vormittag des 25. August erwartet.[400] Die Reise traten die Ungarn – Ministerpräsident Németh, Außenminister Horn, Némeths Berater György Jenei und László Mohai, Botschafter Horváth (den man erst jetzt eingeweiht hatte) sowie eine Dolmetscherin – am Flughafen Ferihegy mit einer Sondermaschine an.

Der Besuch sollte unter tiefster Geheimhaltung stattfinden. Wie weit sich dergleichen verwirklichen ließ, machten zwei kleine Episoden gleich bei der Landung auf dem Flughafen Köln-Bonn deutlich. Németh erinnert sich, wie ihm, kaum daß er das Flugzeug verlassen hatte, ein Offizier entgegentrat und ihn mit einem fröhlichen »Welcome, Mister Prime Minister« begrüßte.[401] Das andere Erlebnis hatte Botschafter Horváth. Er erkannte eine Person im deutschen Empfangskomitee, die im Verdacht stand, als Agent für eine fremde Macht tätig zu sein, und verlangte deren Entfernung. Die ungarische Seite hatte schon einige Zeit zuvor die Erfahrung gemacht (und die bundesdeutschen Partner deswegen auch gewarnt), daß in Bonn geführte vertrauliche Gespräche mehr als einmal in die Nachrichtenkanäle östlicher Geheimdienste gelangt waren.[402]

Die ungarische Delegation wurde mit einem Helikopter des Bundesgrenzschutzes zum Schloß Gymnich bei Bonn geflogen, wo das Treffen in der Abgeschiedenheit stattfand. Am Vormittag berieten die beiden Regierungschefs, Bundeskanzler Kohl und Ministerpräsident Németh, sowie ihre Außenminister, Genscher und Horn, zu viert; anwesend war außer ihnen nur die ungarische Dolmetscherin. An die zweieinhalbstündige Unterredung schlossen sich beim Mittagessen Gespräche der beiden Delegationen an. Über den ersten wie den zweiten Teil, soweit es dabei um eine allgemeine außenpolitische Übersicht und die Beurteilung der Lage der einzelnen sozialistischen Länder ging, liegen Aufzeichnungen vor. Von der Beratung am Vormittag erstellte Genscher nachträglich eine Zusammenfassung.[403] Doch darin findet sich über die Flüchtlingskrise seltsamerweise kein Wort; Genscher versichert, ein Dokument zu diesem Thema (weswegen die Ungarn ja überhaupt nach Bonn gereist waren) sei ihm nicht bekannt.[404]

Vorstellbar, daß die bundesdeutsche Seite aus Angst vor Agenten der DDR im Augenblick darauf verzichtete, die Abmachungen über die gefährliche Materie schriftlich festzuhalten. Daß eine Aufzeichnung auch heute noch nicht zur Verfügung steht, ist allerdings bedauerlich, denn es fällt nun nicht leicht, die damaligen Vorgänge zu rekapitulieren. Zwar besitzen wir Zeugenaussagen darüber, was am Vormittag des 25. August auf Schloß Gymnich besprochen wurde, aber diese Darstellungen weichen stark voneinander ab.

Drei der Beteiligten, Kohl, Genscher und Horn, schildern die Beratung in ihren Memoiren, der vierte, Miklós Németh, äußerte sich darüber mehrmals mündlich.[405] Im wesentlichen unterscheiden sich die Erinnerungen in zwei Punkten, die von Gewicht sind. Erstens: Laut Németh und Kohl sagten die Ungarn auf Schloß Gymnich den Gastgebern die Öffnung der Grenze zu. Horn behauptet dagegen, sie hätten nur so viel zugesichert, daß kein Flüchtling gegen seinen Willen an die DDR zurückgegeben werde; von der Öffnung der Grenze sei noch keine Rede gewesen. Zweitens: Sowohl Németh als auch Kohl erinnern sich so, daß es der ungarische Ministerpräsident war, der über die Flüchtlingsfrage referierte und den deutschen Partnern die Entscheidung mitteilte. Horn dagegen sieht sich selber in der Hauptrolle und behauptet, der Regierungschef und er hätten die Aufgaben unter sich aufgeteilt: Németh habe über Ungarns innen- und wirtschaftspolitische Sorgen berichtet, während er, Horn, der Außenpolitiker, als der Verwalter des Flüchtlings-Dossiers aufgetreten sei.[406] Genschers Memoiren, in diesem Punkt sehr summarisch, tragen zur Erhellung des Bildes leider wenig bei.

Manches spricht dafür, daß man gut daran tut, dem Bericht Helmut Kohls und Miklós Némeths Glauben zu schenken. Németh begann das Gespräch auf Schloß Gymnich mit den Worten, er habe um das vertrauliche Gespräch gebeten, weil in Budapest eine wichtige Entscheidung gefällt worden sei.[407] Kohl schildert, wie Németh danach die schwierige Lage beschrieb, in der sich Ungarn infolge der vertraglichen Bindungen innerhalb des Ostblocks befand, und wie er dann mit der »erlösenden Nachricht« aufwartete: »Eine Abschiebung der Flüchtlinge zurück in die DDR kommt nicht in Frage. Wir öffnen die Grenze. Wenn uns keine militärische oder politische Kraft von außen zu einem anderen Verhalten zwingt, werden wir die Grenze für die DDR-Bürger geöffnet halten.« Németh habe hinzugefügt, man wolle bis Mitte September alle Deutschen ausreisen lassen. »Mir stiegen die Tränen in die Augen, als Németh dies ausgesprochen hatte«, gesteht der Bundeskanzler.[408] In Druck erschienen diese Erinnerungen Kohls zum ersten Mal 1996. Bereits zwei Jahre zuvor hatte Botschafter Horváth in einer Publikation die gleichen Sätze Némeths zitiert: Ungarn werde die Grenze öffnen und offenhalten.[409] Horváth sagt, er habe diese Information nach dem entscheidenden Gespräch auf Schloß Gymnich von Németh selber bekommen.[410] Der Botschafter konnte 1994 Kohls Buch noch nicht kennen, und Kohl wiederum war das in ungarischer Sprache geschriebene Buch Horváths, zumal im Wortlaut, wohl kaum bekannt. Zwei Quellen bestätigen mithin das gleiche.

Die Logik der Reise nach Bonn ergab sich aus dem Beschluß drei Tage zuvor in Budapest, die Grenze zu öffnen: Nun brauchte es für die bevorstehende Aktion eine ungarisch-westdeutsche Abstimmung. Einzig für die Mitteilung, die DDR-Deutschen würden nicht abgeschoben, wie das Horn wahrhaben will, hätte man Kohl und Genscher zu keinem Geheimtreffen bemühen brauchen. Dies war Bonn bereits früher mitgeteilt worden. Miklós Németh hatte Kohl schon vor dem 21. August angerufen, als dieser noch in Österreich in Urlaub weilte, und ihm gesagt, er bemühe sich, keinen Deutschen gegen seinen Willen in die DDR zurückzuschicken.[411] In verbindlicher Form erklärte Horn am 23. August Volker Rühe das gleiche, weshalb Rühe am nächsten Tag bei seinem Besuch in einem Flüchtlingslager in Budapest die DDR-Bürger guten Gewissens glaubte auffordern zu können, sie sollten zuversichtlich ausharren.[412] Was wiederum Ungarns wirtschaftspolitische Sorgen anging – das war wohl in diesen Tagen nicht gerade das Thema, das Kohl und Genscher am brennendsten interessierte.[413]

Und weiter: Der Gesandte der ungarischen Botschaft in Bonn, Sándor Peisch, der die Delegation auf dem Flughafen Köln-Bonn empfing, erinnert sich, daß sein mitreisender Vorgesetzter, Botschafter Horváth, in der Eile gerade nur für einen Händedruck und einen kurzen Satz Zeit fand: »Wir öffnen die Grenze.«[414] Kohl rief schon nach der Unterredung mit den Ungarn den österreichischen Bundeskanzler Franz Vranitzky an. Er erkundigte sich, ob Österreich sein Einverständnis zur Durchreise der DDR-Deutschen gebe und die Logistik zur Verfügung stelle. Vranitzky sagte seine Hilfe sofort zu; neutralitätspolitische Bedenken, so berichtet er, hegte er nicht; nach seiner Auffassung handelte es sich um eine humanitäre Aktion.[415] Genscher seinerseits schreibt über die Begegnung, Horn und er hätten das Treffen geplant, um zu klären, wie die DDR-Bürger – mit Bussen oder Zügen – ausreisen könnten.[416] Horn selber sprach gegenüber dem Verfasser dieser Zeilen davon, daß man nach der Begegnung mit Kohl und Genscher zur Regelung der Transportfragen dringend mit den Österreichern Kontakt aufnehmen mußte. Auch Kohl und Genscher nahmen sich gleich vor, mit dem österreichischen Außenminister Mock in Verbindung zu treten.[417]

Genschers Sonderbeauftragter, Jansen, erschien am 30. August bei Mock und überbrachte einen Brief, in dem sich Genscher für die österreichische Unterstützung bedankte.[418] Dietrich Graf von Brühl, der Botschafter der Bundesrepublik in Wien, entsinnt sich, daß Jansen insbesondere zur Regelung der Transportprobleme gekommen sei; er habe den Botschafter in diesem Sinn orientiert und ihn um seine Mitarbeit gebeten. Die Botschaft, wie Graf von Brühl sagt, entfaltete von den letzten Augusttagen an große Anstrengungen, um die anstehenden Probleme in Kooperation mit der Konsularabteilung des österreichischen Außenministeriums zu lösen.[419] Der Schluß liegt nahe, daß am 25. August dem deutschen Bundeskanzler die Öffnung der Grenze zugesagt worden war und die Akteure nun schon darangingen, die konkreten Schritte zu planen. Was nicht bedeutete, daß die an dieser Arbeit Beteiligten auch die Einzelheiten kannten. Jansen beispielsweise hatte keine Informationen darüber, was auf Schloß Gymnich gesagt worden war.[420]

Richtig ist allerdings, daß man auch auf Schloß Gymnich eine langwierige Diskussion darüber geführt hatte, wie die Grenzöffnung verwirklicht werden sollte. Insofern war der Meinungsaustausch eine Wiederholung der drei Tage zuvor in Budapest ausgetragenen Debatte; nach den grundsätzlichen Vereinbarungen gaben die praktischen Probleme viel zu reden. Mit welchen Transportmitteln sollte man die DDR-Flüchtlinge außer Landes bringen, wie, wann und für wie lange die Grenztore auftun – die Modalitäten der Aktion blieben zuletzt in der Schwebe. Eine fertige technische »Lösung« lag mithin noch nicht vor.[421] Die Notwendigkeit, den mit der DDR bestehenden Verkehrsvertrag zu ändern, wurde offenbar erwähnt, ebenso sprach man über ein Datum für den Beginn der Ausreise. Auch bei diesem letzten Punkt gehen die Erinnerungen auseinander. Németh sagt, die deutsche Seite habe für sich eine Frist erbeten, damit sie Lager aufbauen und sich auf den Empfang der Flüchtlinge vorbereiten könne; sie werde signalisieren, wann sie bereit sei. Genscher erklärt demgegenüber, eine solche Vereinbarung habe es nicht gegeben: »Wenn die Ungarn gesagt hätten, wir schikken die DDR-Deutschen morgen, dann hätten wir sie morgen empfangen müssen.«[422]

Kohl, der sich gerührt und erstaunt zeigte, was die ungarische Führung für die Deutschen zu tun bereit sei, erkundigte sich immer wieder auch besorgt nach der sowjetischen Haltung. Ob Gorbatschow mit dem Schritt einverstanden sei? Németh und Horn erklärten, dies zu verantworten, sei ihre Sache.[423] Mehrmals stellte der Bundeskanzler auch die Frage, welche finanziellen Gegenleistungen die Gäste erwarteten. Németh lehnte jedesmal mit den gleichen Worten ab: »Ungarn verkauft keine Menschen.«[424] Die Anspielung galt Ceaușescus Rumänien, das die Auswanderung seiner deutschstämmigen und jüdischen Bürger schon seit Jahren von einem Kopfgeld abhängig machte.

Németh sah die oberflächliche Meinung der Außenwelt voraus: Ungarn habe mit Bonn einen Handel abgeschlossen und sich die Ausreise der DDR-Deutschen reichlich abgelten lassen. Im Bestreben, solchen Behauptungen zuvorzukommen, beschloß der Ministerpräsident, zu diesem Zeitpunkt bereits ausgehandelte Kreditverträge – es ging um zweimal 250 Millionen Mark der Länder Bayern und Baden-Württemberg – zurückzustellen. Einen Tag nach der Rückkehr von Bonn bestellte er Ferenc Bartha, den Präsidenten der Nationalbank, zu sich und teilte ihm zu dessen Mißvergnügen mit, daß er auf den Kredit vorläufig nicht zählen könne.[425] Bundeskanzler Kohl machte allerdings eine Geste: Die Bundesrepublik gewährte zusätzlich Staatsgarantie für einen Warenkredit in der Höhe von einer halben Milliarde Mark.[426] Ungarn war auf diese Beihilfen dringend angewiesen, doch die Unterzeichnung erfolgte schließlich erst Mitte Dezember 1989 in Budapest. Auf Schloß Gymnich bat Németh statt dessen um deutsche Unterstützung bei Ungarns Annäherung an die Europäische Gemeinschaft. Die bundesdeutsche Seite erklärte sich sodann bereit, Verluste auszugleichen, falls Ungarn durch wirtschaftliche Vergeltungsmaßnahmen der »Bruderländer« Schaden erleiden sollte.

Die politische Absicht war edel, das Ergebnis mager. Denn in den meisten deutschen Darstellungen, die seither erschienen sind, so auch bei Helmut Kohl selbst, wird die Kreditgewährung mit der Grenzöffnung direkt in Verbindung gebracht.[427] In Ungarn wiederum herrscht bis heute vielerorts das Gefühl vor, die Regierung Németh habe es versäumt, für den Schritt einen angemessenen Preis zu verlangen. Und später, als schon alles vorbei war, habe sich die Bundesrepublik gegenüber Ungarn nicht besonders großzügig benommen.[428] Das mag eine Sache der nationalen Perspektive sein. Falsch aber, weil aus heutiger Sicht formuliert, ist der folgende Vorwurf: »Die Ungarn hätten auf Schloß Gymnich die deutschen Politiker fragen müssen: Was ist euch die Wiedervereinigung wert?« Daß die Grenzöffnung die Erosion der DDR und damit den Prozeß der deutschen Vereinigung beschleunigen werde, ahnte am 25. August 1989 noch niemand.

Die Teilnehmer vereinbarten, über das Treffen Diskretion zu wahren – und beide Seiten brachen sogleich diese Zusage. Die ungarische Nachrichtenagentur MTI veröffentlichte zur Verblüffung der deutschen Seite ein kurzes Communiqué über den Besuch in Bonn. Bei aller amtssprachlichen Neutralität enthielt es doch die Mitteilung, daß die Frage der in Ungarn weilenden DDR-Bürger behandelt worden sei.[429] Kohl seinerseits glaubte wiederum, sich bei Gorbatschow rückversichern zu müssen. Er ließ sich kurz nach dem Treffen telefonisch mit dem sowjetischen Parteichef verbinden und fragte ihn, ob das geplante Vorgehen der Ungarn seine Billigung habe. Nach Kohls Schilderung schwieg Gorbatschow eine Weile und antwortete dann lediglich soviel: »Die Ungarn sind gute Leute.« Der Bundeskanzler deutete den Satz so, daß Németh und Horn »sich des Segens aus Moskau sicher sein konnten«.[430]

Die ungarischen Politiker, die von diesem Telefongespräch erst sieben Jahre später, beim Erscheinen von Kohls Buch »Ich wollte Deutschlands Einheit«, erfuhren (und erst jetzt begriffen, daß der Sowjetführer über ihre Absichten spätestens von Kohls Anruf an genau Bescheid gewußt hatte), halten die Interpretation des Bundeskanzlers für falsch: Es treffe nicht zu, daß sie im voraus Gorbatschows Erlaubnis erbeten hätten. Gorbatschow selber bestritt sogar die Richtigkeit des ihm zugeschriebenen und in der Fachliteratur oft wiederholten Zitats. Im Gespräch mit dem Verfasser sagte er, seine Antwort an Kohl habe so gelautet: »Der ungarische Ministerpräsident Miklós Németh ist ein guter Mann.« Tatsächlich klingt dieser Satz etwas weniger rätselhaft, und Gorbatschow bestätigte auf eine Nachfrage, was er gemeint hatte: Kohl könne Németh vertrauen.[431]

Miklós Németh erinnert sich an zwei Themen, die auf dem Rückweg nach Budapest im Flugzeug aufkamen. Erwogen wurde, daß sich nach den Gesprächen in Bonn – zur Wahrung der Parallelität – auch ein Besuch in Ostberlin aufdränge. Dann unterhielten sich die Mitglieder der kleinen Delegation nochmals darüber, was sie soeben hinter sich gebracht hatten. Der Tag, darüber waren sie sich einig, dürfte die eine oder andere historische Folge zeitigen. Und sie rätselten darüber, ob man diese Folgen in einem, zwei oder drei Jahren werde wahrnehmen können.

13

Ringen um ein Datum

Ministerpräsident Németh hatte die zuständigen Minister und seine Mitarbeiter Mitte August wiederholt zu Kabinettssitzungen bestellt, um mit ihnen über die Flüchtlingsfrage zu beraten. Nachdem die bundesdeutsche Botschaft evakuiert und auf Schloß Gymnich eine grundsätzliche Zusage gemacht worden war, überließ er dieses Geschäft nun anderen. Die dramatische Finanzlage und insbesondere die Verschuldung des Landes, deren Ausmaß das Regime lange geschönt hatte und über die Németh die Wahrheit öffentlich eingestehen wollte, beanspruchten seine Aufmerksamkeit.[432] Er behielt die Entwicklung an der Flüchtlingsfront im Auge, aber die operative Abwicklung der Grenzöffnung sollte nun Sache des Außen- und des Innenministeriums sein.

Das Bild, das Ungarn in der letzten Augustwoche bot, wirkt merkwürdig widersprüchlich. Auf der einen Seite bereitete die Regierung die Entlassung der DDR-Deutschen in die Freiheit vor. Daß am Ende der langen Wartezeit diese Lösung stehen würde, begann allmählich auch die Außenwelt zu verstehen. Die Bonn gegebene Zusage blieb zwar geheim, und daß es Absprachen gab, wurde sogar bestritten.[433] Doch man brauchte kein Genie zu sein, um sich auf das Communiqué nach dem Gymnicher Treffen einen Reim zu machen. Allein die Tatsache schon war vielsagend, daß Németh und Horn sich nach Bonn begeben und mit den bundesdeutschen Spitzenpolitikern die Flüchtlingsfrage erörtert hatten. Seine Wirkung getan hatte auch das Grenzpicknick und noch mehr die Ausreise der Botschaftsflüchtlinge. Die DDR-Bürger, ihrer Sache zunehmend gewiß, harrten in Ungarn aus, und weitere strömten hinzu.

Auf der anderen Seite kam es an der verschärft bewachten Grenze zu bedenklichen Zwischenfällen. Die Parole hieß offenbar »Abschreckung«, und die Soldaten traten martialisch auf. Am 23. August verhinderte der Grenzschutz mit einem Großaufgebot eine Massenflucht in unmittelbarer Nähe von Sopronpuszta, wo vier Tage früher das Paneuropäische Picknick stattgefunden hatte. Rund 150 DDR-Bürger trafen kurz nach der Mittagszeit mit drei in Budapest gemieteten Autobussen ein, und sie wurden, da der ungarische Geheimdienst die Aktion schon am Morgen gemeldet hatte, von starken Kräften erwartet. Im Hintergrund wirkten offenbar Journalisten des Zweiten Deutschen Fernsehens, die mitfuhren und eine »gute Story« zu filmen hofften. Besagte Story endete mit einem Handgemenge, bei dem die Grenzwächter mit Gummiknüppeln auf die Flüchtlinge einschlugen und sie an die Mauer eines Wirtschaftsgebäudes drängten. Als sie über die Köpfe der Leute hinweg mit scharfer Munition auf das Dach schossen und Ziegelsplitter auf die Menschen hinabzuprasseln begannen, legten sich die Flüchtenden flach auf den Boden und ergaben sich.[434] Ähnliche Szenen spielten sich am gleichen Tag in Kópháza ab, einem Grenzdorf südlich von Sopron – mit der Folge, daß unter den Einwohnern Feindseligkeit gegen die Grenzwächter um sich griff.[435]

Einheitlich ging es freilich nicht zu. DDR-Deutsche, denen in den letzten Augusttagen die Flucht geglückt war, erzählten Wiener Journalisten, ungarische Uniformierte hätten sie gefaßt, in eine Kaserne gebracht und dort mit der Waffe bedroht. Dann seien Zivilbeamte erschienen, die ihnen freundlich dazu geraten hätten, den Grenzübertritt doch nochmals zu probieren. Erst beim dritten Mal würde man sie in die DDR zurückschicken.[436] Ausweisungsstempel, sofern überhaupt, trug man jetzt statt in die persönlichen Dokumente nur noch auf ein loses Blatt ein. Diesen Wisch konnten die DDR-Deutschen gleich wegwerfen oder, wie das manche stolz taten, gleich haufenweise sammeln. Den einen Diensttuenden beim Grenzschutz befahl man Wachsamkeit und Widerstand, den anderen trug man auf, nicht gerade mit mündlichen Auskünften Fluchthilfe zu leisten, sonst aber ein Auge zuzudrücken. Was phantasievolle Soldaten beispielsweise so lösten, daß sie am Körper ein Kartonschild befestigten, auf dem ein Pfeil und das deutsche Wort »Grenze« standen. So posierten sie als stumm-lebendige Wegweiser in der Landschaft.[437]

Bruchlos einig handelte auch die Regierung nicht. Denn während das Innenministerium im Grenzgebiet auf Härte bestand, sorgte Staatsminister Pozsgay dafür, daß Mitarbeiter des ungarischen Fernsehens zu einer Reportage die Dreherlaubnis bekamen. So konnte im brisanten Programm »Panorama« ein Bericht über die unhaltbaren Zustände gezeigt werden.[438]

Mittlerweile ging die Suche nach den Modalitäten der Ausreise weiter. András Gergely, außenpolitischer Experte des Demokratischen Forums, verursachte einige Aufregung mit dem Vorschlag, den er in einem Interview mit der österreichischen Zeitschrift *profil* machte: Ungarn solle die Visumpflicht für Bundesbürger abschaffen, dann stünden in den westdeutschen Pässen keine Sichtvermerke mehr und die DDR-Deutschen könnten mit Pässen, die ihnen die Botschaft der Bundesrepublik in Budapest ausstelle, das Land verlassen. Manche fanden die Idee erwägenswert, doch Staatssekretär Kovács wies sie zurück: Pässe ohne Einreisestempel seien bei der Ausreise ungültig.[439] Ungarn suchte – trotz allem – die DDR zu schonen. Wenn Ostberlin den Frosch schon schlucken mußte, dann wenigstens nicht unter demütigenden Begleitumständen: Die Massenausreise sollte die DDR-Staatsbürgerschaft nicht in Frage stellen. Die ungarischen Behörden bestanden bis zuletzt auf diesem Grundsatz und ließen deshalb in den letzten Augusttagen einen westdeutschen Lastwagen nicht ins Land: Die Ladung bestand aus Tausenden unausgefüllter bundesdeutscher Pässe.[440]

Am Montag, 28. August, übergab Horn Botschafter Vehres die Antwort auf die letzte Note der DDR.[441] Der Außenminister holte gegen den Botschafter gleich zu Beginn recht aggressiv aus: Was das für eine Leichenfledderei sei, die da DDR-Beamte in Ungarn betrieben? Dem verblüfften Vehres setzte Horn auseinander, daß MfS-Techniker die in Grenznähe zurückgelassenen Personenwagen mit DDR-Kennzeichen abschleppten, damit sie nicht von gelungener Flucht zeugten und zur Nachahmung einluden. Horn vertraute dann dem Besucher einige Belanglosigkeiten über den Besuch in Bonn an, worauf der Botschafter erwiderte, die Ungarn sprächen über DDR-Bürger mit der Bundesrepublik; sie sollten dies mit der DDR selber tun. Horn, der seine Bereitschaft zu einem Treffen mit der DDR-Führung früher schon angedeutet hatte, zeigte sich willens, eine Einladung nach Berlin anzunehmen.[442]

Die Note, die Vehres übernahm, zeichnete sich durch Kürze und eine deutliche Sprache aus: Die Gründe für die außerordentliche Situation habe man nicht in Ungarn zu suchen, folglich sei auch die Lösung nicht Ungarns Aufgabe. Die ungarische Seite wäre in einer wesentlich besseren Lage, wenn die DDR sie darüber informieren würde, wie sie sich die Regelung vorstelle. Ungarn bleibe gesprächsbereit, doch wenn die DDR keine Maßnahmen unternehme, sehe es sich zu unverzüglichen weiteren Schritten gezwungen.

Der erste, nicht bei Namen genannte Schritt war die Erlaubnis zur Ausreise der Botschaftsflüchtlinge, und die Anspielung, worin die Fortsetzung bestehen könnte, ließ sich leicht deuten. DDR-Außenminister Fischer faßte am 29. August Horns mündliche Zusätze, über die Vehres nach Berlin berichtet hatte, zuhanden des kranken Parteichefs Honecker zusammen: Kohl und Genscher sei mitgeteilt worden, daß Ungarn die DDR-Bürger aus humanitären und innenpolitischen Gründen nicht ausweisen könne, sie aber auch nicht als politische Flüchtlinge anerkenne. Ungarn sei nicht willens und imstande, die gegenwärtige Lage weiter aufrechtzuerhalten, es wolle sich nicht in ein großes Flüchtlingslager verwandeln und nehme eine weitere Zuspitzung nicht hin. Das, bemerkt Fischer, hätten die Ungarn den bundesdeutschen Politikern allerdings noch nicht mitgeteilt. In Wirklichkeit hatten Németh und Horn der westdeutschen Seite auf Schloß Gymnich viel mehr mitgeteilt, aber Horn hütete sich natürlich, seine Karten vor dem Botschafter der DDR aufzudecken.

Horn hatte sodann, wie man in Fischers Zusammenfassung lesen kann, Vehres wissen lassen, daß Ungarn daran denke, Punkt 8 und das geheime Zusatzprotokoll des Vertrags von 1969 zu kündigen. Danach würden die ungarischen Grenzorgane die Reiseanlage der DDR-Bürger als vollwertigen Reiseausweis anerkennen, und falls ein Drittstaat auf die Anlage ein Visum gebe, werde man den DDR-Deutschen gestatten, das Land zu verlassen.[443] Die Formulierung zeigt, daß die juristische Begründung auf ungarischer Seite noch nicht ausgereift war und daß am 28. August in Budapest auch noch Zweifel darüber bestanden, ob und unter welchen Bedingungen die visumpflichtigen DDR-Deutschen in Österreich einreisen könnten.[444] Schließlich ließ Horn laut Botschafter Vehres' Mitteilung wissen, daß Ungarn bereits »innerhalb der nächsten zwei Tage« den in Aussicht gestellten Schritt tun könnte, und das wiederum zeigt, daß der ungarische Außenminister nun daranging, Ostberlin unter Zeitdruck zu setzen.

Damit begann ein Ringen um das Datum der Grenzöffnung, ein bis heute schwer durchschaubares taktisches Spiel. Einstweilen suchte die DDR Zeit zu gewinnen, und dazu bot ihr Horn selber Gelegenheit, indem er Gesprächsbereitschaft signalisierte; über Botschafter Vehres erhielt er für den 31. August eine Einladung nach Berlin. Daß aber die DDR bei diesen geplanten Verhandlungen nichts anbieten würde, ging schon aus dem Schreiben Fischers an Honecker hervor, aus den Standpunkten, die er gegenüber Horn zu vertreten gedachte. Sie erschöpften sich in der Wiederholung des bisher Gesagten: Ungarn solle »Maßnahmen« einleiten, um die Ausreise der DDR-Bürger in Drittstaaten zu verhindern, und diese Bürger zur Rückkehr in die DDR »anhalten«. Bürokratisch neutral formulierte Vorschläge, die entweder nichts taugten oder nur mit Gewalt zu verwirklichen waren – ein Weg, den Ungarn weder beschreiten konnte noch wollte.

In Ostberlin befaßte sich am 29. August ein ratloses Politbüro mit der Entwicklung.[445] Sprachlos allerdings waren die Teilnehmer nicht. Der kranke Parteichef Honecker fehlte, seine Genossen beriefen sich aber, wie in den kommunistischen Parteien üblich, immer wieder auf ihn. Alle gaben ihre Meinung ausführlich zu Protokoll, ohne sagen zu können, wie die Lage gemeistert werden sollte. Günter Mittag wußte zu berichten, daß man den Ungarn in Bonn drei Milliarden Mark versprochen habe und daß die ungarische Seite auf einen Besuch Kohls in Ungarn dränge. Mittag berief sich auf Informationen der ständigen Vertretung der DDR in Bonn und in Moskau. Offensichtlich kannte man in Ostberlin über das Treffen auf Schloß Gymnich nur Gerüchte, wie sie in diesen Tagen in allen europäischen Hauptstädten umgingen. Mittags Aussage vor dem Politbüro widerlegt indessen die spätere Darstellung von Egon Krenz, wonach die DDR-Führung über die Absprache zwischen Németh und Kohl dank einem geheimen Informanten in Bonn Bescheid wußte.[446]

»Das ungesetzliche Verlassen der DDR« wurde in den Wortmeldungen im übrigen nur gestreift. In Wirklichkeit ging es um die Krise des Systems allgemein, was aber niemand einzugestehen wagte. Schwer zu entscheiden, ob die Politbüro-Mitglieder an die Wirksamkeit ihrer eigenen Vorschläge glaubten, wenn sie fortwährend danach riefen, »den Feind zu entlarven«, »in die Offensive zu gehen« und »die DDR zu stärken« – als wäre es einzig eine Frage der Propaganda, ob man die eigenen Bürger bei der Stange zu halten vermag. Beschlüsse wurden nicht gefaßt.

Wie wenig die DDR-Deutschen in Ungarn den Ostberliner Parolen zugänglich und wie sehr sie zur Übersiedlung entschlossen waren, davon zeugt ein vom gleichen 29. August datierter und von Hunderten unterzeichneter Offener Brief an die ungarische Regierung: »Angesichts der Ereignisse der letzten Tage halten wir es für angebracht, uns auf diesem Wege für die verständnisvolle Aufnahme durch die Regierung der Ungarischen Volksrepublik sowie für die Unterstützung der Bevölkerung zu bedanken. Auf diesem Weg möchten wir nicht versäumen, die aufopfernde Tätigkeit der Mitarbeiter des Malteser Hilfsdienstes besonders hervorzuheben. In unserer jetzigen Situation als Menschen, die für sich die geltenden Normen des Völkerrechts sowie die von der Deutschen Demokratischen Republik mit der Unterzeichnung der Schlußakte von Helsinki eingegangenen Verpflichtungen in Anspruch nehmen, bitten wir um eine positive Lösung unseres Problems.«[447]

Die »positive Lösung« war noch geheim, stand aber am Tag, an dem der Offene Brief zu Papier gebracht wurde, selbst nach der Darstellung Gyula Horns schon fest. Demnach informierte Horn Ministerpräsident Németh am 29. August, daß er die ihm gleichen Tags übermittelte Einladung nach Ostberlin zu vertraulichen Gesprächen ohne große Begeisterung annehme, so aber die DDR-Führung wenigstens »gleich persönlich über unseren Entschluß informieren« könne.[448] Bei strenger Parallelität der Behandlung, die Ungarn der Bundesrepublik und der DDR angedeihen ließ, hätte auch Németh die Reise nach Ostberlin mitmachen müssen, doch hatte er früh schon abgewinkt. Da es in ostdeutscher Sicht um Sicherheitsfragen ging, mußte das Innenministerium als Partner des MfS dabeisein. István Horváth fand indessen, zwei ungarische Minister seien in dieser Sache des Guten zuviel. So wurde Horn schließlich von Ferenc Pallagi nach Berlin begleitet, dem für die Staatssicherheit zuständigen Stellvertreter Horváths.[449] Nicht mitgenommen wurde hingegen Ernő Lakatos, der zu Hause in Urlaub weilende Botschafter Ungarns in der DDR, ein Hardliner. Als er sich bei Horn beschwerte, bekam er die Antwort, er werde später noch dankbar sein, daß ihm die Teilnahme an diesen Gesprächen erspart worden sei.[450]

In den letzten Augusttagen, noch bevor Horn nach Ostberlin flog, nahm in der Presse die Vermutung überhand, die Massenausreise der Flüchtlinge aus Ungarn sei nicht nur beschlossene Sache, sondern stehe auch unmittelbar bevor. In Bayern wurden Zeltlager für die vorübergehende Aufnahme von Tausenden aufgebaut. Wohl beschwor der ungarische Botschafter in Bonn, Horváth, den bundesdeutschen Innenminister Wolfgang Schäuble, die Vorbereitungen geheim voranzutreiben[451]: Doch die Zeltstädte ließen sich nicht verstecken. Auch konnte niemand verbieten, daß die beim Aufbau eingesetzten Funktionäre des Roten Kreuzes Radioreportern Rede und Antwort standen: Sie lägen gut im Zeitplan, wüßten allerdings noch nicht, wann Ungarn den Weg freigeben werde. Die Nachricht machte die Runde, daß die bundesdeutschen Behörden die Österreichischen Bundesbahnen für den 6. September um die Bereitstellung von fünfzig Eisenbahnwagen gebeten hätten.[452] Konjunktur hatte die Vermutung, Ungarn werde die Ausreise der DDR-Bürger mit den ihnen ausgestellten westdeutschen Pässen gestatten. Sowohl Bonn als auch Budapest dementierten, und der ungarische Staatssekretär Kovács bemühte sich sogar zu tun, als wäre alles beim alten: Man spüre keine Bewegung, der Schlüssel liege bei den zwei deutschen Staaten, Ungarn sei an den Vertrag von 1969 gebunden.[453]

Horn flog am Morgen des 31. August mit einer kleinen ungarischen Militärmaschine nach Berlin.[454] An Bord befand sich auch Botschafter Vehres. DDR-Staatssekretär Krolikowski hatte ihn erst spät verständigt, daß er ebenfalls erwartet werde, und auf die Entgegnung, ein Linienflug lasse sich nicht mehr buchen, gab Krolikowski die verärgert ironische Antwort, dann müsse Vehres eben gemeinsam mit seinem Duzbruder – Gyula Horn – die Reise machen. Horn erhob keine Einwände, und so verzog sich der Botschafter während des Flugs diskret in eine Ecke, um Horns Konversation mit dem mitreisenden Pallagi nicht zu stören.[455]

Auf ostdeutscher Seite hatte man früh schon festgelegt, daß Außenminister Fischer und der anstelle des kranken Honecker amtierende Günter Mittag die Partner Horns sein würden. Aus Protokoll-Aufzeichnungen der Gastgeber sind wir über beide Gespräche gut im Bild, und auch Horn gibt in seinen Erinnerungen seine Sicht der Dinge.[456] Botschafter Vehres, der bei den Verhandlungen sowohl im Außenministerium als auch im ZK-Gebäude anwesend war, bestätigt die Richtigkeit der Darstellungen, nennt allerdings das von Horn gegebene Bild romanhaft: Es treffe zu, daß Fischer und Horn zuletzt grobe Worte wechselten, aber die Figur des außer sich geratenen und hilflos nach Luft schnappenden DDR-Außenministers sei eine Karikatur.[457] Pallagi, der ebenfalls beide Male dabeisaß und sich in der Diskussion mit Fischer auch zu Wort meldete, erinnert sich seinerseits an eine andere charakteristische Äußerlichkeit: Die langwierigen Ausführungen Günter Mittags, der in statistischen Unterlagen blätterte und daraus Zahlenbelege über die wirtschaftliche und wissenschaftliche Zusammenarbeit zwischen der DDR und Ungarn vortrug, brachten Horn schier zur Weißglut, doch gelang es ihm, sich zu beherrschen.[458]

Horn will in Ostberlin lediglich den bereits feststehenden Beschluß seiner Regierung mitgeteilt und keine Verhandlungen mehr geführt haben. Sein empörter ostdeutscher Amtskollege verwahrte sich tatsächlich gegen das »Ultimatum« der Ungarn. Dennoch sind die Verhandlungspositionen der beiden Seiten klar erkennbar. Die DDR bot wenig bis nichts an. Sie bestand auf den geltenden Verträgen, und ihre Vertreter sprachen vage von einer Vereinbarung mit der Bundesrepublik. Diese werde Botschaftsflüchtlinge darauf hinweisen, daß für sie die DDR-Behörden zuständig seien, und ihnen raten, die diplomatischen Vertretungen zu verlassen. Diese »Lösung« solle auch in Ungarn angewandt werden. Gut spürbar ist sodann die Absicht, weiterhin auf Zeit zu spielen, so etwa, wenn Mittag scheinbar gelassen und höchst unbestimmt meinte, man werde »selbstverständlich weiter darüber nachdenken, wie es mit den betreffenden DDR-Bürgern in der Ungarischen Volksrepublik weitergehen soll«. Darin steckte auch das Kalkül, das herbstlich kühle Wetter werde die DDR-Deutschen allmählich doch nach Hause treiben.

Horn kündigte demgegenüber als Lösung an, daß Ungarn das Protokoll des Vertrags von 1969 außer Kraft setzen und die Westgrenze für alle DDR-Deutschen öffnen werde, die Österreich aufzunehmen bereit sei, beziehungsweise für jene, die auf ihrer Reiseanlage das Einreisevisum eines Drittlandes aufwiesen. Als Möglichkeit nannte er auch die abermalige Einschaltung des IKRK, das Reisedokumente herausgeben könnte. Was der ungarische Außenminister zu dieser Stunde vermutlich noch nicht wußte: In Österreich verlautete schon an diesem Tag unter Berufung auf das Innenministerium, die Regierung wolle in Erwartung des Flüchtlingsstroms die Visumpflicht für DDR-Bürger vorübergehend aufheben.[459] Merkwürdigerweise bot indessen Horn eine weitere Lösungsvariante an: Die DDR solle erklären, daß Ausreiseanträge von Rückkehrern wohlwollend bearbeitet würden. Schwer zu sagen, was nun (nach den Zusagen gegenüber Helmut Kohl) geschehen wäre, wenn die Führer der DDR unerwartet zugestimmt hätten. Wahrscheinlich machte Horn das Angebot in der Gewißheit, er werde auf Ablehnung stoßen. Was prompt geschah. Fischer wie Mittag wiesen den Vorschlag zurück.[460]

Die Geschichte der verschiedenen Daten, die für die Grenzöffnung angeblich vorgesehen waren, kompliziert sich mit Horns Auftritt in Ostberlin. Folgt man Horns Buch, dann hatte in Budapest der eingeweihte kleine Kreis von Ministern den 10./11. September als Stichtage bestimmt, und er, der Außenminister, kannte diese Entscheidung bereits, als er Fischer und Mittag gegenübersaß.[461] Um die Regierung der DDR unter Druck zu setzen, nannte er jedoch zuerst den 4. September als Zeitpunkt für die ungarischen Maßnahmen und verlängerte dann die Frist scheinbar großzügig um eine Woche, nachdem Fischer und Mittag darum gebeten hatten, in Budapest »Berater« einsetzen zu dürfen. Diese sollten die DDR-Bürger zur Heimkehr überreden. Horn billigte die Absicht, bemerkte aber, die Stimmung in den Flüchtlingslagern sei schlecht, Beauftragte der DDR handelten auf eigene Verantwortung. Damit stand also doch wieder der 11. September fest, und DDR-Botschafter Vehres erinnert sich tatsächlich so, für ihn in Budapest sei es keinerlei Überraschung mehr gewesen, daß die Öffnung der Grenze am Abend des 10. September bekanntgegeben worden sei.[462]

Andere erinnern sich anders. Ministerpräsident Németh meint, als ursprünglichen Stichtag habe man den 6. September festgehalten, und Pallagi sagt, auf dem Hinweg nach Ostberlin sei im Gespräch mit Horn dieses Datum genannt worden.[463] Horn selber ließ gleich nach der Heimkehr, am Morgen des 1. September, Botschafter Horváth in Bonn die folgende Instruktion zukommen: »Teilen Sie dem Kanzler oder dem Außenminister mit: Gyula Horn läßt ausrichten, daß wir die Angelegenheit der Übersiedler innerhalb von zehn Tagen umfassend regeln werden. Zur Abwicklung der ungarischen Schritte benötigen wir rechtzeitig eine österreichisch-bundesdeutsche Kooperation. Wegen negativer Erfahrungen geben wir bis auf weiteres nichts bekannt, und auch die bundesdeutsche Seite soll keine Erklärung abgeben und keine neuen Schritte unternehmen.«[464] Da blieb nun offen, wann innerhalb der Frist die »umfassende Regelung« beginnen werde.

Am gleichen Tag nahm Horn an einer Sitzung des Zentralkomitees der Partei teil und wurde wenig behelligt. Er bekam wegen der Flüchtlingspolitik der Regierung eine einzige harmlos-kritische Frage. Niemand, so seine Antwort, kann wünschen, daß Ungarn sich in ein großes Flüchtlingslager verwandelt. Alle Verhandlungen mit der DDR, auch diejenige tags zuvor, sind ergebnislos verlaufen. Die DDR-Führung will die eigene Grenze nicht schließen, denn das, wie sie sagt, wäre inhuman. Wenn es nach ihr ginge, müßte vielmehr Ungarn seine Grenze sperren und es anstelle der DDR auf sich nehmen, gegen die Humanität zu handeln. Ohne Einzelheiten zu nennen, wiederholte der Außenminister auch hier die Zeitangabe: Ungarn wird innerhalb von zehn Tagen eine umfassende Lösung treffen.[465]

Die nominell immer noch herrschende Partei hatte auf die Vorgänge rund um die Grenze keinen Einfluß mehr.[466] Der stellvertretende Leiter der ZK-Abteilung für Außenpolitik, Imre Szokai, versuchte zwar, eine Strategie zu entwerfen, und unterbreitete am 11. August den USAP-Präsidiumsmitgliedern Károly Grósz und Rezső Nyers (nicht aber den beiden Reformern Németh und

Pozsgay) eine Denkschrift. Darin empfahl er, mit der Bundesrepublik zu verhandeln und so lange zuzuwarten, bis die innere ungarische Gesetzgebung mit der Genfer Konvention in Einklang gebracht ist, dann aber die Garantie abzugeben, daß Ungarn bereit sei, jedes Asylgesuch zu prüfen.[467] Ein recht weltfremder Vorschlag inmitten der hektischen Fluchtbewegung.

Eine Woche später kam auch Szokai zu einer anderen Einsicht, und nun war er schon bestrebt, aus der Not seiner Partei eine Tugend zu machen. In einem Brief am 18. August legte er Parteipräsident Nyers nahe, in der Angelegenheit der Flüchtlinge am besten nichts zu unternehmen und sich im Dialog mit der SED auf allgemeine europäische Themen zu beschränken. Zur Schadensbegrenzung regte er an, eine frühere Einladung von Parteichef Honecker nach Ungarn jetzt zu bestätigen.[468] Nyers ließ schließlich Honecker herzliche Grüße ausrichten, ergänzt durch die Beteuerung, die ungarische Partei bleibe dem Sozialismus treu.[469]

In der Partei war auch kaum jemand im Bild. Das vierköpfige Präsidium, dem der Ministerpräsident angehörte, bekam am 28. August von Németh lediglich eine sehr knapp gefaßte Orientierung über die Verhandlungen mit Bundeskanzler Kohl. Németh entsinnt sich, daß Nyers und Grósz kritisch die Frage nach den bundesdeutschen Gegenleistungen stellten.[470] Nyers als Parteivorsitzender wurde von Németh in die Absichten der Regierung allerdings eingeweiht – mit beinahe verhängnisvollen Folgen. Denn Nyers plauderte die Pläne gegenüber dem in Budapest weilenden SPD-Politiker Karsten Voigt aus. Voigt bekam das gleiche unter dem Siegel der Verschwiegenheit auch von Staatssekretär László Kovács, einem langjährigen Bekannten, zu hören, und nun obsiegte der Ehrgeiz. Voigt glaubte, die Stunde sei gekommen, um zu zeigen, daß an den Verhandlungen und der Erarbeitung der Lösung in Ungarn nicht nur Vertreter der Bonner Koalition, sondern auch die Sozialdemokraten maßgeblichen Anteil hätten. Noch während seines Aufenthalts in Budapest verkündete Voigt in mehreren Interviews, die Ausreise der DDR-Deutschen stehe unmittelbar bevor. Kovács wie der Bonner Botschafter

István Horváth machten Voigt schwere Vorwürfe, der Schaden war aber nicht mehr zu beheben.[471]

Unter Berufung auf Voigt meldete die Deutsche Presseagentur bereits am Abend des 31. August aus Budapest, eine Lösung sei schon vom nächsten Tag an möglich. Die deutschsprachigen Medien (mit Ausnahme der DDR, wo Schweigen herrschte) waren am Wochenende vom 2./3. September voll mit Vermutungen und Voraus-Meldungen über den Flüchtlingsstrom, der sich demnächst aus Ungarn ergießen werde. Manche rechneten mit dem Beginn der Aktion bereits am Samstag oder am Sonntag, andere nannten Daten um den 6. September. Der Generaldirektor der Österreichischen Bundesbahnen teilte mit, die ÖBB habe man so unterrichtet, daß am 6. September 15 000 DDR-Bürger aus Ungarn zu erwarten seien. Das ÖBB-Koordinationszentrum ließ wissen, die Bundesbahnen stünden bereit; sie hätten in den letzten zehn Tagen schon 4000 Flüchtlinge nach Bayern transportiert.[472]

Voigt, der Ungarns Gesinnung rühmte, glaubte zu wissen, der Exodus werde mit Hilfe humanitärer Organisationen, namentlich des Internationalen Komitees vom Roten Kreuz, stattfinden. Sowohl das Rote Kreuz Ungarns als auch das IKRK in Genf meldeten sich am 2. September mit Dementis.[473] Die Behauptung zeitigte aber Wirkung: Die Flüchtlinge zogen in Massen in die Malteser-Lager ein, da sie glaubten, die Rotkreuz-Papiere würden dort ausgegeben. Die Nachrichten von der baldigen Ausreiseerlaubnis führten dazu, daß es am Wochenende an der Grenze kaum mehr zu Fluchtversuchen kam. Wozu nächtliche Abenteuer wagen, wo doch der freie Abzug nur noch eine Frage von Tagen, vielleicht von Stunden ist? Die Grenzwächter langweilten sich beinahe, berichtete eine Zeitung in Budapest.[474] Auch der Botschafter der DDR, Vehres, glaubte, daß die ungarischen Behörden nicht mehr lange zuwarten würden. Am 1. September besuchte er das jetzt von Flüchtlingen bewohnte Pionierlager Csillebérc im Budaer Gebirge. Seinen wenig optimistischen Bericht nach Ostberlin schloß er mit der Feststellung, alle Anzeichen deuteten darauf hin, daß die Ausreise – entgegen den Zusicherungen

Horns in Berlin – schon zwischen dem 4. und dem 6. September beginnen werde.[475]

Sie begann nicht. Ministerpräsident Németh, über Voigts Indiskretion empört, griff in den Prozeß wieder ein. Der Regierungschef beschloß, die tatsächlich für den 6. September geplante Aktion zu verschieben: Er lasse nicht zu, daß er zum Objekt bundesdeutscher innenpolitischer Machenschaften werde. In Némeths Tischkalender aus dem Jahr 1989 steht unter Montag, 4. September dies: »Teltschik. Datum!« Bei einer Kabinettssitzung einiger eingeweihter Minister am gleichen Tag galt weiterhin die Formel, die Flüchtlingskrise müsse bis zum 11. September ihre positive Lösung finden.[476] Außenminister Horn nahm nicht teil; er war am Abend zuvor als Beobachter zur Tagung der blockfreien Länder nach Belgrad gereist und kehrte erst am 5. September nach Budapest zurück.

Was nun geschah, schildert Németh wie folgt: Er rief in Bonn Horst Teltschik an, Kohls Mitarbeiter, mit dem er sich ohne Dolmetscher auf englisch verständigen konnte, und teilte ihm mit, daß er das Datum neu festzulegen wünsche. Teltschik antwortete, er brauche zur Abstimmung etwas Zeit, er werde zurückrufen. Als er sich später meldete, schlug er Németh in Frageform den 10. September vor: »How about the tenth?« So kam nach Németh der endgültige Fahrplan zustande, wonach die Öffnung der Grenze am 11. September um null Uhr und die Bekanntgabe am Abend des 10. erfolgen würde.[477] Daß der Ministerpräsident damit abermals in den Knäuel deutscher Innenpolitik verwickelt wurde, sollte er erst später erfahren. Damals, wie er versichert, wußte er nicht, daß der ihm solcherart suggerierte Zeitpunkt mit dem Beginn des Bremer Parteitags der CDU zusammenfiel und daß die aus Ungarn eintreffende Nachricht der Grenzöffnung – für Kohl ein gewaltiger außenpolitischer Erfolg – dem sturzgefährdeten Bundeskanzler erlaubte, aus dem parteiinternen Kräftemessen als strahlender Sieger hervorzugehen.[478]

Helmut Kohl bestreitet jeden Zusammenhang. Das zeitliche Zusammentreffen mit dem Parteitag sei »weder geplant noch beabsichtigt« gewesen. Freilich kam es ihm, wie er einräumt, mitten im

Machtkampf innerhalb der CDU sehr gelegen. Immerhin können wir bei Kohl soviel nachlesen, daß er die ungarische Seite darum bat, die Nachricht am Sonntag, 10. September, schon um 20 Uhr öffentlich zu machen, damit er am Presseabend in der Bremer Stadthalle, der um diese Zeit beginnen sollte, darüber sprechen könne.[479] Teltschik seinerseits bestätigt, er habe beim fraglichen Telefongespräch Németh tatsächlich den 10. September vorgeschlagen, dies aber ohne Gedanken an den Bremer Parteitag getan. Er habe sich vielmehr von der Nachricht leiten lassen, die ihm der ungarische Außenminister am 1. September durch seinen Bonner Botschafter hatte zukommen lassen: Die Angelegenheit der Flüchtlinge werde innerhalb von zehn Tagen geregelt.[480] Verräterischer klingt die Formulierung Eduard Ackermanns, Abteilungsleiter im Bundeskanzleramt: »ein glückliches Timing«.[481]

Nach den Erwartungen, welche die indiskrete Ankündigung Karsten Voigts und ihr Medienecho geweckt hatten, stellte die verlängerte Frist die DDR-Flüchtlinge auf eine harte Geduldsprobe. Das erste September-Wochenende verstrich, und auch der 6. September ging vorbei, ohne daß etwas geschah. Unruhe und Nervosität griffen unter den kurz zuvor noch zuversichtlichen DDR-Deutschen um sich, die in den Lagern ausharrten. Die Angst vor den überall vermuteten Stasi-Agenten wuchs. Daß das MfS im Gebäude gegenüber dem Eingang des Lagers Zugliget seine Beobachter einquartiert hatte, war den Flüchtlingen bald bekannt. Der von der DDR verlangte konsularische Dienst zur Beratung der eigenen Bürger wurde eingerichtet. Pater Kozma war auf die Idee gekommen, den DDR-Behörden einen Wohnwagen vor dem Lagertor als »Büro« zur Verfügung zu stellen. Scharen von Flüchtlingen sahen hinter dem Zaun stumm und gespannt zu, was nun geschehen würde; kaum jemand nahm die Unterstützung der DDR in Anspruch. Doch die Ungeduld wuchs.[482]

Eine Stellungnahme von Innenminister Horváth trug zur Erbitterung bei. In einem Interview mit der Zeitschrift *stern* hatte er eine bevorstehende »Nacht-und-Nebel-Aktion«, bei der 15 000 bis

20 000 DDR-Deutsche Ungarn auf einen Schlag verlassen dürften, eine falsche Spekulation genannt. Das machte zwar böses Blut, war aber dem Wortsinn nach nicht unrichtig. Denn Horváths Dienste bereiteten keine heimliche, sondern eine hochoffizielle Grenzöffnung vor. Vollends schwer wog indessen die von Horváth zu Protokoll gegebene Einschätzung, man werde auf eine Lösung womöglich noch anderthalb Monate warten müssen.[483] Der Minister bemühte sich, seine Aussagen abzuschwächen: Er habe das Interview schon die Woche zuvor gegeben, doch inzwischen sei der ungarische Außenminister in Berlin gewesen; Ungarn suche gemeinsam mit den beiden deutschen Staaten nach einer Lösung.[484] Im Rückblick spricht Horváth von einem Mißverständnis. Er habe an die Sprüche zu Beginn des Ersten Weltkriegs gedacht – »Bevor die Blätter von den Bäumen fallen, seid ihr wieder zu Hause« – und sagen wollen, die Flüchtlingskrise werde noch vor Herbstbeginn vorbei sein.[485]

Eine Korrektur brachte auch Staatssekretär Somogyi an. Vor dem außenpolitischen Ausschuß des Parlaments und in Interviews ließ er sich zwar auf Datenprognosen nicht ein, sprach aber von einer Lösung, die ohne Präzedenzwirkung einmalig sein werde.[486] Trotzdem: Auch Außenstehende spürten deutlich einen Bruch im Kurs der ungarischen Regierung. »Überall versucht man, den Gründen für die Verzögerung der Abreise auf die Spur zu kommen und die teilweise widersprüchlichen Signale zu deuten«, schrieb in diesen Tagen Cyrill Stieger, der Osteuropakorrespondent der *Neuen Zürcher Zeitung,* in einem Bericht aus Ungarn.[487] Andernorts glaubte man auch schon die Ursachen zu kennen. Horn ärgerte sich maßlos über eine westdeutsche Pressebehauptung – erschienen war sie in der *Welt* –, Ungarn handle darum so langsam, weil es den Preis, den die Bundesrepublik entrichte, in die Höhe treiben wolle.[488]

Ungarns Botschaft in Washington meldete, daß der German-American National Congress wegen der Ungewißheit über die Ausreisen in einem Telegramm protestiert habe. Und der Nachsatz, gewichtiger: »Wir erwähnen dazu, daß am 5. und 6. September in der Haltung der amerikanischen Medien – und folglich vermutlich auch in der Öffentlichkeit – bei der Bewertung der Rolle, die Ungarn in der Flüchtlingsfrage spielt, eine spürbare Veränderung eingetreten ist. Man hört Meinungen, nach denen die ungarische Führung nach anfänglichem positivem Verhalten auf Druck der DDR eine härtere Haltung angenommen hat und den Ausreisewilligen Hindernisse in den Weg legt.«[489] In Österreich wiederum gab das Rote Kreuz Zeichen der Ungeduld von sich. Man hatte die Organisation gemäß einer bundesdeutsch-österreichischen Vereinbarung mit dem Transport der Flüchtlinge beauftragt, und das Rote Kreuz mietete zahlreiche Autobusse. Diese Fahrzeuge standen nun, was viel kostete, seit Tagen reserviert bereit, ohne daß jemand mit Sicherheit hätte sagen können, wann man sie benutzen könnte und würde.[490]

So verunsichert die Flüchtlinge in den Lagern sein mochten, den Abgesandten der DDR kamen sie nicht so vor. Zu Beginn der letzten Woche vor der Grenzöffnung, am 4. und 5. September, suchte erneut eine von Generalmajor Niebling geleitete Delegation der DDR-Staatssicherheit in Budapest zu retten, was sich retten ließ. Nach der Rückkehr sprach sie in ihrem Bericht von 4000 bis 5000 DDR-Bürgern in den Lagern, die »euphorisch« auf die Ausreise – gemäß der Ausdrucksweise des Berichts: auf eine »Massenschleusung« – warteten.[491] Darüber, daß die ungarische Regierung gewillt sein könnte, der DDR entgegenzukommen, machte sich Niebling spürbar keine Illusionen mehr. Der einzige verständnisvolle Gesprächspartner in Budapest blieb Ferenc Pallagi, der Kollege, dem die ungarische Staatssicherheit unterstand. Pallagi hielt zwar, wie er den Partnern aus Ostberlin anvertraute, die Grenzöffnung für politisch und juristisch falsch, zugleich aber für unvermeidlich, wenn die DDR keine neuen Fakten schaffe. Die Vorschläge der Stasi-Leute aufgrund des Augenscheins in Budapest liefen darauf hinaus, die absprungbereiten DDR-Bürger durch eine verstärkte Medienkampagne zur Rückkehr zu bewegen. Dem eigentlichen Problem, der verlorenen Glaubwürdigkeit der DDR, war auf diese Weise allerdings nicht beizukommen.

Wie sehr die DDR am Ende ihres Lateins war, zeigt eine Note, die in Budapest am Abend des 4. September Vizeaußenminister Őszi entgegennahm.[492] Einzig die wohlbekannten Argumente kehrten darin wieder, die Horn fünf Tage früher in Berlin schon gehört hatte, ergänzt mit den Forderungen, die DDR-Bürger nicht in ein Drittland ausreisen zu lassen, sondern sie »mit aller Konsequenz« zur Rückreise in die DDR aufzufordern »und diese organisatorisch abzusichern« – was immer man sich darunter vorstellen mußte. Der DDR verblieb eine einzige Karte: die Anrufung der Sowjetunion. Niebling empfahl im zitierten Bericht, darauf zu setzen, und Ostberlin spielte sie gleich nach Horns Besuch tatsächlich schon aus. Daß sie nicht mehr stach, sollte sich in wenigen Tagen zeigen.

14

Endspiel

Die Zeichen für die DDR, wenn sie die Sowjetunion um Hilfe anrief, waren nicht günstig. Moskau hatte am 24. August auf die Ausreise der Botschaftsflüchtlinge aus Ungarn bereits einmal reagiert und sich sehr lau geäußert. Jurij Gremizkych, einer der Sprecher des Außenministeriums, verwendete die – von der ungarischen Seite erleichtert registrierte und später wiederholt zitierte – Formel, es handle sich um eine Angelegenheit der Bundesrepublik, der DDR und Ungarns. Das heißt: nicht der Sowjetunion. Der Akzent lag auf diesem unausgesprochenen Nachsatz. Daß Gremizkych auch Mahnungen hinzufügte – die Parteien sollten die Lösung in Verhandlungen suchen, die Bewilligung von Ausreisen sei Sache der DDR –, wog nicht schwer.[493] Tags zuvor, am 23. August, war die Flüchtlingskrise in der Sowjetpresse zum ersten Mal zur Sprache gekommen. Der Bericht stammte vom Budapester Korrespondenten des Regierungsblatts *Iswestija* und enthielt keine politische Wertung der geschilderten Fakten.

Die ungarische Führung hegte keine Illusionen darüber, daß die DDR sich nach Horns Besuch in Ostberlin gleich an Moskau wenden werde. Dies geschah denn auch am nächsten Tag, dem 1. September.[494] Die DDR-Spitze scheint aber den Großen Bruder schon früher angerufen zu haben.[495] Der ebenfalls vom 1. September datierte Antwortbrief des sowjetischen Außenministers Eduard Schewardnadse gab der DDR recht in ihrem Streit mit der Bundesrepublik: Die von Bonn beanspruchte Obhutpflicht für alle Deutschen sei unstatthaft, sie richte sich darauf, den zweiten, sozialistischen deutschen Staat auszuhöhlen. Bonn müsse also dazu bewogen werden, die DDR-Staatsbürgerschaft anzuerkennen – ein Prozeß, der nicht hoffnungslos sei, aber keinen raschen Erfolg verspreche.[496] Das Problem, das den ostdeutschen Genossen auf den Nägeln brannte, die Fluchtbewegung, erwähnte Schewardnadse nur im Sinn einer allgemeinen Mißbilligung. Darüber, was sich in Ungarn tun ließe, verlor er kein Wort. Er sagte seine Unterstützung zu – frei nach Radio Jerewan, dem Sender, der in den osteuropäischen Witzen die Fragen seiner Hörer stets mit einem »im Prinzip ja, aber eigentlich doch nicht« beantwortete.

Die DDR gab noch nicht auf. Durch zwei Mittel suchte sie auf Ungarn Druck auszuüben: Sie schlug die Einberufung einer Außenministerkonferenz der Länder des Warschaupakts vor und verlangte von der Sowjetunion, ihre Botschaft in Budapest im Interesse der DDR zu »Aktivitäten« anzuhalten. Der Sowjetbotschafter in Ostberlin, Wjatscheslaw Kotschemassow, lieh der DDR-Führung ein geneigtes Ohr, und es wirkt so, als habe er auch besser begriffen als seine Vorgesetzten im fernen Moskau, was für die DDR auf dem Spiel stand.[497] Mitteilen mußte er trotzdem, daß die Idee, die Außenminister der verbündeten Länder zu versammeln, im Kreml auf keine Gegenliebe gestoßen sei. Er konnte nur eine Intervention seines Kollegen Julij Kwizinskij in Bonn in Aussicht stellen sowie einen Vorstoß des Sowjetbotschafters in Budapest, der die Besorgnis der

UdSSR zum Ausdruck bringen werde. Bei ihrer zweiten Begegnung am 7. September informierte Kotschemassow den Außenminister der DDR auch schon über die Anstrengungen der Sowjetbotschaft in Ungarn. Was er meldete, bleibt sein und Fischers Geheimnis, denn die damaligen Leiter des ungarischen Außenministeriums bezeugen alle einhellig, sie hätten in den fraglichen Tagen keinerlei Druck der sowjetischen Diplomatie verspürt.[498]

Die Ungeduld wuchs mittlerweile auch in Bonn, so namentlich im Auswärtigen Amt. In einer Unterredung, die am 5. September in Genschers Wohnung stattfand, drängte der Außenminister den ungarischen Botschafter Horváth, sein Land möge endlich das Datum der Ausreisen bekanntgeben. Der Botschafter berichtete seiner Zentrale am nächsten Tag über das Gespräch, und seinen Ausführungen, ebenso wie den Erinnerungen Genschers, läßt sich entnehmen, daß der Informationsfluß auch in Bonn nicht ungestört war.[499] Was Horst Teltschik seit dem 1. September wußte, daß nämlich Horn »innerhalb von zehn Tagen« eine Lösung versprochen hatte, war Genscher an diesem Tag offenbar noch unbekannt; der Botschafter teilte ihm nun den Inhalt von Horns Telegramm mit.[500] Ebensowenig war der Außenminister im Bild darüber, daß Németh und Teltschik sich mittlerweile auf einen Zeitpunkt verständigt hatten. Dahinter stand offenbar die Rivalität zwischen Genscher und Teltschik, in Bonn kein Geheimnis.

Horváth beklagte sich wegen der forschen Erklärungen einzelner bundesdeutscher Politiker, welche die Lage der ungarischen Regierung noch weiter erschwerten, und Genscher stimmte dem Botschafter bei. Als Mitverantwortlichen für die überhitzte Pressekampagne erwähnte der Minister auch den Bonner Regierungssprecher. Man habe in Bonn Verständnis für die Situation Ungarns, beteuerte Genscher, und wisse, daß das Flüchtlingsproblem eigentlich von den zwei deutschen Staaten gelöst werden müßte. Doch die DDR habe sich als unzugänglich erwiesen. Dann kam, immer nach Horváths Bericht, ein merkwürdiger Hinweis auf die Sowjetunion: Bonn, so Genscher, hat Moskau um Vermittlung gebeten und die Antwort erhalten, die sowjetische Führung sei nicht in der Lage, auf Berlin oder Budapest Druck auszuüben.[501] Darum also vertraue die Bundesregierung darauf, daß die Ausreisen dank Ungarns Wohlwollen sofort beginnen könnten. Die höfliche Bitte ergänzte der Außenminister mit handfesten Argumenten: Die unerwünschte Verlängerung der Angelegenheit kompliziert nur deren politische Auswirkungen. Informationen liegen vor, nach denen die Flüchtlinge einen Hungerstreik planen. Zu befürchten ist, daß die Presse bei Einbruch der kühleren Witterung ihren Druck erhöht und zu Aktionen der Solidarität zugunsten der DDR-Deutschen aufruft. Er hoffe, schloß Genscher, von Gyula Horn bald eine günstige Nachricht zu erhalten.

Der solcherart um eine Stellungnahme gebetene ungarische Außenminister äußerte sich am Donnerstag, 7. September, bei der wöchentlichen Vormittagssitzung der Regierung. Erst jetzt bekam die gesamte Runde der Minister Einblick in die geplante Lösung des Flüchtlingsproblems, und formell sollte die Regierung eine Entscheidung fällen. In Wirklichkeit handelte es sich einzig darum, den bereits feststehenden Beschluß zu billigen. Den Vorsitz anstelle des an Grippe erkrankten Ministerpräsidenten führte Finanzminister Péter Medgyessy, einer von Némeths Stellvertretern. Zur Orientierung über das Problem der DDR-Flüchtlinge erhielt Horn vor der Tagesordnung das Wort.[502]

Die Lage, stellte der Außenminister als erstes fest, hat sich weiter verschärft. In sechs Punkten teilte er hernach die im engen Kabinettskreis gefaßten Beschlüsse mit; zu einigen dieser Punkte gab er auch Begründungen: 1. Die Verpflichtung, die das Zusatzprotokoll zum Vertrag von 1969 enthält, wird als nicht bindend angesehen. 2. Den illegalen Übertritten an der Grenze muß ein Ende gesetzt werden. 3. Die Maßnahmen – auf die Einzelheiten wolle er jetzt nicht eingehen – werden am Sonntag in Kraft treten. Die DDR hat bei den Verhandlungen in Berlin keine ernsthaften Vorschläge gemacht. Damit aber die DDR-Organe die Möglichkeit bekommen, mit ihren Bürgern zu reden, wartet die ungarische Seite das Wochenende ab. 4. Ungarn hat aus Berlin nun zum dritten Mal eine hart formulierte Note erhalten. Doch die DDR schließt die frühere positive Praxis aus und sichert den Rückkehrern keine wohlwollende Prüfung von Ausreiseanträgen mehr zu. Daß Ungarn bisher gemäß dem Vertrag von 1969 die Grenzverletzer der DDR zurückgab, hat der DDR einseitige Vorteile gesichert. 5. Eine humane Lösung im Sinn von internationalen Abkommen liegt in Ungarns Interesse. 6. Die Lösung mißachtet nicht die DDR-Staatsbürgerschaft, Ostberlin soll das Gesicht wahren können.

Letzteres bedeutete soviel, daß die Ausreisen nicht mit bundesdeutschen Pässen erfolgen würden. Horn fügte unter Berufung auf eine eigene, interne Analyse folgendes hinzu: Das jährliche Kontingent von Übersiedlern aus der DDR in die Bundesrepublik umfaßt 120 000 Personen. Die Zahl im laufenden Jahr liegt bisher erst bei 48 000. Wenn jetzt 10 000 bis 12 000 über Ungarn wegziehen, so bleibt das im Rahmen, zumal im allgemeinen eher gute Fachleute die DDR verlassen, während die Flüchtlinge jetzt nicht zu dieser Kategorie gehören.[503] Eine innenpolitische Anmerkung folgte, die den veränderten Umständen Rechnung trug: Man solle der Opposition zuvorkommen und den Eindruck vermeiden, die Regierung habe unter dem Druck ihrer Forderungen gehandelt. Der Pressesprecher solle also erklären, der Standpunkt der Regierung stehe schon seit längerer Zeit fest, die beiden deutschen Staaten seien unterrichtet worden, und zur Umsetzung brauche es noch einige Tage.

Für den Schluß sparte Horn einige bemerkenswerte Mitteilungen über die Haltung der Sowjetunion auf. »Die Sowjets«, erklärte er, »haben wir im einzelnen orientiert.« Offensichtlich aufgrund des tags zuvor aus Bonn zugegangenen Botschafterberichts fügte er an, mittlerweile habe auch die Bundesrepublik Kontakt zur Sowjetunion gesucht, ebenso wie die DDR, was ja bekannt sei. Die Antwort aus Moskau besagte nach Horns Angaben, daß die UdSSR sich nicht einzumischen gedenke und die Angelegenheit als Sache der DDR, der Bundesrepublik und Ungarns betrachte. Als Geste, sagte der Außenminister, wolle man den Text der Antwortnote, die Ungarn am nächsten Tag, dem 8. September, der DDR überreichen werde (Ostberlin sollte darin die endgültige Entscheidung mitgeteilt werden), in einer Abschrift auch den Vertretern der Sowjetunion aushändigen.

Was Horn laut Sitzungsprotokoll vor dem Ministerrat erzählte, widerspricht allen Beteuerungen, die man seither auf ungarischer Seite, insbesondere von Horn selber, gehört hat: Die Sowjetunion sei vom bevorstehenden Schritt erst im letzten Augenblick informiert worden.[504] Der Widerspruch mag nicht so gewaltig sein, wenn man das Verb »informieren« mit etwas Wohlwollen interpretiert. Vor seinen Ministerkollegen suchte Horn offenkundig den beruhigenden Eindruck zu erwecken, alles sei bestens unter Kontrolle, Ungarn habe den Fall mit den Sowjets ausführlich besprochen und zur Aktion grünes Licht bekommen. Das klang nach Verhandlungen, die es, wie wir wissen, nicht gegeben hatte. Die ungarische Seite hatte Moskau nur in informellen Gesprächen unterrichtet, und was an Reaktion vorlag, war keine erklärte Zustimmung, sondern lediglich Schweigen. Das ließ sich als Einwilligung oder zumindest als Duldung deuten.

Substantielles zu Horns Ausführungen hatte in der Runde nur Innenminister Horváth beizutragen. Er trat Pressemeldungen entgegen, die von Meinungsunterschieden zwischen dem Außen- und dem Innenministerium wissen wollten. Dann aber bestand er doch auf der Feststellung, daß es sein Ressort war, das sich in den vergangenen Wochen insbesondere mit den Konsequenzen hatte befassen müssen, die sich daraus ergaben, daß die systematische Auslieferung von Grenzverletzern eingestellt worden war. Nach Horváths Informationen befanden sich 5500 DDR-Deutsche in den Lagern, die Zahl von 10000 bis 15000 Flüchtlingen hielt er für übertrieben. Die technische Abwicklung vom 10. September an werde indessen keine kleine Aufgabe sein, meinte er. Dann gab er zu bedenken, daß man das akute Problem jetzt zwar lösen könne, aber immer noch nicht wisse, was mit den Bulgaren, Tschechen und Sowjetbürgern anzufangen sei, wenn künftig auch sie über Ungarn in den Westen drängten.

Medgyessy schlug vor, dem Pressesprecher zum Thema folgende Formulierung in den Mund zu legen: Die Regierung habe sich einen Bericht des Außenministers über die Angelegenheit der DDR-Bürger angehört. Horváth ergänzte: und des Innenministers. Der Sprecher hielt sich daran. Seine Mitteilung, eine Mischung aus Klartext und Verschleierung, enthielt keinen Hinweis auf einen Beschluß. Sie besagte lediglich, die Regierung habe den früheren Standpunkt bekräftigt und zur Kenntnis genommen, daß zur Umsetzung von Maßnahmen humanitärer Natur noch einige Tage benötigt würden. Zu weiteren Auskünften sei er nicht ermächtigt, sagte er und beschied die zahlreichen und emsig fragenden Journalisten mit dem Spruch »kein Kommentar«.[505]

Wortreicher, aber im Inhalt minder aufsehenerregend war eine Pressekonferenz, die am gleichen 7. September der Botschafter der DDR, Gerd Vehres, gab. Daß sich der Vertreter der DDR an die Medien wenden sollte, gehörte zu den Vorschlägen der MfS-Delegation, die zu Beginn der Woche in Budapest geweilt hatte.[506] Es war eine der Ideen zur Verstärkung der Informationskampagne, von der sich die führenden Politiker der DDR – angeblich oder tatsächlich – so viel versprachen. Folglich wiederholte der Botschafter die bekannten Standpunkte: Freiwillige Rückkehrer hätten keine negativen Folgen zu befürchten. Das Problem sei einzig durch die zügellose Hetze der Bundesrepublik entstanden. Eine »Massenausschleusung«, die laut Pressespekulationen bevorstehe, wäre eine präzedenzlose Mißachtung völkerrechtlicher Verträge. Auf lange Frist wünsche sich die DDR trotz allem gute Beziehungen zu Ungarn.[507] Daß sich dergleichen dazu eignete, Fluchtwillige zur Sinnesänderung zu bewegen, glaubte zu dieser Stunde niemand mehr.

Der Sprecher der Regierung hatte den Ausdruck »Entscheidung« vermieden. Außenminister Horn dagegen, der am frühen Nachmittag Alexander Arnot und Michael Jansen empfing, den Botschafter der Bundesrepublik und Genschers Sonderbeauftragten, eröffnete seinen Gästen, die Regierung habe am Morgen entschieden, die Grenze zu öffnen.[508] Zwar hatten die Minister bloß zum fertigen Beschluß genickt, doch es traf zu, daß nun die gesamte Regierung hinter einer Lösung im Sinne der Bundesrepublik stand. Mit der DDR weiter zu reden, habe keinen Sinn mehr, stellte Horn fest, um dann den zwei deutschen Diplomaten anzuvertrauen, die Grenze werde am Sonntag, 10. September, um Mitternacht aufgehen; die Mitteilung im Fernsehen erfolge am Abend um 19 Uhr. »Wir waren überwältigt«, erinnert sich Jansen.

Es steht dahin, welche Gestalter der bundesdeutschen Außenpolitik in Bonn an diesem 7. September über die von den Ungarn vorgesehenen Daten schon Bescheid wußten.[509] Tatsache ist, daß sich dort niemand darum gekümmert hatte, Arnot und Jansen in Budapest ins Bild zu setzen. Sie hätten wohl gespürt, daß eine Lösung heranreifte, seien aber sonst im finstern getappt, sagen die beiden. Eindrücklich, wie Jansen seine politischen Erkenntnisse schildert, die er in diesen Wochen gewann. Während er zwischen Bonn, Wien und Budapest pendelte und den Weg für die Flüchtlinge freizulegen suchte, wuchs in ihm die Überzeugung, daß am Ende des Kalten Kriegs doch nicht die von so vielen vorausgesagte Konvergenz stehen werde, nicht die gegenseitige Annäherung der sowjetischen und der westlichen Welt, sondern etwas anderes, noch Unbekanntes, doch Hoffnungsvolles.

Als die beiden deutschen Diplomaten das Außenministerium verließen, stiegen sie nicht gleich in ihren Wagen. Sie überquerten den Donauquai, setzten sich auf das steinerne Geländer und blickten hinaus auf den großen Fluß. Sie unterhielten sich eine Weile, sprachen leise, benommen vom Eindruck, historische Stunden zu erleben. Am nächsten Tag reiste Jansen nach Wien, um mit den österreichischen Regierungsämtern und dem Roten Kreuz den Transport der Flüchtlinge endgültig zu regeln. Das entsprach schon einer gewissen Routine; die Abfertigung der DDR-Bürger wurde nicht zwischen Ungarn und Österreich, sondern in erster Linie zwischen Österreich und der Bundesrepublik abgesprochen. Auf die Frage im Wiener Innenministerium, wer das alles bezahlen werde, erwiderte Jansen einsilbig: »Wir.« Als sein österreichischer Partner auf genaueren Zusagen bestand, rief Jansen in Bonn an. Statt Genscher, der im

Bundeskanzleramt weilte, den er aber gerade nicht mehr vorfand, hatte er plötzlich Helmut Kohl am Ende des Drahts. Er trug das Problem dem Kanzler vor und bekam von ihm eine Antwort, die, wie Jansen meint, den Schwung und das Engagement zeigte, mit dem die bundesdeutsche Führung bei der Sache war: »Kosten spielen keine Rolle!«[510]

In Budapest benachrichtigte am gleichen 8. September Staatssekretär Kovács die Leiter der ungarischen Missionsleiter in der Welt vom bevorstehenden Ereignis und erteilte ihnen Instruktionen. Sein Telegramm, das kurz nach 14 Uhr hinausging, im Wortlaut: »Wir sichern den freien Abzug der DDR-Bürger ab 11. September null Uhr. Dies werden wir am 10. September um 19 Uhr bekanntgeben. Der Botschafter der DDR erhält die entsprechende Note am 8. [September] um 14.30. Bis zu ihrer Veröffentlichung dient die Information zur Orientierung des Genossen Botschafters. Sie sollen anschließend an die Bekanntgabe in Ihren Verlautbarungen betonen: Die ungarische Regierung wurde durch humanitäre und menschenrechtliche Gesichtspunkte geleitet; die Verhandlungen der zwei deutschen Staaten brachten kein Ergebnis; zur Lösung des Problems, das sich nicht mehr bewältigen ließ, sahen wir zuletzt keine andere Möglichkeit als die Suspendierung der entsprechenden Punkte des Vertrags zwischen der UVR und der DDR über den visumfreien Reiseverkehr, damit die nicht rückkehrwilligen Bürger der DDR das Gebiet der UVR mit ihren Reiseausweisen in Richtung eines Landes verlassen können, das ihnen die Durchreise zu gestatten oder sie aufzunehmen willens ist; wenn Sie die Vermutung vernehmen, daß die UVR für die Behandlung der Frage einen wirtschaftlichen Vorteil verlangt oder akzeptiert hat, dann weisen Sie diese zurück.«[511]

Kovács, der an diesem Tag den abwesenden Horn vertrat, überreichte anschließend dem Botschafter der DDR die erwähnte Note. Die Grenzöffnung und ihr Zeitpunkt, die man in Ostberlin ohnehin schon kannte, wurden nun der DDR auch offiziell mitgeteilt und begründet: Ungarn trägt für die entstandene Lage keine Verantwortung. Es hat keine Informationen darüber, daß Verhandlungen der zwei deutschen Staaten in dieser Frage zu Ergebnissen geführt hätten. Die DDR hat entgegen dem ungarischen Vorschlag keine Garantien gegeben, daß die Auswanderungsgesuche von freiwilligen Rückkehrern positiv beschieden würden. Ungarn kann nur Lösungen akzeptieren, die mit seinen internationalen Verpflichtungen und seiner humanitären Praxis in Einklang stehen. Die Lage ist unhaltbar geworden. Die wachsende Zahl der nicht heimkehrwilligen DDR-Bürger zwingt Ungarn dazu, die Punkte 6 und 8 sowie das unpublizierte Zusatzprotokoll des 1969 geschlossenen Vertrags über Reiseverkehr zeitweilig außer Kraft zu setzen. Ungarn verhindert vom 11. September null Uhr an nicht, daß Staatsangehörige der DDR in ein Drittland ausreisen. Es bekräftige gleichzeitig, daß es den von Bonn erhobenen Anspruch auf Obhutpflicht für alle Deutschen und die in Ungarn ausgestellten bundesdeutschen Pässe nicht anerkennt.[512]

Kovács wie Vehres bedauerten im anschließenden Gespräch, daß die jeweils andere Seite eine Zwangslage geschaffen habe, und nun begann der verzweifelte Versuch der DDR, ein letztes Argument ins Treffen zu führen und die Ungarn damit doch noch umzustimmen. Die Flüchtlinge in der Ständigen Vertretung der Bundesrepublik in Ostberlin hatten am gleichen Tag das Gebäude verlassen, nachdem ihnen in etwas vager Form die Zusage gemacht worden war, Rechtsanwalt Vogel werde in die Behandlung ihrer Ausreiseanträge wieder eingeschaltet.[513] Diese »Berliner Formel«, beteuerten die Vertreter der DDR, habe eine neue Lage geschaffen. Vehres sprach am Abend nochmals bei Kovács vor und übergab ihm ein am späten Nachmittag übermitteltes, an Horn adressiertes Telegramm von DDR-Außenminister Fischer. Dieser erklärte die kurz zuvor empfangene Note Ungarns für inakzeptabel, plädierte dafür, die in Berlin getroffene Lösung auch in Ungarn anzuwenden, und beschwor Horn, die »angekündigten Schritte auf keinen Fall durchzuführen, weil dies der auch von Ihnen angestrebten humanitären Lösung des entstandenen Problems sowie unseren Beziehungen insgesamt schaden müßte«.[514]

Botschafter Vehres empfahl, daß ungarische Persönlichkeiten, von DDR-Offiziellen begleitet, sich in die Flüchtlingslager begeben und die DDR-Bürger von der Ernsthaftigkeit der neuesten Ostberliner Zusagen überzeugen sollten. Kovács hörte sich das schweigend an. Der Staatssekretär war sich schon lange darüber im klaren, daß die Flüchtlinge von den DDR-Behörden nichts wissen wollten und auch ungarischen Amtspersonen keinen Glauben schenkten; in letzteren sahen sie ebenso nur Vertreter eines kommunistischen Staates. Kovács hatte deshalb wiederholt bundesdeutsche Diplomaten darum ersucht, die Bewohner der Lager um Geduld zu bitten; sie seien die einzigen, denen die Flüchtlinge vertrauten.[515]

Zuvor, am Nachmittag, hatte der Staatssekretär im Anschluß an Vehres' ersten Besuch den Botschafter der Bundesrepublik, Arnot, empfangen, der seit 24 Stunden schon im Bild war, nun aber parallel zum Vertreter der DDR offiziell orientiert wurde; um 16 Uhr unterrichtete er den sowjetischen Geschäftsträger. Der Abstand von anderthalb Stunden zwischen dem DDR-Botschafter und dem Sowjetdiplomaten diente nach ungarischer Berechnung dazu, die Zeitspanne zu verlängern, während welcher die beiden sich auf dem Rückweg in die Botschaften befanden, ihre Berichte erstellten und verschlüsseln ließen. Zum Kalkül gehörte auch die zweistündige Zeitverschiebung im europäischen Teil der UdSSR. Am späten Abend, so meinte man, wäre die Wahrscheinlichkeit geringer, daß es zu einer Konsultation zwischen Moskau und Ostberlin käme.[516] Um mehr als ein taktisches Spielchen handelte es sich nicht, denn im Kreml wußte man ohnehin Bescheid, und ein ganzes Wochenende stand noch bevor, Zeit genug für Reaktionen. Moskau blieb indessen bis zuletzt stumm.

Eine Reaktion anderer Art erfolgte noch am Freitag abend. In der Budapester Botschaft der DDR traf ein Brief ein, den Parteichef Honecker an den Präsidenten der ungarischen Partei, Rezső Nyers, gerichtet hatte. Der Appell, dessen Ton auf Empfängerseite nachträglich – je nach Temperament – als »hart« (Kovács) oder als »unverschämt« (Horn) bezeichnet wird[517], zeigte schon durch die Wahl des Adressaten, in welchem Maß die DDR-Führung die Lage in Ungarn verkannte. Die ungarische Parteispitze hätte auf den Lauf der Ereignisse selbst bci größter Willigkeit keinen Einfluß mehr nehmen können. Dazu war die Zeit zu vorgerückt und die Partei zu schwach. Das vierköpfige Präsidium hatte sich in den letzten Sommerwochen, als die Frage der DDR-Deutschen brennend aktuell zu werden begann, mit dem Problem kaum befaßt. Bei der wöchentlichen Montagssitzung des Gremiums am 4. September hatte es gerade noch zu einem frommen Wunsch von Rezső Nyers gereicht, man solle den Kontakt mit der Führung der DDR weiterhin suchen. Damit wurde das Thema ad acta gelegt.[518] Alles übrige war Sache der Regierung.

Das Schreiben Honeckers wurde in der DDR-Botschaft in höchster Eile decodiert und ins Ungarische übersetzt. Die Zeit drängte, wenn der Brief vor der Bekanntgabe der Grenzöffnung am Sonntag um 19 Uhr noch Wirkung zeitigen sollte. Ebenso wußte der Botschafter der DDR, daß er schnell einen Termin zur Übergabe bekommen mußte, daß der Bescheid »am Montag« zu spät sein würde. Am Samstag früh fand er telefonisch Imre Dégen, den persönlichen Referenten des ungarischen Parteipräsidenten. Er trug ihm sein Anliegen vor und informierte ihn in groben Zügen auch über den Inhalt von Honeckers Schreiben. Nyers ließ im Verlauf des Tages ausrichten, er erwarte Vehres am Sonntag um neun Uhr. Im menschenleeren ZK-Gebäude wurde der Botschafter zu seiner Enttäuschung nicht von Nyers, sondern von Dégen empfangen, dem er Honeckers Brief aushändigte. Der Referent überreichte hierauf dem verdutzten Vehres auch schon die ablehnende schriftliche Antwort von Nyers. Von Dégen und vom Parteivorsitzenden, der hernach für ein Gespräch doch zur Verfügung stand, erfuhr der Botschafter, daß ein enger Führungskreis abends zuvor über Honeckers Vorstoß beraten und entschieden hatte, an der Öffnung der Grenze festzuhalten.[519]

Beraten hatten Mitglieder des Parteipräsidiums und der Regierung, unter letzteren Ministerpräsident Németh (der auch dem Präsidium angehörte), Außenminister Horn und Staatssekretär Kovács.

Eine hitzige Debatte war es nicht. Der einzige, der die Entscheidung mißbilligte, Generalsekretär Károly Grósz, hüllte sich in Schweigen. Er verzichtete aufs Wort, da er wußte, daß er auf verlorenem Posten stand.[520] So kam es zur Antwort an Honecker, die mit dem merkwürdigen Eingeständnis von Nyers beginnt, er habe tags zuvor vom Botschafter der DDR eine mündliche Mitteilung der SED-Führung über die in Ungarn weilenden DDR-Bürger erhalten (sprich: Honeckers schriftliche Ausführungen noch gar nicht gelesen).[521] Im übrigen bekräftigte Nyers im Brief die bekannten ungarischen Positionen, hielt fest, daß die »Berliner Formel« in Ungarn wegen der besonderen Lage nicht anwendbar sei, und er beteuerte wortreich, wie sehr seiner Partei an guten Beziehungen zur SED liege. Der letzte Satz, ob ernst oder ironisch gemeint, eignete sich dazu, Honecker (sofern er den Brief zur Kenntnis nahm und zu Ende las) vollends in Wut zu bringen. Nyers bat darin den ostdeutschen Parteichef, mit seinen Erfahrungen und seiner Autorität dazu beizutragen, daß die Öffentlichkeit der DDR und die Mitglieder der SED die Gründe der ungarischen Entscheidung verstünden.

Die Ankündigung des Schritts erfolgte in der Fernsehsendung »A Hét« (Die Woche), die jeweils am Sonntag um 19 Uhr begann. Warum der Außenminister und nicht der Ministerpräsident am Bildschirm erschien und den Punkt an das Ende einer langen Geschichte setzte, ist in Ungarn eine bis heute oft gestellte und umstrittene Frage. Nicht zu leugnen, daß Gyula Horn mit diesem Fernsehauftritt vollends fest seinen Ruf begründete, der Urheber der Grenzöffnung zu sein. Warum also nicht der Regierungschef, der die Entscheidung gefällt hatte? Die Berater Németh erzählen, sie hätten dem Ministerpräsidenten zu verstehen gegeben, er begehe einen schweren Fehler, indem er Horn den Vortritt lasse. Der Németh nahestehende Erziehungsminister Ferenc Glatz war gleicher Meinung, entsinnt sich aber auch, daß er Németh auf gewisse Risiken aufmerksam machte. Németh selber sagte damals wie später, Horn habe sich bei ihm angelegentlich darum beworben, die Ankündigung übernehmen zu dürfen, er habe eingewilligt und auf diese Zusage nicht mehr zurückkommen wollen. Ihn, so fügt er hinzu, habe die Publizität niemals interessiert.[522] Das mochte so sein, zeigte aber auch, daß Németh nicht zu jenen Politikern gehörte, die ihren persönlichen Vorteil instinktsicher wahrzunehmen verstehen.

Gleichzeitig mit dem Fernsehauftritt Horns verbreitete die ungarische Nachrichtenagentur MTI eine Regierungserklärung gleichen Inhalts: Die Lage an der Grenze, wo die Zwischenfälle immer häufiger werden, ist unhaltbar geworden, die Zahl der übersiedlungswilligen DDR-Bürger nimmt ständig zu. Ungarn trägt für die Situation keine Verantwortung und läßt sich nun bei seiner Entscheidung durch menschenrechtliche und humanitäre Grundsätze leiten. Der Weg für die DDR-Deutschen ist von Mitternacht an frei. Horn fügte in seinem Kommentar hinzu, die Regierung suspendiere die fraglichen Punkte des Vertrags über den Reiseverkehr zwar nur zeitweilig, die Maßnahme gelte aber gewiß nicht bloß für 24 Stunden. Die Grenze sollte also geraume Zeit offenbleiben, so lange, bis die Gründe, die zur ungarischen Entscheidung geführt hätten, nicht beseitigt würden – eine ähnliche Formulierung gebrauchte auch das Außenministerium am 14. September in seiner Antwort auf eine Protestnote der DDR.[523]

Die Fernsehkanäle der Bundesrepublik übernahmen am Sonntag abend direkt das TV-Programm aus Budapest, und Bundesaußenminister Genscher selber kommentierte im ZDF-Studio die Ausführungen Horns. Er dankte der ungarischen Regierung, nannte ihre Entscheidung eine Stellungnahme zugunsten der Menschenrechte und wies die Vermutung erneut zurück, Ungarn habe für den Schritt wirtschaftliche Gegenleistungen verlangt. Bei der Pressekonferenz vor dem CDU-Parteitag in der Bremer Stadthalle hatte der politisch soeben noch gefährdete Bundeskanzler Kohl seinen großen Presseauftritt und Erfolg; auch er betonte seine Dankbarkeit gegenüber Ungarn. Überraschend gekommen war der Schritt nach den Ereignissen in der Woche zuvor für die beiden Politiker nun nicht mehr. Die Angabe Kohls, er habe die ersehnte Nachricht von der bevorstehenden Grenzöffnung um die Mittagszeit am 10. September, kurz vor seiner Abreise nach Bremen erhalten, und die Darstellung Genschers, der die Bestätigung aus Budapest sogar erst am Nachmittag des gleichen Tages erfahren haben will[524], gehören in die Gattung »spannende Gestaltung einer Autobiographie«. Kohl kannte das Datum seit Némeths Abmachung mit Teltschik am 4. September, und Genscher war spätestens seit dem 7. September im Bild, nachdem Horn in Budapest Arnot und Jansen informiert hatte.

Für die DDR-Deutschen in Ungarn bedeutete die Nachricht die Erlösung. Sie setzte der wochenlangen, nervenzerrenden Wartezeit ein Ende. Hunderte von Familien fuhren schon am Abend mit ihren Trabant- und Wartburg-Wagen von Budapest in Richtung Grenze los; vor der Übergangsstelle in Hegyeshalom bildete sich bald eine kilometerlange Schlange von stehenden Autos, deren Insassen auf Mitternacht, auf die Stunde Null, warteten.

In den Lagern herrschte Freudentaumel. Und da Absurditäten bis zuletzt zum Alltag der kommunistisch beherrschten Länder gehörten, brachte selbst diese Sternstunde noch Komik und Widersinn hervor. Zoltán Balog, des Deutschen mächtiger protestantischer Pfarrer, als Seelsorger und Helfer im Lager Csillebérc tätig, erinnert sich, wie einer der ungarischen Lagerleiter es sich nicht nehmen ließ, den Flüchtlingen pathetisch, aber mit dürftiger deutscher Grammatik zu verkünden, die freiheitsliebenden Ungarn öffneten nun die Schranken. Er wurde begeistert beklatscht, doch Balog, der die Vergangenheit des Mannes kannte (Leute seines Schlages sollten bald Wendehälse heißen), applaudierte nicht. Ob er von der Stasi sei, fragten ihn hierauf drei ostdeutsche Jugendliche mit drohendem Unterton. Warum sie das glaubten, gab der Pfarrer die Frage zurück. Weil er halt nicht applaudiere. Nein, erklärte ihnen nun Balog, nicht er sei von der ungarischen Staatssicherheit, sondern der Funktionär, den sie soeben bejubelt hätten. Das verstünden sie nicht, sagten die Jungen. Darauf Balog: »Schaut, meine Lieben. Ihr reist jetzt aus, werdet fortan in Westdeutschland leben, euch dort integrieren. Ihr braucht das auch nicht mehr zu verstehen.«[525]

15

Nachspiel

Nicht nur die Sicherung des Empfangs und der Durchreise nach Deutschland lag in den Händen der Österreicher. Das Rote Kreuz Österreichs (ÖRK), das auf Ersuchen der Bundesrepublik handelte, brachte auch jene Flüchtlinge aus den Lagern in Ungarn heraus, die über keinen eigenen Wagen verfügten. Für Außenminister Mock erstellten seine Beamten in Wien am 15. September einen Bericht über die Aktionen während der vier vorangegangenen Tage.[526] Das Bild, das man daraus gewinnt: Das ÖRK richtete an den Grenzübergängen bereits am 10. September Betreuungsstellen ein. Während der ersten Nacht und am darauffolgenden Tag kamen Tausende über die Grenze. Sie erhielten Lebensmittel und bei Bedarf medizinische Hilfe. Autofahrern überreichte man markierte Landkarten mit den Transitrouten sowie 700 Schilling zur Deckung der Treibstoffkosten. In den Morgenstunden des 11. September entsandte das Rote Kreuz 75 Autobusse in die vier Lager, die in den Abendstunden mit den Flüchtlingen nach Österreich zurückkehrten und ihre Fahrt nach den deutschen Grenzstädten Passau und Freilassing fortsetzten.

Bei aller Großzügigkeit achtete man auf österreichischer Seite darauf, die Einreise nur DDR-Deutschen zu gestatten, und man zählte sie genau. Nach dem ersten Ansturm, so heißt es im Bericht des Außenministeriums, flaute der Ausreiseverkehr schon am nächsten Tag ab. Bis am frühen Morgen des 15. September waren 13 674 DDR-Bürger aus Ungarn angekommen. Die Flucht hielt aber, da Ungarn die DDR-Deutschen nicht hinderte, auch in den folgenden Wochen an. Bis zum 5. November, unmittelbar vor dem Fall der Berliner Mauer, zählte die DDR-Staatssicherheit selber beinahe 50 000 Ausreisen über ungarisches Territorium.[527]

Im Papier an Mock stand die Bemerkung, daß die DDR nach der Öffnung der Grenze zwar die Bundesrepublik und Ungarn mit scharfen Worten angegriffen, Österreich aber nicht erwähnt habe. Als erstes zog die DDR-Presse über Ungarn her. Die gleiche Presse hatte in den Wochen zuvor über die Vorgänge im »Bruderland« kaum ein Wort verloren, Tatsachen unerwähnt gelassen. Statt dessen attackierten die Propagandisten des Regimes, etwa Karl-Eduard von Schnitzler, in schärfstem Ton die »Hetzkampagne« der Bundesrepublik, hoben aber gleichzeitig hervor, daß die ungarischen Behörden die Grenze geschlossen hielten und auf solche Art mit der DDR solidarisch seien. Normalität, störungsfreie Beziehungen zu Ungarn wurden vorgespiegelt, und selbst am Tag nach Horns stürmischem Treffen mit Fischer in Berlin überschrieb *Neues Deutschland* einen nichtssagenden Bericht mit »Freundschaftliches Gespräch«. Am 11. September druckte dann das Parteiblatt eine am Abend zuvor schon veröffentlichte Erklärung der DDR-Nachrichtenagentur ADN ab (in kommunistischen Staaten die übliche Form einer staatsamtlichen Stellungnahme), in der die ungarische Regierung des Vertragbruchs und des Menschenhandels bezichtigt wurde. Am 13. lautete eine Schlagzeile im Parteiblatt »Silberlinge für Ungarn«. Das wiederum veranlaßte das Außenministerium in Budapest zu einer Anweisung an die eigene Botschaft in Bonn: Sie soll in Erfahrung bringen, wieviel Kopfgeld die DDR in den letzten Jahren von der Bundesrepublik für die Übersiedler gefordert und erhalten hat.[528]

Am 12. September beriet das SED-Politbüro über Gegenmaßnahmen, besaß aber offensichtlich kein Druckmittel.[529] Der Vorschlag, den eigenen Botschafter aus Budapest abzuberufen, wurde verworfen. Man sprach über eine verschärfte Kontrolle der nach Ungarn reisenden DDR-Touristen – darüber hatte man schon seit Monaten gesprochen – und faßte auch jetzt keinen Beschluß. Eine Protestnote wurde gebilligt, die Botschafter Vehres in Budapest noch am gleichen Tag übergab. Sie stellte das Recht in Frage, Vertragspunkte einseitig zu suspendieren, und lief auf die Forderung hinaus, Ungarn habe seine Entscheidung sofort rückgängig zu machen.[530] Die ablehnende Antwort kam zwei Tage später. Die Juristen des ungarischen Außenministeriums beriefen sich pedantisch auf Artikel 62 des 1969 in Wien geschlossenen Abkommens über das Vertragsrecht. Darin wird anerkannt, daß die substantielle Veränderung der Umstände ein Grund sein kann dafür, daß man einen Vertrag beendet oder sich von ihm lossagt, dies namentlich dann, wenn infolge der Wirkung der Änderungen das Maß der vorgeschriebenen Verpflichtungen sich ebenfalls wesentlich verändert. Sie zählten ferner internationale Abkommen auf, darunter das Abschlußdokument des Wiener Nachfolgetreffens der Helsinki-Konferenz, und nannten die in diesen Vereinbarungen fixierten Normen, die das Recht der Bürger festhalten, ein Land zu verlassen – Bestimmungen, die mit dem jetzt teilweise suspendierten ungarisch-ostdeutschen Vertrag nicht vereinbar seien.[531]

Aktiver als die Politiker, doch auch nicht mehr besonders wirkungsvoll zeigte sich in der DDR die Staatssicherheit. Mielke hatte schon am 1. September Gedanken darüber zu Papier gebracht, daß man DDR-Bürger aus den Botschaften und aus Ungarn zur Heimkehr veranlassen könnte, indem man »geeignete Familienangehörige/Verwandte« auswähle, um sie auf »entsprechende Maßnahmen der zielgerichteten Einflußnahme vorzubereiten«. Nach der Öffnung der ungarischen Westgrenze entfaltete der Leiter des MfS eine hektische Tätigkeit zur Schadensbegrenzung. Er erließ zahlreiche Weisungen zur Verschärfung der Ausreisekontrollen und erwog auch, Besuche in Ungarn, ähnlich wie in Polen, nur noch aus familiären Gründen zuzulassen.[532] Ungarn-Reisen von Mitarbeitern des MfS, die ja als Geheimnisträger galten, wurden vom 15. September an mit Verbot belegt, während sich gerade vom 12. bis zum 15. eine Delegation der Stasi »zu einem planmäßigen Erfahrungsaustausch« in Budapest aufhielt. Ihr Gesprächspartner, Pallagi, beteuerte gegenüber den Gästen aus Berlin, der ungarischen Staatssicherheit liege weiterhin viel an einer engen Zusammenarbeit. Der von ihm geführte Dienst habe die Öffnung der Grenze nicht gewollt, aber nicht verhindern können.[533]

Zu allem Unglück für die SED-Führung war unmittelbar nach dem Eklat auch noch ein Gast aus Ungarn zu empfangen: Mária Ormos, Historikerin und Mitglied des Politischen Exekutivkomitees der USAP. Man hatte ihren Besuch vom 13. bis zum 15. September schon vor längerer Zeit festgelegt. Der ungarische Parteipräsident Nyers trug Frau Ormos auf, den ostdeutschen Genossen zu versichern, daß die ungarische Partei ihnen keinen Dolchstoß in den Rücken habe versetzen wollen.[534] Widerwilliger Gesprächspartner der Besucherin war das Politbüromitglied Kurt Hager; die Unterhaltung der beiden geriet hart, blieb aber korrekt. Mit Kopfschütteln erzählt die Historikerin heute, daß Hager einen Tag nach dem ersten Treffen erneut um eine Begegnung bat und dabei der Besucherin das unerwartete Geständnis machte, er habe Verständnis für den ungarischen Schritt. Einen Grund für seinen Sinneswandel nannte Hager nicht. Frau Ormos hielt in Berlin im Haus der ungarischen Kultur auch einen Vortrag über den bevorstehenden Kongreß ihrer Partei. Hochrangige Funktionäre fehlten im Publikum, und in der anschließenden Diskussion wagte niemand, eine Frage in Zusammenhang mit den aktuellen Ereignissen zu stellen. In ihrem Bericht über die Visite sprach Ormos von wachsender Unsicherheit der DDR-Führung und von fehlendem Mut, sich mit den Ursachen der Fluchtwelle auseinanderzusetzen.[535]

Die Stasi allerdings nannte einige Gründe. Sie erforschte die Reaktionen der Bevölkerung und diagnostizierte auf der einen Seite, unter den »progressiven Kräften«, Entrüstung, Enttäuschung und auch Besorgnis, ob die DDR den kontinuierlichen Verlust an Menschen, namentlich im besonders betroffenen Gesundheitswesen, werde verkraften können. Auf der anderen Seite registrierte sie eine verbreitete Unzufriedenheit wegen der schlechten Warenversorgung, der fehlenden Reisemöglichkeiten und wegen des Mangels an demokratischem Mitspracherecht.[536]

Briefe, die der ungarischen Botschaft in Ostberlin – spontan oder auf politische Bestellung – massenhaft zugesandt wurden und von denen sie einige Muster nach Budapest weiterschickte, hatten sowohl Gegner als auch militante Anhänger des Regimes zum Absender.[537] Einerseits: »Ich will Respekt und Hochachtung dafür aussprechen, daß Sie internationalen Konventionen gegenüber neu zu überarbeitenden bilateralen Verträgen den Vorrang einräumen.« Oder: »Die umfassende Hilfe und Unterstützung, welche die Regierung und die Bevölkerung Ihres Landes meinen Mitbürgern zuteil werden lassen, drückt in meinen Augen eine tief humane Gesinnung aus.« Anderseits: »Herr Botschafter! Mit Entsetzen erfahre ich, daß Ihre Regierung mit der neofaschistischen BRD einen dreckigen Menschenhandel betreibt. Für ein paar westdeutsche Silberlinge werden junge DDR-Bürger an die BRD verschachert. [...] Nehmen Sie meine tiefste Verachtung für Ihre Verräter-Regierung entgegen. Sie ist nicht das Vollspucken wert.«[538]

Es war im Wortsinn ein ohnmächtiger Zorn, der die Kommunisten der DDR ergriff, weil Forderungen und Drohungen ohne sowjetischen Rückhalt nichts zu bewirken vermochten. Die Sowjetführung indessen verhielt sich im Streit zwischen Ungarn und der DDR neutral. In einer Stellungnahme zum Fall am 12. September verurteilte die Agentur TASS die Bundesrepublik, erwähnte aber Ungarn mit keinem Wort. Der Sprecher des sowjetischen Außenministeriums, Gennadi Gerassimow, nannte gleichen Tags den Schritt Ungarns lediglich »ungewöhnlich und bis zu einem gewissen Maß unerwartet«, enthielt sich aber weiterer Wertungen.[539] Die sowjetische Sprachregelung stand damit fest. Selbst der in Ostberlin zu Besuch weilende Jegor Ligatschow, Mitglied des sowjetischen Politbüros und hartgesottener Widersacher Gorbatschows, hielt sich daran.[540]

Die Sowjetunion rückte allerdings auch ihr nicht genehme ungarische Äußerungen zurecht. Am 22. September nannte das Außenministerium in Moskau einen Bericht der *Washington Post* unwahr und irreführend. Das Blatt hatte sich auf Mátyás Szűrös, den Vorsitzenden des ungarischen Parlaments, berufen und behauptet, die Sowjetunion sei vor der Grenzöffnung von Ungarn informiert worden und habe keine Einwände erhoben. Szűrös anerkannte die Berechtigung des sowjetischen Dementis; eine eigentliche ungarisch-sowjetische Absprache habe es nicht gegeben. Nach Horns Darstellung billigte einige Wochen später sein sowjetischer Amtskollege Schewardnadse bei einem Treffen am Rande der UNO-Generalversammlung das ungarische Vorgehen.[541]

Die Reaktionen des Westens, leicht voraussehbar, waren enthusiastisch; der Mut und die Prinzipienfestigkeit der ungarischen Regierung wurden gepriesen. Die Bonner Politiker betonten darüber hinaus ihre Dankbarkeit. Dabei freilich zeigte sich zweierlei: daß die Führer der westlichen Welt sich nun persönlich jenen Männern verbunden fühlten, die in Budapest die Grenzöffnung bewerkstelligt hatten und die, wie man die Dinge auch immer sehen wollte, Mitglieder der Staatspartei waren. Und daß die Demokraten des Westens die nationalkommunistische Linke Ungarns gern jener Opposition vorgezogen hätten, die sich ihrerseits auf westliche Werte berief und demokratische Verhältnisse forderte. Angst vor chaotischen Entwicklungen in Osteuropa spielte bei solchen Überlegungen eine Rolle, ebenso aber Phantasielosigkeit, Unfähigkeit, sich stabile Demokratien auch östlich von Wien vorzustellen.[542]

In Bonn setzte Außenminister Genscher dem ungarischen Botschafter Horváth in schöner Deutlichkeit auseinander, was gemeint war. Folgendes steht in Horváths Bericht vom 13. September 1989: »Genscher orientierte mich schließlich darüber, daß laut Informationen ihrer Budapester Botschaft der US-Botschafter [Mark Palmer] bemüht ist, die politische Führung der USA so zu beeinflussen, daß sie die Opposition unterstützt, damit diese die Macht erringen kann. Genscher sagt, er habe diese Frage mit Außenminister Baker eigens besprochen. Nach seinen Informationen teilen die Führer der USA – Bush, Baker – die Meinung Palmers nicht. Im Einverständnis mit der Regierung der Bundesrepublik sind auch die Regierungen der USA, Frankreichs und Italiens daran interessiert, daß der Reformflügel der Ungarischen Sozialistischen Arbeiterpartei als Ergebnis der demokratischen Wahlen seine Machtposition bewahren kann.«[543]

In der Tat nannte Bush die Führer der ungarischen Opposition, denen er im Juli 1989 in Budapest begegnet war, selbst 17 Jahre später noch wohlmeinende, aber verwirrende Leute, von denen er damals nicht recht gewußt habe, ob sie ein fester Faktor des Systemwechsels sein könnten. Außenminister Baker wiederum sagte nach der gleichen Aussprache zu Botschafter Palmer: »Mark, ich weiß, daß das Ihre Freunde sind, aber sie werden dieses Land nie regieren.«[544] Es brauchte bis zum Frühjahr 1990 weniger als zehn Monate, und die »Freunde« bildeten nach der Wende die erste Regierung.

In Ungarn selber warf die Grenzöffnung nach dem 11. September 1989 keine hohen Wellen mehr. Das Land, mitten in der Vorbereitung des Systemwechsels, war mit anderem befaßt. Das Zentralkomitee der immer noch herrschenden Partei trat am 12. September zu einer zweitägigen Sitzung zusammen und widmete sich in uferlosen Diskussionen dem Programm und dem Entwurf neuer Statuten. Nyers, der Vorsitzende, gab lediglich außerhalb der Tagesordnung eine summarische Erläuterung zum Fall der DDR-Bürger. Er schlug zuletzt vor, über das Thema keine Debatte zu eröffnen, und als er sich erkundigte, ob jemand Fragen stellen wolle, blieb es im Saal still.[545] Der Groll von Generalsekretär Grósz entlud sich erst zwölf Tage später, als das ZK erneut zusammentrat. Bei der Sitzung am 25. September kam es zu einem gereizten Wortwechsel zwischen Grósz und Németh. Grósz behauptete, die Sowjetunion habe die Methoden der ungarischen Regierung bei der Behandlung der Krise mißbilligt; die DDR sei nicht aktiv einbezogen worden, und Ungarn habe sich einer Anti-DDR-Kampagne angeschlossen. Németh erwiderte zornig, die Verhandlungen seien mit beiden deutschen Staaten geführt worden; daß sie nicht auf gleicher Ebene stattgefunden hätten, erkläre sich mit der Erkrankung von Parteichef Honecker und Ministerpräsident Stoph.[546]

Die DDR unternahm noch einige Versuche, Ungarn zur Rücknahme seiner Verfügungen zu bewegen. Der stellvertretende Ministerpräsident Gerhard Schürer, Vorsitzender der Plankommission, traf am 22. September während eines Besuchs in Budapest mit dem ungarischen Regierungschef zusammen und las – offenbar gemäß seinem Auftrag – eine Erklärung vor. In seiner Antwort verwahrte sich Németh gegen den Vorwurf des Menschenhandels und nannte dann (da waren zwei Ökonomen unter sich) auch wirtschaftliche Gründe: Ungarn sei materiell nicht in der Lage, zusätzlich zu den Zehntausenden von Flüchtlingen aus Rumänien über den Winter auch die Last der DDR-Deutschen auf sich zu nehmen.[547] Ermuntert durch das Zugeständnis Némeths, die Grenze könne nicht ewig offenbleiben, entsandte die DDR-Führung Anfang Oktober den stellvertretenden Außenminister Harry Ott zu Verhandlungen nach Budapest. Die Gespräche endeten mit einem Mißerfolg, und etwas anderes war auch schwerlich zu erwarten: Die DDR strebte nach der Wiederherstellung des früheren Zustands, Ungarn dagegen danach, die mit Ostberlin bestehenden Verträge den neuen internationalen Verpflichtungen anzupassen. Man habe in Otts Ausführungen kein selbstkritisches Element entdecken können, heißt es in den Aufzeichnungen des ungarischen Außenministeriums.[548]

Und dann rann die Zeit für die DDR aus. Auf die weiteren Ereignisse und Zusammenhänge einzugehen, die zum Sturz des Ostberliner Regimes geführt haben, liegt jenseits der Zielsetzung dieser Arbeit. Fällig sind nur noch einige Worte über die Einordnung und Würdigung der Rolle, die Ungarn in diesem Prozeß zukam.

Welchen Verlauf die Vereinigung Deutschlands ohne die von Ungarn im Eisernen Vorhang geschlagene Bresche genommen hätte, gehört zu den müßigen »Wie wäre es gewesen«-Fragen. Dennoch dürfte man summarisch dies zur Antwort geben: Angesichts der wirtschaftlichen und ideologischen Erschöpfung des sozialistischen Blocks und namentlich seiner Führungsmacht, der Sowjetunion, wäre wohl die gleiche Entwicklung eingetreten, ohne den ungarischen Beitrag aber etwas langsamer verlaufen. Was im Sommer 1989 in Ungarn geschah, beschleunigte die Vorgänge.

Die Geschichte der Grenzöffnung ist zugleich ein Beleg dafür, daß es besondere Situationen geben kann, in denen auch ein kleines

Land Prozesse von weltpolitischer Bedeutung zu beeinflussen vermag – vorausgesetzt, daß die Führung ihren Spielraum ermißt und zu nutzen wagt. Die Regierung Németh deutete die Zeichen richtig. Ihre führenden Köpfe ließen sich – aus rationaler Erkenntnis wie aus politischem Instinkt – von der Überzeugung leiten, daß sie zunehmend über Handlungsfreiheit verfügten, daß eine europäische Wende bevorstand und daß es bei der ihnen aufgezwungenen Wahl im Interesse ihres Landes lag, sich für die Bundesrepublik und nicht für die DDR zu entscheiden.

Die Grenzöffnung ist eine Erfolgsgeschichte, und zu ihren Nachwirkungen in Ungarn gehört eine – bei herannahenden runden Jahrestagen jeweils polemisch aufflammende – Diskussion darüber, wer die Tat als sein eigenes Verdienst verbuchen darf. Die Frage ist insofern unzulässig, als es sich nicht um eine individuelle, sondern um eine kollektive politische Leistung handelte. Die Hauptrolle, kein Zweifel, kam Ministerpräsident Miklós Németh zu. Er trieb die Lösung voran, und kraft seines Amtes war er derjenige, der die Entscheidung fällte und dafür die politische Verantwortung trug. Bei einem bösen Ausgang hätte er den Kopf hinhalten müssen. Außenminister Gyula Horn war, entsprechend seiner Stellung, nicht in der Lage, Entscheidungen von Tragweite allein zu treffen, doch er und seine Mitarbeiter erbrachten einen maßgeblichen Beitrag zur operativen Abwicklung. Diese wiederum wäre nicht möglich gewesen ohne das Einverständnis und die Kooperation von Innenminister István Horváth, dem die bewaffneten Ordnungskräfte unterstanden. Die Rahmenbedingungen schließlich ergaben sich aus der Reform- und Umbruchstimmung im Land. Beim erwähnten Gespräch, das Ministerpräsident Németh Ende September mit dem DDR-Politiker Gerhard Schürer führte, berief sich der ungarische Regierungschef auf die öffentliche Meinung Ungarns, welche die erneute Schließung der Grenze nicht zulassen würde.[549]

Gingen die ungarischen Politiker ein Risiko ein, oder ließen sich sowjetische Gegenmaßnahmen – Einspruch, Eingriff, wirtschaftliche Vergeltung – ausschließen? Da die UdSSR sich nicht rührte, neigen wir heute zum schnellen Urteil, daß die Ungarn getrost so handeln konnten, wie sie es eben taten. Es trifft denn auch zu (wir haben es gesehen), daß die ungarische Diplomatie bei ihren Abklärungsversuchen zum Schluß gekommen war, eine unfreundliche sowjetische Reaktion sei nicht zu erwarten. Doch letzte Gewißheit über die Machtverhältnisse im Kreml konnte man in Budapest ebensowenig haben wie sonstwo in der Welt.[550] Und selbst auf Gorbatschow war nur bedingt Verlaß; der sowjetische Parteichef hatte dem führenden ungarischen Reformpolitiker Imre Pozsgay noch im März 1989 ausrichten lassen, er erwarte, daß sich die Genossen in Ungarn geschlossen hinter Generalsekretär Károly Grósz stellten.[551]

Hatte schließlich die ungarische Regierung im Spätsommer 1989 überhaupt eine Wahl? Man hat auch schon die Meinung vertreten, daß sie anders gar nicht handeln konnte.[552] Fraglich. Kein Zweifel, daß die Geschichte in Ceauşescus Rumänien oder auch unter dem Parteichef Miloš Jakeš in der Tschechoslowakei auf andere Weise zu Ende gegangen wäre. Freilich, die gesellschaftlichen Verhältnisse in Ungarn ließen sich 1989 mit denen der erwähnten Nachbarländer nicht mehr vergleichen. Hier war die Macht selbst Károly Grósz schon entglitten. Trotzdem hätte auch die Regierung Németh einen anderen Weg gehen können. Es stand ihr offen, hart einige weitere Wochen durchzustehen und die Aufgabe, mit der sich die eigene Polizei nicht mehr betrauen ließ, der kalten Witterung zu überlassen: die Flüchtlinge nach Hause zu treiben.

Die ungarischen Politiker ahnten Anfang September 1989 nicht, daß ihr Tun die Vereinigung Deutschlands einleiten könnte, und erst recht nicht, daß die Dinge so rasch ihren Lauf nehmen würden. Die von Bundeskanzler Kohl bald schon geprägte Metapher, Ungarn habe den ersten Stein aus der Berliner Mauer herausgeschlagen, ist seither unzählige Male wiederholt worden. Daß zwischen dem Riß im Eisernen Vorhang in Ungarn und dem Einsturz der Mauer in Berlin ein Zusammenhang bestand, wurde jedenfalls von den Berlinern selber so begriffen. Als der Botschafter Ungarns in Ostberlin, Ernő Lakatos, am Abend des 9. November beim Checkpoint Charlie nun schon ohne jede Behinderung nach Westberlin hinüberfuhr und die Menge ihn an der rot-weiß-grünen Flagge erkannte, wurde er begeistert gefeiert und mitsamt seinem Wagen in die Höhe gehoben.[553] Der Jubel galt einem Mann, dem in Ungarn der Ruf eines hartköpfigen Ideologen anhaftete – der letzte Irrtum in dieser an Mißverständnissen nicht armen Geschichte.

Anmerkungen

1 Endre Antal: Land- und Forstwirtschaft [in Ungarn]. In: Südosteuropa-Handbuch, Band V, Ungarn. Hrsg. von Klaus-Detlev Grothusen, Vandenhoeck & Ruprecht, Göttingen 1987, S. 355–382.

2 Romsics Ignác: Magyarország története a XX. században / Geschichte Ungarns im 20. Jahrhundert. Osiris kiadó, Budapest 1999, S. 520–534.

3 Gespräche mit Miklós Németh und István Horváth.

4 Grósz sprach sich über die Grenzöffnung in der Öffentlichkeit erst im Jahr 1996 aus, kurz vor seinem Tod, und zwar in einem Interview mit dem ungarischen Radio. Das Gespräch wurde erst am 1. August 1999 ausgestrahlt. Grósz erwähnt darin die anderen sozialistischen Länder, die Ungarn habe informieren müssen, sagt aber nichts über allfällige Befürchtungen im Frühjahr 1989. Besorgt wegen der möglichen Reaktionen der Verbündeten hatte sich Grósz dagegen am 1. November 1988 bei einer Sitzung des Politbüros geäußert. Im weiteren: Radiointerview Károly Grósz.

5 Monika Tantzscher: Die verlängerte Mauer. Die Zusammenarbeit der Sicherheitsdienste der Warschauer-Pakt-Staaten bei der Verhinderung von »Republikflucht«. BStU, Berlin 1998.

6 Gespräch mit Axel Hartmann. Dazu auch: »Der Keller war voll mit ostdeutschen Flüchtlingen«, in: Das Parlament, 20. September 2004, S. 9.

7 Video-Interview Péter Bokors mit Károly Grósz. Országos Széchényi Könyvtár, Történelmi interjúk tára / Széchényi Landesbibliothek, Archiv der historischen Interviews, 383, VII–XII. Im weiteren: Video-Interview Bokor – Grósz.

8 Zum Rundtischgespräch: Romsics Ignác: Volt egyszer egy rendszerváltás / Es gab einmal einen Systemwechsel. Rubicon, Budapest 2003, S. 167–175. Im weiteren: Romsics: Rendszerváltás. Ferner: Ripp Zoltán: Rendszerváltás Magyarországon 1987–1990 / Systemwechsel in Ungarn 1987–1990. Napvilág, Budapest 2006, S. 426–470. Im weiteren: Ripp: Rendszerváltás. Ferner: Rudolf L. Tőkés: Hungary's negotiated revolution. Cambridge University Press, Cambridge 1996, S. 305–360. Im weiteren: Tőkés: Hungary. Ferner: Andreas Schmidt-Schweizer: Politische Geschichte Ungarns von 1985 bis

2002. R. Oldenbourg, München 2007. Im weiteren: Schmidt-Schweizer: Politische Geschichte Ungarns.

9 Gespräch mit Balázs Nováky, auf dessen Angaben auch die nachfolgenden Feststellungen beruhen.

10 Léka Gyula: A műszaki zár-és erődrendszer (vasfüggöny) felszámolása, 1948–1989/Der Abbruch des technischen Sperr- und Befestigungssystems (Eiserner Vorhang), 1948–1989. In: Hadtudomány, Jahrgang IX, Nr. 3–4, 1999. Im weiteren: Léka: Műszaki zár.

11 Dazu: Léka: Műszaki zár. Léka beziffert die genaue Zahl der Minen mit 1 124 900. Diese Zahl nennt auch József Lugosi: Keine Grenze wie jede andere. Technische Aspekte des Eisernen Vorhangs. In: Heeresgeschichtliches Museum (Hrsg.): Der Eiserne Vorhang. Wien 2001, S. 89. Im weiteren: Lugosi: Keine Grenze. Ferner: Zsiga Tibor: A »vasfüggöny« és kora/Der »Eiserne Vorhang« und seine Zeit. Hanns Seidel Alapítvány, Budapest 1999, S. 54 und 132. Laut Zsigas Schätzung lagen 1,3 Millionen Minen an der Grenze. Im weiteren: Zsiga: Vasfüggöny. Zur Länge des Minenfelds: Eingabe von General Székely an das Innenministerium vom 5. Oktober 1987 (siehe Anmerkung 21). Lugosis Angaben sind etwas abweichend. Nach ihm wurde 1957 ein 350 Kilometer langer Stacheldrahtzaun gebaut, auf einer Länge von 347 Kilometer legte man Minen. Bei der Modernisierung, die 1963 abgeschlossen wurde, baute man technische Sperren, die 282 Kilometer lang waren (Lugosi: Keine Grenze, S. 86 und 89).

12 MOL, Határőrség Országos Parancsnoksága / Landeskommando des Grenzschutzes, XIX-B-10, III. 5. fsz. (23. d.). Lugosi weist darauf hin, daß die Modernisierung des Signalsystems als Reaktion auf Fluchtversuche bis 1989 weiterging. Lugosi: Keine Grenze, S. 92–94.

13 Zsiga: Vasfüggöny, S. 55–56 und 133–134. Bei der Aussage im deutschsprachigen Teil von Zsigas Buch auf S. 133, der Schwachstrom im Meldesystem sei »lebensgefährlich« gewesen, handelt es sich offenkundig um einen Übersetzungsfehler.

14 Lugosi: Keine Grenze, S. 93.

15 Léka: A műszaki zár.

16 Gespräch mit Balázs Nováky.

17 Károly Grósz suchte nachträglich den Eindruck zu erwecken, der Weltpaß sei als eine der ersten Maßnahmen eingeführt worden, nachdem er im Juni 1987 das Amt des Ministerpräsidenten übernommen habe (Radiointerview Károly Grósz). Der Beschluß des Politbüros, dem im Mai 1987 noch János Kádár vorstand, zu dessen Mitgliedern aber Grósz tatsächlich schon zählte, hatte zu jener Zeit noch Priorität vor den Entscheidungen der Regierung.

18 Einen gerafften Überblick über die Vorgeschichte der Entscheidungsfindung 1987 bis 1989 gibt: Szabó József Jenő: Határőrség a rendszerváltás folya-

matában/Grenzschutz im Prozeß des Systemwechsels, in: Határőrség és társadalom/Grenzschutz und Gesellschaft. BM-kiadó, Budapest 1994, S. 4–12. Eine ausführliche und präzise Beschreibung der Vorgänge beim Grenzschutz in deutscher Sprache: Andreas Schmidt-Schweizer: Motive im Vorfeld der Demontage des Eisernen Vorhangs 1987–1989. In: Peter Haslinger (Hrsg): Grenze im Kopf. Beiträge zur Geschichte der Grenze in Ostmitteleuropa. Peter Lang, Frankfurt a. M. 1999, S. 127 ff. Ferner: Andreas Schmidt-Schweizer: Die Öffnung der ungarischen Westgrenze für die DDR-Bürger im Sommer 1989. Vorgeschichte, Hintergründe und Schlußfolgerungen. In: Südosteuropa Mitteilungen 37 (1997), Heft 1, S. 33–53. Im weiteren: Schmidt-Schweizer: Öffnung der ungarischen Westgrenze. Eine weitere, kurze Zusammenfassung: István Horváth: Die Sonne ging in Ungarn auf. Erinnerung an eine besondere Freundschaft. Universitas, München 2000, S. 292–294. Im weiteren: Horváth: Ungarn.

19 MOL, Határőrség Országos Parancsnoksága, XIX-B-10, XIII. 7. fsz. (23. d.).

20 MOL, XIX-B-1-y, 276. fsz./10-52/22/1987 (43. d.) (Protokoll der ministeriellen Konferenz im Wortlaut), ferner: MOL, Határőrség Országos Parancsnoksága, XIX-B-10, XIII. 5. fsz. (23. d.).

21 Brief János Székelys an Staatssekretär Jenő Földesi (27. Februar 1989), dazu im Anhang: mündliche Ergänzung. Belügyminisztérium, Határőrség Országos Parancsnokság/Innenministerium, Grenzschutz-Landeskommando, Aktenzeichen: T-22/2/4/1989. Für eine Kopie dieses Dokuments danke ich Generalleutnant Balázs Nováky.

22 Gespräch mit Balázs Nováky.

23 MOL, XIX-J-1-j-Magyar-II-34-00272/1989 (3. d.).

24 Gespräch mit István Horváth.

25 In der nordostungarischen Industriestadt Miskolc kam es am 25. und 26. Oktober 1956 zu sieben Fällen von Lynchjustiz. Dazu: Gosztonyi Péter: 1956. A magyar forradalmom története/1956. Die Geschichte der ungarischen Revolution. Ujváry »Griff«, München 1981, S. 202. Der Jungkommunist Grósz war dabei nach eigener Aussage Augenzeuge. Video-Interview Bokor–Grósz, I–VI.

26 Népszabadság, 6. August 1988, S. 5.

27 Dazu und zum folgenden: Gespräche mit István Horváth und Imre Pozsgay. Ferner: Pozsgay Imre: 1989. Politikus-pálya a pártállamban és a rendszerváltásban/1989. Politikerlaufbahn im Parteistaat und beim Systemwechsel. Püski, Budapest 1993, S. 84–86. Im weiteren: Pozsgay: Politikus-pálya. Ferner: Pozsgay Imre: Koronatanú és tettestárs/Kronzeuge und Mittäter. Korona kiadó, Budapest 1998, S. 164–165.

28 Népszabadság, 27. Oktober 1988, S. 1. und 4.

29 MOL, M-KS. 288. f. 5/1041. ő. e. (Protokoll der Politbüro-Sitzung vom 1. November 1988).
30 Gespräch mit Balázs Nováky.
31 Népszabadság, 10. November 1988, S. 9.
32 Video-Interview Bokor – Grósz, VII–XII.
33 Gespräch mit Miklós Németh.
34 Der dritte mögliche Kandidat, Pozsgay, war nicht nur kein Wirtschaftsfachmann, sondern wurde auch von Grósz als Rivale gesehen, dessen Reformvorstellungen er nicht teilte.
35 Dazu auch: Huszár Tibor: Beszélgetések Nyers Rezsővel / Gespräche mit Rezső Nyers. Kossuth, Budapest 2004, S. 418–419.
36 MOL, M-KS 288. f. 5/1051. ő. e. Bl. 19 (Protokoll der Politbürositzung vom 7. Februar 1989).
37 Gespräch mit Miklós Németh.
38 Bei der Sitzung des Politbüros am 23. Februar 1989 wurde das Budgetdefizit mit 19,5 bis 20 Milliarden Forint angegeben. MOL, M-KS. 288. f. 5/1053 ő. e. Bl. 85.
39 In der vom 5. Oktober 1988 datierten Eingabe Székelys an das Innenministerium (siehe Anmerkung 21) ist von Gesamtkosten von bis zu 50 Millionen Forint die Rede. In seinem Brief an Staatssekretär Földesi vom 27. Februar 1989 gibt Székely die Kosten mit 30 Millionen für die technische Wartung an und mit weiteren 30 Millionen für Entschädigungszahlungen an landwirtschaftliche Betriebe, deren Agrarland enteignet wurde. Nach dem in Ungarn geltenden Währungskurs erhielt man im Frühjahr 1989 für einen US-Dollar rund 55 Forint.
40 Kulcsár Kálmán: Két világ között. Rendszerváltás Magyarországon 1988–1990 / Zwischen zwei Welten. Systemwechsel in Ungarn 1988–1990. Akadémiai kiadó, Budapest 1994, S. 132–136. Im weiteren: Kulcsár: Két világ.
41 Gespräch mit Miklós Raft. Németh wird nachträglich gelegentlich angekreidet, daß er bei der Sitzung des ZK am 23./24. Juni 1989 in einem Votum gesagt habe, Ungarn brauche gerade darum einen Modellwechsel, damit es zu keinem Systemwechsel komme (ZK-Sitzung am 23./24. Juni 1989. Soós László [szerk.]: A Magyar Szocialista Munkáspárt Központi Bizottságának 1989. évi jegyzőkönyvei / Protokolle des Zentralkomitees der Ungarischen Arbeiterpartei im Jahr 1989, herausgegeben von László Soós. Magyar Országos Levéltár, Budapest 1993, S. 1119. Im weiteren: Soós: KB-Jegyzőkönyvek). Németh sagt dazu im Gespräch, die Wortwahl vor dem ZK zu dieser Zeit mußte noch völlig taktischen Überlegungen untergeordnet werden. Was Németh unter »Modellwechsel« verstand, ließ er allerdings bei einer Versammlung der Reformkreise der USAP Anfang September 1989 sehr klar erkennen: »das bisherige Modell radikal verwerfen, brechen mit den urkom-

munistischen, urbolschewistischen Ideen und Traditionen, sich bekennen zu den europäischen oder universellen bürgerlichen Grund- und Freiheitsrechten und diese mit sozialistischen und sozialen Vorstellungen und Werten in Einklang bringen, markant die Zugehörigkeit zu Europa betonen« (Ágh Attila; Géczi József; Sipos József [Hrsg]: Rendszerváltók a baloldalon. Reformerek és reformkörök 1988–1989./Systemwechsler auf der Linken. Reformer und Reformkreise 1988–1989. Kossuth kiadó, Budapest 1999, S. 321). Dazu auch das Urteil Andreas Schmidt-Schweizers, der Néméths Amtszeit allgemein als Phase der Demokratisierung bezeichnet und vom Willen des Ministerpräsidenten spricht, »auf der Regierungsebene entschiedene Schritte zur Fortsetzung des friedlichen, kontrollierten und umfassenden Systemwechsels« zu unternehmen. Schmidt-Schweizer: Politische Geschichte Ungarns, S. 13 und 146.

42 Gespräch mit Botschafter István Horváth. Ferner: Horváth: Ungarn, S. 242–249. Sehr ausführlich dazu auch: Video-Interview Péter Bokors mit István Horváth, Országos Széchényi Könyvtár, Történeti interjúk tára, VII–IX. Im weiteren: Video-Interview Bokor – Horváth.

43 Video-Interview Bokor – Grósz, VII–XII. Grósz bezog sich in dem 1996 aufgenommenen Interview auf Horváths erstes, in ungarischer Sprache erschienenes Buch: Európa megkísértése / Europas Versuchung, Láng kiadó, Budapest 1994. Horváths zweites Buch: Horváth, István – Németh, István: ... És a falak leomlanak. Magyarország és a német egység (1945–1990) / ... Und die Mauern stürzen ein. Ungarn und die deutsche Einheit (1945–1990). Magvető kiadó, Budapest 1999. Bei der deutschsprachigen Ausgabe (»Die Sonne ging in Ungarn auf«) handelt es sich um die Übersetzung des letztgenannten Buches.

44 MOL, XIX-B-1-y, 300. fsz. 10-52/22/1988 (48. d.) (Protokoll der ministeriellen Konferenz im Wortlaut).

45 Ibid. Als Frist für den endgültigen Bericht, den zuletzt Innenminister Horváth dem Politbüro präsentierte, wurde Januar 1989 festgehalten. Wegen der finanziellen Aspekte des geplanten neuen Grenzregimes wurden Stellungnahmen auch von dem Handels- und dem Finanzministerium sowie vom Landes-Planungsamt eingeholt.

46 Video-Interview Bokor – Grósz, VII–XII.

47 In den Protokollen der Sitzungen des Ministerrats erscheint der Abbruch der Grenzhindernisse als Thema zum ersten Mal erst am 18. Mai 1989. Jegyzőkönyv a minisztertanács 1989. május 18.-ai üléséről, Miniszterelnöki Hivatal levéltára / Protokoll der Sitzung des Ministerrats vom 18. Mai 1989, Archiv des Ministerpräsidentenamts. Im weiteren: MEH, Protokoll des Ministerrats.

48 Gespräche mit Miklós Németh und István Horváth. Die Formulierung, daß

die Verbündeten informiert werden müßten, steht auch in Horváths Eingabe an das Politbüro.

49 In den Protokollen, die von den Sitzungen des Politbüros erstellt wurden, ließ sich im Zeitraum zwischen dem 24. November 1988 (Némeths Wahl zum Regierungschef) und dem 28. Februar 1989 (Zustimmung der Parteiführung zur neuen Grenzschutzordnung) eine solche Wortmeldung nicht finden.

50 Gespräche mit Miklós Németh und Franz Vranitzky.

51 MOL, XIX-J-1-j-Ausztria-10-13-00342/2/1989 (19. d.).

52 Népszava, 14. Februar 1989, S. 2.

53 MOL, XIX-J-1-j-Magyar-11-34-00272/1989 (3. d.).

54 MOL, M-KS. 288. f. 5/1053. ő. e. (Protokoll, Wortlaut der Politbüro-Sitzung vom 23. Februar 1989).

55 MOL, M-KS. 288. f. 5/1054. ő. e. (Protokoll, Wortlaut der Politbüro-Sitzung vom 28. Februar 1989).

56 Gespräch mit István Horváth.

57 MOL, M-KS. 288. f. 5/1054. ő. e.

58 Scînteia, 4. März 1988.

59 Ausführlich über das Thema: György Földes: Magyarország, Románia és a nemzeti kérdés 1956–1989 / Ungarn, Rumänien und die nationale Frage 1956–1989. Napvilág kiadó, Budapest 2007, besonders S. 359–436.

60 Gespräch mit Imre Pozsgay.

61 Neue Zürcher Zeitung, 21. Juni 1988, S. 5.

62 Gespräch mit Imre Pozsgay.

63 Gespräche mit Miklós Németh und Kálmán Kulcsár.

64 Gespräch mit János Görög.

65 Gespräch mit Imre Pozsgay.

66 Gespräch mit Miklós Németh.

67 MOL, XIX-J-1-j-Magyar-II-27-001020/1989 (2. d.). Das Dokument ist mit der Datumzeile »Februar 1989« versehen.

68 Ibid.

69 Gespräch mit György Jenei.

70 Die Angaben in diesem Kapitel beruhen, soweit nicht anders gekennzeichnet, auf Gesprächen mit Miklós Németh sowie László Mohai, Némeths Mitarbeiter, der bei den Verhandlungen mit Gorbatschow am 3. März 1989 anwesend war.

71 MOL, XIX-J-1-j-SZU-145-13-001218/2-1989 (83. d.).

72 Gespräch mit Gyula Thürmer.

73 Gespräch mit Walerij Musatow.

74 MTI-Meldung in Népszabadság vom 7. Januar 2005, die auch von ausländischen Medien übernommen wurde. Beispiel: Meldung der dpa aus Budapest in der Neuen Zürcher Zeitung vom 8./9. Januar 2005, S. 5.

75 Gespräch mit Ferenc Kárpáti.

76 Interview des Verfassers mit Károly Grósz, Neue Zürcher Zeitung, 31. Januar 1989, S. 3 und 4. Grósz rechnete mit Mehrparteien-Wahlen erst im Herbst 1990 und erklärte, seine Partei verlange für sich keine Sonderbedingungen, sie wolle behandelt werden wie jede andere Partei. Zugleich zeigte er sich völlig überzeugt, daß die USAP aus den freien Wahlen als Siegerin hervorgehen werde. Bei einer Politbüro-Sitzung eine Woche später, am 7. Februar 1989, wurde Grósz deutlicher. Die Wahlen 1990, sagte er, seien noch nichts Ernsthaftes, die anderen Parteien wiesen als registrierte Vereine noch gar keinen Charakter auf, ihr Programm bestehe einzig aus Verneinung. Die wirkliche Entscheidung würde nach der Meinung von Grósz erst 1995 fallen. Über die Aussichten und die Rolle der Opposition in der Zukunft erklärte Grósz in überaus merkwürdig formulierten Sätzen im wesentlichen folgendes: Sollte ein Regierungswechsel auch einen gesellschaftlich-strukturellen Wechsel bedeuten, dann werde es in Ungarn zum Bürgerkrieg kommen. Doch weil dies keine Seite wolle, werde sich allenfalls nur die Regierungsstruktur ändern, und dazu werde ein friedlicher Übergang führen. Grósz hegte demnach die Vorstellung, daß die freien Wahlen zwar einen Regierungswechsel bringen könnten, doch sei es möglich, durch Verhandlungen zu sichern, daß das gesellschaftliche System auch in diesem Fall unverändert bleibe. MOL, M-KS 288. f. 5/1051. ő. e. Bl. 19.

77 Népszabadság, 4. März 1989.

78 Baráth Magdolna / Rainer János M.: Gorbacsov tárgyalásai magyar vezetőkkel / Gorbatschows Verhandlungen mit ungarischen Führern. 1956-os Intézet, Budapest 2000, S. 169–177. Im weiteren: Baráth / Rainer: Gorbacsov tárgyalásai.

79 Das sowjetische Protokoll in ungarischer Übersetzung: Baráth / Rainer: Gorbacsov tárgyalásai, S. 156–168. Der Text des von der ungarischen Seite erstellten Protokolls, insgesamt 23 Seiten: Kopie, Schriften im Besitz von Miklós Németh. Im weiteren: SchMN.

80 Die Verhandlungen kamen allerdings auch danach nur langsam in Gang. Gorbatschow übergab die Frage dem sowjetischen Verteidigungsministerium, das sich nicht beeilte. Die Sowjets beriefen sich ausweichend auf einseitige, partielle Abzüge, die sie vom 25. April bis zum 28. Mai 1989 vornahmen. Der ungarische Parteichef Károly Grósz, der am 23./24. 1989 – drei Wochen nach Németh – ebenfalls in Moskau weilte und mit Gorbatschow zusammentraf, schrieb sich das Verdienst zu, die Verhandlungen in Gang gebracht zu haben. Dazu: Huszár Tibor: Beszélgetések Nyers Rezsővel / Gespräche mit Rezső Nyers, S. 432–433. In Wirklichkeit kam es erst Anfang 1990 zu einer bedeutenden Beschleunigung des Prozesses, nachdem Németh am 5. Januar 1990 den sowjetischen Ministerpräsidenten Ryschkow in

einem Brief dazu aufgefordert hatte, über konkrete Fragen des Abzugs Verhandlungen einzuleiten (Kopie des Briefs, SchMN). Die Vereinbarung wurde am 10. März 1990 in Moskau von Gyula Horn, dem Außenminister der gerade noch amtierenden Regierung Németh, unterzeichnet.

81 Gespräch mit Ferenc Kárpáti.

82 Kopie von Ryschkows Mitteilung, SchMN. Eine – wie im vorliegenden Fall auf den mündlichen Mitteilungen Miklós Némeths beruhende – Schilderung der Geschichte des Abzugs der Atomwaffen vom ungarischen Territorium findet sich in: Tőkés Rudolf: A kialkudott forradalom / Die verhandelte Revolution. Kossuth kiadó, Budapest 1998, S. 302 und 305. Die Episode fehlt in der englischsprachigen Ausgabe des gleichen Werks, Hungary's negotiated revolution (siehe Literaturverzeichnis).

83 Michel Heller, Aleksandr Nekrich: L'utopie au pouvoir. Histoire de l'URSS de 1917 à nos jours. Calmann-Lévy, Paris 1982, S. 96–97. Die NEP ersetzte die Eintreibung der Agrarprodukte durch eine minder harte Besteuerung der Bauern, und in der Industrie wurden private Kleinbetriebe sowie die persönliche Initiative in der Form von Pacht wieder zugelassen; die NEP bedeutete auch das Eingeständnis, daß die ideologisch-militärisch organisierte Zwangsarbeit mit einer erschreckend niedrigen Produktivität einherging.

84 Prawda, 24. Februar 1989.

85 Ibid.

86 Prawda, 4. März 1989, S. 1.

87 Baráth / Rainer: Gorbacsov tárgyalásai, S. 158.

88 Gorbatschow hatte schon früher darüber gesprochen, daß die Völker ihre politische Ordnung frei wählen dürften, so am 19. Parteitag der KPdSU im Frühsommer 1988 sowie im Dezember gleichen Jahres vor den Vereinten Nationen, doch blieb dabei offen, ob er die freie Wahl auch dann billigen würde, wenn sich die Völker Ostmitteleuropas gegen den sowjetischen Typ des Sozialismus entscheiden sollten. Dazu: Fred Oldenburg: Die Perestrojka und ihre Konsequenzen für die Osteuropapolitik. In: Sowjetunion 1990/91. Krise – Zerfall – Neuorientierung. Hanser, München 1991, S. 286–299.

89 Ungarisches Protokoll der Gespräche vom 3. März 1989. SchMN.

90 Ibid.

91 Ob im sowjetischen Protokoll gewisse Sätze bewußt unberücksichtigt blieben, ist nicht bekannt. Die Ungarn, Németh und Mohai, vervollständigten das Aufgezeichnete aus der Erinnerung während des Rückflugs aus Moskau.

92 Gespräch mit László Mohai.

93 Alle Zitate nach dem ungarischen Protokoll der Gespräche vom 3. März 1989. SchMN.

94 Gorbatschow erklärte im Gespräch mit dem Verfasser, er erinnere sich an die

Verhandlungen mit Németh nicht mehr. Grundsätzlich stellte er die Geschichte der Grenzöffnung in den Zusammenhang der deutschen Selbstbestimmung, deren Rechtmäßigkeit die Sowjetführung anerkannt habe. Der andere sowjetische Teilnehmer am Gespräch am 3. März 1989 in Moskau, Georgi Schachnasarow, ist 2001 verstorben. In seinen Erinnerungen, die auf deutsch unter dem Titel »Preis der Freiheit. Eine Bilanz von Gorbatschows Berater« (Bouvier Verlag, Bonn 1996) vorliegen, berührt er das Thema nicht. Es bleibt auch in Gorbatschows Büchern, so auch in seinen Memoiren, ausgespart.

95 Prawda, 3. und 4. März 1989.

96 MOL, XIX-J-1-j-SZU-145-1,2/00793/2/1989 (83. d.), Botschaftsbericht vom 27. Februar 1989.

97 Gespräche mit Miklós Németh und László Mohai.

98 Radiointerview Károly Grósz. Tibor Zsiga übernimmt kritiklos die Angabe von Grósz, er habe Gorbatschow und die übrigen Führer im Ostblock orientiert. Zsiga: Vasfüggöny, S. 75. Grósz erwähnte bei der Sitzung des Politbüros am 1. November 1988, wie im 2. Kapitel geschildert, lediglich den Namen des sowjetischen Außenministers Schewardnadse, mit dem er das Problem der Grenzhindernisse besprochen habe. In dieser Wortmeldung ließ er durchblicken, daß Ungarn bei seinem Vorhaben, die Hindernisse abzutragen, mit sowjetischem Widerstand rechnen müsse.

99 Grósz besuchte Moskau am 17./18. Juli 1987, nachdem er Ministerpräsident geworden war, und am 4./5. Juli 1988 nach seiner Wahl zum Parteichef. Zu der Zeit gab es in Ungarn über die Demontage der Grenzhindernisse noch keinen Beschluß und vorerst auch auf höherer politischer Ebene noch keine Diskussion. Der dritte Besuch von Grósz bei Gorbatschow fand am 23./24. März 1989 statt, rund drei Wochen nach Miklós Némeths Moskauer Unterredung, bei welcher Németh den sowjetischen Generalsekretär über den von Ungarn geplanten Schritt informiert hatte. Die über die Moskauer Gespräche von Grósz veröffentlichten Protokolle und Berichte enthalten keinen Hinweis auf die Grenzfrage: Baráth/Rainer: Gorbacsov tárgyalásai, S. 111–119, 126–147, 148–157 und 178–187.

100 Gespräch mit Gyula Thürmer.

101 Günter Schabowski: Der Absturz. Rowohlt, Berlin 1991, S. 221–222. Egon Krenz berichtet allerdings vom Gegenteil. Nach ihm gab sich Honecker ob der Nachrichten aus Ungarn gelassen und sagte, Grósz habe ihm versichert, daß die ungarische Westgrenze auch nach der Entfernung der technischen Hindernisse streng bewacht bleibe. Egon Krenz: Herbst '89. Neues Leben, Berlin 1999, S. 12. Im weiteren: Krenz: Herbst '89.

102 Der nach Ostberlin gesandte Bericht von Vehres über diesen Anlaß ließ sich im Berliner Bundesarchiv bisher nicht finden.

103 Gespräch mit Gerd Vehres. Dazu auch: Siegfried Bock, Ingrid Muth, Hermann Schwiesau (Hrsg.): Alternative deutsche Außenpolitik? DDR-Außenpolitik im Rückspiegel (II). Lit Verlag, Berlin 2006, S. 56–59.

104 Gespräch mit István Horváth. Földesi hatte von 1982 bis 1985 die ungarische Staatssicherheit geführt. Mitte März 1989 herrschte an der Spitze des Staatssicherheitsdienstes gleichsam ein Interregnum, da der Leiter, Szilveszter Harangozó, vor der Ablösung stand; er wurde Ende April 1989 in den Ruhestand versetzt. Sein Nachfolger, Ferenc Pallagi, erhielt seine Ernennung einen Tag später.

105 Gespräch mit Ferenc Pallagi.

106 Gespräch mit István Horváth.

107 Gespräch mit Balázs Nováky.

108 DDR-Bürger im Kasino: Állambiztonsági Szolgálatok Történelmi Levéltára / Historisches Archiv der Staatssicherheitsdienste, 1. 11. 1. 53. d. 40-27/3-1/89, Bl. 1–2. Ostdeutsche Besucher in der Botschaft der Bundesrepublik: 1. 11. 1. 53.d. N-136/8-89, Bl. 3–4. Beispiel für die Funkamateure: 1. 11. 1. 53.d. N-136/15-89. Im weiteren: ÁBTL.

109 Gespräch mit Gerd Vehres.

110 Die Stationierung »operativer Mitarbeiter« war zuletzt durch Artikel IX und X einer am 12. November 1981 unterzeichneten Vereinbarung zwischen dem Ministerium für Staatssicherheit und dem ungarischen Innenministerium geregelt. BStU, ZA, MfS-BdL/Dok. 001852, Bl. 9–10.

111 BStU, ZA, MfS-X/1, Bl. 26. Die Annahme besteht, daß die Staatssicherheit der DDR in Ungarn auch weitere Beobachtungsgruppen unterhielt. Dazu: Walter Süss: Staatssicherheit am Ende. Warum es den Mächtigen nicht gelang, 1989 eine Revolution zu verhindern. Ch. Links Verlag, Berlin 1999, S. 159. Im weiteren: Süss: Staatssicherheit.

112 ÁBTL 1. 11. 1. 53.d. N-136/21-89, Bl. 13.

113 SAPMO-BArch, DY 30/11626, Bl. 140.

114 SAPMO-BArch, DY 30/IV 2/2. 035 /73, Bl. 201–206. Vollständiger Text: Chronik der Mauer, Internet, www.chronik-der-mauer.de

115 Gespräch mit Balázs Nováky.

116 Video-Interview Péter Bokors mit Ernő Lakatos. Országos Széchényi Könyvtár, Történeti interjúk tára, 354, VII–VIII. Im weiteren: Video-Interview Bokor–Lakatos.

117 Kádár sympathisierte am Anfang tatsächlich mit dem tschechoslowakischen Reformversuch, doch als er im Sommer 1968 die Stimmung und den Druck der sowjetischen Führung immer deutlicher wahrnahm, paßte er sich der Disziplin innerhalb des Blocks an. Seine persönlichen Gespräche mit Alexander Dubček führte er zu einem guten Teil ausdrücklich gemäß Moskaus Anweisungen. Dazu: Kun Miklós: Prágai tavasz – Prágai ősz. 1968 fehér

foltjai / Prager Frühling – Prager Herbst. Die weißen Flecken von 1968. Akadémiai kiadó, Budapest 1998, S. 197–210.
118 Romsics: Rendszerváltás, S. 140. Romsics vertritt hier sowie auf S. 106 im gleichen Werk die Meinung, daß sich hinter der Idee des »wirtschaftlichen Notstands« der Plan eines mit Waffengewalt durchgeführten Putsches verbarg.
119 Gespräch mit Miklós Németh.
120 Video-Interview Bokor – Grósz, VII–XII. Grósz spielte Ende 1988, Anfang 1989 noch mit der Möglichkeit, in Ungarn den Notstand auszurufen und den Machtverlust der Kommunisten mit Gewalt zu verhindern. Auch Rudolf Tőkés kommt in seiner Untersuchung des Systemwechsels zu dieser Erkenntnis: Tőkés: Hungary, S. 296–298.
121 Gyula Horn: Freiheit, die ich meine. Hoffmann und Campe, Hamburg 1991. Die Inkorrektheit beginnt gleich mit dem Untertitel der deutschen Ausgabe von Horns Buch, einer Formulierung, die für Horn die alleinige Urheberschaft bei der Grenzöffnung beansprucht: »Erinnerungen des ungarischen Außenministers, der den Eisernen Vorhang öffnete«. Man wird Horn allerdings zugute halten, daß der Untertitel vom deutschen Verlag formuliert wurde. Der Titel der im gleichen Jahr in Budapest erschienenen ungarischen Originalausgabe heißt kurz und wenig aussagekräftig »Cölöpök«, was »Pflöcke« bedeutet. Im weiteren: Horn: Freiheit.
122 Die heftigste Diskussion wird über die Frage geführt, wann Horn zu den Ordnungskräften der Kádár-Regierung stieß. In seinen Memoiren behauptet Horn, er sei am 12. Dezember 1956 um seinen Beitritt gebeten worden (Horn: Freiheit, S. 138). In mehreren selber verfaßten Lebensläufen und auch in einer Wortmeldung vor dem Zentralkomitee am 10. Februar 1989 nannte er dagegen den November 1956 als Zeitpunkt seines Beitritts. Soós: KB jegyzőkönyvek, S. 62.
123 Horn: Freiheit, S. 35.
124 Gespräch mit Gyula Horn.
125 Eduard Schewardnadse: Die Zukunft gehört der Freiheit. Rowohlt, Reinbek 1991, vor allem S. 203–231.
126 Gespräch mit János Görög.
127 Gespräch mit Hans-Dietrich Genscher.
128 Michail Gorbatschow: Erinnerungen. Siedler Verlag, Berlin 1995, S. 702.
129 Gespräch mit Horst Teltschik.
130 MOL, M-KS-288. f. 62. cs. 1. ő. e.
131 Soós: KB jegyzőkönyvek, S. 62–64.
132 Gespräche mit Miklós Németh und Imre Pozsgay.
133 Gespräch mit György Jenei.
134 Gespräch mit Balázs Nováky. Ferner: Népszabadság, 3. Mai 1989, S. 1 und 5.

135 MOL, XIX-B-1-y, 300. fsz. 10-52/22/1988 (48. d.), Protokoll der ministeriellen Konferenz im Wortlaut.

136 Gespräch mit Miklós Németh.

137 MEH, Protokoll des Ministerrats vom 18. Mai 1989.

138 Gespräch mit Günter Schabowski. Etwas weniger ausführlich auch: Schabowski: Absturz, S. 221 ff.

139 Dazu auch: Hans-Hermann Hertle: Der Fall der Mauer. Die unbeabsichtigte Auflösung des SED-Staates. Westdeutscher Verlag, Opladen/Wiesbaden 1999 (2. Auflage), S. 93. Im weiteren: Hertle: Fall der Mauer. Ferner: Gereon Schuch: »Verleumdung, Beleidigung und grobe Einmischung«. Die Öffnung der ungarisch-österreichischen Grenze im Herbst 1989 im Spiegel der SED-Akten. In: Deutschland Archiv 2/1999, S. 243. Im weiteren: Schuch: SED-Akten.

140 Gespräch mit György Jenei.

141 Dokumentarisch ließ sich eine solche Intervention der DDR in Moskau nicht belegen. Ähnliches spielte sich dagegen erwiesenermaßen Ende August, Anfang September 1989, auf dem Höhepunkt der Flüchtlingskrise, ab. Schabowski erklärt, er sei ganz sicher, daß ihm keine Verwechslung der Daten unterlaufe. Schabowski trug seine Version auch bei einem Symposium vor, das am 15. Jahrestag der Grenzöffnung am 10. September 2004 im Berliner Collegium Hungaricum stattfand. Eine völlig abweichende Version von den Ereignissen um den 2. Mai gibt Egon Krenz. Nach ihm erfuhren Honecker und er selbst von den Vorgängen an der ungarischen Grenze erst einen Tag später, am 3. Mai, durch die Medien. Honecker blieb ruhig, da er sich auf Zusagen des ungarischen Parteichefs Károly Grósz verließ. Daß die ostdeutsche Parteispitze von den einsetzenden Abbrucharbeiten in Ungarn mit eintägiger Verspätung »aus Agenturmeldungen« erfahren habe (so die Formulierung von Krenz), ist immerhin höchst unwahrscheinlich. Krenz: Herbst '89, S. 12. Von Gewicht ist der Hinweis von Walter Süss (Süss: Staatssicherheit, S. 155, Anmerkung 412), der die These stützt, daß die Führung der DDR die von Budapest gegebenen Zusicherungen zum Nennwert nahm und die Bedeutung des Abbruchs der Hindernisse an der ungarisch-österreichischen Grenze stark unterschätzte. Süss vermerkt, daß Honecker bei seinem Besuch in Moskau am 28. Juni 1989 die von Ungarn getroffenen Maßnahmen Gorbatschow gegenüber nicht zur Sprache brachte.

142 Gespräch mit Gerd Vehres.

143 Akten des ungarischen Außenministeriums. Das Ministerium hatte die Botschaftsberichte zwar zurückgestuft, das heißt, sie für nicht mehr geheim erklärt, sie wurden aber bis Ende 2007 dem Ungarischen Landesarchiv noch nicht übergeben. Chiffriertes Telegramm der ungarischen Botschaft in Ostberlin, 5. Mai 1989, 95/lakatos.

144 Video-Interview Bokor – Lakatos, IX–X. Eine ausführliche Beschreibung der Prozedur, der sich die DDR-Bürger zur Erlangung der Ausreisebewilligung zu unterziehen hatten: Hertle: Der Fall der Mauer, S. 93.
145 Akten des ungarischen Außenministeriums. Chiffriertes Telegramm der ungarischen Botschaft in Ostberlin, 11. Mai 1989, 103/lakatos.
146 Ibid., 12. Mai 1989, 107/lakatos.
147 BStU, ZA, MfS-ZAIG 4253, Bl. 1–5.
148 MOL, XIX-J-1-j-NDK-108-3-002367/1989 (63. d.). Datiert: 16. Mai 1989.
149 MOL, XIX-J-1-j-NDK-108-10-001377/1/1989 (62. d.). Das Papier ist mit »Juni 1989« datiert.
150 Akten des ungarischen Außenministeriums, chiffriertes Telegramm der ungarischen Botschaft in Ostberlin, 23. Mai 1989, 122/lakatos.
151 BStU, ZA, MfS-HA IX 8817, Bl. 43–47. Das Dokument, wohl zum internen Gebrauch im Ministerium für Staatssicherheit bestimmt, ist undatiert und stammt vermutlich aus der zweiten Hälfte des Monats Mai. Es nimmt Bezug auf den 2. Mai, und die letzten Zahlen, die darin für »das ungesetzliche Verlassen der DDR« genannt werden, beziehen sich auf den April 1989.
152 Süss: Staatssicherheit, S. 154–155.
153 BStU, ZA, MfS-HA IX 8817, Bl. 46.
154 Selbst in den statistischen Unterlagen der DDR-Staatssicherheit herrschte keine tadellose Ordnung. Nach einem anderen Nachweis betrug nämlich 1988 die Zahl der ostdeutschen Touristen, die auf dem Weg nach Bulgarien und Rumänien Ungarn als Transitland berührten, nicht rund 800 000, sondern 539 000 (BStU, ZA, MfS-ZAIG 22486, Bl. 154). Selbst so kommt man aber immer noch auf 1,3 Millionen DDR-Bürger, die während kürzerer oder längerer Zeit in Ungarn weilten.
155 Magyar Dokumentáció, XXI/1989, S. 164.
156 Gespräch mit István Horváth. Der frühere Innenminister konnte das genaue Datum seiner Verfügung nicht mehr angeben. Da die Akten des ungarischen Innenministeriums aus der Zeit vor 1990 teils unzugänglich und teils möglicherweise gar nicht mehr erhalten sind, gelang es ebensowenig, den Zeitpunkt aus Dokumenten zu eruieren.
157 Gespräch mit Ferenc Pallagi. Der Verfasser konnte Pallagis Brief in den Archiven weder in Berlin noch in Budapest finden.
158 BStU, ZA, MfS-HA 4385, Bl. 37–38 und 100–104.
159 Ibid., Bl. 40.
160 Gespräch mit Alexander Arnot.
161 Gespräch mit Ferenc Pallagi.
162 BStU, ZA, MfS-HA IX, Bl. 84–88.
163 SAPMO-BArch, DY 30/IV 2/2. 039, Bl. 48–49.
164 Hertle: Fall der Mauer, S. 95.

165 BStU, ZA, MfS-HA IX 8817, Bl. 10–11. Von Hand eingetragenes Datum, 1. oder 11. Juli 1989.
166 BStU, ZA, MfS-HA IX 16548, Bl. 136–137.
167 BStU, ZA, MfS-HA VI 14542, Bl. 169.
168 BStU, ZA, MfS-HA XX/AKG 4473, Bl. 10. Darin: »festgenommen am 4.8.1989 durch Sicherheitsorgane der UVR; Übernahme durch MfS am 9.8.1989«.
169 MEH, Protokoll des Ministerrats vom 18. Mai 1989.
170 Stellungnahme des Innenministeriums am 10. August 1989, zitiert in Népszabadság vom 11. August 1989.
171 Bundesministerium für Auswärtige Angelegenheiten, Bericht vom 23. August 1989.
172 Külügyminisztérium, Napi Jelentés/Außenministerium, Tagesmeldung, 004/150, 3. August 1989.
173 Pozsgay: 1989. Politikus pálya, S. 140–142.
174 Mitteilung von Paul Georg Hefty an den Verfasser. Die Szene, unter Verwendung von Zitaten aus einem Artikel Heftys in der *Frankfurter Allgemeinen Zeitung*, ist im Buch von Ungarns damaligem Botschafter in Bonn, István Horváth, beschrieben. Horváth fügt hinzu, die ungewöhnlichen Gäste seien nach einer Absprache mit Horst Teltschik von ihm eingeladen worden. Horváth: Ungarn, S. 289.
175 Gespräch mit István Horváth.
176 Gespräch mit Árpád Bella.
177 Akten des ungarischen Außenministeriums, chiffriertes Telegramm der ungarischen Botschaft in Wien, 6. Juni 1989, -207-N-. Mock selber bestätigte zehn Jahre später die Darstellung der Vorgeschichte des demonstrativen Auftritts an der Grenze und daß die Initiative dazu von ihm ausgegangen sei. Alois Mock: Mahnmal »Eiserner Vorhang«, in: Roman Sandgruber (Hrsg): Der Eiserne Vorhang. Die Geschichte – Das Ende – Die Mahnung. Universitätsverlag Rudolf Trauner, Linz 1999, S. 5–8.
178 2+4 Chronik, 25. Juni 1989. Internet, www.2plus4.de
179 Gespräch mit Alois Mock.
180 Sowjetdiplomaten der alten, linkskonservativen Schule sprachen gegenüber Kollegen aus den Satellitenländern offen darüber, daß Gorbatschow lediglich als eine Übergangserscheinung zu betrachten sei, wie sich István Horváth, Ungarns damaliger Botschafter in Bonn, erinnert. Video-Interview Bokor–Horváth, X.
181 Horn: Freiheit, S. 278–279. Ferner: MOL, M-KS. 288 f. 5/1057 ő.e. Protokoll der Sitzung des Politischen Exekutivkomitees der USAP vom 14. März 1989.
182 MOL, XIX-J-1-j-NDK-108-13-002166/1989 (62. d.).

183 MOL, XIX-J-1-j-Románia-128-14-002884/1989 (74. d.).

184 MOL, XIX-J-1-j-Románia-128-10-00122/9/1989 (74. d.). Ferner: Földes: Magyarország, Románia, S. 459–478.

185 MOL, XIX-J-1-j-NDK-108-10-003093/1989 (62. d.).

186 Gespräch mit Miklós Németh. Mark Palmer, Botschafter der Vereinigten Staaten in Budapest, erinnerte sich im Gespräch mit dem Verfasser so, daß der Stacheldraht als Geschenk an Bush seine Idee gewesen sei.

187 Dazu und zum folgenden: Heinz Kessler: Zur Sache und zur Person. Erinnerungen. edition ost, Berlin 1996, S. 236–254. Im weiteren: Kessler: Zur Sache.

188 Krenz: Herbst '89, S. 12. Text und Anmerkung bei Krenz, Horn sei, bevor er 1989 Außenminister wurde, Leiter der ZK-Abteilung für Außenpolitik und somit eine bestimmende Persönlichkeit gewesen, sind irrig. Horn war tatsächlich Abteilungsleiter, wurde jedoch 1985 als Staatssekretär ins Außenministerium versetzt. Minister wurde er erst im Mai 1989. Auf die zuvor schon gefällten Beschlüsse, die Grenzhindernisse abzubrechen, hatte er folglich keinen Einfluß.

189 Bemerkenswert, daß Honecker am 28. Juni 1989 gegenüber Gorbatschow die Lage an der ungarischen Grenze noch nicht zur Sprache gebracht hatte (siehe Anmerkung 141), zehn Tage später aber in Bukarest – zumindest nach Kesslers Angaben – schon die Absicht hatte, die ungarische Regierung mit harten Worten zu verurteilen. Wenn dieser Stimmungs- und Meinungswechsel sich tatsächlich so vollzogen hat, dann ließe sich das nur so erklären, daß mittlerweile auch Honecker bewußt wurde, welche Wirkung von der Aktion der beiden Außenminister am 27. Juni 1989, von der Durchtrennung der Drähte des Eisernen Vorhangs durch Alois Mock und Gyula Horn, ausgegangen war.

190 Gespräch mit Miklós Németh.

191 MOL, XIX-J-1-j-VSz-VI-1-001367/12-1989 (107. d.). Unter den Materialien: die Bewertung des Treffens durch das ungarische Außenministerium zuhanden der eigenen Botschafter, ferner die Reden der Delegationsleiter im Wortlaut in russischer Sprache.

192 Gespräch mit Miklós Németh und György Jenei.

193 Gespräch mit Miklós Németh und Ferenc Kárpáti. Die Botschaftsberichte: Akten des ungarischen Außenministeriums, verschlüsselte Telegramme, Bericht der ungarischen Botschaft in Bukarest, 8. Mai 1989, -100-Sz.-, 30. Juni 1989, -158-Sz.- und 3. Juli 1989, -160-Sz.-. Im erstgenannten Fall informiert der Botschafter über ein Gespräch, das General Ilie Ceauşescu mit dem ungarischen Militärattaché geführt hatte. Der Attaché habe einen Teil des Meinungsaustausches als »versteckte Drohung« bewertet. Die beiden anderen Berichte haben Maßnahmen zur Intensivierung der militärischen Bereit-

schaft zum Gegenstand. Ausführlich über die militärische Bedrohung: Földes: Magyarország, Románia, S. 470–474.

194 Gespräch mit Miklós Németh. Ferner: György Jenei: Causes, Risks and Consequences of a Governmental Decision. Hungarian Decision on GDR Refugees in August 1989. Vortrag, International Research Symposium on Public Management, Birmingham 1999, Unpubliziertes Manuskript. Die Kopie von Ceauşescus Brief ließ sich in Budapest einstweilen weder unter den Akten des Außenministeriums und des Ministerpräsidentenamtes noch unter den archivierten Schriften der früheren Staatspartei finden.

195 Gespräch mit Michail Gorbatschow.

196 Gespräch mit Miklós Németh.

197 BStU, ZA, MfS-ZAIG 22486, Bl. 224–230.

198 BStU, ZA, MfS-ZAIG 22486, Bl. 202–207. Undatiertes Dokument, letztes berücksichtigtes Datum in der Fluchtstatistik: 18. Juli 1989.

199 Gespräch mit Ferenc Pallagi.

200 Gespräch mit Miklós Németh.

201 MOL, XIX-J-1-k-NDK-108-3-7772/1989 (82. d.).

202 BStU, ZA, MfS-HA IX 2450, Bl. 42–48.

203 Nyíri führte folgende Argumente an: Das Rechtshilfeabkommen wurde 1977 modifiziert, und die Obersten Staatsanwälte der beiden Länder unterzeichneten bei dieser Gelegenheit eine Vereinbarung. Darin regelten sie die Strafverfahrensfälle, die dem Partnerland übergeben werden sollten. Gemäß dieser Vereinbarung stand die Entscheidung in diesen Fragen bis zur Anklageerhebung einzig den Staatsanwälten zu. Dem widersprach, daß in Ungarn das Innenministerium über die Auslieferungen entschied und die Staatsanwaltschaft lediglich um ihr Einverständnis bat, wenn das Datum der Auslieferung schon feststand. Sodann vertrat Nyíri die Ansicht, daß die Auslieferungen (aufgrund von Artikel 66 des Rechtshilfeabkommens) Fälle einschlossen, bei denen aufgrund von Artikel 64 des gleichen Vertrags keine Straftat mit Auslieferungsfolgen vorlag. Hier folgte die Begründung, wonach das jeweilige Strafgesetzbuch nur die unerlaubte Überquerung der Grenze des eigenen Landes untersagt.

204 Beamte des ungarischen Innenministeriums gaben bei einer Pressekonferenz am 10. August 1989 die Zahl jener DDR-Bürger, gegen die in Ungarn ein Strafverfahren eingeleitet worden sei, mit 453 an. Wegen begangener Straftaten mußten 569 das Land verlassen. Magyar Dokumentáció, XXI/1989, S. 385.

205 Legfőbb Ügyész helyettese. Megyei/fővárosi/főügyész elvtársaknak/Der Stellvertreter des Obersten Staatsanwalts an die Genossen Obersten Staatsanwälte in den Komitaten und in der Hauptstadt, Ig. 338/1989. Dokumente Stiftung Paneuropäisches Picknick '89. Ibid.: Schreiben des Stellvertreters an

den Obersten Staatsanwalt zu dessen Orientierung, datiert vom 10. August 1989. Darin wird vermerkt, daß das Innen- und das Außenministerium mit dem Inhalt der Richtlinien einverstanden seien. Im weiteren: Dokumente Paneuropäisches Picknick.

206 SAPMO-BArch, DY/30/IV 2/2.039, Bl. 88.

207 BStU, ZA MfS-ZAIG 22486, Bl. 194–201.

208 ÁBTL, 1. 11. 1. 53.d. N-136/21-89, Bl. 13. Die Zusage an Weller steht in einem vom 23. Juni 1989 datierten Bericht an die Abteilung für internationale Beziehungen im Innenministerium. Die Empfänger werden gebeten, das Ministerium der DDR zu benachrichtigen, daß die am Plattensee angewandten »operativen Methoden« der DDR-Staatssicherheit den westdeutschen Touristen seit 1988 bekannt seien. Die Unterzeichner des Berichts, zwei ungarische Polizeioffiziere, machen Empfehlungen zuhanden der Stasi; man solle etwa die in der Fremdenverkehrssaison tätigen Agenten regelmäßig auswechseln. Sodann liest man den folgenden Vorschlag: »Wir hielten es für wichtig, daß die Mitglieder der Operativen Gruppe bei der operativen Arbeit nicht Personenwagen mit ›DT‹- [ungarische Abkürzung für Corps diplomatique, CD] bzw. ›CC‹-Zeichen verwenden.«

209 MEH, Protokoll des Ministerrats vom 18. Mai 1989, Jegyzőköny előterjesztésekr ől és határozatokról / Protokoll über Vorlagen und Beschlüsse.

210 Gespräch mit Balázs Nováky.

211 Welche Verwirrung bei den ungarischen Organen herrschte und wie uneinheitlich die Behandlung der gefaßten DDR-Flüchtlinge war, geht aus folgenden Angaben hervor. Ein am 4. August in Ungarn festgenommener 18-jähriger Schüler aus Wernigerode wurde noch am 9. August dem MfS übergeben (BStU, ZA, MfS-HA XX / AKG 4473, Bl. 10). Wo diese Übergabe stattfand, geht aus dem Dokument nicht hervor. Nachweisbar ist dagegen zum Beispiel, daß die ungarischen Organe noch am 27. Juli 1989 um 13 Uhr zehn DDR-Bürger auf dem Budapester Flughafen Ferihegy einem Vertreter des MfS übergaben (BM Határőrség Országos Parancsnoksága, Napi jelentés / Innenministerium-Grenzschutz, Landeskommando, Tagesmeldung, 28. Juni 1989, 01/144 hü-1989, Bl. 7). DDR-Bürger, die aus der Tschechoslowakei nach Ungarn kamen, ohne eine Aufenthaltsbewilligung für dieses Land zu besitzen, wurden, sofern man sie gefaßt hatte, den tschechoslowakischen Behörden zum Teil selbst Anfang September 1989 noch zurückgegeben (ibid., Tagesmeldung vom 11. September 1989, 01/176 hü-1989, Bl. 5). Für die Überlassung von Kopien der beiden Meldungen danke ich Oberstleutnant Árpád Bella. Sie zeigen das Verhalten der ungarischen Behörden einerseits. Anderseits dokumentierte die Staatssicherheit der DDR beispielsweise den Fall von zwei am 10. August in der DDR festgenommenen Personen, die nach mehreren gescheiterten Fluchtversuchen auf ungarischem Gebiet in die

DDR zurückgekehrt waren und nun einen neuen Versuch von Bratislava aus planten. Von ihnen heißt es, sie hätten »im Zeitraum vom 29.6. bis 7.7.1989 dreimal einen ungesetzlichen Grenzübertritt nach Österreich versucht, sind dabei dreimal von ungarischen Grenzsicherungskräften gestellt und ohne Vermerke in den Personaldokumenten aus dem Grenzgebiet verwiesen worden« (BStU, ZA, MfS-HA XX/AKG, 4473, Bl. 24–25). Manche Mitglieder der ungarischen Organe verzichteten demnach schon Ende Juni, Anfang Juli darauf, Stempel in die Dokumente der gefaßten DDR-Bürger zu setzen.

212 Die Reiseanlage, ein zum DDR-Personalausweis gehörendes, separates Blatt, hatte man nach der 1969 geschlossenen Vereinbarung über den visumfreien Verkehr auf ungarischen Wunsch eingeführt. Die ungarische Seite hatte Garantien verlangt, daß nur Touristen einreisen sollten, denen in der DDR ungarische Währung zugeteilt worden war. Auf dem Blatt wurde von der Staatsbank der DDR bestätigt, daß man dem Reisenden aus der DDR Geld in der Währung des Ziellandes ausbezahlt hatte. Auf der Reiseanlage, die im Namen des Innenministeriums von der Volkspolizei ausgestellt wurde, stand aber auch, wie viele Tage der DDR-Bürger in Ungarn verbringen durfte, unter Berührung welcher Länder und mit welchen Verkehrsmitteln er dorthin reisen mußte, ferner daß die Anlage den Grenzorganen der DDR sowohl bei der Ausreise als auch der Rückkehr vorzulegen sei. Eigentlich handelte es sich also um ein Ausreisevisum, und da die DDR-Grenzorgane auf die Rückseite des Blattes das Datum des jeweiligen Grenzübertritts einstempelten, war es auch ein Mittel der Kontrolle, ob der DDR-Bürger die ihm zugestandene Dauer des Auslandsaufenthalts einhielt.

213 Gespräch mit Alexander Arnot.

214 Die wegen des Massenzustroms unhaltbare Lage in der bundesdeutschen Botschaft in Budapest entstand in den Sommermonaten, aber Flüchtlinge hielten sich dort auch zu Beginn des Jahres schon auf. Die Stasi hatte laut einem ihrer Berichte, der in Ostberlin am 15. August datiert ist, von 18 Personen Kenntnis, die sich zwischen dem 1. Januar und dem 1. Mai in der Botschaft aufhielten; vom 1. Mai bis zum 13. August rechnete sie mit 298 DDR-Bürgern, die sich kürzere oder längere Zeit in der Botschaft befanden oder immer noch dort waren. Der Bericht zeugt davon, daß das MfS auch in der Botschaft, so vermutlich unter den Flüchtlingen selber, seine Agenten hatte (BStU, ZA, MfS-ZAIG 22486, Bl. 149). Die Abteilung III/II-2 der ungarischen Staatssicherheit bat auf Anfrage die Zuständigen des Innenministeriums noch am 30. Mai 1989 darum, sie möchten dem MfS mitteilen, daß das ungarische Organ alle seine Informationen über die in der westdeutschen Botschaft befindlichen DDR-Bürger dem ostdeutschen Partner übergeben habe und dies auch weiterhin tun werde (ÁBTL, 1.11.1. 53.d. 40-27-237/1989).

215 Dazu und zum folgenden: MOL, XIX-J-1-j-NDK-108-29-002106/3-1989 (63. d.) und MOL, XIX-J-1-j-NDK-108-29-002106/1 u. 2-1989. Aufzeichnungen von Innenminister István Horváth und Ferenc Somogyi, Staatssekretär im Außenministerium.

216 Magyar Hirlap, 4. August 1989, S. 3, Magyar Hirlap, 5. August, S. 1. Der Name der Beamtin erscheint in der deutschsprachigen Fachliteratur oft in falscher Schreibweise als »Todt«. So auch in einem Brief des DDR-Außenministers Oskar Fischer an Parteichef Honecker am 4. August 1989.

217 Magyar Hirlap, 7. August 1989, S. 1.

218 Ibid., 5. August 1989, S. 1.

219 MOL, XIX-B-10, 7. cs. V/2-14/1-16 fsz. (16. d.). Határőrség Országos Parancsnoksága/Landes-Oberkommando des Grenzschutzes. Politische Orientierung über die Lage an der Westgrenze, zum Dienstgebrauch. Ohne Datum, abgeschlossen etwa um den 22./23. August 1989.

220 MOL, XIX-J-1-j-NDK-108-29-002106/2-1989 (63. d.).

221 Hertle: Der Fall der Mauer, S. 96.

222 Gespräch mit Ferenc Somogyi.

223 Kessler: Zur Person, S. 248.

224 Dazu und zum folgenden: MOL, XIX-J-1-j-NDK-108-146-003305/1989 (62. d.). Aufzeichnung von Dr. Béla Havasi.

225 SAPMO-BArch, DY 30/IV, 2/2. 035/73. Bl. 257–258.

226 Botschafter Arnot berichtete in dem mit ihm geführten Gespräch, daß namentlich Außenminister Genscher verlangt hatte, für die auswanderungswilligen DDR-Deutschen Wohnungen zu suchen. Das erwies sich als ein schwieriges Unterfangen, weil es in Budapest zu der Zeit noch kaum einen Wohnungsmarkt gab.

227 MOL, XIX-J-1-j-NDK-108-29-002106/2-1989 (63. d.).

228 Im ungarischen Innenministerium wurde schon am 12. Juni 1989 ein von Staatssekretär Földesi gebilligter Zeitplan verabschiedet, der Fristen festhielt für Maßnahmen, damit einzelne Abkommen, die das Innenministerium mit den Partnerministerien von anderen sozialistischen Ländern geschlossen hatte, mit den Erfordernissen der Genfer Flüchtlingskonvention in Einklang gebracht würden. Ungarns Beitritt zur Konvention wurde gerade am 12. Juni 1989 wirksam. So besehen war das Land eher im Verzug. Der Zeitplan des Innenministeriums sah beispielsweise vor, daß bis zum 30. Juni 1989 Vorschläge gemacht würden, wie man anstelle der bisher üblichen Auslieferungspraxis mit Grenzverletzern aus sozialistischen Ländern verfahren solle. Dieser Punkt des Zeitplans zeigt, daß die Behörden Ungarns in den Sommermonaten für solche Fälle noch keine einheitliche Regelung treffen konnten. ÁBTL, 1. 11. 12. NKO, 42. d. 41-E-101/6-2-1989.

229 MOL, XIX-J-1-k-NDK-108-1-8325-5/1989 (82. d.).

230 Gespräch mit Alexander Arnot.
231 Magyar Hirlap, 9. August 1989, S. 1 und 2.
232 Der Chef der ungarischen Staatssicherheit, Pallagi, hatte nach dem ersten Treffen selber angeregt, zur nächsten Zusammenkunft zunächst nur noch Sicherheitsleute beizuziehen. Das ungarische Außenministerium bestand aber offenbar weiterhin auf der Teilnahme von Beamten der Konsularischen Abteilung. BStU, ZA, MfS-ZAIG 22486, Bl. 187.
233 MOL, XIX-J-1-j-NDK-108-58-00220/1/1989 (64. d.).
234 BStU, ZA, MfS-ZAIG 22486, Bl. 176–177.
235 Berichte der ungarischen Delegation. MOL, XIX-J-1-j-NDK-108-58-00220/1/1989 (64. d.).
236 Der 1969 geschlossene Vertrag über visumfreien Verkehr, deutscher Wortlaut: BStU, ZA, MfS-ZAIG 22486, Bl. 216–223. Ungarischer Wortlaut: MOL, XIX-J-1-j-NDK-108-58-00220/1-1989 (64. d.).
237 Berichte der ungarischen Delegation. MOL, XIX-J-1-j-NDK-108-00220/1/1989 (64. d.).
238 MOL, XIX-J-1-j-NDK-108-29-002106/16/1989 (63. d.).
239 BStU, ZA, MfS-HA IX 2303, Bl. 32–34.
240 BStU, ZA, MfS-ZAIG 22486, Bl. 187.
241 MOL, Határőrség Országos Parancsnoksága / Landeskommando des Grenzschutzes, XIX-B-10 7. fsz. V/2-14/1989 (16. d.).
242 Gespräch mit István Horváth.
243 Gespräch mit Ferenc Pallagi. Pallagi mußte Anfang 1990 seinen Rücktritt nehmen, als es sich herausstellte, daß die Staatssicherheit selbst im Vorfeld der bevorstehenden freien Wahlen immer noch Politiker der Opposition bespitzelte. Innenminister Horváth bestritt, daß er von diesem Vorgehen Kenntnis hatte, nahm aber die Verantwortung auf sich und trat zurück.
244 BStU, ZA, MfS-ZAIG 22486, Bl. 186–189. MfS-Bericht vom 10. August über das Arbeitsgespräch mit Pallagi.
245 BStU, ZA, MfS-ZAIG 22486, Bl. 120–124.
246 BStU, ZA, MfS-ZAIG 22486, Bl. 125–127.
247 Neues Deutschland, 11. August 1989, S. 2.
248 Magyar Hirlap, 11. August 1989, S. 3.
249 MOL, XIX-J-1-k-NDK-108-2-7978/1989 (82. d.).
250 Gespräch mit Ferenc Glatz.
251 Haraszti Miklós: A kiegyezés két taktikája / Zweierlei Taktik des Ausgleichs, in: Beszélő, Oktober 1999.
252 Ripp: Rendszerváltás, S. 395.
253 Gespräch mit Miklós Németh. Der frühere Ministerpräsident erzählte dieses Erlebnis kurz nach den Ereignissen auch dem deutschen Journalisten Friedrich Kurz, der es im Buch »Die sieben Mythen der Wiedervereinigung« schil-

derte (Verfasser: Dieter Grosser, Stephan Bierling, Friedrich Kurz; Ehrenwirth Verlag, München 1991, S. 123–163). Während die hier wiedergegebene Episode mit der Darstellung von Kurz im wesentlichen übereinstimmt, weicht die Fortsetzung, wie es in Budapest zum Beschluß zur Öffnung der Grenze kam, von der Version, wie sie Kurz in Erfahrung gebracht hat, stark ab. Im weiteren: Kurz: Sieben Mythen.

254 Gespräch mit György Jenei.

255 MOL, Határőrség Országos Parancsnokság/Grenzschutz, Landeskommando, XIX-B-10-16. fsz.-1989 (16. d.).

256 Diese Regelung ließ sich nicht einheitlich und sogleich durchsetzen; die Einstellung der lokalen Organe blieb in vielen Fällen maßgeblich, so daß einzelne Auslieferungen auch später noch stattfanden. Dazu: Kapitel 8.

257 Magyar Hirlap, 11. August 1989, S. 3.

258 BStU, ZA, MfS-ZAIG 22486, Bl. 187.

259 Horváth: Ungarn, S. 313.

260 Zur Freiheit durch Ungarn. Symposium, 8. September 1994, Haus Ungarn, Berlin. Dokumentation Konrad-Adenauer-Stiftung, Sankt Augustin 1994, S. 10–11. Im weiteren: Kovács: Zur Freiheit.

261 Gespräch mit László Kovács.

262 MOL, M-KS. 288 f. 5/1072. ő. e. Protokoll von der Sitzung des Politischen Exekutivkomitees der USAP vom 24. Juli 1989. Darin ist vermerkt, daß Horn in Urlaub gefahren sei und deshalb fehle.

263 MOL, XIX-J-1-j-NDK-108-35-002343/1-1989 (62. d.). Ein Besuch von Harry Ott im August wird im Rückblick auf die Ereignisse, den das ungarische Außenministerium am 26. September 1989 erstellt hat, ebensowenig verzeichnet (MOL, XIX-J-1-j-NDK-108-29-002106/16-1989, 63. d.). Im Gespräch mit dem Verfasser blieb Kovács trotz diesem Hinweis bei seiner Versicherung, mit Ott in der ersten Augusthälfte Verhandlungen geführt zu haben. Der Gesprächspartner aus der DDR gab nach dieser Darstellung die Schuld an der Krise einzig der Bundesrepublik und forderte, daß Ungarn die DDR-Bürger zurückschicke.

264 Horn: Cölöpök, S. 237. In der deutschen Ausgabe von Horns Buch ist die fragliche Stelle lediglich mit »Augustmorgen« übersetzt (Horn: Freiheit, S. 309). In der ungarischen Originalausgabe steht »an einem Morgen Anfang August«. Horn erklärte in Gesprächen mit dem Verfasser wiederholt, er könne sich an genaue Daten nicht mehr erinnern.

265 Gespräch mit István Őszi.

266 MOL, XIX-J-1-k-NSZK-109-1-7981-1989 (84. d.).

267 Gespräch mit Balázs Nováky.

268 Gespräch mit Miklós Németh. Weder die Zusammensetzung der Teilnehmer noch das genaue Datum der Sitzung ließ sich feststellen. Botschafter

István Horváth erwähnt ebenfalls eine Regierungsberatung im engen Kreis, die »Anfang August« stattfand. Horváth: Ungarn, S. 319. Da Ministerpräsident Németh erst am 7. August nach Budapest zurückgekehrt war und sich hernach dem Flüchtlingsproblem zuwandte, ist das Wochenende vom 12./13. August als Zeitpunkt der ersten Koordinierung wahrscheinlich.

269 Friedrich Kurz setzt – unter Zitierung von Németh – die fragliche Zusammenkunft schon auf den 10. August 1989. Kurz schreibt an gleicher Stelle, die Entscheidung auf ungarischer Seite sei an diesem Tag gefallen (Kurz: Sieben Mythen, S. 146–147). Die letzte Feststellung, obwohl in der deutschen Fachliteratur manchmal zitiert, ist nur dann richtig, wenn sie sich auf die Weigerung Ungarns bezieht, die Flüchtlinge der DDR zurückzugeben. Die Entscheidung über die Grenzöffnung fiel dagegen erst am 22. August.

270 BStU, ZA, HA-XVIII 5711, Bl. 22–31. Zitate: Bl. 24 und 31.

271 Horn: Freiheit, S. 311.

272 Horváth: Ungarn, S. 316.

273 Gespräch mit Jürgen Sudhoff. Ferner: Jürgen Sudhoff: »Macht die Augen zu und die Tore auf!«, in: Frankfurter Allgemeine Zeitung, 24. August 1999, S. 8.

274 Die Angabe in Helmut Kohls Memoiren, die Botschaft in Budapest sei am 10. August geschlossen worden, ist irrig. Helmut Kohl: Erinnerungen 1982–1990. Droemer, München 2005, S. 911. Im weiteren: Kohl: Erinnerungen 1982–1990.

275 Die Darstellung, die Sudhoff und Horn von ihren zwei Begegnungen am 14. und am 16. August geben, weichen voneinander stark ab. Im Gegensatz zu Sudhoffs Feststellung, daß namentlich nach seinem ersten Besuch in Budapest noch alles offenblieb, will Horn schon bei dieser Gelegenheit angeboten haben, daß die bundesdeutsche Botschaft durch eine nächtliche Aktion evakuiert und die dorthin geflüchteten DDR-Deutschen nach der Bundesrepublik ausgeflogen würden. Horn schreibt sodann, er habe beim gleichen Gespräch darum gebeten, die bundesdeutsche Botschaft in Budapest zu schließen, doch sei dies zurückgewiesen worden. Zu diesem Zeitpunkt, am 14. August, war aber die Botschaft schon geschlossen. Horn: Freiheit, S. 313.

276 Gespräch mit Cornelio Sommaruga.

277 In diesem Punkt nun gehen die Erinnerungen von Sudhoff und Horn vollends auseinander. Man hat allerdings guten Grund, der Darstellung Sudhoffs den Vorzug zu geben. Horn spricht in seinen Erinnerungen davon, daß er mit dem – nicht namentlich genannten – Bonner Staatssekretär am Nachmittag vor der Evakuierung der bundesdeutschen Botschaft ein Gespräch geführt und ihn über die bevorstehende Aktion informiert habe (Horn: Freiheit, S. 315). Die Botschaft wurde in der Nacht vom 23. auf den 24. August geräumt. Sudhoff kehrte jedoch gemäß eigenen Angaben nach dem 16. August

nicht mehr in die ungarische Hauptstadt zurück. Horn erwähnt sodann, daß er den »Staatssekretär« unter vier Augen auf englisch darüber unterrichtet habe, daß Ministerpräsident Németh und er in Bonn einen Besuch machen wollten. Sudhoff erklärte gegenüber dem Verfasser, von dieser Absicht habe Horn bei der Begegnung am 16. August noch nichts verlauten lassen. Sie war zu dem Zeitpunkt auch noch nicht aktuell. Am 23. August, als das von Horn geschilderte Gespräch stattfand, war sie das aber. Németh und Horn reisten am 25. August nach Bonn. Horn verwechselt in seinen Memoiren an dieser Stelle Sudhoff mit dem CDU-Politiker Volker Rühe, der am 23./24. August tatsächlich in Budapest weilte, und der laut seinem Programm am 23. am Nachmittag um 16 Uhr 15 von Horn empfangen wurde. Rühe bestätigt, daß Horn ihn sowohl von der bevorstehenden Räumung der Botschaft als auch vom geplanten Besuch in Bonn unterrichtete habe (Gespräch mit Volker Rühe). Gemäß dem Bericht der Internationalen Abteilung des ZK der Ungarischen Sozialistischen Arbeiterpartei über Rühes Besuch (in dieser Akte befindet sich auch der Zeitplan des Programms des Gastes) hat Horn gegenüber dem westdeutschen Politiker auf Ungarns schwierige Situation hingewiesen, Rühe aber auch versichert, daß Ungarn »bereit ist zur Kooperation zur Lösung der schwierigen Lage der Flüchtlinge«. MOL, M-KS 288. f. 32/1989/58. ő. e. NSZK/1989/B (708. d.).

278 László Varga: Der Fall des »Eisernen Vorhangs« in Mitteleuropa. In: Von der Überwindung kommunistischer Diktaturen zum vereinten Europa. Gemeinsamer Kongreß der Landesbeauftragten für die Unterlagen des Staatssicherheitsdienstes der ehemaligen Deutschen Demokratischen Republik und der Bundeszentrale für politische Bildung mit den Opferverbänden und Aufarbeitungsinitiativen (3. Verbandstreffen) vom 18. bis 20. Juni 1999 in Gera. Der Landesbeauftragte des Freistaats Thüringen für die Unterlagen des Staatssicherheitsdienstes der ehemaligen DDR (Hrsg.), S. 61.

279 Gespräch mit Jürgen Sudhoff.

280 Magyar Dokumentáció, XXI/1989, S. 411. Die Zahlangaben bei Horn (Horn: Freiheit, S. 313 und 315), wonach es in der bundesdeutschen Botschaft bis zu 700 Flüchtlinge gegeben hat, treffen nicht zu. Das ungarische Communiqué vom 14. August spricht von 181 Personen.

281 Gespräch mit Gerd Vehres.

282 Ein Text oder eine Aufzeichnung dazu ließ sich bisher weder in Berlin noch in Budapest finden. Eine knappe Zusammenfassung von Krolikowskis Botschaft enthält eine Aktennotiz des ungarischen Außenministeriums, dessen Regionale Hauptabteilung am 26. September 1989 in der Rückschau eine Chronologie der wichtigsten Ereignisse der Flüchtlingskrise erstellte. MOL, XIX-J-1-j-NDK-108-29-002106/16-1989 (63. d.). Rekonstruieren läßt sich der Inhalt sodann aus den Aufzeichnungen des stellvertretenden Außenmini-

sters István Őszi, der am 18. August DDR-Botschafter Gerd Vehres die mündliche Antwort erteilte. MOL, XIX-J-1-j-NDK-108-29-002106/4-1989 (63. d.).

283 Gespräch mit Imre Kozma. Dazu auch: Gyula Kurucz (Hrsg.): Das Tor zur deutschen Einheit. Grenzdurchbruch Sopron 19. August 1989. edition q, Berlin 2000. Im weiteren: Kurucz: Das Tor, S. 85–93.

284 Magyar Hirlap, 18. August 1989, S. 11.

285 So beispielsweise Staatssekretär László Kovács gegenüber dem Botschafter der DDR, Gerd Vehres, am 25. August 1989. MOL, XIX-J-1-j-NDK-108-29-002106/7-1989 (63. d.).

286 Gespräch mit Imre Kozma.

287 Gerd-Rüdiger Stephan (Hrsg.): »Vorwärts immer, rückwärts nimmer!« Interne Dokumente zum Zerfall von SED und DDR 1988/89. Karl Dietz Verlag, Berlin 1994, S. 145. Im weiteren: Stephan: Vorwärts immer.

288 MEH, Protokoll der Sitzung des Ministerrats vom 17. August 1989.

289 Handschriftliche Notizen über den Verlauf der Sitzungen des Ministerrats, unveröffentlichtes Manuskript, im Besitz von Miklós Raft. Die Aufzeichnungen dienten, zusammen mit Tonbandaufnahmen, jeweils zur nachträglichen Erstellung des offiziellen Protokolls. Die Notizen Rafts sind im vorliegenden Fall wesentlich ausführlicher und beispielsweise bei der Wiedergabe der von Horn genannten Flüchtlingszahlen präziser als das Protokoll. Im weiteren: Aufzeichnungen Miklós Raft.

290 Aufzeichnungen Miklós Raft.

291 Kurucz: Das Tor, S. 20–46. Die Angabe in der Darlegung von Ferenc Mészáros auf S. 20, die Idee datiere vom »20. Januar 1989« ist ein Verschreibfehler. In Wirklichkeit handelte es sich um den 20. Juni. Eine andere Zusammenfassung des Themas aus erster Hand, d. h. aus der Feder eines der Organisatoren: László Nagy: Das Paneuropäische Picknick in Sopron 1989. In: Deutschland Archiv 6/2001, S. 943–955. Im weiteren: Nagy: Paneuropäisches Picknick.

292 Interview mit Walburga von Habsburg. Laut ihren Angaben sagte ihr Vater die Übernahme der Schirmherrschaft schon in Debrecen zu. Die Behauptung, der man gelegentlich begegnet (Beispiel: Ferdinand Kroh: wendemanöver. Die geheimen Wege zur Wiedervereinigung. Hanser, München 2005, S. 167. Im weiteren: Kroh: wendemanöver), daß sie selbst Initiatorin der Picknick-Idee gewesen sei, trifft nach Walburga von Habsburg nicht zu. Sie befand sich am 20. Juni 1989 gar nicht in Debrecen. Anwesend und am ersten Gespräch über die Picknick-Idee beteiligt war dagegen ihr Bruder, Georg von Habsburg.

293 Kurucz: Das Tor, S. 26 und 34.

294 Ibid., S. 34.

295 Gespräch mit Miklós Németh.

296 Gespräch mit Imre Pozsgay.

297 Nagy: Paneuropäisches Picknick, S. 953–954. Die Texte der Debatte: Kurucz: Das Tor, besonders S. 193–199 und 232–262.

298 Kurucz: Das Tor, S. 250.

299 Gespräch mit Miklós Németh.

300 Gespräch mit Ferenc Kárpáti.

301 Maria Fileps Erinnerungen an das Picknick, Manuskript in ungarischer Sprache. Akten Paneuropäisches Picknick.

302 Gespräch mit Miklós Németh.

303 Interview mit Walburga von Habsburg.

304 Gespräch mit Imre Pozsgay. Dazu auch: Pozsgay: 1989, Politikus pálya, S. 170. Weitere Darstellung Pozsgays im gleichen Sinn in: Kurucz: Das Tor, S. 99–100.

305 Interview mit Walburga von Habsburg.

306 Stephan Baier, Eva Demmerle: Otto von Habsburg. Die Biografie. Amalthea, Signum Verlag, Wien 2002, S. 438–441. Die geraffte Schilderung der Geschichte des Paneuropäischen Picknicks im Buch ist zwar in manchem Punkt irrig, enthält aber auch die Formulierung, Otto von Habsburg und Imre Pozsgay hätten auf die Teilnahme am Picknick verzichtet, um »von der ungarischen Regierung Druck wegzunehmen«.

307 Folgt man Pozsgay, dann sind beide Versionen, die passive wie die aktive Beteiligung der Regierung an der Vorbereitung des Tests, denkbar. Pozsgay: 1989, Politikus pálya, S. 170. Hier heißt es, »wir haben den DDR-Leuten heimlich ausrichten lassen«, sie könnten das Picknick zur Flucht nutzen. Ferner: Kurucz: Das Tor, S. 99. Da wählt Pozsgay eine passive Formulierung, er habe erfahren, »daß den deutschen Flüchtlingen angedeutet worden sei, die Grenze werde offen sein«.

308 Gespräch mit László Nagy und László Magas.

309 »Jetzt oder Nie. Die Grenzgänger von Sopron«, ein Film von Konrad Herrmann und Hans-Peter Gaul, ZDF, 2004. Im Film berichten drei Familien, die alle beim Grenzpicknick geflüchtet waren, über ihre Erlebnisse. Im weiteren: ZDF – »Jetzt oder Nie«.

310 Gespräch mit Imre Kozma. Dazu auch: Kurucz: Das Tor, S. 91–92.

311 Gespräch mit István Horváth.

312 Gespräch mit Ferenc Pallagi.

313 Gespräch mit Miklós Németh.

314 Kurucz: Das Tor, S. 105.

315 Gespräch mit Balázs Nováky.

316 Dienstbericht von Oberstleutnant Gyula Kovács vom 21. August an Generalmajor János Székely. Akten Paneuropäisches Picknick.

317 ZDF – »Jetzt oder Nie«.
318 Gespräch mit Árpád Bella. Dazu auch zwei Beiträge Bellas in: Kurucz: Das Tor, S. 53–66 und 193–199. Über die Zahl der beim Grenzpicknick Geflüchteten liegen verschiedene Angaben vor.
Romsics spricht von etwa 1000 Flüchtlingen, Romsics: Magyarország, S. 544, während Dietrich Graf Brühl, damals Botschafter der Bundesrepublik in Wien, 650 DDR-Deutsche nennt, die am 19. August die Grenze überschritten hätten (Dietrich Graf Brühl: Flucht in die Freiheit, in: Der Eiserne Vorhang, herausgegeben vom Heeresgeschichtlichen Museum, Wien 2001, S. 104. Im weiteren: Brühl: Flucht).
319 Módszertani útmutató nagyobb létszámu ths-t megkísérlő csoportok feltartóztatására / Methodische Anweisung zum Aufhalten größerer Gruppen, die eine VGV [verbotene Grenzverletzung] versuchen, 18. August 1989, gezeichnet von Oberstleutnant Gyula Kovács. Akten Paneuropäisches Picknick.
320 Kurucz: Das Tor, S. 198.
321 Magyar Hirlap, 19. August 1989, S. 4.
322 József Horváth: A tábornok vallomása / Das Geständnis des Generals, Pallas, Budapest 1990, S. 241–243. Dort auch die Angabe, die Staatssicherheit habe am 15. August 1989 namentlich mit Blick auf die Gewährleistung der Ordnung beim geplanten Paneuropäischen Picknick eine Konferenz auf Landesebene abgehalten. János Székely stellte später entschieden in Abrede, daß das fragliche Telefongespräch so verlaufen sei, wie József Horváth es beschrieben habe. Kurucz: Das Tor, S. 195.
323 Gespräch mit Gerd Vehres. Der Botschafter bat seine Zentrale um Instruktionen in der Frage, doch dann lösten die Veranstalter sein Dilemma: Sie teilten ihm mit, sie wollten ähnliche Picknick-Anlässe auch an der ungarisch-tschechoslowakischen Grenze durchführen und ihn dazu einladen; diese Einladung nach Sopron sei dagegen irrtümlich erfolgt.
324 Akten des ungarischen Außenministeriums, chiffriertes Telegramm der ungarischen Botschaft in Wien, 26. August 1989, -305-N.-
325 Gespräche mit Eva Nowotny und Miklós Németh. Die Augenzeugenberichte der österreichischen Lokalbehörden in: Kurucz: Das Tor, S. 46–52 und 66–70. Ferner: Unveröffentlichtes Interview von Lisa Moser mit Oberst Stefan Biricz am 19. November 2005 in Rust. Manuskript im Besitz des Verfassers. Biricz war 1989 Gendarmeriekommandant des Bezirks Eisenstadt. Er berichtet im Interview, wie er am frühen Nachmittag des 19. August den bundesdeutschen Botschafter in Wien angerufen und wie ein Transportunternehmer in Rust auf seine Bitte Autobusse organisiert habe, mit denen die DDR-Deutschen nach Wien gebracht wurden. Diese Aussagen entkräften damalige Vermutungen, nach denen die Botschaft der Bundesrepublik in Wien über die beim Paneuropäischen Picknick bevorstehende Flucht Be-

scheid gewußt und Autobusse an die Grenze bestellt habe. Dietrich Graf von Brühl, der 1989 Botschafter der Bundesrepublik in Österreich war, erinnert sich auf folgende Weise: Die Botschaft schickte von Anfang August an tatsächlich mehrmals Autobusse an die Grenze, damit sie Flüchtlinge nach Wien brächten, aber der Durchbruch beim Paneuropäischen Grenzpicknick und die hernach vor der Wiener Botschaft mit Flüchtlingen ankommenden Autobusse bedeuteten eine Überraschung (Gespräch mit Dietrich von Brühl). Laut Kohls Berater Teltschik hatte man in Bonn im Vorfeld des Grenzpicknicks keine Hinweise auf das bevorstehende Ereignis (Gespräch mit Horst Teltschik).

326 Népszabadság, 22. August 1989, S. 3.

327 Gespräch mit László Nagy. Ferner: Das Tor bei St. Margarethen am 19. August 1989. In: St. Margarethen im Burgenland: http://members.aon.at/roemersteinarena
In seinen Memoiren spricht auch Gyula Horn ohne weitere Präzisierungen davon, daß man die Flüchtlinge, die beim Paneuropäischen Grenzpicknick den Grenzübertritt geschafft hätten, auf der anderen Seite erwartet habe. Auch die Flucht selbst nennt Horn spöttisch zwischen Anführungszeichen »spontan«. Horn: Freiheit, S. 320–321.

328 Das Generalsekretariat des Deutschen Roten Kreuzes (DRK) beantwortete eine Anfrage des Verfassers im wesentlichen wie folgt: In den Archiven des DRK ließen sich keine Hinweise auf eine Präsenz und Mitwirkung des Deutschen Roten Kreuzes beim Paneuropäischen Picknick finden. Allerdings lägen Akten zum Thema im Archiv des DRK-Generalsekretariats in Berlin, die jedoch aus Gründen des Datenschutzes »bis ca. 2020 für die Öffentlichkeit gesperrt sind«.

329 Mitteilungen der bei Sopronpuszta geflüchteten einstigen DDR-Staatsangehörigen Margret Pfitzenreiter und Andreas Nagler an den Verfasser. Über die Informationen, welche die österreichische Regierung im Vorfeld des Grenzpicknicks den Behörden der Bundesrepublik Deutschland hat zukommen lassen, dürfte man erst Klarheit gewinnen, wenn die während dreißig Jahren (in begründeten Fällen zwanzig Jahren) unter Verschluß liegenden Akten des Bundeskanzleramts in Wien einsehbar werden.

330 MOL, XIX-B-10-V/2-14, 7. cs./1989, Bl. 9.

331 Brühl: Flucht, S. 104 und 114.

332 MOL, XIX-J-j-NDK-108-20-001378/1-1989 (63. d.).

333 Gespräch mit Miklós Németh.

334 Magyar Hirlap, 28. August 1989, S. 3.

335 MOL, XIX-J-1-j-NDK-108-29-002106/7-1989 (63. d.). Das Gespräch fand am 25. August 1989 statt.

336 Gespräch mit Árpád Bella.

337 MOL, XIX-J-1-j-Ausztria-10-J-3429/1989 (19. d.). Bericht des Oberbefehlshabers des Grenzschutzes, János Székely, an das Außenministerium; Datum: 22. August 1989.

338 MOL, XIX-B-10-IV/2-18, 69. fsz./1989 (15. d.). Székelys Bericht vom 25. August 1989 an Staatssekretär Jenő Földesi über die Arbeit der gemeinsamen Kommission. Beigelegt das Protokoll der am 23. August in Kőszeg abgehaltenen Sitzung. Ferner: Gespräch mit Johann Schoretits, der 1989 als Sicherheitschef des Burgenlands auf österreichischer Seite Mitglied der Kommission war.

339 Gespräch mit János Görög. Görög leitete die ungarische Delegation in Kőszeg bei der Sitzung der gemeinsamen Kommission.

340 Gespräch mit János Görög. Ferner: Interviews mit dem Soldaten, der in den Zweikampf verwickelt war, in: Magyar Hirlap, 24.8.1989, S. 6, und Népszabadság, 23. August 1989, S. 1. Frau Schafitel schilderte den Hergang in einem 2005 gedrehten Filmbericht, in dem sie erklärte, sie betrachte den Tod von Schulz als Unfall (Határeset/Grenzfall, DA-DA-Film, Produzent: János Vészi, Regie – Kamera: Péter Szalay, Stiftung Fórum Film). István Horváth (Horváth: Ungarn, S. 319) und Gyula Horn (Horn: Freiheit, S. 316) schreiben beide, der Grenzwächter habe seinen Angreifer aus Notwehr erschossen. Dieser Befund widerspricht dem Urteil der österreichisch-ungarischen Untersuchungskommission. Ganz bestimmt irrig ist die Angabe von Horn, der Zwischenfall habe zwei deutsche Todesopfer gefordert. Horváth, der sich nach eigenen Angaben als Botschafter in Bonn später um Frau Schafitel kümmerte, berichtet, daß beim Zwischenfall die Absicht des danach umgekommenen DDR-Bürgers eine Rolle gespielt hatte, sich im Westen damit brüsten zu können, er habe eine Waffe erbeutet. Videointerview Bokor–Horváth, 326, XI. Ebenso: Horváth: Európa, S. 230–231.

341 Gespräch mit István Őszi.

342 Charakteristisch für Horns Abneigung ist vielleicht, daß in seinem Buch selbst das Datum des Grenzpicknicks – 20. statt 19. August – irrig angegeben ist (Horn: Freiheit, S. 320).

343 Gespräch mit Gyula Horn.

344 Kurucz: Das Tor, S. 197.

345 Gespräch mit István Horváth.

346 Mitteilung von Csaba Gy. Kiss an den Verfasser. László Kovács (Kovács: Zur Freiheit, S. 12) schreibt in diesem Zusammenhang von wohlgemeinten, aber nicht annehmbaren Vorschlägen von oppositionellen Politikern, wie die Flüchtlinge außer Landes gebracht werden könnten. Aus Horns Erinnerungen (Horn: Freiheit, S. 320) geht indessen hervor, daß auch der Außenminister solche Vorhaben erwog und daß es tatsächlich Absprachen zwischen ihm und dem MDF über gemeinsame Aktionen gab. Als aber Sándor Lezsák, eine

der führenden Persönlichkeiten des MDF, Ende August gemäß seinem geheimen Plan daranging, mit Autobussen einen Transport von Flüchtlingen in die Umgebung von Sopron zur Grenze vorzubereiten, winkte die Regierung ab. Dazu: Nagy: Picknick, S. 954. Zu diesem Zeitpunkt stand der – noch nicht bekanntgegebene – Beschluß der Regierung schon fest, die Grenze demnächst zu öffnen.

347 International Centre for Democratic Transition, Budapest, Oral History Program. Interview von Anita Orbán mit George H. W. Bush am 5. September 2006 in Kennebunkport, Maine. Im weiteren: Orbán, ICDT-Interview.

348 Gespräch mit Mark Palmer.

349 Mark Palmer: Breaking the Real Axis of Evil, Rowman & Littlefield, Lanham 2003, S. 24 und 104. Im weiteren: Palmer: Axis of Evil.

350 Dazu und zum weiteren: Gespräch mit Ferenc Pallagi.

351 Gespräch mit Gerd Vehres.

352 Gespräch mit Gyula Horn.

353 Kovács: Zur Freiheit, S. 13.

354 Gespräch mit István Őszi. István Horváth (Horváth: Ungarn, S. 320) berichtet von einer ähnlich neutralen, doch auf mehrere Arten deutbaren Reaktion des Geschäftsträgers gegenüber Außenminister Horn. Horn selber schreibt in seinem Buch lediglich, er habe es vermieden, die Sowjets zu einer Stellungnahme zu zwingen. Dem Verfasser gegenüber sagte er, ein Ministerialbeamter, dessen Name ihm nicht mehr gegenwärtig sei, habe den Auftrag gehabt, in der Angelegenheit mit der Sowjetbotschaft Kontakt zu halten.

355 MOL, XIX-J-1-k-SZU-145-1-6050/1989 (109. d.). In der Akte befinden sich Horns Einladungsbrief an Petrowski, ferner die Aufzeichnung eines Beamten von der I. Regionalen Hauptabteilung des Außenministeriums über den Urlaubsaufenthalt des sowjetischen Gastes in Ungarn.

356 Gespräch mit László Kovács.

357 Der Zeithistoriker Jacques Lévesque schreibt unter Berufung auf eine persönliche Mitteilung von László Kovács, das ungarische Außenministerium habe Ende August 1989 dem sowjetischen Außenminister Eduard Schewardnadse auch in einer diplomatischen Note signalisiert, daß Ungarn die DDR-Bürger in den Westen zu entlassen gedenke. Schewardnadse habe geantwortet, dies gehe Ungarn und die zwei deutschen Staaten an (Lévesque: 1989 – La fin d'un empire. Presses de la Fondation nationale des sciences politiques, Paris 1995, S. 197–198). Von uns darauf angesprochen, erklärte Kovács, er könne sich an keine solche diplomatische Note erinnern. Nach ihm muß ihn Lévesque mißverstanden haben. Man habe aus Budapest wohl »Signale« nach Moskau gesandt, aber ein Notenwechsel zwischen Horn und Schewardnadse sei ihm nicht gegenwärtig (Gespräch mit László Kovács).

358 Kovács: Zur Freiheit, S. 13.
359 Gespräch mit Michail Gorbatschow.
360 Gespräche mit Alexander Jakowlew und Anatoli Tschernajew.
361 Gespräche mit Anatoli Tschernajew und Nikolai Portugalow.
362 Michail Gorbatschow: Wie es war. Die deutsche Wiedervereinigung. Ullstein, Berlin 1999, S. 95. ff.
363 Kovács: Zur Freiheit, S. 12. Sodann: Péter Medgyessy: Polgár a pályán/Bürger in der Laufbahn, Kossuth, Budapest 2007, S. 67. Medgyessy, stellvertretender Ministerpräsident, in der Regierung Németh zuerst für Finanzen, dann für Wirtschaft zuständig, erzählt, daß der Regierungschef ihn zu später nächtlicher Stunde angerufen und gefragt habe, ob die Grenzöffnung von seiten der DDR mit Wirtschaftssanktionen einhergehen könnte. »Schon bei Tagesanbruch ging ich, zusammen mit meinen Mitarbeitern, ins Amt, und als Miklós [Németh] am Morgen zur Arbeit erschien, teilte ich ihm mit, daß ich im Schritt keinerlei wirtschaftliche Gefahr sehe.« In der Fortsetzung sind Medgyessys Mitteilungen über das Thema allerdings sehr wirr, was sich unter anderem daran zeigt, daß er als Ort der offiziellen Grenzöffnung Sopronpuszta nennt, indem er die Öffnung der Grenze am 10./11. September mit dem Paneuropäischen Picknick verwechselt. Im weiteren: Medgyessy: Polgár.
364 Bericht der ungarischen Botschaft in Moskau vom 21. August 1989. MOL, XIX-J-1-j-Románia-128-1-003432/1989 (74. d.).
365 Gespräche mit István Őszi, László Kovács und Botschafter István Horváth.
366 Laut Botschafter Horváth schlug im Außenministerium der stellvertretende Minister István Őszi als erster die Grenzöffnung zur Lösung der Krise vor. Videointerview Bokor–Horváth, XII.
367 Gespräch mit György Jenei.
368 MOL, XIX-J-1-j-NDK-108-29-002106/4-1989 (63. d.).
369 BStU, ZA, MfS-HA IX, 17669, Bl. 18–20.
370 Gespräch mit Cornelio Sommaruga.
371 Magyar Hirlap, 19. August 1989, S. 1 und 3.
372 MOL, Határőrség Országos Parancsnoksága/Landeskommando des Grenzschutzes, XIX-B-10/V/2-14, 8. fsz./1989 (16. d.).
373 Gespräch mit István Őszi.
374 In seinem Buch beschreibt Horn, wie er nach langen, qualvollen Überlegungen zum Schluß gekommen sei, daß man die Flüchtlingskrise auf radikale Art lösen müsse. Nach seiner Darstellung war er aber der erste, der dies vorschlug, und außerdem legt er das Datum der Entscheidung auf später, auf einen nicht näher beschriebenen Zeitpunkt nach dem 25. August (Horn: Freiheit, S. 321). Horn und Németh bewerten ihre Rollen in der Flüchtlingskrise stark unterschiedlich und haben deshalb auch polemische Auseinanderset-

zungen ausgetragen. Németh anerkennt indessen, daß Horn von dem Augenblick an, in dem er sich – nach einer langen Phase des Zögerns – die Entscheidung zur Grenzöffnung zu eigen machte, den gemeinsamen Kurs loyal mittrug (Gespräch mit Miklós Németh).

375 Gespräche mit János Görög, László Kovács und Ferenc Somogyi. Der stellvertretende Außenminister Őszi trat nach eigener Darstellung dafür ein, den seit 1969 mit der DDR bestehenden Vertrag außer acht zu lassen, und zwar mit der Begründung, die DDR werde es niemals wagen, die Mißachtung eines so inhumanen Vertrags vor einer internationalen Instanz einzuklagen.

376 Horn: Freiheit, S. 321, und Népszabadság, 25. September 1990.

377 Gespräch mit György Jenei.

378 Horn: Freiheit, S. 321–322. Bei Horn gewinnt man den Eindruck, bei der Sitzung habe er praktisch allein gesprochen und die anderen mit seinem Plan zur Entlassung der Flüchtlinge sowie mit seinem Konzept der völkerrechtlichen Begründung überrumpelt und überzeugt. Rekonstruiert man sodann die Chronologie in Horns Memoiren, dann fanden sein Telefonanruf und das hernach folgende Gespräch erst in den Tagen nach den Verhandlungen statt, die Németh und er selbst am 25. August 1989 mit Bundeskanzler Helmut Kohl und Außenminister Hans-Dietrich Genscher geführt hatten. Horn erklärte auch in Gesprächen mit dem Verfasser wiederholt, daß am 25. August 1989 bei den Verhandlungen mit den westdeutschen Politikern noch keine »Lösung« gefunden worden sei. Indessen bestätigt auch Horns damaliger Stellvertreter, Staatssekretär Kovács, daß sich ein enger Kreis von Regierungsmitgliedern am 22. August 1989 darauf einigte, die Aussetzung einzelner Punkte des 1969 mit der DDR geschlossenen Vertrags als die Lösung anzusehen (Kovács: Zur Freiheit, S. 15). Die Darstellung, nach welcher Horn mit seinem Vorschlag voranging und die Ministerkollegen seiner Idee zur Grenzöffnung zustimmten, wurde in der Publizistik und der Fachliteratur lange unkritisch akzeptiert. So auch vom Verfasser: Andreas Oplatka: Der Eiserne Vorhang reißt. Ungarn als Wegbereiter. Verlag der Neuen Zürcher Zeitung, Zürich 1990, S. 158.

379 Der Verfasser konnte außer dem mittlerweile verstorbenen Borics alle Teilnehmer befragen. Zur Verfügung stand auch ein an Miklós Németh gerichteter Bericht György Jeneis über ein Fernsehinterview, das dieser über die Vorgeschichte der Grenzöffnung am 17. September 1989 einem japanischen Journalisten gewährte (Kopie im Besitz des Verfassers). Protokoll wurde bei der entscheidenden Beratung am 22. August nicht geführt. Der Leiter des Sekretariats des Ministerpräsidentenamts, Miklós Raft, nahm an der Sitzung nicht teil.

380 Gespräch mit György Jenei.

381 Németh und seine Minister hatten zu der Zeit schon eine gewisse Übung im

Suspendieren von einzelnen Vertragsbestimmungen. Eine der ersten Maßnahmen der umgebildeten Regierung Németh am 13. Mai 1989 bestand darin, die Arbeiten am Bau des von der Opposition heftig bekämpften Donau-Kraftwerksystems Gabčikovo-Nagymaros unter Abweichung von dem 1977 mit der Tschechoslowakei geschlossenen Vertrag bis auf weiteres einzustellen.

382 Drei der Anwesenden, Németh, Jenei und Mohai, bestätigten in Gesprächen, die Szene habe sich so abgespielt. Horn schreibt dagegen (Horn: Freiheit, S. 322), Horváth habe die Frage unter Namensnennung an ihn gerichtet, und er habe erwidert: »Nein, wir setzen uns für das Recht der Deutschen ein und wählen Europa« – eine Antwort, deren Pathos im kleinen Kreis von Ministerkollegen befremdlich wirkt. István Horváth sagte im Gespräch, er erinnere sich genau an seine Wortmeldung, wisse aber nicht mehr, ob er jemanden mit Namen angesprochen habe und von wem die Antwort gekommen sei. Logisch erschiene, daß die Frage sich an denjenigen richtete, der die Entscheidung gefällt hatte.

383 Gespräch mit Miklós Németh.

384 Gespräch mit Cornelio Sommaruga. Dazu auch: Jürg Bischoff im Gespräch mit Cornelio Sommaruga. Diplomatie im Dienste der Menschlichkeit. Verlag Neue Zürcher Zeitung, Zürich 2004, S. 139–140.

385 Gespräch mit Francis Amar.

386 Gespräch mit Cornelio Sommaruga.

387 Gespräch mit Ferenc Pallagi. Die Schilderung der Evakuierung der Botschaft beruht auf seinen Angaben, ferner auf Gesprächen mit Francis Amar und Alexander Arnot.

388 Angabe von Ferenc Pallagi. Francis Amar sagte dem Verfasser, er erinnere sich nicht an Lastwagen, wohl aber an Gestalten hinter den Fenstern in den oberen Stockwerken der rumänischen Botschaft.

389 Gespräch mit Francis Amar.

390 Magyar Hirlap, 13. August 2002. Der 13 Jahre später erschienene Artikel beruht auf Erinnerungen von Offizieren der ungarischen Abwehr und scheint insofern eine unsichere Quelle zu sein, als etliche der darin enthaltenen Behauptungen weder von Alexander Arnot noch von Francis Amar bestätigt werden.

391 Gespräch mit János Görög.

392 Brühl: Flucht, S. 101.

393 Horn: Freiheit, S. 315. Der »Mann aus Bonn«, von dem Horn an dieser Stelle spricht, war Volker Rühe. Horn nennt kein Datum. Daß das Gespräch am Nachmittag des 23. August stattfand, ist aber außer dem Botschafts-Thema auch darum bestimmbar, weil Horn seinem Besucher vorwurfsvoll von einem Grenzzwischenfall berichtet. Dieser hatte sich am gleichen Tag nach

12 Uhr abgespielt und erregte Aufsehen, weil westdeutsche Journalisten darin verwickelt waren. Die fraglichen Ereignisse – siehe Kapitel 13 – sind auf ungarischer Seite mehrfach dokumentiert.

394 Gespräche mit Volker Rühe, Alexander Arnot und Michael Jansen. Botschafter Arnot sagt nachträglich zur Szene, sie sei typisch für die Tatsache, daß sich die Beamten an die vereinbarte Geheimhaltung hielten, die Politiker aber plauderten.

395 Die von der Regierung autorisierte Erklärung der ungarischen Nachrichtenagentur über die Evakuierung der Botschaft nannte 101 DDR-Bürger, die das Land verlassen hätten (Népszabadság, 25. August 1989, S. 1). Die tatsächliche Zahl betrug jedoch gemäß den Angaben von Francis Amar 108.

396 Őszis Aufzeichnung: MOL, XIX-J-1-j-NDK-108-29-002106/6-1989 (63. d.). Ostberliner Zusammenfassung des von Vehres zugestellten Berichts über das Gespräch: SAPMO-BArch, DY 30/IV 2/2.035/73, Bl. 259–261. Zur Frage der fehlenden Flüchtlinge: Botschafter Arnot berichtet, die Ungeduld unter den Flüchtlingen, die zum Teil schon seit Monaten in der Botschaft ausharrten, sei ständig gewachsen, viele hätten es in der Enge des Gebäudes nicht mehr ausgehalten, auf eine Lösung nicht mehr vertraut. Die Zahl der Flüchtlinge habe deswegen ständig geschwankt.

397 Gespräch mit István Őszi und Gerd Vehres.

398 Magyar Dokumentáció, XXI/1989. S. 382.

399 MOL, XIX-J-1-j-NDK-108-29-002106/7 (63. d.).

400 Gespräch mit Botschafter István Horváth. Miklós Németh erinnert sich daran, daß die bundesdeutsche Seite um etwas Geduld bat, damit dem rekonvaleszenten Genscher die Möglichkeit zur Teilnahme am Gespräch gesichert werden könne. Genscher berichtet von einem Vorschlag Horns, das Treffen in Österreich stattfinden zu lassen. Hans-Dietrich Genscher: Erinnerungen, Wilhelm Goldmann, München 1997, S. 639 [Erstveröffentlichung: Siedler Verlag, Berlin 1995]. Im weiteren: Genscher: Erinnerungen. Németh hatte, wie er sagt, von solchen Plänen keine Kenntnis.

401 Németh hielt den Offizier für einen Amerikaner. Genscher, auf den Vorfall angesprochen, war der Meinung, es habe sich wohl um einen Deutschen gehandelt, der vom Besuch vermutlich durch die Flugsicherung im süddeutschen Raum informiert worden war (Gespräche mit Miklós Németh und Hans-Dietrich Genscher).

402 Gespräch mit Botschafter István Horváth. Zu den undichten Stellen in Bonn: Horn: Freiheit, S. 318–319, und Horváth: Ungarn, S. 219–220.

403 Dokumente zur Deutschlandpolitik. Deutsche Einheit, Sonderedition aus den Akten des Bundeskanzleramts 1989/90. Bearbeitet von Hanns Jürgen Küsters und Daniel Hofmann, R. Oldenbourg, München 1998, S. 377–382. Im weiteren: Dokumente zur Deutschlandpolitik.

404 Hans-Dietrich Genscher berief sich uns gegenüber zuerst auf ein – der Allgemeinheit noch nicht zugängliches – Dokument, welches er selber beim Verfassen seiner Memoiren verwendet habe. Später teilte er schriftlich mit, er kenne kein solches Dokument. Jürgen Sudhoff seinerseits hält es für ausgeschlossen, daß von einer so wichtigen Unterredung keine Aufzeichnungen gemacht worden seien (Gespräch mit Jürgen Sudhoff). Miklós Németh gab wiederholt der Überzeugung Ausdruck, das Gespräch am Vormittag des 25. August 1989 auf Schloß Gymnich sei von den Gastgebern heimlich auf Band aufgenommen worden. Er könne sich nur so erklären, daß Bundeskanzler Kohl im Buch »Ich wollte Deutschlands Einheit« sieben Jahre später ganze Sätze von ihm, Németh, wörtlich zitiert habe (Gespräch mit Miklós Németh und Interview Némeths mit der Zeitung Magyar Hirlap, 24. Juli 1999, und der Zeitschrift Heti Válasz, 19. August 2004, Nr. 34).

405 Horn: Freiheit, S. 317–320. Helmut Kohl: Ich wollte Deutschlands Einheit. Dargestellt von Kai Diekmann und Ralf Georg Reuth. Econ, Ullstein, List Verlag, München 2000, S. 64–68 (Erstveröffentlichung: Ullstein, Berlin 1996), im weiteren: Kohl: Deutschlands Einheit. Ferner: Kohl: Erinnerungen 1982–1990, S. 920–923. Die Darstellung aus dem ersten, 1996 erschienenen Buch wurde in die Memoiren Kohls beinahe wörtlich übernommen. Ferner: Genscher: Erinnerungen, S. 638–640.

406 Horn behauptet, Németh habe zur Flüchtlingsfrage kaum etwas gesagt und sich allgemein mit Außenpolitik nicht befaßt, da sie nicht sein Sachgebiet gewesen sei (Népszabadság, 25. September 1990). Die Meinung wird widerlegt durch die deutschen Aufzeichnungen, dank denen wir die auf Schloß Gymnich geführten Gespräche zumindest teilweise kennen. Laut diesen Zusammenfassungen äußerte sich Németh ausführlich zur Außenpolitik. Allgemein gewinnt man den Eindruck, daß das Gespräch, wie dies in solchen Fällen auch protokollarisch üblich ist, von den beiden Regierungschefs geführt wurde und die zwei Außenminister nur gelegentlich zu Wort kamen (Dokumente zur Deutschlandpolitik, S. 377–382).

407 Gespräch mit Miklós Németh. Friedrich Kurz (Die sieben Mythen, S. 156) schreibt unter Berufung auf ein Interview mit Németh, der ungarische Ministerpräsident habe Kohl und Genscher gleich zu Beginn der Unterredung mitgeteilt, Ungarn wolle die DDR-Deutschen frei ausreisen lassen. Laut Németh beruht diese Auslegung seiner Worte auf einem Mißverständnis. Németh bestätigt die Darstellung von Helmut Kohl. Danach schilderte er zuerst die Situation Ungarns allgemein und teilte erst danach den Beschluß mit, die Grenze zu öffnen. Dazu auch: Antonius John: Rudolf Seiters. Bouvier Verlag, Bonn 1991, S. 85. Hier heißt es: »Als [...] der ungarische Ministerpräsident mit Bundeskanzler Kohl zusammengetroffen war, hatte dieser ihm die Öffnung der Grenze zugesagt.«

408 Kohl: Deutschlands Einheit, S. 66–67, und Kohl: Erinnerungen 1982–1990, S. 922.
409 Horváth: Európa, S. 232.
410 Gespräch mit Botschafter István Horváth.
411 Kohl: Deutschlands Einheit, S. 63.
412 Gespräch mit Volker Rühe. Dazu auch: Magyar Hirlap, 25. August 1989, S. 1.
413 Ungarns Botschaft in Wien berichtete Ende August über ein Gespräch mit führenden Beamten des österreichischen Außenministeriums: Bonn habe Wien über die Unterredung auf Schloß Gymnich informiert, die Österreicher wüßten darum, daß der Hauptgrund des Blitzbesuchs nicht die Wirtschaftsbeziehungen, sondern Fragen der Flüchtlingskrise gewesen seien. Akten des ungarischen Außenministeriums, chiffriertes Telegramm, Bericht der ungarischen Botschaft in Wien, 31. August 1989, -308-N.-.
414 Gespräch mit Sándor Peisch.
415 Gespräch mit Franz Vranitzky.
416 Genscher: Erinnerungen, S. 639.
417 Dokumente zur Deutschlandpolitik, S. 377, Vorlage des MDg. Hartmann.
418 Der Standard, 31. August 1989, S. 2. Wie Jansen sich erinnert, sprach er bei Mock zum ersten Mal bereits Ende Juli 1989 vor (Gespräch mit Michael Jansen).
419 Gespräch mit Dietrich Graf von Brühl.
420 Gespräch mit Michael Jansen.
421 Genscher schreibt, Kohl und er seien am Ende sicher gewesen, Ungarn werde die Ausreise der DDR-Deutschen »in unserem Sinne lösen« (Genscher: Erinnerungen, S. 640). Im Gespräch mit dem Verfasser sagte Genscher dagegen, bei ihm sei auf Schloß Gymnich der Eindruck zurückgeblieben, daß man die Frage noch nicht endgültig geregelt habe. Mit Blick auf die technischen Einzelheiten traf dies wohl tatsächlich zu.
422 Gespräche mit Miklós Németh und Hans-Dietrich Genscher. Stephen F. Szabo schreibt in seinem Buch »The Diplomacy of German Unification«, St. Martin's Press, New York 1992, S. 36 unter Berufung auf einen Vortrag Horst Teltschiks 1991 an der Johns Hopkins University, Kohl sei mit Németh und Horn über das Datum der Grenzöffnung übereingekommen. Teltschik drückte sich dem Verfasser gegenüber so aus: Aufgrund der Gespräche in Gymnich habe man auf bundesdeutscher Seite ungefähr gewußt, wann die Grenzöffnung stattfinden werde (Gespräch mit Horst Teltschik).
423 Gespräch mit Gyula Horn.
424 Kohl: Erinnerungen 1982–1990, S. 922–923.
425 Gespräch mit Miklós Németh.
426 Horváth: Ungarn, S. 334.

427 Kohl: Erinnerungen 1982–1990, S. 923.

428 Im Vorfeld der Entscheidung über die Grenzöffnung gab es eine wirtschaftspolitische Lobby innerhalb der Ungarischen Sozialistischen Arbeiterpartei, die von Anfang August an dafür warb, die DDR-Bürger frei ausreisen zu lassen, von Bonn aber in der Form erhöhter Kredite eine Gegenleistung zu verlangen. Der enge Kreis innerhalb der Regierung, der sich mit der Flüchtlingsfrage befaßte, machte sich die Forderung nicht zu eigen (Gespräch mit Ferenc Bartha).

429 Mehrere Ungarn, die in Gymnich dabeiwaren, beriefen sich gegenüber dem Verfasser darauf, die Veröffentlichung eines Communiqués sei auf deutscher Seite mit Horst Teltschik, dem Ratgeber Kohls, vereinbart worden. Teltschik bestritt im Gespräch jede derartige Absprache.

430 Kohl: Deutschlands Einheit, S. 68, und Kohl: Erinnerungen 1982–1990, S. 923.

431 Gespräch mit Michail Gorbatschow. Bei einer Feier zum 15. Jahrestag der Grenzöffnung in Berlin scheint auch Helmut Kohl eine etwas andere Darstellung des Telefongesprächs gegeben zu haben. Demnach erzählte er Gorbatschow lediglich, daß er Németh und Horn getroffen habe. Der sowjetische Parteichef soll dabei Kohls günstige Meinung bestätigt und gesagt haben, es handle sich um »gute Leute« (Frankfurter Allgemeine Zeitung, 11. September 2004, S. 4). Der in Kohls beiden einschlägigen Büchern stehende Satz »Ich berichtete ihm [Gorbatschow], was ich mit Németh und Horn besprochen hatte und fragte, ob sie seine Unterstützung hätten«, wurde von Kohl bei dieser Gelegenheit nicht wiederholt.

432 Gespräch mit Miklós Németh. Der Ministerpräsident gab am 21. November 1989 vor dem Parlament bekannt, daß sich Ungarns Bruttoauslandsverschuldung auf rund 20 Milliarden Dollar belaufe und daß die Regierungen in den Jahren zuvor falsche Angaben gemacht hätten, aus Angst, ausländische Kreditgeber abzuschrecken.

433 Beispiel: Interview des stellvertretenden Außenministers István Őszi mit der Zeitung *Mai Nap*. Als Titel diente eine Aussage Őszis beim Gespräch: »Es gibt keinen geheimen Genscher-Horn-Pakt!« Die Frage des Journalisten hatte allerdings gelautet, ob man richtig vermute, daß beim Besuch in Bonn eine Absprache getroffen worden sei, die vorsehe, daß Ungarn die DDR-Bürger für eine wirtschaftliche Gegenleistung ausreisen lasse. Darauf konnte Őszi guten Gewissens erwidern, einen »solchen Pakt« gebe es nicht (Mai Nap, 1. September 1989).

434 MOL, XIX-B-10-V/2-14, 12. fsz./1989 (16. d.). Határőrség Országos Parancsnoksága / Landeskommando des Grenzschutzes, Jelentés / Bericht. Zur geheimdienstlichen Aufklärung der geplanten Aktion: ÁBTL 2.7.1. NOIJ/ Operativ-Informations-Tagesmeldung, 166/9 1989.08.25.

Dies war der Grenzzwischenfall, auf den sich Außenminister Gyula Horn am Nachmittag des gleichen Tages gegenüber Volker Rühe berief (siehe Kapitel 12).

435 Bericht von Oberstleutnant Gyula Kovács an den Oberbefehlshaber des Grenzschutzes vom 23. August 1989. Akten Paneuropäisches Picknick. Kovács, der in den fraglichen Tagen in der Soproner Region des Grenzschutzes stellvertretend das Oberkommando innehatte, vertrat im Schreiben den Standpunkt, daß es nicht mehr angehe, »die schmutzige Arbeit« durch den Grenzschutz machen zu lassen. Wörtlich: »Die allgemeine Meinung [im Offizierskorps] besagt, daß man die Ausreise der DDR-Bürger bei einer einmaligen Gelegenheit an den Grenzübergängen offiziell und organisiert sichern soll.«

436 Der Standard, 28. August 1989. »Die Grenze beginnt vor Sopron« – Ungarische Behörden ziehen Kontrollgürtel um die Stadt.

437 Gespräch mit Balázs Nováky.

438 Kurucz: Das Tor, S. 43–44. Bericht von László Magas über die behinderten Dreharbeiten, die dann fortgesetzt werden konnten, nachdem Pozsgay um Hilfe gebeten worden war.

439 Magyar Hirlap, 31. August 1989, S. 1 und 6.

440 Gespräch mit István Őszi.

441 Deutscher Text der Note, Zusammenfassung von Vehres' Bericht über Horns mündliche Ausführungen sowie Kommentare von DDR-Außenminister Oskar Fischer zuhanden von Parteichef Honecker: SAPMO-BArch, DY 30/IV 2/2.035/73, Bl. 264–272.

442 Gespräch mit Gerd Vehres. Die Frage der zurückgelassenen Autos blieb lange ungelöst. Gegenüber Ostberlin, das von DDR-Eigentum sprach, stellte sich Ungarn auf den Standpunkt, daß es sich um den Privatbesitz von Deutschen handle, die inzwischen in der Bundesrepublik lebten. Man erklärte die Wagen zum zeitweilig gesperrten Gut; die Frist zur Abholung wurde später auf Bitten der bundesdeutschen Seite bis Ende 1989 verlängert. Die ungarische Finanzdirektion gab am 13. November 1989 bekannt, daß nach dem 11. September 1989 die folgenden Fahrzeuge von DDR-Bürgern in Ungarn zurückgeblieben seien: 660 Personenwagen, 47 Motorräder, 36 Wohnwagen und 18 Anhänger (MOL, XIX-J-1-k-NDK-7802-1-108-1/1989).

443 SAPMO-BArch, DY 30/IV 2/2.035/73. Bl. 264–267.

444 Die ungarische Botschaft in Wien teilte Mitte August 1989 in einem Bericht der Zentrale die Vermutung mit, es bestehe ein geheimes Abkommen zwischen Österreich und der Bundesrepublik Deutschland über die Aufnahme und die Weiterleitung von DDR-Flüchtlingen. Die österreichische Seite gebe darüber trotz ausdrücklichen Bitten keine Informationen, doch deute die Gelassenheit, mit der sie dem Flüchtlingsstrom entgegenblicke, auf ein solches

Abkommen hin. Akten des ungarischen Außenministeriums, Chiffriertes Telegramm der ungarischen Botschaft in Wien, 16. August 1989, -297-N-.

445 Stephan: Vorwärts immer, S. 96–107.

446 Krenz: Herbst '89, S. 56–57. Krenz, der in Urlaub weilte und an der fraglichen Politbürositzung nicht teilnahm, will am 1. September von Günter Mittag erfahren haben, die DDR-Führung wisse »aus zuverlässiger Quelle«, nämlich von einem Vertrauten Honeckers in Bonn, daß Németh und Horn mit Kohl und Genscher »geheime Gespräche« geführt hätten. »Németh soll das Gespräch mit den Worten eröffnet haben: ›Herr Bundeskanzler, Ungarn hat sich entschlossen, den DDR-Bürgern die freie Ausreise zu erlauben.‹ Kohl hat das honoriert.« Nun war das Faktum des Treffens auf Schloß Gymnich infolge des darüber veröffentlichten ungarischen Communiqués bald nicht mehr geheim. Das Buch von Krenz ist 1999 erschienen. Das Zitat, das er darin Németh in den Mund legt, klingt deutlich an die von Friedrich Kurz gegebene und in der deutschen Fachliteratur mit gewissen Abweichungen der Wortwahl oft wiederholte Darstellung an (Die sieben Mythen der Wiedervereinigung), die aber weder von Németh noch von Kohl bestätigt wird. Siehe dazu: Anmerkung 407. Ferdinand Kroh (Kroh: wendemanöver, S. 201–202) führt ebenfalls die fragliche Stelle aus dem Buch von Krenz an und zieht daraus den Schluß, Ostberlin sei über die Aussprache auf Schloß Gymnich von Agenten des MfS umgehend informiert worden. Dies habe Horn zu der für Bonn peinlichen Aufforderung veranlaßt, über deutsch-ungarische Gespräche künftig keine Aufzeichnungen mehr zu erstellen. Kroh beruft sich auf einen in Stuttgart gehaltenen Vortrag des ungarischen Historikers László Varga. Der Text ist identisch mit dem hier bereits zitierten Vortrag, den Varga in Gera hielt (siehe: Literaturverzeichnis). Vargas Anmerkung zu undichten Stellen in Bonn beruht auf Horns Memoiren (Horn: Freiheit, S. 318–319). Kroh übersah jedoch, daß Varga (und Horn) von einem Vorfall im September 1988 sprachen, nicht von der Gymnicher Begegnung Ende August 1989. Auch die Klage des SED-Politbüromitglieds Kurt Hager bei der PB-Sitzung vom 5. September 1989, die Beratung der Ungarn in Bonn »wird weiter geheim gehalten« (Stephan: Vorwärts immer, S. 121), widerlegt die Annahme, daß die DDR-Führung über Einzelheiten der Gespräche auf Schloß Gymnich informiert war.

447 MOL, XIX-J-1-k-NSZK-109-1-8453/1989 (84. d.).

448 Horn: Freiheit, S. 323. Horn schreibt in seinem Buch und wiederholte gegenüber dem Verfasser, daß die Entscheidung über die Grenzöffnung erst nach den Gesprächen auf Schloß Gymnich am 25. August gefällt worden sei. Sowohl Németh und seine zwei Ratgeber als auch Horns damaliger Staatssekretär László Kovács bezeichnen dagegen den 22. August als den Tag der Entscheidung. Die ungarische Delegation kehrte am Freitag, dem 25. August,

am Abend aus Gymnich nach Budapest zurück. Am folgenden Wochenende gab es in den Ministerien nur Inspektionsdienst. Die in diesem Buch in Kapitel 11 beschriebene Beratung im Außenministerium und Horns anschließendes – höchst verschiedenartig interpretiertes – Telefongespräch mit Ministerpräsident Németh hätten auch am Montag, dem 28. August, stattfinden können, der Regierungschef hätte aber Horn zu keiner nachmittäglichen Konferenz ins Ministerpräsidentenamt einladen können, weil an diesem Nachmittag die jeweils am Montag fällige Sitzung des Präsidiums der USAP stattfand (MOL, M-KS. 288. f. 59/7. ő. e.). Am Dienstag, 29. August, lag aber der Beschluß über die Grenzöffnung auch nach Horns Angaben schon vor. Theoretisch ist nicht auszuschließen, praktisch aber auch mit Blick auf den zeitlichen Ablauf sehr unwahrscheinlich, daß die Entscheidung nicht vor dem 25. August fiel, sondern – wie Horn behauptet – erst zwischen dem 25. und dem 29. August.

449 Gespräch mit István Horváth.

450 Video-Interview Bokor – Lakatos, IX–X.

451 Gespräch mit Botschafter István Horváth.

452 Magyar Hirlap, 31. August 1989, S. 1 und 6, Neue Zürcher Zeitung, 31. August 1989, S. 1.

453 Magyar Hirlap, ibid.

454 Die Angabe Genschers (Genscher: Erinnerungen, S. 639), Horn habe schon am 25. August 1989 auf Schloß Gymnich über sehr unerquickliche Gespräche in Ostberlin berichtet, ist irrig. Er mochte allenfalls über unerfreuliche Kontakte mit der DDR-Führung gesprochen haben. Horn bestätigte gegenüber dem Verfasser, daß er vor dem 31. August 1989 in Ostberlin über die Flüchtlingsfrage keine Verhandlungen geführt hatte.

455 Gespräch mit Gerd Vehres. Auch Horn erwähnt die Szene (Horn: Freiheit, S. 323), nennt aber Pallagi nicht mit Namen.

456 BStU, ZA, ZAIG-22486, Bl. 110–114. Ibid., Bl. 105–109. Horn: Freiheit, S. 323–326. Ferner: Stephan: Vorwärts immer, S. 109–112.

457 Gespräch mit Gerd Vehres.

458 Gespräch mit Ferenc Pallagi. In seinem Buch »Világ besúgói egyesüljetek« / Spitzel aller Länder vereinigt euch, PolgArt, Budapest 2006, S. 148, vertritt László Varga unter Berufung auf den früheren Geheimdienstoffizier József Horváth die Meinung, Pallagi habe sich am 31. August 1989 in Berlin auch mit dem Chef des MfS, Erich Mielke, zu Besprechungen getroffen. Gegenüber dem Verfasser wurde dies von Pallagi in Abrede gestellt. Unter den Akten der ehemaligen DDR kam bisher kein Dokument zum Vorschein, das eine solche Unterredung belegen würde.

459 Der Standard, 31. August 1989, S. 1. Die Botschaft Österreichs in Budapest erinnerte die Wiener Zentrale noch einen Tag später daran, daß ihre techni-

schen Kapazitäten lediglich dazu ausreichten, 200 bis 300 Visen pro Tag auszustellen. Man solle also die – wie immer gearteten – Reisedokumente der DDR-Bürger ohne Visum akzeptieren oder Gruppenvisen ausgeben oder die Flüchtlingstransporte ohne Visen in geschlossenem Korridorsystem durchführen. Akten des Bundesministeriums für Auswärtige Angelegenheiten, Botschaftsbericht vom 1. September 1989. 43.02.40/11.II.3/89. Die Lösung, die Österreich traf, bestand schließlich darin, daß den einreisenden DDR-Bürgern auf ein Blatt gestempelte Visen überreicht wurden; bei der Ausreise, bevor sie die Grenze zur Bundesrepublik überschritten, gaben die Flüchtlinge ihr Blatt wieder ab. Auf diese Weise erfüllte das neutrale Land die Bestimmungen des zwischen Österreich und der DDR bestehenden konsularischen Abkommens. Darüber: Dietrich Graf von Brühl: Deutsche Erfahrungen mit Österreich. In: Ingrid Böhler, Michael Gehler: Verschiedene europäische Wege im Vergleich: Österreich und die Bundesrepublik Deutschland 1945/49 bis zur Gegenwart. Studienverlag, Innsbruck 2007, S. 579–584.

460 Die DDR-Führung versteifte sich auf die Position, daß Rückkehrern zwar Straflosigkeit, Behandlung ohne jede Diskriminierung und die Möglichkeit zum Ausschöpfen von Rechtsmitteln garantiert würden, jedoch keine wohlwollende Prüfung von Übersiedlungsanträgen. Als innerhalb der Führung die Antwort zur Debatte stand, die Parteichef Honecker auf einen Brief Bundeskanzler Kohls geben sollte, verlangte beispielsweise der Minister für Staatssicherheit, Erich Mielke, am 16. August 1989 in einem Schreiben, daß nach der Aufzählung von Konzessionen für die Rückkehrer hinzugefügt werde: »Darüber hinausgehende Zusagen sind jedoch nicht möglich« (SAPMO-BArch, DY/30/IV 2/2. 039, Bl. 120–121). Dieser Satz findet sich in Honeckers Antwortbrief wörtlich wieder (Stephan: Vorwärts immer, S. 108).

461 Horn: Freiheit, S. 322.

462 Gespräch mit Gerd Vehres. Die auf DDR-Seite erstellten Zusammenfassungen der Unterredungen enthalten die von Horn genannten Daten 4. und 11. September.

463 Gespräche mit Miklós Németh und Ferenc Pallagi.

464 Akten des ungarischen Außenministeriums, handschriftliche Anweisung von Gyula Horn, 1.9.1989, 1/197, Vermerk: »Sofort!« und »Dringend«. Von fremder Hand ist die Zeit der Chiffrierung eingetragen: 08 [Uhr] 43.

465 Soós: KB-Jegyzőkönyvek, S. 1414–1416.

466 Gespräche mit Miklós Németh und Gyula Horn. Daß die Partei in der Flüchtlingsfrage nichts mehr entschied und selbst über den jeweiligen Stand der Dinge kaum Informationen erhielt, ist in der Geschichte der Grenzöffnung einer der nicht sehr zahlreichen Punkte, in denen Németh und Horn völlig gleicher Ansicht sind.

467 MOL, M-KS. 288. f. 32/1989/ 57. ő. e. NDK/1989/B (707. d.).

468 Akten Paneuropäisches Picknick (Abschrift des Briefes) und MOL, M-KS. 288. f. 32/1989/ 57. ő. e. NDK/1989/B (707. d.) (Entwurf zum Brief). Szokai sprach sich im Schreiben dafür aus, die Flüchtlingsfrage möglichst vor dem 7. Oktober zu lösen, da sonst die DDR nach den Jubiläumsfeiern zum 40. Gründungstag der DDR ihre propagandistische Zurückhaltung ablegen und die Verantwortung für restriktive Maßnahmen auf Ungarn abwälzen könnte.

469 Brief von Botschafter Gerd Vehres an Honecker vom 22. August 1989. SAPMO-BArch, DY 30/IV 2/2. 035/73, Bl. 268–269.

470 MOL, M-KS. 288. f. 59/7 ő. e. Gespräch mit Miklós Németh.

471 Gespräche mit István Horváth und László Kovács. Dazu auch: Video-Interview Bokor–Horváth, XII. Ferner: Horváth: Ungarn, S. 329, hier das Datum von Voigts Besuch – 2. September – allerdings irrig. Gereon Schuch (Schuch: SED-Akten, S. 249, Fußnote 44) schreibt, Helmut Kohl irre sich in seinem Buch »Ich wollte Deutschlands Einheit« bei der Behauptung, Voigt habe seine Information von Kovács erhalten, worauf in Budapest beschlossen worden sei, die Grenzöffnung zu verschieben. Kohl irrt sich nicht, seine Information ist aber nicht vollständig. Voigts Quelle waren sowohl Nyers als auch Kovács.

472 Magyar Hirlap, 2. September 1989, S. 1 und 4.

473 Neue Zürcher Zeitung, 4. September 1989, S. 3.

474 Magyar Hirlap, 4. September 1989, S. 1

475 BStU, ZA, MfS-ZAIG 22486, Bl. 101–102.

476 Kulcsár: Két világ, S. 154. Kulcsár schreibt an dieser Stelle, daß in einem Regierungsorgan jetzt zum ersten Mal von einer positiven Lösung der Flüchtlingskrise die Rede war. Es kann auch eine Definitionsfrage sein, ob der Kreis von Ministern, der am 22. August entschied und bei dem Staatssekretär Borics das Justizministerium vertrat, als ein Regierungsorgan zu bezeichnen ist.

477 Gespräch mit Miklós Németh. Dem Verfasser gegenüber bestritt Gyula Horn energisch, daß es eine Verschiebung des Datums vom 6. auf den 11. September gegeben habe. Er, Horn, habe in Ostberlin den 10./11. September als Zeitpunkt angegeben, und dabei sei es geblieben. Botschafter István Horváth seinerseits bestätigt Némeths Version, nennt allerdings den 7. September als das ursprüngliche Zieldatum (Horváth: Ungarn, S. 329–330). Zum gleichen Buch steuerte Horn das Vorwort bei, in dem er, ohne Horváths Darstellung zu erwähnen, den fraglichen Punkt anders schildert als Horváth selbst (ibid., S. 15).

478 Gespräch mit Miklós Németh. Kohl hatte im Vorfeld des Bremer Parteitags CDU-Generalsekretär Heiner Geißler entlassen, was dazu führte, daß er sich

einer starken innerparteilichen Front gegenübersah, die außer Geißler von so gewichtigen Politikern wie Lothar Späth, Rita Süssmuth und Norbert Blüm angeführt wurde.

479 Kohl: Erinnerungen 1982–1990, S. 935–936. Der Beschluß auf ungarischer Seite, daß Horn am Sonntag, 10. September, in einer abendlichen Magazinsendung des Fernsehens die Entscheidung mitteilen werde, stand schon am 7. September fest (Horváth: Ungarn, S. 332). Staatssekretär Kovács informierte die ungarischen Missionsleiter in der Welt am 8. September am frühen Nachmittag (MEZ) darüber, daß die Grenzöffnung in Budapest am 10. September um 19 Uhr bekanntgegeben werde (siehe dazu Kapitel 14). Kohl muß also seine Bitte, die Information an diesem Abend publik zu machen, schon um die Mitte der Woche vorgebracht haben. Die Behauptung von Karl Hugo Pruys (Helmut Kohl. Die Biographie. Edition q, Berlin 1995, S. 334 ff.), Németh und Horn hätten Kohl auf dessen Bitte hin die Grenzöffnung für den 11. oder 12. September bereits am 25. August auf Schloß Gymnich versprochen, damit Kohl die Nachricht am Bremer Parteitag mitteilen könne, ist irrig. Zur Wirkung von Kohls Auftritt vor der Presse am 10. September in Bremen: Klaus Dreher: Helmut Kohl. Leben und Macht. DVA, Stuttgart 1998, S. 437.

480 Gespräch mit Horst Teltschik.

481 Eduard Ackermann: Mit feinem Gehör. Vierzig Jahre in der Bonner Politik. Gustav Lübbe Verlag, Bergisch Gladbach 1994, S. 303.

482 Gespräch mit Imre Kozma.

483 stern, 7. September 1989. »Keine Nacht-und-Nebel-Aktion«. Horváths Aussagen wurden schon am 4. September vorweg veröffentlicht.

484 Magyar Hirlap, 6. September 1989, S. 2.

485 Gespräch mit István Horváth.

486 Magyar Hirlap, 6. September 1989, S. 1.

487 Neue Zürcher Zeitung, 7. September 1989, S. 4.

488 Horn: Freiheit, S. 326, und Horváth: Ungarn, S. 329.

489 Akten des ungarischen Außenministeriums, chiffriertes Telegramm der ungarischen Botschaft in Washington, 7. September 1989, -359.-V.-. Die Botschaft, offenbar uninformiert, bat bereits am 6. September die Budapester Zentrale dringend um Informationen über die geplante Lösung der Flüchtlingskrise, damit sie Anfragen der amerikanischen Presse, die lebhaftes Interesse bekunde, beantworten könne. Ibid., -357-V.-.

490 Gespräch mit Dietrich Graf von Brühl.

491 BStU, ZA, MfS-ZAIG 22486, Bl. 89–93. Bericht über die Dienstreise in die UVR am 4. und 5.9.1989. Das Dokument ist nicht unterzeichnet. Pallagi bestätigte im Gespräch, daß die Delegation des MfS von Generalmajor Niebling geleitet wurde.

492 Stephan: Vorwärts immer, S. 115–118. Ibid., S. 127: Der Name von Vize-Außenminister István Őszi hier als »Deszil« verschrieben.

493 Magyar Hirlap, 25. August 1989, S. 1.

494 Stephan: Vorwärts immer, S. 125. Mitteilung von Günter Mittag bei der SED-Politbürositzung am 5. September: »Am Freitag haben wir die sowjetischen Genossen über die Gespräche mit Horn informiert.« Auch der Botschafter der DDR in Budapest, Gerd Vehres, informierte nach seiner Rückkehr aus Berlin am 31. August 1989 die Sowjetbotschaft (Gespräch mit Gerd Vehres).

495 Dazu und zum folgenden: Hertle: Fall der Mauer, S. 100–106. Nach Hertle erbat die DDR schon am 21. August die Unterstützung der UdSSR.

496 Stephan: Vorwärts immer, S. 113–114.

497 Aufzeichnungen von Oskar Fischers Gesprächen mit Kotschemassow am 5. und am 7. September: Stephan: Vowärts immer, S. 126–131. Zur Lagebeurteilung durch den Sowjetbotschafter: Hertle: Fall der Mauer, S. 106.

498 Gespräche mit Gyula Horn, László Kovács und István Őszi.

499 Horváth: Ungarn, S. 327–328, ferner: Genscher: Erinnerungen, S. 640–641. Die beiden Darstellungen weichen voneinander in mehreren Einzelheiten ab. Maßgeblich dürfte Horváths am nächsten Morgen nach Budapest übermittelter, ausführlicher Bericht sein, in dem er das Gespräch zusammenfaßt. Akten des ungarischen Außenministeriums, chiffriertes Telegramm der ungarischen Botschaft in Bonn, 6. September 1989, -282.-H.-

500 Horn wies mit seinem Telegramm vom 1. September Botschafter Horváth an, seine Nachricht entweder dem Bundeskanzler oder dem Außenminister auszurichten. Horváth teilte die Information Horst Teltschik, dem Berater von Bundeskanzler Kohl, mit (Gespräch mit Botschafter István Horváth).

501 Diese Mitteilung, die Horváth in seinem Bericht anführt, steht in Widerspruch zur Angabe, die Genscher im Gespräch mit dem Verfasser machte. Genscher sagte, die Bundesrepublik habe in der Frage der von Ungarn geplanten Krisenlösung mit der Sowjetunion keinen Kontakt gesucht. Sein Argument: Wenn Moskau einverstanden war, dann erübrigte sich eine Anfrage. Wenn es aber mit dem ungarischen Vorhaben nicht einverstanden war, dann wäre es schädlich gewesen, es im voraus auf den Fall aufmerksam zu machen und eine Stellungnahme zu erbitten.

502 MEH, Protokoll der Sitzung des Ministerrats vom 7. September 1989 und Tonbandaufnahme der Sitzung. Ferner: Aufzeichnungen Raft.

503 Honecker hatte im Frühjahr 1988 die Anzahl der Übersiedlungsgenehmigungen auf monatlich 2000 bis 3000 festgelegt. Dazu: Hans-Hermann Hertle: Chronik des Mauerfalls. Die dramatischen Ereignisse um den 9. November 1989. Ch. Links Verlag, Berlin 1996, S. 56. Das Bonner Ministerium für innerdeutsche Beziehungen gab am 21. August 1989 an, im Verlauf des Jahres

habe man bisher 55 970 Übersiedler aus der DDR gezählt; von ihnen seien 46 634 auf legalem Weg gekommen (Magyar Hirlap, 22. August 1989, S. 1).

504 Beispiel: Horn: Freiheit, S. 326. »Die Sowjets informierten wir erst am letzten Tag.«

505 Népszabadság, 8. September 1989, S. 3.

506 BStU, ZA, MfS-ZAIG 22486, Bl. 92.

507 Der Wortlaut von Gerd Vehres' Ausführungen: MOL, XIX-J-1-k-NSZK-108-8-8588/1989 (83. d.).
Was der Botschafter zu sagen hatte, wurde ihm von Berlin in Instruktionen im einzelnen vorgeschrieben (Gespräch mit Gerd Vehres). Schon der Bericht der Stasi-Delegation, die am 4./5. September Budapest besucht hatte, enthielt einzelne thematische Vorschläge, was man dem Botschafter in den Mund legen sollte.

508 Gespräche mit Alexander Arnot und Michael Jansen. Laut dem Protokoll der Regierungssitzung vom 7. September 1989 teilte Horn im Ministerrat mit, er erwarte noch am gleichen Tag »Leute aus der Bundesrepublik«, mit denen Einzelheiten geregelt werden sollten. In seinem Buch (Horn: Freiheit, S. 322) spricht Horn ohne Angabe eines Datums und ohne Namensnennung von einem Bonner Staatssekretär aus dem Auswärtigen Amt, dessen Besuch er erbeten und dem er zu dessen großer Überraschung und Freude den Beschluß bekanntgegeben habe, Ungarn werde die Grenze am 10./11. September öffnen. Horn dürfte abermals Personen verwechseln: Staatssekretär Sudhoff besuchte Budapest nach dem 16. August nicht mehr. Die Schilderung, die Michael Jansen gegenüber dem Verfasser von der Szene am frühen Nachmittag des 7. September gab, läßt vermuten, daß er der fragliche Gesprächspartner Horns war.

509 Botschafter Horváth (Horváth: Ungarn, S. 332) schreibt, er habe Genscher und Teltschik am 7. September informiert, daß Horn am Abend des 10. September im ungarischen Fernsehen sprechen werde. Teltschik hatte, wie er im Gespräch bestätigte, Horns Botschaft, wonach die Regelung innerhalb von zehn Tagen erfolge, schon am 1. September erhalten. In Genschers Erinnerungen liest man, Botschafter Horváth habe ihm dasselbe über seinen Mitarbeiter Frank Elbe erst am 6. September mitgeteilt (Genscher: Erinnerungen, S. 640–641). Horváth berichtete aber am gleichen Tag nach Budapest, er habe diese Nachricht Genscher tags zuvor, das heißt am 5. September, direkt mitgeteilt (Akten des ungarischen Außenministeriums, chiffriertes Telegramm der ungarischen Botschaft in Bonn, 6. September 1989, -282.-H.-).

510 Gespräch mit Michael Jansen. Botschafter von Brühl gibt die von der Bundesrepublik gedeckten Gesamtkosten der Flüchtlingsaktion mit rund fünf Millionen Mark an (Brühl: Flucht, S. 115).

511 Akten des ungarischen Außenministeriums, chiffriertes Telegramm-Rund-

schreiben, 8. September 1989, 2/88, Vermerk: Chiffriert: 14 Uhr 16. Zugestellt wurde der Text allen ungarischen Botschaften in Europa, ferner in Washington, Ottawa, Tokio, Canberra und Seoul sowie dem Konsulat und der UNO-Vertretung in New York. Am gleichen Tag, dem 8. September, benachrichtigte der Oberbefehlshaber des Grenzschutzes, Generalmajor Székely, die Kommandanten von drei westungarischen Grenzübergangsstellen sowie des Budapester Flughafens, daß DDR-Bürger vom 11. September 00 Uhr an berechtigt seien, Ungarn mit ihrem Paß ohne Ausreisevisum, mit dem Personalausweis oder mit Dokumenten des Roten Kreuzes zu verlassen. Die Verfügung müsse bis zu ihrer Veröffentlichung am 10. September im Fernsehprogramm »A Hét« (das jeweils um 19 Uhr begann) streng geheimgehalten werden. Brief Székelys, Landeskommando des Grenzschutzes, ohne Signatur. Für eine Kopie des Dokuments danke ich Generalleutnant Balázs Nováky.

512 Deutsche (von DDR-Botschafter Vehres stammende) kursorische Zusammenfassung des Textes: Stephan: Vorwärts immer, S. 134–136. Ungarischer Text: MOL, XIX-J-1-j-NDK-108-29-00220/1/1989 (63. d.).

513 Hertle: Fall der Mauer, S. 101 und 104.

514 MOL, XIX-J-1-k-NDK-108-1-5319-2/1990 (68. d.).

515 Stephan: Vorwärts immer, S. 136–137. Ferner: Gespräch mit László Kovács. Dazu auch: Kovács: Zur Freiheit, S. 14.

516 Kovács: Zur Freiheit, S. 15.

517 So die Charakterisierungen im Gespräch mit dem Verfasser. Der Text von Honeckers Brief ließ sich bisher weder in den Berliner noch in den Budapester Archiven finden.

518 MOL, M-KS. 288 f. 59/8 ő. e. Károly Grósz weilte zu einem Besuch in Finnland und nahm an der Sitzung nicht teil.

519 Gespräch mit Gerd Vehres. Dazu auch der Bericht von Vehres nach Berlin, in: Stephan: Vorwärts immer, S. 138–140.

520 Gespräche mit Miklós Németh und László Kovács. Die Berichte über das Verhalten von Grósz widerlegen eindeutig die später von diesem verbreitete Version, er habe die geplante Maßnahme gebilligt und am Ende dieser Beratung Horn angewiesen, die Grenzöffnung im Radio (richtig: im Fernsehen) bekanntzugeben (Radiointerview Grósz). Diese Darstellung von Grósz findet sich auch im Buch des früheren Politbüromitglieds János Berecz: Az én rendszerváltásom / Mein Systemwechsel, Okina Bt., Budapest o. J. [2006], S. 365, versehen mit dem Zusatz, die Bekanntgabe durch den Außenminister (und nicht durch den Ministerpräsidenten) sollte nach Grósz' Vorstellung dazu dienen, die politische Bedeutung des Schritts herabzustufen. Wie wenig Einfluß Grósz in Wirklichkeit auf die Vorgänge im inneren Machtzirkel zuletzt hatte, zeigt sich daran, daß er den Beschluß, den die Regierung am

7. September formell gefaßt hatte, einen Tag später noch nicht kannte und darüber vom Botschafter der DDR orientiert wurde. Gespräch mit Gerd Vehres. Dazu auch: Stephan: Vorwärts immer, S. 137. Péter Medgyessy (Medgyessy: Polgár, S. 66–67) stützt sich offensichtlich auch auf Grósz, indem er die Behauptung übernimmt, die Grenzöffnung sei vom vierköpfigen Parteipräsidium entschieden worden. Sowohl Miklós Németh als auch Imre Pozsgay widersprechen dieser Version, und für eine solche Entscheidung läßt sich auch in den Sitzungsprotokollen des Parteipräsidiums kein Beleg finden. Nach der Erinnerung von Gyula Thürmer vertrat Grósz den Standpunkt, daß man die Verhandlungen mit Erich Honecker weiterführen sollte (Gespräch mit Gyula Thürmer).

521 Kursorische Zusammenfassung durch Gerd Vehres, in: Stephan: Vorwärts immer, S. 138–139. Ungarischer Text: MOL, M-KS. 288 f. 59/8. ő. e.

522 Gespräche mit Miklós Németh, György Jenei, László Mohai und Ferenc Glatz.

523 MOL, XIX-J-1-k-NDK-108-1-5319/1-1990 (68. d.). Deutscher Text: BStU, ZA, MfS-ZAIG, 14399, Bl. 1–3.

524 Kohl: Erinnerungen 1982–1990, S. 935; Genscher: Erinnerungen, S. 644.

525 Gespräch mit Zoltán Balog.

526 Bundesministerium für Auswärtige Angelegenheiten. Durchreise von DDR-Bürgern durch Österreich seit dem 11. 9. 1989, 0.00 Uhr. 43.02.40/26-II. 3/89.

527 BStU, ZA, MfS-ZAIG 4599 (zusammengestellt aus Archiven der Außenstellen der BStU). Für die Angabe danke ich Herrn Peter Boeger, Berlin.

528 Akten des ungarischen Außenministeriums, chiffriertes Telegramm, 13. September 1989, 45/206.

529 Stephan: Vorwärts immer, S. 146–154.

530 Veröffentlicht in *Neues Deutschland* vom 13. September 1989.

531 MOL, XIX-J-1-k-NDK-108-1-5319/1990 (68. d.), veröffentlicht in der ungarischen Tagespresse, so in *Népszabadság*, 15. September 1989, S. 1.

532 BStU, ZA, MfS-Rechtsstelle 678, Bl. 105–106, sowie BStU, ZA, MfS-Sekretariat d. Ministers (Min.) 699, Bl. 17–19.

533 Mielkes Weisung: BStU, ZA, MfS-BdL/Dok. 8982, Bl. 1–5. Der Vermerk von Generalmajor Coburger über das Gespräch mit Pallagi: BStU, ZA, MfS-Sekr. Neiber 300, Bl. 72–75. Die Kontakte zwischen den Sicherheitsdiensten Ungarns und der DDR wurden im September 1989 planmäßig fortgesetzt, unterlagen aber auf DDR-Seite schon Vorbehalten. Eine Delegation der Technischen Dienste der ungarischen Staatssicherheit (Gruppenkommando III/V) hielt sich vom 4. bis 7. September zu Gesprächen über die weitere Zusammenarbeit in Berlin auf. Auf Weisung Mielkes vermied es die DDR-Delegation, »geheimzuhaltende Informationen« namentlich auf dem Gebiet der

Feinmechanik, der Optik und der Elektronik mit den Gästen zu teilen. BStU, ZA, MfS-OTS 1774, Bl. 274–334, Zitat: Bl. 333. Das MfS stellte dem ungarischen Innenministerium das Protokoll zur Billigung noch am 10. Oktober 1989 zu. ÁBTL, 1. 11. 12. NKO 42. d. 41-N-178/15-1989.

534 Gespräch mit Mária Ormos.

535 Hagers Unmut: Stephan: Vorwärts immer, S. 148. Der Bericht von Mária Ormos zuhanden der Parteiführung: MOL, M-KS. 288. f. 11/4462. ő. e. Bl. 149–157.

536 BStU, ZA, MfS-Sekr. Neiber 224, Bl. 107–114.

537 Akten des ungarischen Außenministeriums. Chiffriertes Telegramm, Bericht der Ostberliner Botschaft, 11. September 1989, 202/lakatos.

538 MOL, XIX-J-1-k-NDK-108-2-7978/1989 (82. d.) und MOL, XIX-J-1-k-NDK-108-1-7802-1/1989 (82. d.).

539 Neue Zürcher Zeitung, 13. September 1989, S. 3.

540 Der Zeitpunkt von Ligatschows Reise nach Berlin hatte mit Ungarn nichts zu tun. Egon Krenz berichtete dem kranken Parteichef Honecker am 24. Juli 1989 über die vom Sowjetbotschafter vermittelte Bitte Ligatschows, im September während drei Tagen die DDR zu besuchen und dort die Landwirtschaft zu studieren. Krenz' Frage, ob Honecker dem Besuch zustimme, versah der Parteichef mit der Randbemerkung »ja«. SAPMO-BArch, DY 30/2121. Der ungarische Botschafter in Ostberlin informierte seine Zentrale über einen inkorrekten Versuch des DDR-Radios, Ligatschow eine Erklärung zuzuschreiben, in der Ungarn verurteilt wurde. Akten des ungarischen Außenministeriums, chiffriertes Telegramm, 13. September 1989, lakatos/211.

541 Bericht des ungarischen Geschäftsträgers in Moskau über das Dementi, das am 24. September 1989 auch in der *Iswestija* abgedruckt wurde: MOL, XIX-J-1-k-SZU-145-1-9092/1989 (109. d.). Die Reaktion von Szűrös: Magyar Dokumentáció, XXI/1989, S. 472. Ferner: Horn: Freiheit, S. 326–327.

542 Über dieses Thema ausführlich: Borhi, László: »Magyarország kötelessége a Varsói Szerződésben maradni« – az 1989-es átmenet nemzetközi összefüggései magyar források tükrében / »Es ist Ungarns Pflicht, im Warschauer Vertrag zu verbleiben« – die internationalen Zusammenhänge des Übergangs von 1989 im Spiegel ungarischer Quellen. In: Külügyi Szemle, 2007, Nr. 2–3, S. 255–272.

543 MOL, XIX-J-1-j-NDK-108-29-002106-12/1989 (63. d.).

544 Die Äußerung von George H. W. Bush: Orbán: ICDT-Interview. Die Meinung Bakers: Palmer: Axis of Evil, S. 24–25.

545 Soós: KB-Jegyzőkönyvek, S. 1664–1666. Tags zuvor, am 11. September, begnügte sich das vierköpfige Parteipräsidium in seiner Wochensitzung damit, sich die Orientierung von Nyers über die (ohnehin schon allen bekannte)

Antwort anzuhören, die Honecker gegeben worden war. Das Präsidium erklärte sich einverstanden mit der Ansicht, die USAP sei bereit zum Dialog mit der SED, der gegebenenfalls auf hoher Ebene geführt werden sollte. MOL, M-KS 288. f. 59/8. ő. e.

546 Soós: KB-Jegyzőkönyv, S. 1785–1788. Grósz räumte vor dem ZK ein, daß es in der Krise keine andere Lösung habe geben können, beanstandete aber unter Berufung auf die UdSSR das Vorgehen. Gyula Thürmer, außenpolitischer Berater von Grósz, sagte gegenüber dem Verfasser, Grósz sei der Meinung gewesen, daß man mit Honecker weiter hätte verhandeln müssen. Der Zwischenfall im ZK wurde von Thürmer dem Botschafter der DDR, Vehres, geschildert, der am 27. September seine Zentrale darüber, entsprechend seiner Quelle stark im Sinne von Thürmer und Grósz, ausführlich informierte. SAPMO-BArch, DY 30/11626, Bl. 185–186.

547 Bericht von Gerd Vehres vom 22. September 1989. SAPMO-BArch, DY/30/7226, ohne Paginierung, chronologische Einordnung.

548 MOL, XIX-J-1-j-NDK-108-135-002343-1/1989 (62. d.).

549 SAPMO-BArch, DY/30/7226.

550 Botschafter Horváth leitete im Sommer 1989 eine aus westdeutschen geheimdienstlichen Quellen stammende Information weiter: Nach bundesdeutschen Erkenntnissen gebe es in der sowjetischen Armee Kräfte, die Gorbatschow stürzen und die Macht selber übernehmen wollten. Die Vertreter dieser Linie aber – so die Auskunft weiter – sind noch zu schwach, um zu handeln (Gespräch mit György Jenei). Wir müssen offenlassen, ob jene, die auf westdeutscher Seite die Information übermittelten, zwei Jahre vor dem Moskauer Putsch gegen Gorbatschow im August 1991 schon Vorzeichen dieses Staatsstreichversuchs erkannt hatten, oder ob sie die ungarische Regierung zur Eile mahnen wollten, indem sie ihr suggerierten, noch sei es Zeit, die Grenze für die DDR-Flüchtlinge zu öffnen.

551 Pozsgay: Politikus-pálya, S. 121–122.

552 Schmidt-Schweizer: Öffnung der ungarischen Westgrenze. Hier die Ansicht, die ungarische Regierung habe zur Entscheidung keine Alternative gehabt. Anders setzt den Akzent Karl Kaiser. Nach ihm stand die ungarische Regierung »vor einer ihrer folgenschwersten Entscheidungen in der Nachkriegsgeschichte«. Karl Kaiser: Deutschlands Vereinigung. Die internationalen Aspekte. Bastei-Lübbe, Bergisch Gladbach 1991, S. 35.

553 Video-Interview Bokor–Lakatos, VII–VIII.

Literaturverzeichnis

Archive

ÁBTL – Állambiztonsági Szolgálatok Történeti Levéltára / Historisches Archiv der Staatssicherheitsdienste, Budapest.

BStU – Die Bundesbeauftragte für die Unterlagen des Staatssicherheitsdienstes der ehemaligen DDR, Berlin.

Bundesministerium für Auswärtige Angelegenheiten, Wien.

MEH – Miniszterelnöki Hivatal / Ministerpräsidentenamt, Budapest.

MOL – Magyar Országos Levéltár / Ungarisches Landesarchiv, Budapest.

Országos Széchényi Könyvtár, Történeti interjúk tára / Széchényi Landesbibliothek, Sammlung der historischen Interviews, Budapest.

Páneurópai Piknik '89 Alapítvány / Stiftung Paneuropäisches Picknick '89, Sopron.

SAPMO-BArch – Stiftung Archiv der Parteien und Massenorganisationen der DDR, Bundesarchiv, Berlin.

Gesamtdarstellungen, Abhandlungen

Ackermann, Eduard: Mit feinem Gehör. Vierzig Jahre in der Bonner Politik. Gustav Lübbe, Bergisch Gladbach 1994.

Ágh, Attila / Géczi, József / Sipos, Ferenc (szerk.): Rendszerváltók a baloldalon. Reformerek és reformkörök 1988–1989 / Systemwechsler auf der Linken. Reformer und Reformkreise 1988–1989. Kossuth, Budapest 1999.

Antal, Endre: Land- und Forstwirtschaft [in Ungarn]. In: Ungarn, Südosteuropa-Handbuch, Bd. V, Ungarn. Herausgegeben von Klaus-Detlev Grothusen, Vandenhoeck & Ruprecht, Göttingen 1987, S. 355–382.

Baier, Stephan / Demmerle, Eva: Otto von Habsburg. Die Biografie. Amalthea, Signum, Wien 2002.

Baráth, Magdolna / Rainer, M. János (Hrsg.): Gorbacsov tárgyalásai magyar

vezetőkkel. Dokumentumok az egykori SZKP és MSZMP archívumaiból 1985–1991 / Gorbatschows Verhandlungen mit ungarischen Führern. Dokumente aus den Archiven der früheren KPdSU und MSZMP. 1956-os Intézet, Budapest 2000.
Bischof, Jürg: Jürg Bischof im Gespräch mit Cornelio Sommaruga. Diplomatie im Dienste der Menschlichkeit. Verlag Neue Zürcher Zeitung, Zürich 2004.
Bock, Siegfried / Muth, Ingrid / Schwiesau, Hermann (Hrsg.): Alternative deutsche Außenpolitik? DDR-Außenpolitik im Rückspiegel (II). Lit, Berlin 2006.
Borhi, László: »Magyarország kötelessége a Varsói Szerződésben maradni« – az 1989-es átmenet nemzetközi összefüggései magyar források tükrében / »Es ist Ungarns Pflicht, im Warschauer Vertrag zu verbleiben« – die internationalen Zusammenhänge des Übergangs von 1989 im Spiegel ungarischer Quellen. In: Külügyi Szemle, 2007, Nr. 2–3, S. 255–272.
Brühl, Dietrich Graf: Flucht in die Freiheit. Die Flüchtlingsbewegung aus Ungarn im Jahre 1989. Ein Bericht. In: Der Eiserne Vorhang, Publikation des Heeresgeschichtlichen Museums / Militärhistorisches Institut, Wien 2001, S. 101–120.
Brühl, Dietrich Graf: Deutsche Erfahrungen mit Österreich. In: Ingrid Böhler, Michael Gehler (Hrsg.): Verschiedene europäische Wege im Vergleich: Österreich und die Bundesrepublik Deutschland 1945/49 bis zur Gegenwart. Studienverlag, Innsbruck 2007, S. 579–584.
Dokumente zur Deutschlandpolitik. Deutsche Einheit, Sonderedition aus den Akten des Bundeskanzleramtes 1989/90. Bearbeitet von Hanns Jürgen Küsters und Daniel Hofmann. R. Oldenbourg, München 1998.
Dreher, Klaus: Helmut Kohl. Leben und Macht. DVA, Stuttgart 1998.
Földes, György: Magyarország, Románia és a nemzeti kérdés 1956–1989 / Ungarn, Rumänien und die nationale Frage 1956–1989. Napvilág, Budapest 2007.
Genscher, Hans-Dietrich: Erinnerungen. Wilhelm Goldmann, München 1997. [Erstausgabe: Siedler, Berlin 1995]
Gorbatschow, Michail: Erinnerungen. Siedler, Berlin 1995.
Gorbatschow, Michail: Wie es war. Die deutsche Wiedervereinigung. Ullstein, Berlin 1999.
Gosztonyi, Péter: 1956. A magyar forradalom története / 1956. Die Geschichte der ungarischen Revolution. Ujváry »Griff«, München 1981.
Haraszti, Miklós: A kiegyezés két taktikája / Zweierlei Taktik des Ausgleichs. In: Beszélő, Oktober 1999.
Heller, Michel / Nekrich, Aleksandr: L'utopie au pouvoir. Histoire de l'URSS de 1917 à nos jours. Calmann-Lévy, Paris 1982.
Hertle, Hans-Hermann: Chronik des Mauerfalls. Die dramatischen Ereignisse um den 9. November 1989. Ch. Links, Berlin 1996.

Hertle, Hans-Hermann: Der Fall der Mauer. Die unbeabsichtigte Auflösung des SED-Staates. Westdeutscher Verlag, Opladen/Wiesbaden, 1999 (2. Auflage).
Horn, Gyula: Cölöpök/Pflöcke. Zenit, Budapest 1991.
Horn, Gyula: Freiheit, die ich meine. Erinnerungen des ungarischen Außenministers, der den Eisernen Vorhang öffnete. Hoffmann und Campe, Hamburg 1991.
Horváth, István: Európa megkísértése/Die Versuchung Europas. Láng, Budapest 1994.
Horváth, István – Németh, István: ... És a falak leomlanak. Magyarország és a német egység (1945–1990)/... Und die Mauern stürzen ein. Ungarn und die deutsche Einheit. Magvető, Budapest 1999.
Horváth, István: Die Sonne ging in Ungarn auf. Erinnerungen an eine besondere Freundschaft. Universitas, München 2000.
Horváth, József: A tábornok vallomása/Das Geständnis des Generals. Pallas, Budapest 1990.
Huszár, Tibor: Beszélgetések Nyers Rezsővel/Gespräche mit Rezső Nyers. Kossuth, Budapest 2004.
John, Antonius: Rudolf Seiters. Bouvier, Bonn 1991.
Kessler, Heinz: Zur Sache und zur Person. Erinnerungen. edition ost, Berlin 1996.
Kohl, Helmut: Ich wollte Deutschlands Einheit. Dargestellt von Kai Diekmann und Ralf Georg Reuth. Ullstein, München 2000. [Erstausgabe: Ullstein, Berlin 1996]
Kohl, Helmut: Erinnerungen 1982–1990. Droemer, München 2005.
Korte, Karl-Rudolf: Deutschlandpolitik in Helmut Kohls Kanzlerschaft. Regierungsstil und Entscheidungen 1982–1989. Geschichte der deutschen Einheit, Bd. 1. DVA, Stuttgart, 1998.
Kovács, László: [Vortragstext ohne Titel]. In: Zur Freiheit durch Ungarn. Die Öffnung der ungarischen Grenze in der Nacht vom 10. auf den 11. September 1989. Konrad Adenauer Stiftung, Sankt Augustin 1994.
Krenz, Egon: Herbst '89. Neues Leben, Berlin 1999.
Kroh, Ferdinand: wendemanöver. Die geheimen Wege zur Wiedervereinigung. Hanser, München 2005.
Kulcsár, Kálmán: Két világ között. Rendszerváltás Magyarországon 1988–1990/ Zwischen zwei Welten. Systemwechsel in Ungarn 1988–1990. Akadémiai kiadó, Budapest 1994.
Kurucz, Gyula (Hrsg.): Das Tor zur Freiheit. Grenzdurchbruch Sopron 19. August 1989. edition q, Berlin 2000.
Kurz, Friedrich: Ungarn 89. In: Grosser, Dieter/Bierling, Stephan/Kurz, Friedrich: Die sieben Mythen der Wiedervereinigung. Fakten und Analysen zu einem Prozeß ohne Alternative. Ehrenwirth, München 1991, S. 123–163.

Léka, Gyula: A műszaki zár- és erődrendszer (vasfüggöny) felszámolása, 1948–1989/Der Abbruch des technischen Sperr- und Befestigungssystems (Eiserner Vorhang), 1948–1989, in: Hadtudomány, Jahrgang IX, Nr. 3–4, 1999.

Lévesque, Jacques: 1989 – La fin d'un empire. Presses de la Fondation nationale des sciences politiques, Paris 1995.

Lugosi, József: Keine Grenze wie jede andere. In: Der Eiserne Vorhang. Publikation des Heeresgeschichtlichen Museums/Militärhistorisches Institut. Wien, 2001, S. 83–94.

Magyar Dokumentáció/Ungarische Dokumentation. Herausgegeben von der Nachrichtenagentur MTI, Jahrgang XXI.

Medgyessy, Péter: Polgár a pályán/Bürger auf der Laufbahn. Kossuth, Budapest 2006.

Münch, Ingo von (Hrsg.), unter Mitarbeit von Günter Hoog: Dokumente der Wiedervereinigung Deutschlands. Alfred Kröner, Stuttgart 1991.

Nagy, László: Das Paneuropäische Picknick in Sopron 1989. In: Deutschland Archiv 6/2001, S. 943–955.

Oldenburg, Fred: Die Perestroika und ihre Konsequenzen für die Osteuropapolitik. In: Sowjetunion 1990/91. Krise – Zerfall – Neuorientierung. Herausgegeben vom Bundesinstitut für ostwissenschaftliche und internationale Studien. Hanser, München 1991, S. 286–299.

Orbán, Anita: Interview with George H. W. Bush, 2006. International Centre for Democratic Transition, Budapest. Oral History Program.

Palmer, Mark: Breaking the Real Axis of Evil. Rowman & Littlefield, Lanham 2003.

Pozsgay, Imre: 1989. Politikus-pálya a pártállamban és a rendszerváltásban/1989. Politikerlaufbahn im Parteistaat und im Systemwechsel. Püski, Budapest 1993.

Pozsgay, Imre: Koronatanú és tettestárs/Kronzeuge und Mittäter. Korona, Budapest 1998.

Pruys, Karl Hugo: Helmut Kohl. Die Biographie. edition q, Berlin 1995.

Reuth, Ralf Georg/Bönte, Andreas: Das Komplott. Wie es wirklich zur deutschen Einheit kam. Piper, München 1993.

Ripp, Zoltán: Rendszerváltás Magyarországon 1987–1990/Systemwechsel in Ungarn 1987–1990. Napvilág, Budapest 2006.

Romsics, Ignác: Magyarország története a XX. században/Geschichte Ungarns im 20. Jahrhundert. Osiris, Budapest 1999.

Romsics, Ignác: Volt egyszer egy rendszerváltás/Es gab einmal einen Systemwechsel. Rubicon-könyvek, Budapest 2003.

Sandgruber, Roman: Der Eiserne Vorhang. Die Geschichte – Das Ende – Die Mahnung. Universitätsverlag Rudolf Trauner, Linz 1999.

Schabowski, Günter: Der Absturz. Rowohlt, Berlin 1991.

Schachnasarow, Georgi: Preis der Freiheit. Eine Bilanz von Gorbatschows Berater. Bouvier, Bonn 1996.

Schewardnadse, Eduard: Die Zukunft gehört der Freiheit. Rowohlt, Reinbek 1991.

Schmidt-Schweizer, Andreas: Die Öffnung der ungarischen Westgrenze für die DDR-Bürger im Sommer 1989. Vorgeschichte, Hintergründe und Schlußfolgerungen. In: Südosteuropa Mitteilungen 37 (1997), Heft 1, S. 33–53.

Schmidt-Schweizer, Andreas: Motive im Vorfeld der Demontage des Eisernen Vorhangs 1987–1989. In: Peter Haslinger (Hrsg.): Die Grenze im Kopf. Peter Lang, Frankfurt a. M. 1999, S. 127 ff.

Schmidt-Schweizer, Andreas: Politische Geschichte Ungarns von 1985 bis 2002. R. Oldenbourg, München 2007.

Schuch, Gereon: »Verleumdung, Beleidigung und grobe Einmischung«. Die Öffnung der ungarisch-österreichischen Grenze im Herbst 1989 im Spiegel der SED-Akten. In: Deutschland Archiv 2/1999, S. 242–253.

Senkowitsch, Nikolai: 1985–1991. Schto eto bylo?/1985–1991. Was war das? Olma Press, Moskau 2005.

Soós, László (Hrsg.): A Magyar Szocialista Munkáspárt Központi Bizottságának 1989. évi jegyzőkönyvei/Protokolle des Zentralkomitees der Ungarischen Sozialistischen Arbeiterpartei aus dem Jahr 1989. Magyar Országos Levéltár, Budapest 1993.

Stephan, Gerd-Rüdiger: »Vorwärts immer, rückwärts nimmer!« Interne Dokumente zum Zerfall von SED und DDR 1988/89. Karl Dietz Verlag, Berlin 1994.

Sudhoff, Jürgen: »Macht die Augen zu und die Tore auf!« In: Frankfurter Allgemeine Zeitung, 24. August 1999, S. 8.

Süss, Walter: Staatssicherheit am Ende. Warum es den Mächtigen nicht gelang, 1989 eine Revolution zu verhindern. Ch. Links, Berlin 1999.

Szabó, József Jenő: Határőrség a rendszerváltás folyamatában/Grenzschutz im Prozeß des Systemwechsels. In: Határőrség és társadalom/Grenzschutz und Gesellschaft. Hanns Seidel Alapítvány, Batthyány Lajos Alapítvány, Honvédelmi Minisztérium, Belügyminisztérium, Budapest 1994, S. 4–12.

Szabo, Stephen F.: The Diplomacy of German Unification. St. Martin's Press, New York, 1992.

Tőkés, Rudolf L.: Hungary's negociated revolution. Cambridge University Press, Cambridge 1988. [erste Ausgabe: 1966] Tőkés, Rudolf: A kialkudott forradalom. Kossuth, Budapest 1998.

Varga, László: Der Fall des »Eisernen Vorhangs« in Mitteleuropa. In: Von der Überwindung kommunistischer Diktaturen zum vereinten Europa. Gemeinsamer Kongreß der Landesbeauftragten für die Unterlagen des Staatssicherheitsdienstes der ehemaligen DDR und der Bundeszentrale für politische Bildung mit den Opferverbänden und Aufarbeitungsinitiativen (3. Verbandstreffen) vom 18. bis 20. Juni 1999 in Gera. Herausgeber: Der Landesbeauftragte des Freistaats Thüringen für die Unterlagen des Staatssicherheitsdienstes der ehemaligen DDR, S. 55–67.

Varga, László: Világ besúgói, egyesüljetek! Az állambiztonság átmentése / Spitzel aller Länder, vereinigt euch! Die Hinüberrettung der Staatssicherheit. Polg-Art, Budapest 2006.

Zsiga, Tibor: A »vasfüggöny« és kora, Der Eiserne Vorhang und seine Zeit [zweisprachige Ausgabe]. Hanns Seidel Alapítvány, Budapest 1999.

Bild- und Tonträger

Herrmann, Konrad / Gaul, Hanspeter: Jetzt oder Nie. Die Grenzgänger von Sopron. ZDF, 2004.

Interview des Ungarischen Radios (Sender Kossuth) mit Károly Grósz, ausgestrahlt am 1. August 1999.

Vészi, János / Szalay, Péter: Határeset / Grenzfall. DA-DA-Film, Stiftung Fórum Film.

Video-Interviews von Péter Bokor mit
Károly Grósz
István Horváth
Ernő Lakatos
Országos Széchényi Könyvtár, Történeti interjúk tára, Nr. 383, 326, 354.

Internet

2+4 Chronik. www. 2plus4.de

Chronik der Mauer 1961–1989/90. www. chronik-der-mauer.de

Gespräche

Der Verfasser hat mit folgenden Persönlichkeiten Gespräche geführt (die Funktionen beziehen sich auf den Stand von 1989):

Francis Amar, Stellvertretender Generaldelegierter des Internationalen Komitees vom Roten Kreuz für Europa und Nordamerika, 26. Januar 2007 in Genf.

Alexander Arnot, Botschafter der Bundesrepublik Deutschland in Ungarn, 30. Juni 2006 in Berlin.

Zoltán Balog, Pfarrer im Flüchtlingslager Csillebérc, 11. Mai 2006 in Budapest.

János Barabás, ZK-Sekretär, Mitglied des Politischen Exekutivkomitees der Ungarischen Sozialistischen Arbeiterpartei, 24. März 2006 in Budapest.

Ferenc Bartha, Präsident der Ungarischen Nationalbank, 29. September 2006 in Primošten (Kroatien).

Árpád Bella, Oberstleutnant des ungarischen Grenzschutzes, 20. November 2006 in Sopron, 13. Dezember 2006 in Budapest.

Dietrich Graf von Brühl, Botschafter der Bundesrepublik Deutschland in Österreich, 10. Dezember 2007 in Wien.

Erhard Busek, österreichischer Bundesminister für Wissenschaft und Forschung, 27. August 2004 in Alpbach.

Hans-Dietrich Genscher, Außenminister der Bundesrepublik Deutschland, 9. Februar 2005 in Bonn.

Ferenc Glatz, ungarischer Minister für Erziehung und Kultur, 16. Dezember 2004, 10. März 2005 in Budapest.

János Görög, Völkerrechtler, Abteilungsleiter im ungarischen Außenministerium, 29. Mai 2006 in Budapest.

Michail Gorbatschow, Generalsekretär der KPdSU, 29. September 2006 in Primošten.

Pál Gresznáryk, Abteilungsleiter im ungarischen Außenministerium, 9. Mai 2006 in Budapest.

Walburga Habsburg-Douglas, stellvertretende Generalsekretärin der Paneuropa-Union, 25. November 2005 (E-Mail-Interview).

Axel Hartmann, stellvertretender Leiter des Ministerbüros beim Chef des Bundeskanzleramts, Bundesminister Rudolf Seiters, 1. März 2005 in Berlin.
Gyula Horn, Staatssekretär, dann ungarischer Außenminister, 23. August 2004, 11. März 2005 in Budapest.
István Horváth, ungarischer Innenminister, 15. Juni 2004, 11. März 2005 und 20. September 2006 in Budapest.
István Horváth, Botschafter Ungarns in Bonn, 30. November 2004, 21. November 2006 in Wien.
Alexander Jakowlew, Mitglied des Politbüros der KPdSU, 13. Juli 2005 in Moskau.
Michael Jansen, Sonderbeauftragter von Bundesaußenminister Genscher in Budapest, 28. Juni 2006 in Berlin.
György Jenei, Berater des ungarischen Ministerpräsidenten, 23. September 2005, 18. Oktober 2005 in Budapest.
Ferenc Kárpáti, ungarischer Verteidigungsminister, 14. Dezember 2004 in Budapest.
László Kovács, Staatssekretär im ungarischen Außenministerium, 18. November 2006 in Budapest.
Imre Kozma, Pater, Leiter des Flüchtlingslagers Zugliget, 31. Mai 2006 in Budapest.
Kálmán Kulcsár, ungarischer Justizminister, 23. März 2006 in Budapest.
László Magas, Organisator des Soproner Grenzpicknicks, 19. November 2006 in Sopron.
Alois Mock, Außenminister Österreichs, 29. März 2006 in Wien.
László Mohai, Kabinettschef und Berater des ungarischen Ministerpräsidenten, 13. April 2006 in Budapest.
Walerij Musatow, stellvertretender Abteilungsleiter im ZK der KPdSU, 5. Januar 2006 in Budapest.
László Nagy, Organisator des Soproner Grenzpicknicks, 19. November 2006 in Sopron.
Miklós Németh, Ministerpräsident Ungarns, 15. Juni 2004 und 25. August 2004 in Aszófő (Ungarn), 2. Dezember 2004, 14. März 2005, 11. April 2005, 23. November 2005, 18. Juli 2006 und 28. November 2006 in Budapest.
Balázs Nováky, stellvertretender Oberbefehlshaber des ungarischen Grenzschutzes, 13. Dezember 2004, 13. Dezember 2006 in Budapest.
Eva Nowotny, außenpolitische Beraterin im österreichischen Bundeskanzleramt, 17. August 2005 in Altaussee.
István Őszi, stellvertretender ungarischer Außenminister, 15. September 2004, 13. März 2006, 27. März 2006 in Budapest.
Mária Ormos, Mitglied des Politischen Exekutivkomitees der Ungarischen Sozialistischen Arbeiterpartei, 23. November 2006 in Budapest.

Mark Palmer, Botschafter der Vereinigten Staaten in Ungarn, 10. Oktober 2006 (Telefon-Interview).

Sándor Peisch, Gesandter der ungarischen Botschaft in Bonn, 27. Juni 2006 in Berlin.

Nikolai Portugalow, ZK-Mitarbeiter, sowjetischer Deutschland-Experte, 15. Juli 2005 in Moskau.

Imre Pozsgay, ungarischer Staatsminister, 16. Juni 2004, 24. August 2004, 23. März 2006 in Budapest, 29. September 2006 in Primošten.

Miklós Raft, Staatssekretär, Leiter des Sekretariats im ungarischen Ministerpräsidentenamt, 16. Dezember 2004 in Budapest.

Volker Rühe, stellvertretender Fraktionsführer, dann Generalsekretär der CDU, 9. November 2006 (Telefon-Interview).

Günter Schabowski, Mitglied des Politbüros der SED, 27. Juni 2006 in Berlin.

Johann Schoretits, Sicherheitschef des Burgenlands, 10. Dezember 2007 in Trausdorf.

Cornelio Sommaruga, Präsident des Internationalen Komitees vom Roten Kreuz, 18. Dezember 2006 in Genf.

Ferenc Somogyi, Staatssekretär im ungarischen Außenministerium, 23. November 2005 in Budapest.

Jürgen Sudhoff, Staatssekretär im Bonner Auswärtigen Amt, 30. Juni 2006 in Berlin.

Mátyás Szűrös, ZK-Sekretär, dann Präsident des ungarischen Parlaments, 18. Juni 2004 in Budapest.

Horst Teltschik, außenpolitischer Berater von Bundeskanzler Helmut Kohl, 1. März 2005 in Berlin.

Gyula Thürmer, Berater von Generalsekretär Károly Grósz, 18. Juni 2004 in Budapest.

Anatoli Tschernajew, außenpolitischer Berater von Generalsekretär Michail Gorbatschow, 14. Juli 2005 in Moskau.

Gerd Vehres, Botschafter der DDR in Ungarn, 2. Februar 2005, 27. Juni 2006 in Berlin.

Franz Vranitzky, österreichischer Bundeskanzler, 30. November 2004 in Wien.

Eine Gewährsperson wünschte anonym zu bleiben. Unter allen Angefragten hat ein einziger, der frühere Bundeskanzler Helmut Kohl, das Gespräch verweigert. Dies trotz mehrmaligen Gesuchen und unter Angabe von Gründen, die für den Verfasser unnachvollziehbar bleiben.

Danksagung

Die Arbeit an diesem Buch war mit zahlreichen Reisen verbunden. Wesentlich erleichtert wurden sie durch die materielle Unterstützung des schweizerischen Außenministeriums (Eidgenössisches Departement für Auswärtige Angelegenheiten) und des Herbert-Batliner-Europainstituts Salzburg. Für Vermittlung und für die Gewährung von Beiträgen danke ich diesen Institutionen sowie dem früheren Schweizer Staatssekretär Franz von Däniken, Herrn Professor Herbert Batliner und dem ehemaligen österreichischen Vizekanzler Erhard Busek.

Für ihre Bereitschaft und gewiß oft strapazierte Geduld danken will ich allen Gewährsleuten, die sich für Gespräche zur Verfügung gestellt haben. Für kollegiale Hilfe verbunden bin ich den Zeithistorikern Hans-Hermann Hertle (Potsdam) und László Varga (Budapest). Beide gewährten mir selbstlos Einblick in ihre eigenen Forschungen und standen mir mit Rat und Tat bei. Einsichten verdanke ich ebenso György Dalos (Berlin), der sich mit dem gleichen Stoff vor allem als Romancier beschäftigt hat. Zu danken habe ich vielen hilfreichen Geistern in Archiven, unter ihnen insbesondere István Simon (Ungarisches Landesarchiv, Budapest). Manche Anregung verdanke ich Studentinnen und Studenten an der Universität Wien und an der Andrássy Universität Budapest, mit denen ich in Seminaren das Thema behandelt habe.

Mein Dank geht sodann an Herbert Ohrlinger, den Leiter des Zsolnay Verlags, der diese Arbeit mit einem spontanen Einfall angeregt hat, ferner an die Lektorin Brigitte Hilzensauer.

Herzlich danke ich schließlich meiner Frau Helen, die – wie stets, wenn ich längere Texte schrieb – die erste, in sprachlichen wie in inhaltlichen Fragen strenge und kompetente Leserin meines Manuskripts war.

Zürich, im Mai 2008
Andreas Oplatka

Personenregister